主　编　孙　晶
　　　　孙劲松

执行主编　练力华
　　　　　李顺祥
　　　　　毛善生
　　　　　唐梦华

唐明邦
学术思想探索

中原出版传媒集团
中原传媒股份公司
中州古籍出版社

图书在版编目（CIP）数据

唐明邦学术思想探索 / 孙晶，孙劲松主编. —郑州：中州古籍出版社，2019.4
ISBN 978-7-5348-8573-0

Ⅰ.①唐… Ⅱ.①孙… ②孙… Ⅲ.①唐明邦–哲学
Ⅰ.①唐… Ⅱ.①孙… ②孙… Ⅲ.①唐明邦–哲学

中国版本图书馆 CIP 数据核字（2019）第 064013 号

出　版	中州古籍出版社
	地址：郑州市郑东新区金水东路 39 号 C 座
	邮编：450016
	电话：0371-65788693
经　销	新华书店
印　刷	河南大美印刷有限公司
版　次	2019 年 4 月第 1 版
印　次	2019 年 4 月第 1 次印刷
开　本	787 毫米×1092 毫米　　1/16
印　张	21.75 印张
字　数	460 千字
印　数	0-3000 册
定　价	79.00 元

编 委 会

顾　　问：成中英　董光璧　刘大钧　李书友　张志哲　丘亮辉　王国政
　　　　　胡孚琛　韩增禄　张其成　杨维增　邵伟华　郭齐勇　吴根友
　　　　　廖墨香　张延生　吴秋文　杨景磐

名誉主编：陈　霞　温海明　刘穗池　韩　毅　崔　波　秦文学　王少英
　　　　　石建和　徐道一　李仕澂　张兴全　宫泽兵　商宏宽　庞　薇
　　　　　李德雄　邓海一　刘广斌　郝英范　苏华仁　唐清华　唐建华

主　　编：孙　晶　孙劲松

执行主编：练力华　李顺祥　毛善生　唐梦华

常务副主编：高　燕　王炳中　张长青　叶炳辉

副 主 编：宋健华　罗玉贤　曾　伟　麦华盛　钟浩天　吴吉平　蔡镇远
　　　　　简成道　丁美美　桑一立　王招珺　康　侠　李升涛　李仕鹏
　　　　　翟金禄　杨新丰　李汶钊　陈寿升　任纪光　张绍卫　黄　俊

编委会成员：赵发林　王来顺　马勤定　田建国　杨玉琼　赵翔宇　邵金帝
　　　　　殷　伟　任宗权　陈咏珍　沈来富　王钧兰　张　绣　王炳全
　　　　　毛　源　孙　邃　郭艳秋　余　曼　杜岚峰　刘希冥　许博寓
　　　　　余国均　刘伯武

编委会主要成员简介

成中英：美国夏威夷大学哲学系终身教授，美国易经学会会长。
董光璧：中国科学院研究员，国际易学联合会第二、三届会长。
刘大钧：山东大学教授，中国周易学会会长，全国政协委员。
李书友：南京大学教授，江苏省周易研究会会长。
张志哲：上海师范大学教授，长三角易学联盟原主席。
丘亮辉：中国科学技术协会资深研究员；国际易学联合会原副会长兼秘书长、创办人之一，现任荣誉会长；太湖书院山长。
孙　晶：中国社会科学院教授，国际易学联合会会长。
王国政：中国自然辩证法研究会原副理事长兼秘书长，教授；国际易学联合会第三届副会长（主持日常工作），现任荣誉会长。
张其成：北京中医药大学教授、国学院院长，国际易学联合会常务副会长，全国政协委员。
陈　霞：中国社会科学院教授，国际易学联合会副会长。
温海明：中国人民大学哲学院教授，国际易学联合会秘书长。
胡孚琛：中国社会科学院教授，中国老龄协会道家养生学委员会副主任。
韩增禄：北京建筑工程大学教授。
杨维增：中山大学教授，国际易学联合会易学应用研究会顾问。
邵伟华：当代著名周易研究家。
郭齐勇：武汉大学教授，武汉大学国学院原院长。
吴根友：武汉大学教授，武汉大学哲学院院长。
孙劲松：武汉大学国学院院长、教授。
廖墨香：南开大学国学研究中心副主任，教授，著名的数学和逻辑学统计学专家。
张延生：曾任光明中医函授大学易学教研室主任，教授，北京中医学院大学生手诊研究会顾问。
吴秋文：台湾中华周易学会创会会长，国际易学联合会原副会长。
杨景磐：北京三式乾坤信息技术研究院名誉会长，著名易学家。
练力华：国际易学联合会副会长兼易学应用研究会会长，北京建设大学客座教授，重庆市周易研究会荣誉会长。

李顺祥：国际易学联合会副会长兼易学应用研究会执行会长，重庆市社科联常委，重庆市周易研究会会长，重庆市中华易学研究院院长。

毛善生：武汉市上生企业策划咨询有限公司董事长，著名易学专家。

唐梦华：明邦书院执行院长，文王书院副院长，国际易学联合会学术委员，安阳周易研究会高级顾问，国际易学联合会易学应用研究会副秘书长。

刘穗池：中国建筑文化中心学术专题部原主任。

韩　毅：（城乡小康发展促进中心）中国专业人才库全国易学国学考评管理中心主任，中国建筑文化研究会人文环境风水设计专业委员会主任委员。

崔　波：郑州大学图书馆馆长，郑州大学《周易》与古代文献研究所所长，教授。

秦文学：安阳周易研究会会长。

王少英：宁夏区粮食局巡视员，宁夏周易研究会原会长。

石建和：河北省周易研究会原会长，现任荣誉会长。

徐道一：国家地震局研究员，安阳周易研究会顾问。

李仕澂：东南大学物理系教授，国际易学联合会顾问。

宫泽兵：武汉大学哲学院宗教学系教授。

商宏宽：中国自然辩证法研究会易学与科学委员会理事。

张兴全：民间数术家。

庞　薇：国际易学联合会常务副秘书长、办公室主任。

李德雄：木子兵法研究院院长。

邓海一：国际易学联合会执行秘书长，中国俏梅花易学体系创始人。

刘广斌：中国时空数码决策研究院院长。

郝英范：国际易经应用学院院长，《易经与现代化》杂志社社长。

苏华仁：著名道学家、道长。

唐清华：唐明邦教授长子。

唐建华：唐明邦教授次子，警官大学教授。

高　燕：中国环境科学学会传统文化与生态哲学分会秘书长。

王炳中：沈阳市周易研究会会长，辽宁省第十届、十一届政协委员。

张长青：国际易学联合会易学应用研究会副会长。

叶炳辉：国际易学联合会易学应用研究会副会长，非物质文化遗产杨筠松堪舆文化代表性传承人，广东茂名市政协委员。

序　言

武汉大学哲学学院教授唐明邦先生乘鹤西行已历一年，他的学术贡献连同他的音容笑貌，还是鲜明如昨地留在我们的忆念之中。

明邦先生是享誉海内外的易学家，曾为中国周易研究会首任会长，对哲学易、人文易、科学易并用功夫，兼涉政治易、管理易，并旁及道家道教长生久视之理、中医药学，关注易学与佛学的关系，从而在博览与分梳的基础上，对易学精义获得总体把握，超越义理—象数分离的近代易学格局，追求"取象比类"与"运数比类"的有机结合，达成"象学"与"数学"的统一。

"烈士暮年，壮心不已"，明邦先生于耄耋之龄致力于长江易、天人之学的研究，于阴阳观、太极观、五行观以及中医经络观皆有暮年心论。

明邦先生著述宏富，《周易通雅》《当代易学与时代精神》《邵雍评传》《易学与长江文化》《李时珍评传》《本草纲目导读》诸书流播广远。

明邦先生是一位诲人不倦的教育家，他与萧萐父、李德永先生共同创建武汉大学中国哲学专业，培养了一批卓有建树的哲学史人才。他的私淑弟子甚众，其情深如同父子。

明邦先生丰富的学术生涯，昭显了《周易》精神——"天行健，君子以自强不息""地势坤，君子以厚德载物"。

今次明邦先生的学友、门生研其学术思想、忆其精采人生，诸篇什成集，作为先生忘年交，余献序于先生灵前，以志无尽的追怀。

后学冯天瑜　敬撰于武昌珞珈山
2019 年 4 月 13 日

作者简介

冯天瑜，武汉大学人文社会科学资深教授，博士生导师。教育部人文社会科学重点研究基地武汉大学中国传统文化研究中心主任，教育部社会科学委员会委员。

前　言

2018年5月4日下午3点26分，中国著名哲学家、哲学史家、易学家、武汉大学哲学学院教授、博士生导师唐明邦先生，永远地离开了我们，离开了他钟情并倾注心血的哲学、易学事业。

唐先生的辞世，是中国哲学界、易学界的重大损失！我们失去了一位好长辈、好老师，失去了把握易学发展之舟破浪前行的好舵手。

唐先生于当代易学，可谓是贡献卓著；推动易学发展，不遗余力，彪炳易界。他数十年如一日，潜心研究中国哲学及易学等，特别是对《周易》研究颇深，涉及易学哲学、《周易》经传评注、象数易学、医理易学、管理易学、先天易学、长江易学、风水文化等，并倾力打破义理与象数的壁垒，推动义理与象数并肩发展。他于1984年在武汉主持召开新中国成立以来第一次全国性的《周易》研讨会；1989年筹建"中国周易研究会"，并担任首任会长；他主张易学理论研究与易学应用应该相互包容、相互促进；他呼吁研易之人要德易双修，要爱党爱国，要遵纪守法，要认真学习"两典"，即马克思主义哲学经典及易学经典包括易学应用的经典，提高理论水平与技术水平，提高综合素质。其易学思想为弘扬中华先进文化，推动易学繁荣发展做出了卓越贡献。

为了悼念唐明邦先生，追思唐先生的高尚人品和卓越建树，弘扬唐先生的易学思想，继承唐先生未竟事业，我们组织编撰追思唐明邦文集《唐明邦学术思想探索》，其中"学术思想，熠熠生辉"栏，刊载了11篇论文，展示了唐先生丰硕的学术成果；"哲人风范，大爱无边"栏，刊载了成中英《纪念唐明邦先生》、郭齐勇《沉痛悼念唐明邦老师》等38篇追思文稿，分别从不同角度、不同方面追思了唐先生的高尚品德、学术成就和贡献，回顾了与唐先生交往、受教于唐先生的方方面面，情真意切，感人至深，充分表达了对唐先生的真挚情感。"推动研究　不遗余力"栏，选录了唐先生为后学论著所作的部分序言，体现了唐先生不遗余力提携后学的殷殷情怀；"放声高吟　抒发情怀"栏，从唐先生《云鹤诗稿》中节选部分诗稿，我们或许能从中感受到一位学者、哲人在人生小憩时的一种静谧而美好的诗意状态，给我们展示一种精神云游的诗意图像；"著作等身，岁月流光"栏，选登了唐明邦简介、学术著作要目、学行编年等，我们或许能从中体悟出唐先生的完美人生；"耄耋驾鹤，集体追思"栏，载《唐明邦先生追悼会在武昌隆重举行》《社会各界深切悼念唐明邦教授》两篇综合报道，以及武汉大学领导、海内外易学界专家学者、唐先生生前亲朋好友、弟子学生、易学爱好者，在吊唁唐先生期间发来的唁文、唁诗词联等，深切表达了对唐先生的哀悼之痛和敬重、敬仰与怀念之情。

　　让我们化悲痛为力量，继承唐先生遗志，潜心研易、演易，开创易学未来，以告慰唐老先生的在天之灵！

二〇一九年三月

目 录

第一章 学术思想 熠熠生辉 …………………………………… 1

唐明邦易学思想探讨 …………………………………… 李顺祥 2

躬耕玄圃几十年 硕果累累声斐然

——浅谈易学泰斗唐明邦的学术成就及贡献 …… 唐梦华（王继红）19

唐明邦易学研究成果初探 …………………………… 张长青 32

唐明邦的风水文化观 ………………………………… 练力华 44

《周易通雅》序 ……………………………………… 郭齐勇 60

忆唐老对周易与自然科学关系研究的支持 ………… 徐道一 64

唐明邦先生《邵雍评传》及邵雍研究 ……………… 崔 波 68

从唐明邦主编《周易评注》看经传体例及其他 …… 温海明 75

唐明邦先师易学研究的当代社会价值 ……………… 高 燕 78

探寻智慧之源 演绎精彩人生

——唐明邦教授学术访问记 …………… 徐 勇 伍先飞 81

"知行合一"的伟大践行者

——追忆唐明邦教授 …………………………… 邓海一 90

易学泰斗 永垂不朽

——怀念唐明邦先生 …………………………… 杨永林 94

第二章 哲人风范 大爱无边 …………………………………… 105

纪念唐明邦先生 ……………………………………… 成中英 106

沉痛悼念唐明邦老师 ………………………………… 郭齐勇 108

挽唐明邦先生并追忆 ………………………………… 吴根友 110

忆唐明邦先生 ………………………………………… 孙劲松 112

唐明邦教授千古 ……………………………………… 邵伟华 114

标题	作者	页码
沉痛哀悼唐明邦教授	练力华 李顺祥	116
追忆恩师唐明邦教授	毛善生	118
慈父严师唐明邦	唐梦华	123
山高水长忆明邦	胡应南	132
唐明邦教授永远活在我们心中	曾伟	134
悼唐明邦先生	高燕	135
缅怀唐明邦教授与中华周易学会的易道情	台湾中华周易学会	137
追忆恩师唐明邦教授	张兴全	141
回忆我的恩师唐明邦先生	秦文学	149
再读唐明邦先生两封来信的感言	韩毅	158
追忆唐明邦先生	杨景磐	161
唐明邦为往圣继绝学	杨维增	167
追思与唐老的点点滴滴	王炳中	169
终不为大，故能成其大 ——受唐老教诲回眸	叶炳辉	173
亦师亦友悼明邦	桐源居士	177
哭悼师父唐明邦	简成道	181
"执大象 天下往" ——追忆我的师父唐明邦先生	罗玉贤	183
感恩知遇伯乐 易学薪火相传 ——追忆易学泰斗唐明邦恩师	王招珺	188
难忘恩师情	桑一立	190
功若春雨润无声 ——追思我们的老会长唐明邦教授	商宏宽	192
唐老和长三角易学联盟	宋健华	195
学术之良师 人生之楷模 ——痛悼恩师唐明邦先生	徐水生	200
哲人其萎 沉痛哀悼	王顺然	202
垂泪忆先生	刘乐恒	204
一生蔼然 后世师范 ——恩师唐明邦先生辞世百日追思	翟金录	206
追思 传承 悟道 ——悼唐明邦先生敬文	墨文增	209

唐明邦老先生给我易著题签 ………………………………… 谭大樑　211
　　我为唐老师"送终"了 …………………………………… 萧洪恩　212
　　深切怀念唐明邦先生 ……………………………………… 杜新会　213
　　恩师教诲铭记　哲人精神永存
　　　　——追思易学泰斗唐明邦先生 ………………………… 王　钧　214
　　引领中国易学文化走进新时代 …………………………… 马勤定　215
　　老师，您怎么就走了呢? ………………………………… 赵翔宇　217
　　春华秋实　丰硕易园
　　　　——记练力华、李顺祥拜访易学泰斗唐明邦先生 …… 黄　俊　219

第三章　推动研究　不遗余力 …………………………………… 223
　　《中国历代易案考》序 ……………………………………… 唐明邦　224
　　《易经的智慧》序 …………………………………………… 唐明邦　226
　　《中国环境地理学》序 ……………………………………… 唐明邦　228
　　《易学经世真诠系列丛书》序 ……………………………… 唐明邦　231
　　《百年堪舆——王者山河》序 ……………………………… 唐明邦　234
　　《木子兵法》是中国园林建筑风水文化的一支奇葩（代序一） 唐明邦　236
　　《易学源流举要》编后记 …………………………………… 唐明邦　238

第四章　放声高吟　抒发情怀 …………………………………… 239
　　《云鹤诗稿》选登 …………………………………………………… 240

第五章　著作等身　岁月流光 …………………………………… 257
　　唐明邦简介 …………………………………………………………… 258
　　唐明邦学术著作要目 ………………………………………………… 260
　　唐明邦学行编年 ……………………………………………………… 261
　　唐明邦照片选登 ……………………………………………………… 268

第六章　耄耋驾鹤　集体追思 …………………………………… 291
　　唐明邦先生追悼会在武昌隆重举行 ……………………… 编辑部　292
　　社会各界深切悼念唐明邦教授 …………………………… 编辑部　296

第七章　唁文 ……………………………………………………… 301

第八章　唫诗词联 …………………………………………………………… 323

后　记 ……………………………………………………………………… 333

第一章 学术思想 熠熠生辉

唐明邦易学思想探讨

李顺祥

唐明邦教授是我国著名的哲学史家，长期从事中国哲学史教学工作，对《周易》的研究既深且广，从哲学易、管理易、人文易、政治易、科学易等方面，充分展示了易学的魅力与精髓，特别是对易经术数思想情有独钟，著述颇丰。下面从其诸多论述中，选出有关易学的部分，从《周易》的辩证思维开始，直到晚年提出的"暮年心论"，提纲挈领地进行梳理，难以涓滴不漏，求证于方家，作为对唐教授的深情追忆。

一、肯定《周易》的辩证法思想

唐教授认为，对《周易》的研究，不同的学者从来就是采用不同的方法，注重不同的侧面。把《周易》分成《易经》和《周易大传》两大部分加以分别研究，肯定二者虽有思想渊源关系，却是不同历史时代的产物，这一原则，已为学术界所公认。因此，唐教授也分别论述《易经》《易传》的辩证思维。

（一）《易经》卦爻辞中的辩证思维

在对《易经》卦爻辞中的思想作探讨时，唐教授认为，《易经》一书，是以六十四卦构造成的占筮思想体系，由于史巫在编纂《易经》的时候，不只取材于积累的卜筮资料，也大量取材于日常生活经验和生产知识。这一部分爻辞，无疑具有一定合理成分。对于这些爻辞，可以而且应当遵循历史与逻辑相统一的原则，把它放到所产生的历史条件下去加以分析。在进行这一工作时，必须坚持正确的方法论原则。首先，防止把古代思想现代化的倾向，力戒把卦爻辞所没有的思想强加于它，或者把属于萌芽状态的东西任意拔高，把幼苗夸张为大树；其次，不应由于要避免现代化，就拒绝对古代思想资料做应有的理论分析，以揭示其固有的含义；同时，也不能由于我们不赞成以传解经，就拒绝把《易传》和历代思想家在解经过程中的合理思想展示出来，以资借鉴。这是唐教授在解析《易经》卦爻辞中的辩证思维时所持的研究态度。

唐教授总结了《易经》中的辩证思想，主要有：对偶卦组卦象中显示的对立统一思想；关于事物变化发展的思想；事物总会向反面转化的思想；对具体情况作具体分析的思想；发挥主观努力促成事物变化的思想。

《易经》中的思想资料足以说明，我们中华民族的科学思维的萌芽，早在三千年前已十分丰富，它比古希腊留下的哲人赫拉克利特的思想资料，不但毫不逊色，而且更为丰富。

（二）《易传》的辩证法思想

对于《易传》的研究，一开篇唐教授就阐明：《易传》非一人一时所作，这是当前学术界所公认的结论。这十篇阐述易理的文章，在先秦思想典籍中自成体系，大体上反映了战国中后期新兴封建地主阶级的世界观，它在我国古代理性思维发展中起了积极的作用。

《易传》名义上是解释《易经》思想的，实际上两者反映的是不同历史时代、不同阶级的世界观。《易传》赋予《易经》以许多非固有的思想，如所谓河图洛书之说、太极观念、大衍之数等。但它却借用了《易经》的占筮思想构架，构建了一个新的思想体系，阐述了所谓"形而上者谓之道，形而下者谓之器"的道器理论，"刚柔相推而生变化"的"絪缊化生"学说，"雷风相薄，水火不相射"的矛盾思想等。《易传》思想体系包含了相当丰富的朴素辩证法思想，为许多辩证法思想家所重视。

《易传》明确地肯定事物这种一阴一阳两种力量或因素既统一又对立乃是事物变化"日新""生生"不已的内在根据，事物变化发展的原因是在于万物内部的动因。在古代，这是一个异常光辉的思想。而且，《易传》的作者看到了事物之中对立面的统一，同时也看到了对立面的斗争，对立的双方既统一又斗争、既联结又排斥的二重性，着重观察分析了事物发展中"物极必反"的矛盾转化现象。但是，尽管《易传》肯定事物的矛盾双方可以相互转化，但认为最佳局面是"保合太和"，阴阳双方和谐统一，事物在稳定和平环境里发展。告诫人们要"动静不失其时""见几而作"，要求人们处事待人要善于观察动向，看准兆头，把握最有利的时机，采取果敢行动。

基于这些认识，唐教授对《易传》中的辩证法思想，总结有"天地絪缊，万物化醇"的宇宙发展观；"刚柔相推，变在其中"的变化内因论；"穷上反下""革故、鼎新"的矛盾转化思想；崇尚"正中"、注重"太和"的中和之道；"见几而作""与时偕行"的主体能动性思想；《易传》的形而上学归宿。

二、呼吁《周易》具有多方面的价值

唐教授自童年时代，就接触到《周易》并产生了兴趣。后来进入北京大学，听冯友兰、张岱年、任继愈、朱伯崑等学术泰斗讲的中国哲学史课程，真正了解《周易》是一部重要哲学著作，包含着相当深刻的哲学智慧。

自1984年5月，在武昌东湖之滨举行第一次中国《周易》学术研讨会后，国内外逐步掀起了"周易热"。在这个时代背景下，唐教授认为这一文化现象的出现，绝非偶然，值得深思，因此于1994年，专门作文表达自己的《周易》价值观。

唐教授认为《周易》是东方文化之奇葩，是世界文化史上一部结构奇特的"天书"。《易经》的结构，由晦涩的文字和阴爻、阳爻两个基本符号依不同次序组合而成，八卦（经卦）由三个爻组成，而六十四卦（别卦）由六爻组成，经卦、别卦各自成为独立的系统结构，六爻之间存在贞悔、三才、比应、承乘、互体、旁通等关系，是一精密的网络结构。

《周易》提出一幅奇特的宇宙演化图示，谓"《易》有太极，是生两仪，两仪生四象，四象生八卦，八卦定吉凶，吉凶生大业"，这一宇宙演化论，立论恢宏，思虑玄妙，基本上奠定东方哲学思维模式的基础，影响极为深远。《周易》建立天地人"三才"统一的宇宙观，主张"立天之道，曰阴与阳；立地之道，曰柔与刚；立人之道，曰仁与义"。三才之道的统一，涵盖了宇宙的阴阳消长，万物的刚柔变化，人生的道德准则，致广大而尽精微，极高明而道中庸。三千多年来，"《易》乃大道之源"，这已成为中华民族的共识，并已得到当今国际易学同仁的认可。其价值主要体现在：

（一）《周易》是精湛的"宇宙代数学"。《周易》蕴含着丰富的朴素辩证法思想，包含着"天地絪缊，万物化醇"的宇宙发展观；"刚柔相推，变在其中"的变化内因论；"革故鼎新""物极必反"的矛盾转化思想；以及"保合太和乃利贞"的中和思想等。

（二）《周易》是打开宇宙迷宫之门的金钥匙。《周易》思想同中国古代科学技术的发展，关系十分密切。17世纪以前，中国的不少科学技术创造，都走在世界的前列。对于这一现象，爱因斯坦深感"惊奇"，重要原因之一在于古代科学家们自幼受到《周易》思想的哺乳，掌握了《周易》所提供的、与西方不同的哲学理论，特别是象数思维方法。

（三）《周易》是古代经邦济世的宝典。《周易》一直被列为群经之首，它作为一部哲学典籍，有一个重大特点，即具有鲜明的实用性，将"正德、利用、厚生"奉为价值取向标准。社会政治思想，坚持"崇德广业"的原则、坚持"民为邦本"的民本思想、强调治理社会必须"隆礼重法"、阐扬"自强不息"的奋发精神、"厚德载物"的宽容精神、"惧以终始"的忧患意识、"革故鼎新"的创新思想、"厚下安宅"的社会管理原则，教育了一代又一代雄才大略的政治家、社会革新家。

（四）《周易》是上古巫史文化的"百科全书"。《周易》古经，是上古巫史文化的遗存，是中国最古老的文化纪念品。它最初是一占卜之书，并非出自一人之手，它是殷周之际一批巫师和史官，根据逐年累积的占筮资料，予以筛选，加上当时巫史掌握的一些自然知识、社会知识、民歌民谣、哲理格言，混合组编而成。故其中包含的知识十分广泛，涉及天文、气象、山川、草木、鸟兽、历史知识、哲理格言，生产经验，民歌民谣等。记录有关于自然现象、自然规律、阶级矛盾、阶级斗争、古代战争，关于农业、畜牧、商业、交通的知识，历史事件，古代婚姻习俗、祭祀、占卜等。

（五）《周易》是中国神秘文化的思想基础。神秘文化，是古代数术的组成部分。所有风角、九宫、太乙、奇门遁甲、六壬、易占、堪舆、阵图等，未有不与《周易》太极、阴阳、五行、河图、洛书相攀附的。易学对数术的影响大体有三个方面，首先，为之提供"一阴一阳之谓道"、天道地道人道相统一的宇宙观；其次，提供河图、洛书、太极图、先天八卦、后天八卦等象数思维模式；再次，为之提供一套可以利用的范畴、概念，如太极、阴阳、八卦、九宫、卦气、纳甲、爻辰、大衍之数、天地之数等。如果没有代表封建社会官方哲学的《周易》思想为指导，神秘文化就难以建立一套具有神秘诱惑力的思想体系和实际操作程序。

（六）《周易》可以为新时代国际关系的处理提供理论指导。唐教授还认为，世界经济日趋一体化，由于政治经济发展不平衡，国际矛盾百出，改善国与国之间、民族与民族之间关系的任务迫在眉睫。《易经》和《易传》已成为世界文化宝贵经典，对于开拓21世纪新思想，无疑有着借鉴意义。在《〈周易〉与21世纪》一文中，唐教授说，不少西方有识之士把眼光转向东方，注目传统文化，期望从中找到涤荡污浊世界的清泉，这就是世人公认的儒学，而《周易》是儒门的经世宝典，古人重视《周易》，一是当作哲学教材，利用其精深哲理，锻炼理论思维能力。二是当作政治教材，从中汲取丰富的政治伦理思想，以之治国安邦、发展经济文化。

《周易》的崇高思想是"天下和平"，就国家民族来说，发展道理不一，是谓"殊途"，但均可相处于世界大家庭。世界本是相反相成，多元统一的；《周易》的经世箴言是"崇德广业"，日新、生生，是宇宙万物发展的规律，也是人类社会发展的规律，无论物质文明和精神文明，总是不断新旧相续，除旧布新，不断前进的；《周易》的革新原则是"顺天应人""《易》穷则变，变则通，通则久。""唯变所适"，变通的实质在顺应时代潮流，一切以客观事物的运动变化为准绳，适应人民群众的意愿，合乎人群之需要；《周易》的处世之道是"自强、善世"，人人公平正直，相亲相爱，团结互助，热爱社会，天下和平的理想，将实现于人间。人类社会的和谐发展、人与自然和谐相处的世界蓝图，正是《周易》"天人合一"的追求。

三、认为古代科技的产生与发展离不开周易象数

对此，唐教授主要从以下五个方面进行了介绍：

（一）周易象数对古代科学发展的影响。唐教授认为，《周易》这部古代哲学著作，它所阐述的宇宙变化理论和象数思维模式，数千年来对锻炼古代思想家、科学家的理论思维能力和思维方法起过重要作用。许多思想家、科学家在易学思想教养下成长；不少发明创造，同易学思想都有密切联系。

易学象数作为一种逻辑思维工具，不妨称为易学逻辑。《淮南子》谓"清明条达，《易》之义也"，利用象数模式的确有"清明条达"的思维效果。因为，它在一定程度上可帮助人们整理杂乱的感觉经验，使之条理化、图式化；利用各种图式结构，把人们观察实验得来的关于事物发展的节律、周期、对称、平衡、相互制约等情景加以规划，某些图式，甚至可以帮助人们进行预测。

（二）天文借象数显示星移斗转周期，地理借象数标志分野坐标系统。易学象数从仰观俯察而来，为天文、地理所借用，是很自然的。汉代，《周易》被定为官方教材，太学立有博士专门传授，易学象数知识，十分普及。用象数模式概括天文知识，成为自然的学术倾向。著名经学家郑玄用易学象数纳十二地支和二十八宿，创立"爻辰说"。古人认为，星移斗转的次序节律，可用地支标志，而其运转的原因，却不足以说明。配上乾坤二卦，方能说明星移斗转是由于乾坤之间阴阳二气的对立、转化，即两种相反势力交互作用的结果，把宇宙间一切变化，看作太极这一宇宙本体内在矛盾运动的表现。

（三）历法、物候借象数描述阴阳变化节律。汉代象数家，将古代长期积累的历法知识，纳入易学象数体系。选用周易十二卦卦象，象征十二个月阴阳寒暑的消长。绘制成圆图，则子午为经，卯酉为纬，春分、夏至、秋分、冬至正当东南西北四方，卦象描绘了四季变化的三个特征：阴阳消长呈正弦曲线变化过程、四季寒暑变迁有节律、昼夜长短有节度。《灵枢经》利用洛书与八卦象数创立"九宫八风"之说，同样为人们顺应时气提供了方便。其说将四立、二至、二分配以洛书九宫。象数家还借用十二消息卦描述七十二候的周期。十二卦七十二爻，每爻主一候。

（四）中医、气功借象数总括天人统一节度。唐教授对中医理论和道家养生研究颇深。他说："医易相同，故医学同象数关系特别密切。中医学强调天人统一，把人同大自然的一切变化，看作相互制约的整体。不只五脏六腑、百脉经络是一有机统一体，人体同自然变化节律亦息息相通。中医五运六气学说，对这一思想作了具体阐述。"

中医学把易学象数引入针灸原理，建立"灵龟八法"，又称"奇经纳卦法"，将奇经八脉的八个穴位，纳入洛书九宫数。结合《灵枢·九宫八风》所揭示的八风原理，按日时间穴治病。还有"飞腾八法"，是以奇经八脉的八穴，按干支时辰开穴治病。它与"灵龟八法"不同之处，在于不用天干地支基数，直接逢时开穴。这些方法便于概括已有医疗经验。

有两千多年发展史的中国气功术，更用易学象数总结其经验。《周易参同契》以大宇宙喻人身小宇宙，独以阴阳精气，释一切造化之机；以坎离喻日月，释人体心肾、水火之升降离合。引易学象数，论述鼎炉、炉火、铅汞、进火退符、龙虎交媾、沐浴等造化之机。阐明炼内丹的关键在于人体小宇宙须同大宇宙运动变化的节律一致，运用十二消息卦正可表述四季阴阳变化，比喻身中周天火候。

（五）易学象数同古代数学关系密切。对比东西方科技的发展，唐教授认为，任何民族要发展科学技术，都不能不研究象数。中国人在没有获得三角、几何等西方数学知识之前，仍然解开了许多宇宙之谜，在科学技术领域，长期居于世界领先地位。易学象数在古代数学领域所起的作用，大体说来有两方面。其一，古代科学技术积累了大量的经验取得了丰富的数据，通过象数媒介，对这些经验、数据作了一定程度的概括、提炼，使之去粗取精，去伪存真，将经验系统化，规范化，日趋科学化。其二，易学象数为古代科学家们提供了某些思维模式，科学家在这种"宇宙代数学"或科学"助产术"的启发和诱导下，由此及彼，由个别到一般，作出某些创造性的联想或假设，从而促成了某些天才的发现。

唐教授列举了朱载堉、徐光启和方以智这三位我国著名科学家、思想家，曾经大胆设想通过改造传统象数方法而通向近代科学的殿堂。如科学家方以智发挥朱、徐思想，明确声称自己的宗旨有二：1. 借远西为问郯，即虚心向西方学者学习，吸取西方科学的优秀成果；2. 以邵蔡为嚆矢，即利用北宋学者邵康节、蔡元定所阐发的易学象数。

清代的易学家焦循力图引用数学于象数，建立一套中国数理哲学，亦包含了改造传统思维方法的苦心。总之，古代象数中的合理内容，有待哲学家、数学家、逻辑学家们共同剖判；弄清易学象数同古代科学的关系，中国科学技术发展史，才可能写得更加符合历史实际。

四、首次概括长江易学的三大重要贡献

长江易学，是我国长江流域古今易学著作、易学思想的总称。在原湖北省社会科学院院长的策划及国学大师季羡林任文库总主编的情况下，唐教授约汪学群合作编撰了《易学与长江文化》一书。

在该书中，唐教授以历史发展为中轴线，划分四个时期，以勾勒长江易学发展的历史进程。

两汉至隋唐，是长江易学发展的早期。两汉易学象数兴盛，热衷于阴阳灾变；魏王弼扫象言理，开创易学义理学派。这一时期，引《老》解《易》的道教易学和援《易》入佛的佛教易学，已初露头角。

宋元时期，长江易学呈现百花齐放的繁荣景象，不同易学思想体系异彩纷呈。义理易学居主导地位，象数易学亦相当发达。

清代，长江易学经历巨大变革，进入跨时代的社会转型期。明清之际的一批卓越易学家,力图清算宋易流弊,把易学引入经邦济世、推进科技发展的道路。乾嘉时期的易学家走向独尊汉易的极端。

自鸦片战争至新中国成立,长江易学进入由古代向近现代的转型期。"五四"以后,易学发展大体有四大创新:人文易学,蔚然兴盛;科学易学,破块启蒙;考据易学,大为行时;古史易学派,卓然兴起。以上易学新思潮的兴起,宣告了《周易》经学研究传统的终结,预示了以马克思主义为指导的新易学的来临,已成为不可阻挡之势。并指出,长江易学从来没有脱离中国易学发展的大道,但形成了自己的特点,做出了独特贡献,约有四端:

第一,营建了易学新体系,开拓了研《易》的新思路,探索了释《易》的新方法。杨雄的《太玄》,乃是易非易的仿《易》之作,对尔后邵雍、卫元嵩、司马光等人踵事增华的仿易之作大有启迪。明代来知德创立"唯象"易学新思路,当时称为"绝学"。清代数学家焦循,以数理解《易》,创立前无古人的数理易学;近代易学怪杰杭辛斋,哲学、科学、宗教与易学为一炉,开现代科学易的先河。

第二,长江易学借易理发展传统哲学思想,营建中国人的宇宙观、人生观,改进思维方法。宋明理学之集大成者——朱熹,推崇《周易》说:"上古之书,莫尊于《易》。"创建易学新体系,作为其理学思想之核心。明清之际卓越易学家王船山,发展哲学易学思想,赋予易学以崭新思想内容,登上中国古代哲学思想发展的高峰。现代思想家郭沫若最早以唯物史观研《易》,分析《周易》古经反映的社会生活,认定《易经》是原始公社时代转变成奴隶制时代的产物,是奴隶起来革贵族的命的时代。认为《易经》坚持的是朴素的社会进化史观。对《周易古经》做这样的分析,的确前无古人,开现代易学之先河,使长江易学在易学史上熠熠生辉。

第三,长江易学家热衷于象数分析,总结象数易学成果,发展象数思维方法。杰出的代表人物,首推三国东吴的虞翻。他用卦变、互体、旁通三种易象学说,建立自己精密的象数易学体系,然而独不言阴阳灾变,力图使易学摆脱谶纬神学统治。陈抟与周敦颐以易图诠释易理,开创图书之学。宋代朱震,对汉代象数易学和北宋图书之学作了总结,营建象数易学体系,绘制40多幅易图,开后世易学家大创易图先例。明末清初的方以智,象数与义理并重,认为:"为物不二之至理,隐不可见,征其端几,不离象数。"力图"因邵(雍)蔡(元定)为嚆矢,征河、洛之通符",以振兴中国传统科技,赶超西学,建立有中国特色的自然科学体系,迈向近代科学殿堂。

第四,长江易学同佛教、道教关系密切,《易》《老》结合,以佛释易,蔚然成风,出现了不少道教易学家,和佛教易学家。开道教易学之先河者,首推汉代魏伯阳,他引《周易》、黄老思想解析丹法而著《周易参同契》,成为"万古丹经王"。

两晋之际的青城山天师道首领范长生（蜀才），深明易理，热衷象数易学，发展象数思维，处玄学鼎盛之世，而拒谈虚玄之论，力图使易理成为经邦济世的准绳。唐末宋初的高道陈抟，以《易龙图》《先天图》《无极图》三图传世，主张："学《易》者当于羲皇心地中驰骋，无于周孔言辞下拘挛。"一反扫象言理的传统，重树象数易学的权威。明代高僧智旭禅师，以佛解《易》，而著《周易禅解》，乃易学史上一奇书。在"三教一贯"思想指引下，认为玄妙易理，总关佛性，《周易》经传，无非佛陀教化之书。《周易禅解》是依佛释《易》，又非佛非《易》，实乃佛易融通之杰作，长江易学之奇葩。长江易学在沟通儒学同道教、佛教的关系方面，发挥了独特的作用。

唐教授总结长江易学在中国易学史、文化史上的重要贡献，反映在三个方面：1. 创新新体系，开拓新思路，发展义理易学；2. 深研象数，创制易图，发展象数易学；3.《易》《老》结合，《易》佛结合发展神道易学。这三方面贡献对于繁荣当代中国思想文化都有借鉴启迪的作用。

五、重视古象数易学家的研究成果

唐教授认为，《周易》是由象数符号系统和文字系统结合而成的古老思想体系。象数符号系统形成了象数思维模式，即借助于《周易》的卦象和爻象进行形象思维、取象比类、触类旁通、以发展理性思维的一种思维方式。其最基本的特征，是"取象比类"；其致思准则，是"阴阳互补、刚柔调和"；其合理内核，是"整体思维"；其突出优点，是"强调序列，注重节律"。

象数思维方法，有利于总结人类的实践经验，便于归纳现象，作出结论，进行演绎。它存在着机械论、循环论、直观主义、超逻辑思维等方面的局限性，不利于人们进行精密的逻辑思维，这是毋庸讳言的。它注重从整体上、宏观上把握事物运动变化的内在矛盾。它注重发展的节律和周期，追求事物之间稳定的和谐统一，这是象数思维方法的巨大优点。

唐教授对象数易学的研究，不仅从《经》《传》、术数各体系上横向展开，且从古代象数易学家的学术思想入手，纵向了解、解读各家经典思想特点，从中可以看出象数易学思维对于文化发展的贡献。

（一）魏伯阳《周易参同契》与易象

唐教授认为，《周易参同契》主要讲外丹术，同时亦提倡内丹术，两方面都有影响。道教易学的特点，首先是同道教的宗教法术相结合，丰富道术思想；其次是同黄老思想结合，宣扬自然无为的养生法则；再次，将易象同天文历法结合，利于引用天文律历知识普及修炼法术。

《周易参同契》的书名，即已显示其易学的特色，所谓"参同契"，是指大易、黄老、炉火三者的契合统一。它并不重视卦爻辞和《易传》思想，主要注重的是其易象，"假《易》显象"一语，的确恰中要害，抓住道教易学的基本特点。炼丹家使用种种隐语和代号，假《易》之卦象，以显示炉鼎、药物、火候等物象和事象。炼丹过程，需适应四时气象变化，调节文武火候。为此当掌握不同时节的阴阳消息，即熟悉一年之内或一月之内阴阳寒暑变化规律，决定进火退符之节度。

《参同契》受汉代易学象数学道启示，依托《周易》卦象，显示天文历法，假借纳甲说与十二辟卦说以明丹法火候，从而使《周易》象数的应用进入新的领域。

(二) 陈抟传授的《先天图》和《易龙图》

《先天图》由陈抟后传弟子所公开，故谓陈抟乃传授此图的祖师。关于此图的基本内涵，按此图的构造，所包含的意义，唐教授解读说：《先天图》的外层为一大圆圈，这大圆圈表示无极的宇宙，天地万物无不包藏其中。圆又表示无穷运转，万物生生灭灭，无始无终，永无休止。蕴含无极即太极，太极本无极之意；圆圈之内的阴阳二仪，白色象征阳，为动态，黑色象征阴，为静态，一动一静，妙和而凝，动机互含而"长于变"；阴阳二仪中的白黑二点，俗称鱼眼，白点为阳精，黑点为阴魄。黑中显白点，代表阴中有阳，象征月中含阳精；白中有黑点，代表阳中有阴，象征日中有阴魄。本于《参同契》："蟾蜍与兔魄，日月双气明，蟾蜍视卦节，兔者吐生光。"此图像对修炼内丹有特殊启迪意义，故周敦颐有诗赞道："始见丹诀信希夷，盖得阴阳造化几。"

关于陈抟先天易学的基本特征，唐教授总结为：

(1) 以图解《易》，"辞外见意"，这是先天易学的显著特点；(2) 以"心法"通《易》，意、言、象、数四者贯一，这是先天易学的根本；(3) 将易学进一步道学化，这是先天易学的本质特性；(4) 传授易图意在阐明丹道，这是先天易学的终极目的。

(三) 揭秘邵雍的先天象数易学思维

唐教授在介绍邵雍易学思想体系时谈道：

邵雍对中国历史有着广泛研究，力图探讨政治历史变化的规律性。他不同意战国邹衍提出的"五德终始"论，也不赞同西汉董仲舒提出的"三统"循环论，另辟蹊径提出所谓皇、帝、王、伯历史变化论。他认为中国历史上自唐尧下至五代，三千多年的社会政治变化，存在皇、帝、王、伯（霸）四种政治模式，代表四个发展阶段。正如自然变化有春夏秋冬四季节律一样。按照这种历史观，邵雍编排了别开生面的中国历史年鉴。

对照《皇极经世》第三大部分《以运经世》中国古代自夏禹至五代时期三千年的历史演变，译释了邵雍所言"午会"前九运的历史演变的内容后，唐教授对邵雍及其著作思想做出了研究结论。认为：邵雍所创立的皇帝王伯递嬗史论，充分暴露了他的唯心史观。他按照自己的易学思想主观设计了一套格式，去硬套历史事件。何朝何代发生什么事件，都是所值卦中应有之义的应验。以 360 年（六轮甲子）为一周期，打破王朝兴亡的历史格局，其至将同一帝王的统治时期，强行分割，列入不同的运世之中。仿佛历史事件恰似一些散兵游勇，可以任人编队，一律以 360 年为一个方队。表面看来，皇帝王伯依次递嬗，很有规律，其实，并不是历史本身的客观规律，只是邵雍随意打扮历史而硬造的规矩。是将主观意志强加于历史的典型。按照这套主观规矩研究历史，决然不可能得出任何可取的结论，只能比按帝王世系划分历史的做法造成更多的混乱。表面上，邵雍的历史年鉴很整齐，实际上是把历史搅成了一捆乱麻，以此论史，完全失去"以史为鉴可知兴替"的意义。

总之，邵雍用一种标准来检验历史的盛衰，这种标准是主观的，不可取的，但却诱导人们跳出天命史观、天才史观、运气史观的窠臼，不能不说是人类历史观发展的一个新的转折。不过这并不是邵雍历史观的本意，邵雍的历史观的核心还是以一个神秘的"数"的演变来范围历史。是彻头彻尾的神秘主义历史观。他要用这一套历史观来美化宋王朝，认为宋之兴起犹如旭日东升，这是很难自圆其说的，所以他排列的历史年表只到五代为止，这只是无可奈何的办法。

（四）朱震《汉上易传》对象数易学的贡献

在《朱震〈汉上易传〉对象数易学的贡献》一文中，唐教授诠释了朱震的易学思维特点，并表达了对其学术价值的充分肯定。

文中写道：朱震易学将《易传·系辞》"易者，象也"奉为基本指导思想，提出"易无非象"的主张。他认为伏羲画卦，只有卦象，并无文字，后来的文字旨在解释卦象。他对于互体和卦变作了深入研究，丰富了象数易学。他发现古人取象有多种途径，不拘泥于单一格式，并认为圣人设卦"本以观象"，恐后世观象者仍不能明理，乃设卦辞、爻辞予以启发。

朱震首先阐明太极为万化之本源的原理，视之为《周易》宇宙观的中心思想，在《汉上易传》中反复申述此论点，指明："太极者，中之至也。天地之大本也，所以生天地者也。天地分太极，万物分天地，人资天地之中以生，观乎人则天地之体见矣。"他赞同张载"太虚即气"的学说，肯定太极化生万物的过程，实是太虚之气聚散的表现；他用八卦同五行的观念来解释太极同万物化生的关系，用太虚之气来阐述儒学的性命原理，力图使易学研究沿着唯物主义道路发展；他运用传统哲学中的体用范畴，解释太极同万物的关系。朱震对先哲之论加以总结、吸收、改造，建立了"太极——太虚——气——万物"的宇宙衍化图式，成为比较完整的唯物主义宇宙本体论，为中国哲学发展史做出了一定贡献。

（五）来知德的"唯象易学"新体系

来知德作为明代著名易学家，其《易经集注》创立周易象学新思路，阐发错综论，当时号称"绝学"，在易学史上影响较大。唐教授对其理论体系进行了独到的阐述，总结为"画前有易"的模写论、"假象以寓理"的唯象易学新思路、"有对待而后有流行"的变易观、以图明道这四个方面。

唐教授总结来知德《易经集注》在易学史上的意义，主要具有三大特点。首先，坚持研究《周易》必须象数同义理兼顾、二者并重的原则，力图克服象数派同义理派的片面性。在义理方面，突出"对待""流行"两范畴，丰富了《周易》的朴素辩证法思想，显示《周易》宇宙代数学的魅力，对清代王夫之等人的易学研究深有启迪。其次，特别注重象学，对卦爻象的内涵作了深入抉发，尤其对错综、中爻、爻变关系用力最勤，多有独到见解，予后世易学启发亦大。再次，坚持以图明道原则，创制了许多易图，充分显现易卦的网络结构关系，推动易学象数思维的丰富和发展。

六、吸收以佛解易的精华

对于历史上佛学与易学融通的著作，唐教授主要提点了其中合理性的一面，以及由此对于不同文化的交融带来的学术价值。在挖掘古贤在这方面比较代表性的论述时，唐教授主要有以下两个方面的研究成果：

（一）解读智旭禅师《周易禅解》

唐教授实事求是地认为，《周易》是儒家经典，同佛学有截然不同的思想体系，许多基本观点和思想范畴难以融通。智旭大师以佛解《易》，为古代学者援儒证佛，引《易》论禅的范本。虽不免牵附之嫌，亦可见融通佛易思想的良苦用心。对此书的研究，唐教授抛出七点看法：1. 援佛解《易》，引《易》论禅；2. 玄妙易理，总关佛性；3. 经传奥旨，无非佛陀教化；4. 卦象爻辞，多论心法；5. 爻象河图启示修证之要；6. 乾刚坤柔，均表止观、定慧；7. 仁义礼智，正如常乐我净。智旭借《周易》"自强不息"思想，劝导众生法天行之健，"以修合性"，而获得功德圆满。

唐教授认为，智者大师撰写《周易禅解》的基本目的所在，是将《周易》基本思想，纳入佛学思想体系，重加诠释，诱导儒者一心修禅，借儒学之瓶，盛佛家之酒。将儒学之精粹，纳入佛学，正是"借花献佛"的用心。于易于禅均有妙悟。是以《禅解》不失为中国文化史上的奇书，然亦只有植根于中华传统文化的沃壤，才得以绽出如此佛学之奇葩。

（二）解读曹洞禅理与《周易》

唐教授认为，到了唐代，佛教大发展，各宗各派，或多或少，或明或暗，都在解译佛教经义时涵摄《易经》思想，以便更易争取儒林对本宗教义的同情理解。华严宗在这方面做了不少工作,而禅宗曹洞宗的融合佛《易》,做得最为出色,影响颇为深远。唐教授从源头石头希迁禅师说起,对曹洞宗援《易》证佛的源流作了以下阐述:

(1) 石头希迁以坎离喻明暗,创作《参同契》。

石头希迁以五言偈颂形式写成的《参同契》,将禅理同《周易》思想结合,用《易》理表述禅理。自六祖慧能《坛经》提出"三十六对",以明暗概念论述理事关系,本是弘扬佛法的新表现。希迁为了加强这一思想的理论色彩,并力图与中国儒家文化相沟通,进一步借用《周易》原理,以坎离二卦代表明暗,借坎离卦象以喻明与暗、理与事,是相当得体的。

(2) 云岩昙晟以离卦六爻变化喻禅理,开创《宝镜三昧》"十六字诀"。云岩昙晟禅师是石头希迁禅师的再传弟子,他发展希迁思想,提出"宝镜三昧"新法门。所论禅理不再取《周易》坎离二卦,单取离卦,以重离六爻的阴阳变化,比喻理事交融情境。

昙晟的偏正、回互之说,源于《易》而深于《易》,为尔后禅宗以《易》解禅开创了新局面。

(3) 洞山良价以卦位法则释"偏正五位",理透义深。

洞山良价阐发昙晟禅师开创的"宝镜三昧"禅理,继其衣钵而成为曹洞宗开山祖师。他因遍访禅宗南系诸家,后归本云岩,阐发《宝镜三昧》思想,依云岩原旨,对离卦六爻互变予以新解,创立"偏正五位"论。意在借六爻的爻位变化,譬喻禅修过程中事理融摄的五种境界,为僧侣修禅提示新法门。他认为参禅过程,因对理事关系了悟程度有浅有深,存在"偏正五位"之别。"正",指体、空、理;"偏",指用、色、事。并以七言偈颂形式,阐示五位的意境。

(4) 曹山本寂以爻位结构论"君臣五位",别具一格。

洞山的高足本寂禅师,发展"功勋五位"说,创立"君臣五位"论,更加推进禅理。君臣五位论,对良价"偏正五位"做了新阐发。明确论定"五位"的最高境界是"不堕诸有,非染非净,非正非偏"的"兼带"果位。君臣五位说的最终目的,在有道信士经过参禅修行而达到"冥应众缘,不堕诸有,非染非净,非正非偏"的"君臣道合"境界,这才符合曹洞宗所弘扬的"虚玄大道"。若此,正契禅宗祖师所宣扬的"若识本心,即是解脱"的禅理。

最后,唐教授用一段话对曹洞宗援《易》解禅的体系和贡献做以总结:

曹洞宗师徒几代,热衷于引《易》解禅,取得令人瞩目的成就,影响禅宗其他宗派。禅师们的思想,更激发明末封建士大夫热衷禅学,佛《易》融通的工作,得到儒佛两方面的推进,从而新论迭出,蔚然成风。而推波助澜以成其大功者,当数曹洞宗。

七、提出"暮年心论"——易学四观

（一）天人观：和谐整体

唐教授认为，当今人类面临的最大忧患，是生存环境的日益恶化，出现难以摆脱的生存危机。由于人类肆无忌惮地对自然资源进行掠夺式开发利用，以获取眼前利益，忽视可持续发展的要求，而今物极必反，不可避免地遭到大自然的报复，人类已尝到自己酿成的苦酒。

早在公元前两千五百年，中国人就开始了仰观天文、俯察地理的活动，逐渐形成了"天人合一"的宇宙观。其基本思想，《周易》概述为"天人之际三纲领"，写道："昔者圣人之作《易》也，将以顺性命之理。是以立天之道曰阴与阳，立地之道曰柔与刚，立人之道曰人与义。兼三才而两之，故《易》六画而成卦、分阴分阳，迭用刚柔，故《易》六位而成章。""天人之际三纲领"肯定天道、地道同人道的统一，人同自然从来处于和谐统一的宇宙整体之中。

《周易》从宇宙整体出发，强调人们的行为与生活当受自然支配，提出："天地变化，圣人效之。"圣人如此，百姓莫不皆然。《周易》认为圣人效天，十分严格，指出："夫大人者，与天地合其德，与日月合其明，与四时合其序，与鬼神合其吉凶。先天而天弗违，后天而奉天时。"或预测天时的变化而主动配合，或遵循已成的天时变化而不失时机，顺应自然规律，利用之，控制之，为人类造福。

（二）阴阳观：相反相成

唐教授提出，易学思想体系以阴阳为核心。认为一切事物无不分阴分阳，都是阴阳结合的产物，阴阳的消长决定事物的根本性质。

乾主持着事物的开始，坤主宰着事物的完成。乾阳乃主动，坤阴乃顺从，一阴一阳，一主一从，乃事物生成变化的根源，离开阴阳就没有《周易》的变易法则。

从"一阴一阳之谓道"的原理出发，易学认为，自然或人类社会生活中无不充满一阴一阳两个对立面。《周易》用阴与阳这一对范畴标示事物的不同特性，它并不代表具体事物。事物之间的关系无论如何复杂，均可以阴阳范畴加以区分，五光十色，千变万化，总离不开阴阳两种对立因素的作用。

阴阳之间存在交感的作用。一阴一阳的对立双方不仅相互推荡，而且相互感通、相互吸引。这两种特性本身也是相互对待相互统一的。易学在分析事物的阴阳关系时，更加看重阴阳双方相互联结、贯通、渗透、合作的特性，这一点正好形成易学思维的重要特征。易学的阴阳观，基本宗旨是强调阴阳协调乃万物正常发展的必要前提。

最后还应当认识，无论阴阳双方如何相推、相感，毕竟是共处于一个整体之中，阴阳只是事物中存在的对立因素、势力、性能，而不是两种绝对对立的实体。坚持阴阳合一的原则，《易传》强调"保合太和，乃利贞"，即保持阴阳双方的结合，达到高度的和谐，万物乃可顺利坚固。

（三）五行观：相生相制

在《〈周易〉——中国管理思想的源泉》一文中，唐教授指出：原始的五行学说是西周初年思想家箕子向周武王讲述《九畴》时才作了系统的表述，到战国末年及西汉初年，《礼记·月令》《吕氏春秋》《黄帝内经》发展了原始五行学说，将五行的功能属性抽象出来，形成一种稳定的思维模式，作为观察分析宇宙万物的一种认识工具。

《黄帝内经》把五行看作特殊逻辑符号，用以论述脏腑学说，表示五行同五脏、六腑、五味、五色、季节、方位动相互间的固定联系。人体被分为五大系统，并与自然界的相关事物颜色、气味、时间、空间联系起来。这是一种以中宫为统率，按功能属性，从整体上分析事物的原则，属于"取类比象"的思维方法。东汉易学家郑玄进一步将五行学说引入易学，还将五行同东南西北中五个方位相配，以表示气候的变化。五行不只沟通了阴阳，又沟通四时与四方，充实了易学中的时空统一观。以五行相生说为核心，通过易学形式，构造了一个时空统一间架，作为万物生成法则。

五行生克理论可称为中国古代朴素的系统论。这一理论概括起来，具有以下三个基本特征：1. 正确地把事物看作有机统一的整体；2. 整体内部存在一定的系统结构和生克制化的自我调节机制；3. 系统结构具有通过自我调节而保持稳定和谐、动态平衡的能力。

（四）经络观：一气周流

从年轻时候开始，唐教授就坚持医学和道家养生的研究。在深厚的学识和几十年的实践受益后，唐教授认识到中医理论中经络学说的伟大，人体五脏六腑、四肢百骸由经络贯通表里，沟通内外，五行之气以经络为通道，发挥生克制化的作用，使人体机能在四时六气的动态变化中保持平衡的调节，经络之气的充盈与顺畅直接决定机体功能的强弱。五脏、六腑皆有经气循行的道路，络脉则是沟通经脉的分支，由奇经八脉和主次经络构成的网络遍布全身，其周期性运行的顺序与时间，与术数中五行阴阳之说不谋而合，与天地四时同一节律。道家内丹的大小周天，也是为调动经气，充盈奇经八脉，精满气足则神明。通过吐纳导引、数息静坐等方法，使人延年益寿。这些切身的体会和收效，使唐教授在晚年对祖国医学中的经络学说赞不绝口。虽然目前通过科技手段尚难证实其存在的原理，但几千年的医学实践，以及现代对针灸麻醉的应用，他日定会为世人所重视。

唐教授一生没有停止对易学的研究。他说，《周易》的天人观、阴阳观、五行观以及中医的经络观，是中国人的独创，在世界文化界独树一帜，代表了中国人的智慧，甚至可以申请诺贝尔奖，或申报非物质文化遗产。他曾将这四观加上太极观，称为他的"暮年心论"。

八、坚持《经》《传》并重，理术并重的治易原则

唐教授一生致力于哲学和易学的研究，特别的贡献，是整理了数千年来易学思想发展的脉络，引发和推动了"易学热"，使研究《周易》和易学应用走上了健康发展的道路。在研易用易的态度和原则上，与一般重视研究义理的院校专家不同，他主张《经》《传》并重，理术并重，并以严谨的治学态度和严格的品德要求，告诫易学研修者古为今用、事理结合、造福自己与他人。

对《经》和《传》学术研究的态度上，唐教授对《周易》本经和《易传》思想体系的研究都同样重视，认为学者应同等重视二者的巨大价值。认为："《易传》这一哲学著作在中国哲学思想发展史上所起的主要的积极的作用，是其朴素辩证法思想方面。历代不同阵营的哲学家、思想家都从《易传》吸取有益的思想营养，用以培植自己的朴素辩证法思想，对中国辩证法思想史的发展做出了自己的贡献。""《连山》《归藏》之所以失传，正是因为没有文字的诠释发扬。"《易传》揭开《周易》作为占卜之书的面纱，使人得入宝山。《经》因《传》而得以阐发引申，《传》依《经》为源而慧思不竭。

两千多年来，自从《易传》出现后，易学的研究逐步分成义理和象数两大壁垒，互相轻薄，研究义理的学派否定易经深奥神奇的预测功能，视术数为旁门左道、为草根文化而不屑一顾；研究和应用象数占的学派视义理否定易经的哲理，视哲理为没有根基的泡沫，为空想主义。唐明邦教授在易学研究方面始终坚持义理与象数并举，着力打破义理与象数的壁垒，在义理与象数两方面都有建树，在易学的创造性重建方面竖立了一座丰碑。

笔者在从事易学文化研究与应用的三十多年中，立足于实战，在实战中不停地研习领悟阴阳变化、五行生克制化等易学义理。后来有缘拜在唐明邦教授门下，在易学的义理方面得到老人家的悉心指导，在易学的义理方面有了较深的领悟，在长期的研习和实践中逐步领悟了阴阳五行学的真要，在此基础上构建了一套以阴阳学说为理论指导、以五行生克制化为法则的预测系列体系。此套理论和操作体系，能将命理预测学、八卦预测学、人居环境地理学、中国姓名学、择日学等各种术数有机结合、融会贯通、互为应用，并在拙著《易学经世真诠》系列丛书中作了全面的、详细的论述。在《易学经世真诠》系列丛书的编著过程中，已届耄耋之年的唐教授不仅对笔者进行了无数次悉心指导，尤其在义理方面提出了诸多建设性的宝贵意见，而且亲自为丛书作序。唐教授提携后进、诲人不倦、不遗余力，笔者深有感触。

笔者作为唐教授的弟子，经常拜访他老人家。在与老人家的交谈中，他多次说自己对易学应用特别是象数理占，情有独钟。早在他读私塾之时，私塾老师经常给他讲四书五经，特别青睐于群经之首的易经，私塾老师不仅精通易理，同时也精通象数占卜，他经常亲眼目睹了老师为别人占卜的神奇，自此之后对周易的占卜功能和技法非常神往，只是老师只传授周易义理而没有传授占卜技法，唐教授每每谈起往事，视为一大憾事。因此机缘，唐教授在易学研究方面始终坚持义理与象数并举，努力打破义理与象数的壁垒。

唐教授对风水文化的肯定和推动，更是有目共睹，可以说已达到摇旗呐喊的程度。其风水文化思想，详见本书练力华会长撰写的《唐明邦的风水文化观》。

唐教授说：1984年5月与萧萐父教授主持召开首次中国周易学术讨论会，发表《汉代象数易学思维模式剖析》，从此建立了易学义理与象数结合研究的新高地，结束了新中国几十年来研究易理不碰象数，探索象数不问易理的历史。唐教授殷切地期望笔者在易学的哲理理论与象数方面再有更深的突破，重建易学的义理与象数高度统一的新架构。因此，拙著《易学经世真诠》系列丛书在他老人家的悉心指导下，经过笔者多年的努力，不断地以道（义理）统率术（象数），以术（象数）来求证于道（义理），最终在拙著《易学经世真诠》系列丛书里形成了笔者自己独特的以阴阳学说为理论指导，以五行学说为法则的易学研究和应用体系，并得以公之于众。重建了义理与象数有机统一的新架构，这一体系的形成，老人家功莫大焉！于是唐教授欣然为拙著《易学经世真诠》系列丛书作序。从他为该书的序言中，可以看出唐教授理术并重、实事求是的态度。他在序中指出：

"术数文化早在《汉书·艺文志》中就已定名。今天，有人称之为神秘文化，包涵四柱、环境地理、六爻、择吉、奇门遁甲等诸多分支，都深深扎根于民间，长期口耳相传，已有数千年历史。术数文化从来受到历代史学家的公正对待，历朝历代均将术数文化领域里不少著名奇人异士的事迹载入史册。可以说，当今术数文化的复苏，不止有其现实土壤，更有其深厚历史根源，并非无源之水，无本之木。"

"从现实土壤方面看，术数复苏有着两方面的原因。一是经济文化建设、市场经济发展力量的推动。神州大地经济文化建设日新月异，一天等于过去二十年。经济全球化、信息网络化，导致人们的生活难免遭遇多重矛盾交织，言行举止、功利取舍等诸多方面，往往是风险与机遇同在，必须深思熟虑，慎重决策。这时谋之领导、谋之师友、尚难决断时，谋之术数之士，亦不失为一种选择。故社会现实生活中的激烈竞争，乃是推动术数文化兴盛的动力之一，实非单纯的'周易热'所能引发。"

"其次，术数文化的兴起，还有两方面历史根源。一方面它是《周易》应用的一个侧面……《四库全书》编纂者，将各种列入术数的典籍，均视为同《皇极经世书》一样，有着指导人们为善去恶、崇德广业、安定社会的经世作用，应予列入子类与诸子百家典籍同等看待，不应以其为"草根"文化而加以歧视。由此启示后世，对待神秘文化术数之书，应持正确态度。首先，重视它，研究它，应用它为人民隐恶扬善、趋吉避凶、指点迷津；其次，保持中立态度，认定术数之学本有神秘奥妙之处，今人尚难破译，不会永远无人破译……"

当然，理由术而显，术依理而用，理和术是不可偏执的一个整体。对于应用技术的从业者，唐教授也提出要重视加强理论的学习。2008年，在第五届易学与建筑文化高层研讨会上，他在"建筑风水文化如何才能走上开拓创新的大道"的讲话中讲道：

"最重要一点，在于协同科学精神与易学哲学智慧，开展深入的理论探讨，针对新情况、新问题，深入分析，提出新见解、新结论。比如说天人合一问题，阴阳转化问题，要上升到理论高度。那几个问题不突破，风水学教材没有说服力，人家看你教材新旧还是观点问题，而不是技术问题。"

唐教授还再三告诫易学研究者和应用者，要修德为重，以德为本，以道御术，本立道生。

自1984年5月在武汉由唐教授主持的第一次全国性《周易》学术讨论会召开，掀起"周易热"，到筹备成立中国周易研究会，几十年来，唐教授担任多个易学机构职务、多次参加易学学术论坛并发表论文、指导和栽培众多易学人才，用实际行动表达了他热爱《周易》、精通易学、大力推动易学健康发展的决心和成就。斯人已逝，精神永存。唐教授留下的珍贵的学术巨著和道德楷模，在万千学子心中树立了圆满成就的丰碑，指引了我们探索学术的方向，激励我们以《易》进德修业，坚定地走在这条弘扬优秀传统文化、造福社会人生的路上。

作者简介

李顺祥，重庆市社科联常委、国际易学联合会（中国民政部登记注册、中国社会科学院主管）副会长兼易学应用研究会执行会长、重庆市周易研究会会长、重庆市中华易学研究院院长、全国易学国学专业人才考评专家委员会专家、北京大学相关研修班周易预测课程主讲教授、广西大学国学易经研究院名誉院长及特聘教授。

撰写出版"易学经世真诠"系列丛书等二十多部易学专著。《易学经世真诠系列丛书》《四柱玄机》《六爻玄机》经国际易学联合会专家委员会评定，授予伯崑奖（易学著作类最高奖）。在国内、国际易学刊物及易学大会上发表数十篇学术论文，其中多篇被评为特等奖、一等奖。

躬耕玄圃几十年　硕果累累声斐然
——浅谈易学泰斗唐明邦的学术成就及贡献

唐梦华（王继红）

唐明邦，1924年出生，著名哲学家、哲学史家、易学家；毕业于北京大学哲学系，师从冯友兰、张岱年、任继愈、朱伯崑等大家；武汉大学哲学院教授、博士生导师；研究中国哲学，集儒、释、道之大成，特别对群经之首、三玄之最的《周易》的研究颇深，具有前所未有的引领、开拓与创新。著有《周易评注》《当代易学与时代精神》《周易与长江文化》《周易通雅》《论道崇真集》《李时珍评传》《邵雍评传》《天人之学》等著作，写有易学学术论文200多篇，为易学的繁荣发展并走向世界做出了划时代的贡献。他淡泊明志，处低不争，自强不息，厚德载物，与时俱进，勇于创新，钩深志远，探赜索隐，乃当代易界之泰斗。真可谓躬耕玄埔几十年，硕果累累声斐然。下面从开研究《周易》之先河，引领易学健康之发展；研究《周易》的创新精神；攻坚克难的钻研精神；学贯天人的开阔视野；暮年心论；淡泊明志的学者风范等六个方面，谈谈易学泰斗唐明邦先生的学术成就及贡献。

一、开研究《周易》之先河，引领易学健康之发展

先生幼年读私塾就接触《周易》，上中学时，他的老师私下给他讲过《周易》。上大学时，几位老师冯友兰、张岱年、任继愈、朱伯崑都讲过易学。到武大哲学系被时任武汉大学校长的李达亲点教中国哲学史，和《周易》结下不解之缘。

1961年，李达校长倡议举办一次全国性的王船山思想学术讨论会，以活跃全国的学术风气，特派他去湖南调查、收集有关王船山资料。先生在长沙和衡阳共访问了二十多位学者和干部，到湖南大学、湖南师范学院、湖南省图书馆、船山书社、湘西草堂等单位，收集到许多珍贵资料，回校向李达校长做了详细汇报，并写《船山史迹访问记》一文。为了参加1962年在长沙举行的王船山思想学术讨论会，先生花数月功夫撰写了《〈周易外传〉中的若干辩证法思想》长篇论文，提交大会，并在大会上做了报告。这篇论文在大会宣读后，受到与会代表的热情称许。此论文是先生学术论文的处女作，同时也开了建国以来，研究《周易》之先河。从此也大大推动了先生对《周易》研究的兴趣和信心，由此先生也得出做学问的心得："探险首须披荆莽，跋山尤贵取险途。"

1983年，先生同萧萐父老师商议，在湖北举办全国第一次《周易》讨论会。因为他们从事中国哲学史教学多年，不断涉及历代哲学家的易学思想，如玄学家王弼

的易学思想，程朱理学中张载、周敦颐、程颐、朱熹的易学思想，明清之际王船山的易学思想，他们各有千秋、各有创新，影响深远，有待深入研究，弘扬光大。他们的创议得到校、系领导的支持，由湖北省社会科学联合会报中共湖北省委宣传部批准，并向湖北省有关部门申请到一万元的学术会议经费。1984年5月，由武汉大学哲学系、湖北省社科联、湖北社科院哲学所共同主办，由先生主持召开的第一次全国性《周易》学术讨论会，在武汉毛泽东主席曾经下榻的武昌东湖宾馆隆重召开，从此掀起《周易》研究热潮。

1984年5月武汉的周易讨论会上，由冯友兰、张岱年、任继愈、朱伯崑和先生等24人，发起筹建中国周易研究会，以推动全国周易研究活动。会上公推刘蔚华任组长，先生为副组长。1987年，刘蔚华老师因公不能参与筹备工作，筹备小组改为筹委会，由先生任筹备委员会会长，先生的老师张岱年先生支持挂靠在中国哲学史学会，为二级学会。1989年，在山东济南举行中国周易研究会成立大会，大会公推先生任会长，刘大钧为副会长兼秘书长，聘请张岱年、任继愈、朱伯崑等先生为专家顾问，会址定在山东大学，创刊《周易研究》期刊。从此，搭起易学复兴与发展的第一个平台，期间先生的论文《汉代象数易学思维模式剖析》发表，更是建起易学义理与象数结合研究的第一个阵地，从此结束了魏晋以后研究易理不碰象数，探索象数不问易理的历史。

自从担任了中国周易研究会首任会长后，当年10月，先生应邀参加在北京饭店举行的"孔子诞辰2540周年纪念及学术讨论会"，提交论文《孔子与〈周易〉》，论文收入大会论文集。1990年8月，先生主持了在庐山举行的"《周易与中国文化》学术研讨会"，此乃中国周易研究会成立后的首次会议，并为大会作专题报告——《对周易文化价值的再认识》。同年10月，先生应邀参加在安阳举行的《周易与现代自然科学》国际研讨会，并提交论文《周易——打开宇宙迷宫的一把金钥匙》，同时，还代表海内外学者在首届殷商文化节开幕式上致辞。随后，先生参加了多次多个社会团体组织召开的学术会议，开高等学府教授走出象牙塔去社会引领学术健康发展、引导主流学术和民间应用相融合之先河。

先生对易学发展的期望，正如他在写给2015海峡两岸周易学术论坛、第26界"周易与现代化"会议的祝贺词所说："《周易》乃大道之源，易学乃智慧之海，弘扬易学旨在富国强民，学习易学首重崇德广业，运用易学诚心服务人民，普及易学教人爱国敬业，光大祖国优秀文化，贯通今古，融会中西，构建中华民族共有精神家园，群策群力实现中国梦，这是海内外炎黄子孙，易学同仁持之以恒的坚强信念，必将继续发扬光大。"

二、研究《周易》的创新精神

自1962年论文《〈周易外传〉中若干辩证法思想》开始，先生便致力于易学研究，著有易学学术论文200多篇，易学专著8部，对易学的研究颇深、颇广，并有创新。

（一）为《周易》正名

从1984年开始，先生的多篇论文都肯定《易经》是中华传统文化的源头活水，为中华第一经，居五经之首。在1999年湖北人民出版社出版的《当代易学与时代精神》，在第三章第一节《〈易传〉——古代经邦济世宝典》里，他写道："《周易》被列为五经之首，以其富有精湛哲理、易于启人智慧，同时亦以其蕴涵经邦济世准则，而足作为进行政治思想教育的优秀教材。历代明君贤相、志士仁人无不认真研读，从中汲取治理国家、安定社会、发展经济与文化的指导原则。"

（二）总结出《易经》的三大特点

先生常说，《周易》有三大特点，在世界文化史上最为突出。此观点早在1999年湖北人民出版社出版的《当代易学与时代精神》著作里，就有详细的论述。他认为：

第一、《周易》成书，"人更三圣，世历三古"。上古，伏羲首画八卦，尚无文字；中古，周文王衍为64卦，系卦爻辞，是为《易经》，乃占卜之书；近古，孔子及其后学阐发义理，写成10篇《易传》，为一部哲学经典。没有《易传》，《易经》可能早就失传了。《连山易》《归藏易》之所以失传，因乃专门占卜之书，没有文字纪录。经《易传》阐发，《易经》从占卜之书，升华成哲学著作，历久弥新。

第二、《周易》的体系结构特殊。它由文字系统和符号系统结合而成。如此体例的哲学著作，世界文化史上实属罕见。八卦符号代表天、地、水、火、雷、风、山、泽等，卦爻辞文字就是对符号的内容进行解释，文字和符号是相互关联的。

第三、《周易》阐述的正确思想很超越。世界上的古书，没有哪一部像《易经》这样，有着如此深刻的哲学内容。它那"天地絪缊，万物化醇"的宇宙观；"刚柔相推，变在其中"的变化内因论；一阴一阳对立统一思想；"穷上反下"、"革故鼎新"的矛盾转化思想；天地人三才统一的天人观等，都超越与之同时的外国哲学。

（三）坚持义理和象数并重，打破了中国近代义理象数分离传统

象数和义理分离早在魏晋时期，主要是王弼提出扫象明理的主张，研易不重象数。汉朝注重象数，对义理没有更深入阐发，因而走向极端。但是汉代易学家创造了不少易图，如卦气图、爻辰图、12消息卦图等。王弼扫象明理的思想，一直影响至唐朝，唐朝的《易经正义》乃是注释王弼的原注。《周易》象数思维被窒息数百年。宋朝有人开始研究象数，但和义理是分离的。研究象数的人不碰义理，研究义

理的人也不碰象数。朱熹当年将几幅易图，置于《周易本义》卷首，就遭人批评。先生当年在北京大学上学时，几位教中国哲学史的老师讲《易》时都未讲象数，为此他大学毕业也不知易图的用途。到武汉大学，开始研究象数，写了《汉代易学象数思维模式剖析》一文，把象数和义理结合起来，肯定汉代易学象数思维模式的特点，强调研《易》当象数和义理并重。

（四）首先阐发了《周易》象数思维模式的内涵

先生给象数思维作了界定。在1997年论文《象数思维模式概览》里，他写道："象数思维是借助于《周易》的卦象和爻象进行形象思维的方法，取象比类，触类旁通，以发展理性思维的一种思维模式。"其基本特点是归纳与演绎相结合，综合与分析相统一。他认为太极思维方法是从易图中得到的启发。汉朝人创制易图的思维方法，可看出四个原则。第一，取象比类。就是取很小的物象，比一个很深刻的哲理。如《易传》所谓，"复，其见天地之心""归妹，天地之大义也"。取象比类思维方法毛泽东用得最多，如反对右倾保守主义者说："不要像小脚女人走路。"在七届二中全会上警告道：有的人"会被糖衣炮弹打中"。邓小平说：改革开放要"摸着石头过河"，这都是取象比类。第二，矛盾转化思想。如中国造的文字，就表明了矛盾的对立统一。上下、左右、动静、刚柔等，想到一个方面，就想到对立的另一个方面。第三，矛盾均衡原则。易图都是阴阳均衡的，64卦中乾与坤、泰与否等都是阴阳均衡。中国人最讲动态平衡。第四，整体思维，一个易图就是一个整体。整体的变化最讲节律与周期。这种思维模式影响中华民族几千年，比如中医的藏象学、数术学的阴阳五行学说等，都是"取象类比"的思维方法的应用，至今也多在应用。

先生说："恩格斯说，一个民族要立于世界之林，须要有高深的哲学思维能力。而哲学思维能力是要经受锻炼的，锻炼的方法至今为止，是学习前人的哲学。《周易》这本书就是训练象数思维方法的最佳教材。"

（五）全面阐发了义理易学的文化内涵

《周易》的文化内涵包括甚广，文学、美学、伦理、逻辑等方面都有涉及，先生着重研究的是五个方面。

1. 哲学易。先生同意他的老师冯友兰先生的观点，《周易》是富有辩证思维的"宇宙代数学"，它研究的是整个宇宙发生、发展、变化的问题，是赋有辩证思维萌芽的哲学体系。先生写有两篇论文，《易经的辩证思维萌芽》、《易传的辩证思维方法》。先生认为《易经》的哲学思维萌芽在《易传》中有大发展，其宇宙生成论、太极思维模式、天人统一思想、整体思维、中和思想等，都是先哲们留给后世的宝贵哲学遗产。

2. 人文易。先生写过《周易的核心价值》《周易与二十一世纪》《周易论和谐》

等。先生说，过去研究《易经》的大都是文学家，近代哲学家很少研究《周易》，用马克思主义研究《周易》的，在他之前，只有郭沫若写了两篇文章，萧箑父写过一篇论文《人文易与民族魂》，先生都十分赞赏。他说，我们的民族魂就是"自强不息，厚德载物"，这是百多年前思想家们定的清华大学校训。先生认为，包容精神在传统文化中的表现主要有四个方面：第一，理论思想包容。第二，民族包容。第三，宗教包容。第四，象数思维艺术包容。就是"百花齐放"之意。

3. 科学易。先生认为易学思维方式推动了中国古代科学技术的发展。他常说，张衡在汉朝时发明了地动仪，祖冲之发明了圆周率，得出了圆周率早于西方一千年。那时没有物理、高等数学、机械学等完备的学科。这些科学家用什么方法，对古代科技发展做出重大贡献呢？先生认为是《周易》为他们提供了先进的思维方法，锻炼了他们的思维能力。实际上就是《周易》蕴涵的朴素辩证思维方法和象数思维方法，给了科学家们一把打开宇宙迷宫的金钥匙，故能捷足先登。此观点在他早期（1995年）《〈周易〉——打开宇宙迷宫的金钥匙》等论文里多有阐述。

4. 政治易。先生认为《周易》是历代治国理财的经典，厘定了中国治国理财的基本原则。我们的老祖宗确实贯彻地很好，不然中华大地早就分裂成几十个国家了，不会有三千年的大一统。大一统思想，强调中央集权，同时强调革故鼎新，推行变法，以至改朝换代，能延续历史。此观点在他早期（1996）《〈周易〉的政治思想》等论文里多有详细阐述。

5. 管理易。管理主要包括预测、决策、领导、管理等功能。先生认为这些管理的功能，中国在一本书《周易》里就全都解决了，主要是"以人为本"。当代西方把它分得很细，他们主要是管物、计件、管机器。中国的管理是人文管理，关键是用人，而用人则要把德放在首要地位。他说，今天，我们吸收了西方的优秀管理方法，再结合传统管理方法，必将形成最好的嫁接成果，成为更高明的管理方法。可以预期，将来世界各国都会学习中国的管理。此观点在先生早期（1995）《〈周易〉古代管理思想源泉》等论文里多有论述。

（六）确立卦中六爻之间存在网络关系

先生在1997年论文《卦体——错综其数的网络结构》里写道，六十四别卦中六爻之间由八个方面形成网络关系。他说，六爻相互制约，任意变动其中一爻，都会造成网络内部诸关系的改变。此八种关系为：1. 贞悔关系：每一别卦由贞悔（内外）二体所组成。2. 三才关系：六爻代表天、地、人三才。3. 贵贱关系：初爻士民，二爻大夫，三爻诸侯，四爻三公，五爻天子，上爻宗庙。4. 比应关系：贞悔相互呼应，初与四比。二与五比，三与上比。相比之际，阴比阴、阳比阳叫无应，阴比阳，阳比阴叫相应。5. 承乘关系：六爻中下爻对上爻谓之承，上爻对下爻谓之乘。

归妹卦,初与二为阳乘阳,也是阳承阳;三与四为阴承阳,阳乘阴,五与上为阴乘阴,又为阴承阴。6. 中正关系:六爻之中,按奇偶之数分阴阳,初、三、五为阳位,二、四、上为阴位,阳爻居阳位、阴爻居阴位谓之得位或正位;阳爻居阴位或阴爻居阳位谓之不正位或失位。二爻为下体之中,五爻为上体之中。既济卦,六二与九五,既正位又有应,是为中和,属卦爻组合的最佳状态;归妹卦,九二与六五虽有应,却失位,非最佳状态。7. 互体关系:六爻中二、三、四爻构成一经卦,称为上互或五互,三、四、五爻构成一经卦称为下互或二互。64卦中任何一别卦都包含两个互体,加上原来的贞梅二体,共有四个经卦。8. 错综关系:是指两别卦之间的相互关系。同一卦体,正面看是此卦,倒立过来成彼卦,六十四卦中,只有乾、坤、坎、离、中孚、小过、颐、大过相错不相综,其余56卦全是相综之卦,故64卦只有36个卦体。卦中六爻之间存在网络关系,为整体系统,此系统可以应用到应用易学。

三、攻坚克难的钻研精神

先生在《周易》与易学史研究方面,完整、全面而又有深度的阐发。特别是先生对象数易、先天易的研究,筚路蓝缕,探赜索隐,有突破性的贡献;先生对道教道义、道家思想精髓及著名道教典籍,人物之深透细密的分析研究,有创造性的建树。他著有《李时珍评传》,从古代自然科学中的哲学入手,多学科、多视角理解李时珍及其本草学新体系、新方法的内涵与《本草纲目》内涵的多学科的价值,极大地丰富了我国古代自然科学技术哲学的成果。《李时珍评传》原为南京大学出版社出版的《中国思想家评传》丛书之一,今被湖北科学技术出版社列为《荆楚文库》中,今年出版。

(一) 对"易外别传"先天易学的研究

对先天易学的研究,别人视为畏途,先生则用力较多。可以说,对邵雍的研究是先生整个易学研究过程中浓墨重彩的一笔。怀着对这位先贤圣行的崇敬之心,先生在总结20世纪研究邵雍思想的学术成果的基础之上,撰写出关于邵雍思想的综合性著作《邵雍评传》。该书对邵雍的生活时代、生平事迹、政治思想、人生哲学、先天易学、后天易学、认识论、思维方法诸方面作了客观评述,充分展示邵雍的思想风貌和他在中国思想史上的地位与成就。邵雍是北宋时代的著名思想家、易学家、史学家和诗人,他不求闻达,终生不仕,身居陇亩,心忧天下,埋头著述,撰写《皇极经世》,创立"易外别传"的先天易学。邵氏闭门30年,留下的思想著作虽只有20多万字,但在中国思想史上却做出了三方面重要贡献:(1)阐发新的宇宙本体论;(2)开创先天象数学;(3)创立新的自然史观和社会史观。邵氏绕开《周易》的卦爻辞和《易传》的思想原理,传承陈抟《先天图》,创立先天象数学,以象数为基础，创制精妙的"先天四图"及《皇极经世》，以之"弥纶天地，出入造化，进退古今，表里人物"，特别是《伏羲六十四卦方位图》构思奇妙，符合近代数学思维模式；经得住二进位制数学的检验，令人折服，使二进位制创立者数学家莱布尼茨为之倾倒。《邵雍评传》清理了先天易学的宇宙本体论及其运化准则；阐述了先天象数学关于宇宙万物衍化的数学图式；廓清先天易学的历史观，将其"元会运世"的历史衍化进程，视为弥纶天地的世界历史年谱，将其"皇帝王霸"历史观，视为别开生面的中国历史年鉴编纂思想；肯定邵雍的先天易学实为关于宇宙结构的创造性探索，其整齐划一的象数序列图式，构思奇妙，超越传统易学思维框架。据悉，《邵雍评传》一书自1998年出版发行以来，广受欢迎。此书原属《中国历代思想家评传丛书》之一，今已列入河北出版的《燕赵丛书》。

（二）对"别开生面"长江易学的研究

先生晚年以当仁不让的创新精神，致力于长江易学的研究工作，与汪学群合著《易学与长江文化》一书，从而开垦出有关长江易学研究的处女地，功莫大焉。长期以来，已有的中国历史文化著述对中国传统文化的认识似乎形成了一种定势，认为黄河流域是中华文明的唯一"摇篮"，即黄河中心。而对长江文化在中华文明史乃至世界文明史上的重要地位，从未给予应有的重视。自20世纪80年代以来，长江流域越来越多的考古发现，促使学术界对长江流域各地区文化形势、长江文化与易学的关系等进行重新审视、考察和研究。在《易学与长江文化》一书中，先生粹取不同历史时期30余位有代表性的易学家，剖析其易学著作及易学思想，展示他们在易学史上的突出贡献，如此脉络如藤，典型如瓜，藤瓜并举，从而系统地清理长江文化中易学发展的历史进程及其特殊贡献，其研究成果可谓是振聋发聩，掷地有声，使人从盲瞽走向聪慧。此书列为《长江文化丛书》之一。

（三）悟道参玄，延年益寿

先生常说："鲁迅先生说，中国文化的根柢全在道教。"《周易》和道家同根同源。"除了在易学方面进行艰苦的探索和研究外，先生深受道教思想的熏陶和道教人物人格魅力的感召，对中国的道家和道教进行了广泛的学术研究，取得了令人瞩目的成果。

关于道学研究，先生着重研究其长生久视的理论与实践，特别注重其在医药、外丹、内丹方面的贡献，服膺新文化泰斗鲁迅先生的论断："中国根柢全在道教。"在研究道家、道教文化过程中，他首先论定老子其人在不同历史时期，有其不同形象。对于道教典籍总汇的《道藏》，全面地评述其文化价值。而在具体的研究过程中，先生对道教教义、思想精髓及许多著名道教历史人物进行了深入细致的研究和分析，举其精要者，约有以下几端：

1. 外丹研究。先生对道教外丹术进行了研究，论述其对古代科学技术发展的影响，并给予了高度评价，认为道教不愧为世界上唯一与科学联盟的宗教。赞同英国科技史家李约瑟的论断："道家又能将自己的理论付之实行，所以东方的化学、矿物学、植物学、动物学和药物学都渊源于道家，中国如果没有道家，就像大树没有根一样。"先生认为，外丹术是中国古代化学的萌芽，而且对推动古代矿物学，古代医药学，古代冶炼技术，机械制造技术、古代天文、地理学的发展，特别是对火药的发明等，都起到了重要而深远的作用。条分缕析道教外丹术的贡献，他的研究的确令人耳目一新。

2. 内丹研究。作为一名易道学者，先生对道教的内丹术也做了大量深入细致的研究，关于道教教义、手印、符箓、青词、戒律等都有所涉猎，撰写了不少评论文章。为崇真论道，深入研究道家道教文化，他积极参加各种学术活动，如主持了隆中——武当山召开的道家道教与现代文明研讨会、出席在台湾嘉义举行的第二届海峡两岸道教学术研讨会等，与会之余遍访道教名山宫观，参观仙真塑像及道院风光，加深形象认识。特别是道家的养生要诀和内丹修炼使先生自己深受裨益，在日常生活中他奉行"养性贵守和，炼身贵守恒，饮食贵守淡，起居贵守时"的道家养生要诀，坚持打太极拳、修炼内丹几十年，以至寿臻耄耋仍身轻体健，年至90有5乃平静、安详地归去。

3. 神交仙真高道。先生神交古代仙真高道，尤其是对道教历史人物陈抟老祖进行了深入细致的研究，肯定他传授《先天图》发展先天易学，传授《无极图》发展内丹术的贡献。应该说，有关陈抟老祖的仙风道骨、易学思想、对道教的影响和贡献等，也曾有人耗资费时进行过大量研究，但浅尝辄止、鲜有成绩者多，深入下去、卓有成效者少，但先生却思接千载，心游万仞，神驰八荒，以如椽大笔为世人奉献出一部煌煌数万字的《陈抟评传》，令人惊叹。评传中，先生以"图南未遂遁玄门""高卧华岳傲王侯""承传易图留后世""参悟内丹指玄机"等章节，磨垢刮光，生动地再现了陈抟老祖一生的履历及作为，强调指出陈抟在道教史上的重要地位：无愧五代宋初道学大师，其思想成就绚丽多彩，陈抟手不释卷，钻研易学以图象反映独到心悟，开宋明图书学之先河，成为宋明道学先驱；酷爱老庄，行清静无为、抱朴守拙之教，指引道学理论新发展；苦炼内丹，参悟内修理论，创立陈抟学派，经后继者精心阐扬，绽出灿烂之花。陈抟以一代高隐，影响五代宋初几代王朝政治，其高风亮节化育北宋一大批道教学者、文人学士。毫不夸张地说，先生对陈抟老祖的研究达到了一个新高度，为他人的研究提供了有益的借鉴。

"古稀高道不畏艰，沙漠雪山从容迈；信士热烈迎仙客，西域风情最迷人；行宫论道常惬意，'一言止杀'传美谈。"这是先生对长春真人丘处机西游之行的赞美之词。先生撰写了《一言止杀，功垂万代——读〈长春真人西游记〉》的文章。《长春真人西游记》乃长春真人弟子李志常所撰，描述了公元1220年，年届73岁高龄的长春真人抱救世宏愿，应元太祖之邀，率18位弟子从山东栖霞出发，渡荒漠、穿戈壁、越高山，行程万里，历时二年余，最终到达西域大雪山会见一代天骄成吉思汗的艰苦历程。先生所撰《长春真人丘处机》的研究文章，拂历史之尘埃，展真人之风采，对长春真人克服重重艰难险阻，西行宣道、沙场吊古、行宫论道进行了全景式描述，对异域风土人情以及真人咏志抒怀、开导信众的诗句予以采撷和呈现，特别是对长春真人洞察时艰、心系民瘼、解民于倒悬、一言止杀以使万民免屠的历史丰功伟绩给予了高度评价。其文洋洋洒洒，引经据典，名词华句，汪洋恣肆，令人阅之而兴味盎然。先生以为，如若以此为脚本拍成一部电视剧，则可与明朝吴承恩所撰、描述唐僧师徒西天取经的《西游记》相媲美。

4. 构建直觉思维哲学命题。在长期研究易学和道家道教及中医药学的过程中，先生深深体会到直觉是超越人们习以为常的感性认识和理件认识的规范。先生在论文《道家、道教注重直觉思维之真谛》中写道：直觉是只可意会不可言传的一种突如其来的心理体验，它是人们常说的一种顿悟、灵感式的认知活动。它的特点是不借助于逻辑推论，而把平常的理性认识活动撇开。它诱导人们不靠天，不靠神，全靠自己超脱自己，自己纯化自己。它是打开神秘文化殿堂的一把金钥匙，人在直觉思维所诱导的心理状态下，可能领会神秘的数术，并产生一些特异功能。先生认为探讨科学与神秘文化的关系，不得不涉及直觉思维这一哲学问题。道家道教对发展中国哲学思维有着多方面贡献，关于直觉思维的论述，是其突出贡献之一。直觉思维对于科学探讨，对于新的科学规律的发现，往往起着妙手催生的助产婆的作用，或类似化学中的催化剂作用。它可以帮助科学家们在创造性科学思维中，由于某种条件的触发，异想开天地突破一个关节点，使认识发生突变，捕捉到难得的机遇，从而对研究的课题获得带结论性的正确解决，导致科学上的重大发现。

当然，先生也说直觉思维并不是人们有意造成的，而是经过长期潜心探索，"众里寻它千百度"；借助于多种知识，多种方法，反复实践或实验，未能获得突破性进展，在偶然因素激发下，"豁然开朗""得来全不费工夫"，取得最后成功。先生说，爱因斯坦也说："我相信直觉和灵感。"爱因斯坦认为在科学发现的成功道路上，"真正可贵的因素是直觉"。这的确是爱因斯坦在科学探索中的经验之谈。玻尔也说过："实验物理的全部伟大发现都是来源于一些人的直觉。"这绝非夸张之词。

(四) 学佛独守"拙火定"、金刚灌顶慧门开

在中国宗教里，先生除对道教研究较多外，对于佛教也有一定兴趣，不时参加佛教界的学术活动，写过几篇论文。先后参加过湖北玉泉寺举行的天台宗创始人智

顗大师圆寂 1400 年纪念大法会及学术讨论会（1997 年），苏州西园寺举行的新时期佛教教育研讨会（2000 年），河南光山举行的净居寺与天台宗学术研讨会（2000 年），武汉归元寺举行的"佛教文化研讨会"（2002 年），湖北黄梅五祖寺举行的"禅宗与中国文化"学术研讨会（2004 年），武汉大学举办的"佛教百年"国际研讨会（2006 年），为湖南举办的"石头希迁与曹洞禅"研讨会（1998 年）提供了论文，因故未能与会。先生所撰佛学论文，《曹洞禅理与〈周易〉》《援佛解〈易〉、引儒证佛——读〈周易禅解〉》等，都着重论述了佛学与易学的关系，被分别编入大会论文集。

关于学佛，有一事值得特别一提。就是藏传佛教——密宗，对先生的养生方法有一定影响。1992 年，有位河南的佛教居士来武大宣扬藏密功法。教大家练功，旨在祛病延年，先生也去学了。次年，一批联系藏密功法的朋友，相约去朝五台山，时值青海夏琼寺的夏日东活佛在五台山茅蓬山庄布道，举行五天大法会，最后为他和参加的信众举行大威德金刚灌顶，并赠他藏传佛教法名仁钦多杰。

五台山茅蓬山庄的法会，先生印象极深，曾见两位活佛，并留影存念。活佛灌顶时，晴空突降细雨，不可思议。难忘活佛灌顶之盛情。曾写小诗志念，《五台山法会》：

> 法坛灵威镇茅蓬，雷音警世万劫空。
> 活佛布道振金铎，甘露普施众生同。
> 百千信士颂声涌，漫天花雨降从容。
> 金刚灌顶慧门开，灵鹫伴我伫峻峰。

（五）对《周易》与中医药理论的探讨

关于古代科技思想，先生亦兴趣盎然。为了写《李时珍评传》《本草纲目导读》，他首先研究了《黄帝内经》的《素问》与《灵枢》，以及《本草纲目》，注重探讨中医药理论同《周易》的关系。论定《内经》理论同《周易》朴素辩证法思想息息相通，阴阳五行思想成为《内经》医学理论的基石。由医易会通，促使先生进而探讨了古代其他科技思想同《周易》象数的关系。先生撰《李时珍评传》，力图从多学科多角度阐发《本草纲目》的文化价值，除表彰其在创建本草学新体系，厘定本草分类新方法，发明新药物，丰富药性，增广百病主治药等方面的贡献外，还特别论述此书对研究植物学、动物学、矿物学、农林牧渔以及历史、文学的重要参考价值。此外，先生还从哲学思想角度探讨了李时珍之所以能自学成才而勇攀科学高峰的秘密，他的独创精神基于他富有辩证法的思维方法，实事求是的认识路线，万物化生源于元气的自然哲学。《李时珍评传》原属南京大学出版社《中国思想家评传丛书》之一，今已列入湖北科学技术出版社《荆楚文库》。

四、学贯天人的开阔视野

先生耄耋之年,编成一部传统文化巨著《天人之学》。先生在明清之际哲学、中国辩证法史,周易哲学(象数与义理)、儒学、道家道教、佛学、古代科学技术哲学等领域功底甚深、贡献卓著。

本书内容共8编,一、二编哲学,中国哲学举要、先贤的辩证思维传统;三、四编易学,人文易学之辉煌、象数易学之魅力;五至七编三学,儒学思想指要、道家道教思想、佛学浅悟;第八编古代科技掠影。2012年7月结稿寄出版社,2013年9月中央编译出版社出版。先生曾吟诗一首:《天人之学结稿即兴》。

> 学贯天人凝思久,聊结刍荛共评量。
> 儒释分驰思辨广,易老兼容源流长。
> 耄耋忆往略堪慰,顺天应人识狷狂。
> 但期川流汇洪波,心香一瓣荐羲皇。

先生认为,从中国哲学传统看,无论宇宙观、历史观、方法论,古今先哲玄思宇宙,爱智崇真,所追求者,无非"天人合一",保合太合,以建和谐社会,以促世界和平。

先生在"天人之学·绪论"中写道,天人之学在中国传统文化中有着突出地位。数千年来,经史百家,无不卷入天人问题的争论,为后世留下丰富的文化遗产。研究天人之学对于化解当今人类面临的生存危机,开拓宽广的科学视野,实现"以人造天"宏愿有着极为重要的理论意义和现实意义,值得深入研究。

先生认为,"究天人之际,通古今之变",乃中华传统文化的基本论题。天人关系问题的提出,可追溯到五千年前。古史传说,人文始祖伏羲氏,仰观天文,俯察地理,观鸟兽之文与地之宜,近取诸身,远取诸物,首画八卦,以尽天人之蕴,以类万物之情。公元2500年前,《周易·系辞传》首先阐发道:"立天之道曰阴与阳,宜地之道曰柔与刚,立人之道曰仁与义。"这是震古烁今的"天人之际三纲领"。将上观天文,下察地理,中尽人事的人类思维向度作了言简意赅的精确概述。从此天人关系的论题引起人们的极大重视、经史百家无不阐述各自的观点,自明其是。

天人之辩的历史演变,贯串于中国哲学史发展的全过程,大体经历了三大历史阶段。

实际上所谓"天",不外三重含义,一是指"天神",即超自然的人格神,其危害是将人引入迷信神灵的宿命论。随着科学的进步,人类智慧的提高,"天命"论的市场已日益缩小,至今仍有其残余。二是指自然之"天",日月星辰,山河大地,草木鸟兽无所不包,是人们日常生活中,时见时间,必须认真对待的自在之物。三是指抽象的"天理"之天,实指儒学所说的"皇极",制约人们思想言行的王道纲常,封建名教的权威。

古之先哲千言万语，告诫人们必须正确对待"自然之天"，遵从《周易》的旨趣，"顺乎天而应乎人"。

人不止应当参天地之化育，更应发挥人的主体能动作用，"以理司化"，"善动以化物"。终至"以人造天"。历代先贤"以人造天"，已不断取得新成果，今之杰士仁人更当奋发努力，打开新视野，创造新产品，开辟新的世纪。

天人问题是古今中外无不面临的重要问题，认识深刻，处理正确，则能人与自然和谐相处，人与社会融洽无争，思想平静，生活自在；反之，认识不深，处理不当，则会造成人与自然对立，人与社会纷争，思想烦恼，生活惶恐。

若要实现"以人造天"，首须在"知天""顺天""参天"三大方面多下功夫，然后才能取得"以人造天"的辉煌成果。

天人问题是一个哲学问题，思想家、哲学家无法回避，都要发表己见；天人问题，又是一个社会问题，为人处世，待人接物，无不认真思考；天人问题，更是一个科学问题，诱导人们深研自然世界，弄清人对自然何者可作为，何者不可为。可以说天人之辩，贯通古今，遍及中外，经史子集无不涉及，古今先哲无不在此显示其聪明才智。

当今世界，人类面临生存危机，天人问题显得格外突出。古圣先贤已作论断，有优秀中华传统文化指引，中华民族定能发挥聪明才智，在"以人造天"方面做出光辉贡献。我们坚信，一个空气清新，水源洁净，生态平衡，消灭了瘟疫、战争和贫困，万家欢乐，万国咸宁、天人统一、"保合太和"的社会环境和生态文明之世终会到来，悲观主义是没有前途的。中华民族"以人造天"的创新睿智，炎黄子孙和世界人民无不为之欢欣鼓舞。来日方长，"以人造天"的巨大工程，方兴未艾，不难想象，前景异常绚丽。很可能后世子孙，会到别的星球上去开拓新世界，开创新文明，实现新的生活。

五、暮年心论

先生暮年也没有停止对哲学的思考和对易学的研究。他说，《周易》的阴阳观、太极观、天人观、五行观以及中医的经络观，是中国人的独创，在世界文化界独树一帜，代表了中国人的智慧，甚至可以申请诺贝尔奖，或者申报非物质文化遗产。他把这五观叫作他的暮年心论，并安排他的后人们继续做此课题的研究和创新。

六、淡泊明志的学者风范

先生淡泊明志、两袖清风，至2018年5月去世前，还住在武汉大学没有经过房改的又旧又小老宿舍楼里。不是学校没有给他分配更好的住房，而是先生的人生格言是"不争"，他实践《老子》的"上善若水，水善利万物而不争"的精神，超越于名利之上。他一生把读书学习研究学问当作一种操守去坚持，一种健康的乐趣去享受。他用书香充实人生，既用之养生，又从历史中得到启迪，从《易》学中增加智慧，努力使自己成为一个真才实学、行家里手。即使这套又旧又小的老宿舍，他也准备用来建立"明邦书院"，让他的后学及弟子们沿着他引领的方向继续研究、探索、引领、推动、发展、创新《周易》及传统文化。他没有遗产留给子孙后代，所留只有他的学术硕果和优秀品格及高尚精神。

先生饮食有节，起居有常。他吃的也十分清淡，作息很有规律。直到去世之前一个月，他都是脸色红润，声音洪亮，耳目聪明，齿如齐贝，思路清晰敏捷，尚在思考哲学、易学问题，尚在给女儿布置学术研究课题及安排研究方向，正曹操所谓"老骥伏枥，志在千里，烈士暮年，壮心未已"。也正如他常常挥书的李商隐的两句："春蚕到死丝方尽，蜡炬成灰泪始干。"

2018年4月12日中午吃饭时，女儿问先生："爸爸，我看您这几天不太舒适，淮阳的伏羲祭拜大典我不去参加了吧？""去吧，我没有事的。你要尽量多参加一些学术会议，一是促使自己抓紧时间研究某些新问题，写出论文提供会议；二是能结识更多新朋友。同时，会后多去游览名胜古迹和旅游胜地，增长文化知识，也散散心。"16日中午，正在河南淮阳参加伏羲祭拜大典的女儿唐梦华接到保姆电话："你爸爸呼吸有点急促，他让你赶快回来，还说要你快回家为他立遗嘱。"匆匆赶回家中，急忙把他送进武汉市中南医院，已是第二天凌晨1点半了。5月4日下午3点26分，在武汉大学中南医院，先生平静、安详地驾鹤归去，享年95岁。

呜呼！逝者已逝！先生的一生平凡而又非凡……先生的易学思想值得我们永远研习，先生的精神品格值得我们永远学习。

唐明邦易学研究成果初探

张长青

唐明邦先生是中国著名的哲学家、哲学史家、易学家。他数十年如一日，潜心研究中国哲学及易学等，在哲学、中国辩证法史、周易（象数与义理）、儒学、道家道教、佛学、古代科学技术哲学等领域，功底甚厚，贡献卓著。特别是对《周易》研究颇深，涉及易学哲学、《周易》经传评注、象数易学、医理易学、管理易学、先天易学、长江易学、风水文化等。对《周易》思想核心价值及其在传统文化中的地位和作用、对易学象数思维的特征、易图的思维方法和认识价值作了详细的讨论与揭示，对《周易》中的中国管理智慧作了全面的梳理与提扬，并着力打破义理与象数的壁垒，推动义理与象数并肩发展，为易学应用鼓与呼。他的易学思想为弘扬中华先进文化，推动易学的繁荣发展做出了卓著贡献。

一、全面阐述《周易》思想的核心价值

唐明邦先生认为《周易》思想不只属于中国，也属于世界，不只属于过去，也属于未来。关于《周易》思想的核心价值，唐先生指出：长期以来，《周易》文化价值受到严重的人为扭曲，在社会上被视为单纯的占卜之书。他在专著《当代易学与时代精神》中，从哲学智慧、经世微言、管理枢要、象数模式、科技会通、易学稽古等多种角度评述了《周易》的思想内容，后来又在《〈周易〉思想的核心价值》一文中，对《周易》的核心价值作了深入探讨、全面论述。

他说："《周易》乃三圣所遗文化宝典，为中华传统思想文化的活水源头。它的核心价值，乃在启迪国人睿智，振奋民族精神、阐发大同理想，培育独立人格。

首先，从哲学思想着眼，《周易》可谓富有辩证思维的'宇宙代数学'。其太极思维方法，天人统一理论，保合太和思想精深而高明，是先哲留给后世的宝贵哲学遗产。有此哲学利器，激发国人驾雷鞭霆、吞吐六合的豪迈气概，予中华民族以长流不竭的智慧源泉。一部易学史，可以毫不夸张地说，堪称中华民族智慧发展史。《周易》为锻炼理性思维能力提供了不可多得的经典教材，造就中华民族在瞬息万变的现实世界面前，能够高屋建瓴地总结过去，准确无误地策划当今，雄伟豪迈地开拓未来。五千年文明史足以证明，历代明君贤相、志士仁人无不以易学哲学作指导，弥纶天地，经纬万端，'裁成天地之道，辅相地之宜'；驾驭中华巨舰，冲破重重险滩，绕过层层暗礁，乘风破浪，开拓进取，创造辉煌文明。

我泱泱中华，饱经沧桑而永远屹立于世界民族之林，为世界文明做出卓越贡献。

其次，回顾五千年文明史，《周易》思想的恒久魅力，在于它凝结了中华民族永放光辉的民族精神。国有国魂，军有军魂，中华民族之魂，展现于《周易》所总结的维护国家统一的爱国精神；'自强不息'的奋发精神；'厚德载物'的宽容精神；顺天应人、与时俱进的革新精神；居安思危、思患豫防的忧患意识。'自强不息，厚德载物'的民族精神，是中华民族的脊梁。这一民族精神哺育了一代又一代民族志士，屡经苦难与挫折，而能艰苦卓绝，愈挫愈奋。陶铸了千百个屈原、岳飞、文天祥、黄继光、焦裕禄式的英雄模范人物，在大风大浪面前如中流砥柱，永不动摇；为了人民的事业，国家的前途，生死关头脸不变色心不跳，甘洒热血写春秋；为国家民族建立彪炳功勋，为子孙万代树立光辉榜样。

再次，《周易》不只是中华文化之奇葩，同时也是世界文化之瑰宝，具有广泛而深远的世界影响。它所阐述的'万国咸宁'的大同理想，广为世界瞩目。这一理想首先诱导人们建立'民惟邦本，本固邦宁'，政通人和的和谐社会，'人不独亲其亲，不独子其子''老吾老以及人之老，幼吾幼以及人之幼''出入相友，守望相助，疾病相扶持'，亲如一家，共享太平。《周易》教导人们，立足神州，胸怀天下，努力促成'天下和平''万国咸宁''四海之内皆兄弟'的世界大同局面。一个民族有此'天下一家'的豪迈气概，同缺乏这种气概，大不相同。心胸狭隘的民族，必然浑浑噩噩，自私自利，以邻为壑，恃一时之强，横行霸道，总在日思夜想如何掠夺别国资源，奴役弱小民族，结果是四面树敌，失道寡助，终究落得四面楚歌的悲惨结局。我中华民族，将爱国主义同国际主义相结合，以博大宽厚的胸怀，推己及人，与邻为善，'己欲立而立人，己欲达而达人'，'己所不欲，勿施于人'，结果是得道多助，朋友遍天下，甘与受苦受难的民族，共图解放，共享和平。

最后，《周易》的重大思想教益，尤在于引导人们培育'独立不惧，遁世无闷'的独立人格，提升人们的精神境界。《易传》明确指出：先哲作《易》，旨在'以此洗心'，故人称《周易》为'洗心经'。它诱导人们'崇德广业''遏思扬善'，少私寡欲，远离个人或小圈子的盘算，时时事事以国家民族利益为重；当政通人和的承平时期，能居安思危，励精图治，'先天下之忧而忧，后天下之乐而乐''乐以天下，忧以天下'。当承平日久，弊端丛生，积重难返之日，能奋起改革社会，'时行则行，时止则止''天变不足畏，祖宗不足法，人言不足恤'，铁肩担道义，兴利除弊，拯救社稷；或者独善其身，'不事王侯，高尚其事'，宁可'遁世无闷'，而不与世浮沉。当外侮侵凌，国难临头之际，则抱负'多难兴邦'的宏愿，挺身而出，'致命遂志'，内除国贼，外抗强敌，救民于水火，舍命保社稷。《周易》阐发的这种励志精神，激励了历代志士仁人，商鞅、王安石、王夫之、黄宗羲、林则徐、谭嗣同等，都是光辉典范。正如易学家十力先生所说，无数铁骨铮铮的志士，国家民族危难当头,敢想敢说,敢作敢为,'百兽踯躅,而独作狮子吼'。

《周易》思想,博大精深,举其精髓,不外启迪中华民族探赜索隐、极深研几的哲学智慧,激励炎黄子孙自强不息、厚德载物的民族精神,阐扬天下为公、万国咸宁的大同理想,培养贫贱不移、威武不屈的独立人格。千言万语,旨在激发炎黄子孙的豪迈气概与开拓精神,'为天地立心,为生民立命,为往圣继绝学,为万世开太平'。炎黄子孙的当今历史使命,正是要在马克思主义指引下,重振国学,复兴儒学,弘扬易学,光大祖国传统文化,中西融合,古今贯通,建设中华民族共有精神家园,全面建设社会主义和谐社会。"①

二、坚持象数、义理并重,推动易学健康发展

唐明邦先生研究《周易》和易学,有一个较大特点,就是着力打破义理与象数的壁垒,坚持象数、义理并重,重视推动易学应用的健康发展。唐先生到武汉大学后,开始研究象数,写了《汉代易学象数思维模式剖析》一文,把象数和义理结合起来,肯定汉代易学象数思维模式的特点,强调研《易》当象数和义理并重。

首先,唐先生作为一位哲学工作者,自然十分看重《周易》的哲学思想。他认为"《周易》的朴素辩证法思想,历来受到中国思想家的高度重视。在其《〈易经〉的辩证智慧》一文里,揭示了《周易》六十四卦中,乾坤、坎离、否泰、剥复、损益、鼎革、既济、未济等对偶卦组所蕴含的对立统一思想;揭示了易经关于日月盈昃,寒暑消长,四季更迭,草木荣枯,人禽死生等朴素变化观,及'介于石,不终日''履霜,坚冰至'等爻辞所显示的事物变化发展思想;揭示了'无平不陂,无往不复''其亡其亡,系于苞桑''亢龙,有悔'等爻辞所显示的事物向反面转化的思想;揭示了'密云不雨,自我西郊''东邻杀牛,不如西邻之禴祭,实受其福''包承,小人吉,大人凶'等卦爻辞所反映的关于具体情况具体分析的思想等。他在其《〈易传〉的辩证智慧》一文,详细阐述《易传》哲学,肯定其中蕴含着'天地絪缊,万物化醇'的宇宙发展观;'刚柔相推,变在其中'的变化内因论;'穷上反下,革故鼎新'的矛盾转化理论;崇尚'正中',注重'太和'的中和之道,以及'见几而作''与时偕行'的能动性思想。

其次,唐明邦先生以极大兴趣研究《周易》象数。他认为六十四卦的卦体,本身就是一个'象数错综'的网络结构。同一卦象蕴含着'贞悔(内外)关系、三才关系、等级关系、比应关系、承乘关系、爻位得失关系、中和关系、互体关系、错综关系'等。研究卦象,仔细掌握卦象之中一动而百动的网络关系,必能使人们的思维更加精密化。古人学《易》,玩辞、玩占、玩象数,正是看重其锻炼理性思维的

---

① 唐明邦:《〈周易〉思想的核心价值》,《天人之学》,中央编译出版社,2013年,第165—167页。

作用。他对汉代象数易学，有独到见解。解析了汉《易》象数思维模式的特征，指出，汉《易》存在'由辞观象，因象明理'的'卦象'比拟；存在'象外生象，曲意解经'的'互体'推导；存在'刚柔比应，贵在中和'的'爻位'分析；存在'人谋鬼谋，借辞拟议'的'爻变'启示；还有'方圆整齐，模拟造化'的'卦气'图式。他指出汉《易》象数学思维模式，有着形象化、序列化、图式化等特点。

唐明邦先生花费极大心血，深入研究了陈抟的《先天图》《易龙图》，和邵雍的先天易学。写了《邵雍评传》《陈抟评传》，对于刘牧的易数学、周敦颐的易象学，以及朱震、吴澄、张理、来知德等人的象数观和'唯象'易学新思想，都一一作了剖判，肯定他们对象数思维发展的独特贡献，同时指出他们各自的思想局限。唐明邦先生在象数与义理并重前提下，两个方面的研究都有独到见解，取得了可喜收获，为易学研究做出了示范。"①

还特别值得一提的是，是唐先生长期孜孜以求、苦心孤诣地搭起了'易学理论研究'与'易学应用研究'的桥梁，唐明邦教授自改革开放至今的三十多年来，一直十分重视易学应用研究的推动工作，为易学应用鼓与呼。一是在'精英文化'与'草根文化'的互相了解、互相包容方面，起到了任何人难以起到的重要桥梁作用；二是十分重视民间易学应用方面的研究与推动工作，不顾八九十岁高龄，亲自参加各种易学会议并作重要讲话，在提升正能量方面起着重要的教化作用；三是在民间重点人才培养、重要易学应用项目的研究上，呕心沥血，诲人不倦，成绩斐然，起到了一个老易学家的人梯作用。"②

三、发掘《周易》象数思维模式的特征

唐先生认为，象数思维是借助于《周易》的卦象和爻象进行形象思维、取象比类、触类旁通，以发展理性思维的一种思维模式，也可谓之通过象数加工思维内容的特殊思维方法。象数思维方式为中国独创，绵延数千年，久而弥新。先生总结其特征为：以"取象比类"为思维方法，以阴阳对称、刚柔相济为致思原则，以整体思维为其合理内核，以强调序列与层次、注重节律为突出优点。还指出象数思维包含了、整合了归纳与演绎、分析与综合，是先哲智慧的结晶。

唐先生指出："《周易》蕴含的象数思维方法，其所以称为太极思维方法，因其主要思维特征都同易学太极原理相联系。大体说来，包括四大特征。

（一）'取象比类'——象数思维的基本特征。从思维借助于卦象或物象而言，富有形象思维的特点；就取象的目的在于'比类'而言，有着逻辑思维的特性。因

---

①《玄圃耕耘五十秋》——《国际易经》，第12期，第15—16页。
②《国际易学年鉴1》，中国传统文化出版社，2016年，第233页。

此,这种思维方法具有形象思维和逻辑思维相互诱导的特征。

(二)阴阳互补,刚柔调和——象数的致思准则。这一准则不只表现在哲学上,并渗透在科学、技术及日常生活中,在中国美学、建筑学、中医学、养生学中普遍运用。甚至在政治原则中讲究刑德兼施,宽猛相济,上下和谐,张弛有度,也是这种思维方法的体现。

(三)整体思维——象数思维的合理内核。象数思维的内核就是引导人们随时把宇宙万物看作一个整体,由此出发去观察分析宇宙万物的运动,变化和发展,认为宇宙之没有绝对孤立的事物,事物之间无不存在相互依存、相互制约的关系。在卦象分析中,讲究卦体之中所固有的比类、承乘、互体、中和等关系,实是从卦象的整体着眼,评断其整体结构的内在关系。中国传统医学、药学、方剂学无不从整体着眼,进行分析评断。古代大至治黄工程,小至建筑设计,均不忽视从整体着眼进行全面协调,无不受太极思维影响。

(四)强调序列,注重节律——象数思维的突出优点。汉易卦气学说,十分注重星移斗转的自然节律。中国人的四季阴阳消长节律观念,在《礼记·月令》中有明确反映。易学中的十二消息卦,形象地反映了阴阳变化的节律。不少易图的结构,都有强烈的节律感。因此,唐教授建议重视研究易图学。

象数思维,从卦象或物象的具体形象出发,加以比类,'其称名也小,其取类也大'。由取象引出一般性结论,显示了具体与抽象、个别与一般的巧妙结合;同时,卦象是经过仰观俯察而归纳的结果,'比类'则是通过联想,进行演绎的步骤,这种思维方法又具备着归纳与演绎相结合的特点。一旦这种思维方法形成惯例,就构成中华民族的思维定式。与注重分析的西方思维方法大异其趣,东方太极思维模式,有更加注重综合的特征。"①

四、揭示易图的思维方法和认识价值

对于易图的思维方法和认识价值,唐先生认为:"易学发展史上,先后创制了数以千计的易图,成为易学的重要组成部分。易图的作用在帮助人们更好地领会易学思想,它是易学象数思维的延伸,学习易理的辅助工具。易图蕴含着易学家的智慧,巧妙地显示了中华思维的固有特色。易图是中华民族传播信息的一种特殊形式,成为易学思维的特殊载体,值得认真研究。

易图以直观形式表述抽象思想,简明的图式,涵括丰富的内容,对人们的认识有举一反三、一目了然的效用。因象以明理,会意以达用,在易学象数思维中易图具有多方面的思维特征:(1)通观整体,显示整体思维方法,乃易图象数思维的显

---

①《玄圃耕耘五十秋》——《国际易经》,第12期,第21—22页。

著优点。易图的妙用,正在于一目了然地显现万有变化的周期性及整体性开阔人们的视野,启示广阔的思路,洞察全局,预测未来。易图启迪思维的功效,大大超越文字和卦象的作用。(2) 突出序列,诱导人们牢固地树立序列观念,是易图象数思维的基本特征。(3) 显示层次结构,诱发人们探索事物的网络关系,是易图象数思维的深层内涵。(4) 注重周期循环,启迪人们掌握事物变化的节律,是易图象数思维的中心内容。(5) 讲求对称协调、阴阳互补、相反相成,是易图象数思维的致思准则。

易图在认识论上的价值大体存在两个方面。首先,对既有知识来说,它可作形式上的归纳,形成简约的图式,利于触类旁通,开阔思路,扩大知识范围。其次,对未知领域来说,通过易图的模拟诱异,摆脱表面现象的局限以引发联想,启发新知,激发顿悟。易图中卦象的超脱性,能诱发人们的奇思异想,成为通向科学思维的桥梁。莱布尼茨推伏羲选十四卦方位图,玻尔崇拜太极图,都是基于易图中的深刻意蕴。韩国国旗中的太极图与卦象,显然同中国《周易》文化中的意蕴有别,足以说明易图意蕴的超越性。①

五、突出《周易》蕴含的政治、伦理、管理思想

"唐明邦教授论定《周易》是一部古代经邦济世的政治经典。古代明君贤相、志士仁人无不从中汲取治理国家、安定社会、发展经济、文化的指导原则。《周易》已成为世界文化宝贵经典,对于开拓二十一世纪新思想,无疑有着借鉴意义。

唐先生突出地论述了易学政治思想,如君爱民,民爱国,坚信民为邦本;重礼教,明法制,实行刑德并施;严正家,善安邦,保障国泰民安;首安邦,主咸宁,缔造天下和平。唐教授指出《周易》一书,博大精深,所涵政治原则,十分丰富。蕴含着'崇德广业'的创业精神,'保合太和'的经世准则,'与民同患'的重民思想,'明罚敕法'的法治原则,'备物致用'的理财之道,'自强善世'的处世之道,'顺天应人'的革新精神,'居安思危'的忧患意识,'万国咸宁'的睦邻政策,'天下太平'的崇高理想等关于维护国家统一、增强民族团结的思想,富有民主性精华,有着极大的借鉴意义。

关于《周易》宣扬的社会伦理思想,唐教授也作了探讨。他指出:当前我们正处于社会转型期,思想领域不免产生某些消极因素,如极端个人主义、拜金主义、享乐主义等,向传统道德提出强烈挑战。《周易》中的伦理道德思想,对于树立社会主义道德风尚,建设社会主义精神文明,不无启迪借鉴意义。如《周易》强调,'立

---

①唐明邦:《易图的思维方式和认识价值》,《天人之学》,中央编译出版社,2013年,第280—286页。

人之道，曰仁与义'，反对麻木不仁，见利忘义；强调进德修业，尚忠尚诚，反对离心离德，欺上瞒下，弄虚作假；强调处世待人，贵宽贵和，反对心胸狭隘，对人尖刻；强调庄重谦虚，不谄不渎，反对谄媚逢迎，盛气凌人，傲气冲天。唐教授研究《周易》常能从时代精神出发，发掘易学思想精髓。他说国有国魂，军有军魂。周易文化之精髓，就是中华民族的民族魂。'自强不息'的主体意识，'厚德载物'的包容意识，'革故鼎新'的革新精神，'居安思危'的忧患意识，构成了伟大中华民族的民族精神。对此进行深入研究，予以发扬光大，提高人们的精神境界，对于建设社会主义和谐社会、实现中华民族伟大复兴的中国梦是有极大帮助的。"① 对中国管理智慧，唐先生在《当代易学与时代精神》中，作了全面的梳理与提扬，阐明了《周易》宣示的"管理枢要"。认为"中国人从来就善于管理，积累有丰富的管理资源，历代明君贤相、志士仁人，创造了高明的管理艺术。在治国、理财过程中，无不坚持'崇德与广业'并重、反对为富不仁；'备物与聚人'兼顾，反对见物不见人；'自强与合众'结合，反对独断专行；'进取与忧患'同步，反对急功冒进。主张坚持整体观、矛盾观、发展观等太极思维方法。"②

六、注重《周易》哲理、象数对古代科技发展的影响

"唐明邦教授早年，曾对恩格斯《自然辩证法》十分感兴趣，后来对中国古代科学技术中的发明创造，特加注意。对于中国传统医药学也情有独钟。20 世纪 80 年代，他撰写了《李时珍评传》《本草纲目导读》。他着意探讨古代科学家在从事科技发明创造时，是采取何种手段锻炼、提高思维能力的。中国古代科学家在缺乏几何学、代数学、微积分等数学方法训练思维的条件下，能在探索自然奥秘时获得优异成果，其奥秘何在？这是他所深思的问题。

唐先生认为，《周易》和易学中蕴含的象数思维模式，在古代科学技术发展中，实际上起着助产师的作用，它促使科学家们解放思想，勇于探索，得心应手而多有创获。他在其《周易象数与古代科学》一文中，曾作了深入探讨。大体说来，涉及五大方面。

古代天文学，借《周易》象数显示星移斗转的天象运行周期。易学象数本是从仰观天文、俯察地理而来，为天文地理所借用，实属自然之事。古人观测天文，制定历法，需要辅助知识，易学象数成为常用的逻辑符号。《隋书·律历志》论述天文历法同易学象数的密切关系，指出："夫历者，纪阴阳之变通，极往数以知来。可以迎日授时，先天成务者也。……至乃阴阳迭用，刚柔相摩，四象既陈，八卦成列。

---

① 《玄圃耕耘五十秋》——《国际易经》，第 12 期，第 17—18 页。
② 唐明邦《耄耋忆征程》，第 124 页。

此乃造文之初始，创历之厥初者欤？"汉代易学家首创的卦气、纳甲、爻辰等学说，无非表明星移斗转四时变化的节律，实乃乾坤之间阴阳二气的对立、转化的显现。

古代地理学，借用易学象数标志地理分野的坐标系统。古人假天球分区方法，作地理分野，用天上的星宿对应地上的州县，以体现天地相应原理。这一思想起源较早。到了汉代，易学家用八卦制定地平坐标系统，子午为经，卯酉为纬，对应于震东兑西、离南坎北之四正卦，既表东南西北四方，同时又标志春夏秋冬四时，构成东方文化中特有的时空统一观念。这一观念对于中国传统医学、养生学、农学都有着深远的影响。

中国传统医药学，受《周易》象数思维影响甚深。《黄帝内经》是奠定中医学理论基础的经典。它在总结中华民族医疗实践经验，创立独具特色的理论体系时，借用《周易》哲学原理和思维模式。易学中的朴素辩证法思想，如"三才"统一的整体观，阴阳协调的"中和观""天地节而四时成"的节律观，"唯变所适"的"常变观"等，都在中医理论中打下深刻烙印。易学象数思维模式，无论在医学理论还是本草学、方剂学理论中，都有广泛使用，唐教授对此作过详细论述。

针灸、气功，借易学象数总括天人统一节度。医易相通，古有明训。《帝王世纪》说："伏羲画八卦，所以六气、六府、五行、五藏、阴阳四时，水火升降，得以有象，百病之理，得以有类"。医学中的"五运、六气"学说（简称运气学说），是用干支八卦表述的。针灸、气功，离不开运气理论，故有赖于熟知易学象数。宋代易学家邵雍《击壤集》中诗云：'耳目聪明男子身，洪钧赋予不为贫。须探月窟方知物，未蹑天根不识人。乾遇巽时观月窟，地逢雷处识天根。天根月窟闲来往，三十六宫都是春'。把握四时阴阳消长之节律，对于医疗、针灸、气功、丹法都十分重要。关于四时阴阳消长节律同易学象数模式的密切关系，唐教授作了多方面的剖析，令人信服。

古代乐律，借用《周易》卦爻象表征律吕损益法则。自汉代始，学者往往律、历并称。律，指乐律，历，指历法。二者本不相牟。其所以将其相提并论，是因为二者均须借用易学象数进行复杂精密的数学演算。古代乐律采用十二律制，大致相当于现代音乐中的十二个调。十二律分阴阳两大类，六阳律，称"六律"，六阴律，称"六吕"。十二律是用12个长短不同的律管吹奏出来的12个标准音来确定的。计算这12个不同律管的长度，数学演算相当复杂，古代借助于易学象数。古人发现12律管的长度，存在一定比例关系，称"三分损益"关系。易学家们采用乾坤二卦的爻象代表六律（乾六爻）、六吕（坤六爻），制成'纳音图'，表征律吕之间的"三分损益"法则，为数学演算提供方便。

七、疏理长江易学发展脉络

唐先生晚年致力于长江易学的研究工作，与汪学群合著《易学与长江文化》一书。书中粹取不同历史时期 30 余位有代表性的易学家，剖析其易学著作及易学思想，从而系统地清理长江文化中易学发展的历史进程及其特殊贡献。

唐先生在《易学与长江文化》书中写道："'长江易学，乃我国长江流域易学家的易学著作、易学思想之总称。绵延两千余年，涵盖巴蜀、荆楚、吴越三大文化区域'。此书将长江易学发展分为四个历史时期：两汉隋唐时期，是长江易学发展的早期，易学象数学与易学义理学，先后兴起，引《老》解易的道教易学和援《易》入佛的佛教易学初露头角；宋元明时期，长江易学呈现百花齐放的繁荣景象，虽仍分象数与义理两大学派，其内部又各有分支。此时义理易学派占据主导地位，而象数易学依然发展，形成别开生面的图书之学；清代，长江易学经历巨大变革，进入跨时代的转型期，图书之学受到批判，形成独尊汉学局面；而另辟蹊径的数理易学出现，令人耳目一新；自鸦片战争至新中国建立，长江易学脱离经学藩篱，进入近现代的新时期，人文易，蔚然兴盛；科学易，破块启蒙；考据易学，大为行时；易古史学派，卓然兴起；宣告了《周易》经学研究的终结，预示着以马克思主义为指导的新易学的来临。

唐先生归纳长江易学的历史特点和独特贡献，从四个方面作了论述。

第一，在易学史上，长江易学营建了易学新体系，开辟了研《易》新思路，探索了释《易》新方法。扬雄的《太玄》、邵雍的'先天易'，是营建易学思想新体系的典型；焦循的数理易学，开拓了研究易学新思路；杭辛斋以西方近代科学释《易》，贡献了释《易》新方法。

第二，借重易理发展中国传统哲学思想，营建中国人的宇宙观、人生观，改进思维方法。长江易学的哲学代表首推王弼，中经朱熹，后有王夫之，将易学哲学不断推向新的高峰，大大发展了中国传统哲学的宇宙观和辩证思维方法，对中国哲学的发展做出重要贡献。

第三，热衷于《周易》象数分析，总结象数易学成果，发展象数思维方法。长江易学的象数学派代表人物，前有三国时虞翻，中有宋代周敦颐、朱震，后有明清之际方以智。他们创建的易图，和以象释易的思路，推进了象数思维的发展，补救了义理易学之偏颇。

第四，长江易学的另一特征是同道教、佛教联系密切，《易》《老》结合，引佛释《易》，蔚然成风。开道教易学之先河者，乃汉代魏伯阳，引《易》《老》解析丹法而著《周易参同契》。天师道长范长生（蜀才）、道祖陈抟等，都对道教易学有新发展。引《易》证佛者首推禅师石头希迁，而集其大成者乃明代高僧智旭，以佛解

《易》而著《周易禅解》，唐老对他们的思想都做了深入研究。"①

八、深研先天易学，《邵雍评传》引发邵雍研究热

怀着对邵雍这位先贤圣行的崇敬之心，唐明邦先生在总结20世纪研究邵雍思想的学术成果的基础之上，撰写出关于邵雍思想的综合性著作《邵雍评传》。

该书对邵雍的生活时代、生平事迹、政治思想、人生哲学、先天易学、后天易学、认识论、思维方法诸方面作了客观评述，充分展示邵雍的思想风貌及其在中国思唐先生对邵雍其人及其思想作了如下评断："邵雍的一生很平凡，其思想则丰富而深刻。我研究中国哲学四十年，神交古人不下一百，邵雍式的思想家，在中国思想史上，并不多见。邵雍无愧为一代鸿儒，却又堪称高隐的学术名流；他精通儒门经典，力行儒家纲常，一派仁者心胸，故能从祀孔庙；但他'儒风一变至于道'，成为道家隐士，三次谢绝入朝为官，隐居洛阳安乐窝中，成天只面对一部书《皇极经世》)、一卷诗（《击壤集》)、一炷香（供伏羲)、一樽酒（自饮自歌)，过着'闲来四物幸相亲'的隐士生活。邵雍可谓是一位集'经世'情怀与'避世'态度于一身的洛阳怪杰；一方面身居畎亩，心忧天下，在书中总结历史经验，臧否历史人物，有爱民之心，存济世之志；另一方面，他又'小车儿上看青天''花前有酒花前醉'，乐于做个清静无为的隐君子。邵雍的一生，充分展现了出入造化、进退古今、玄思宇宙的哲学家的气质，同时又显示了特有的诗人风范，他'醉后高歌诗千首，赢得亲朋唱和声'，风花雪月，一诗吟就；传抄百家，洛阳纸贵。不用说，他还具有博古通今的史学素养。九畹兰心凝史慧，一身浩气布春风。风月情怀，安乐窝中吟今古；江山气度，天津桥畔衍乾坤。这就是我心目中的邵雍。"②

"《邵雍评传》清理了先天易学的宇宙本体论及其运化准则；阐述了先天象数学关于宇宙万物衍化的数学图式；廓清先天易学的历史观，将其'元会运世'的历史衍化进程，视为弥纶天地的世界历史年谱，将其'皇帝王霸'历史观，视为别开生面的中国历史年鉴编纂思想；肯定邵雍的先天易学实为关于宇宙结构的创造性探索，其整齐划一的象数序列图式，构思奇妙，超越传统易学思维框架。"③《邵雍评传》一书自1998年出版发行以来，广受欢迎，从而引发研究邵雍热。

九、长期钟情"堪舆"，为风水文化正名

唐明邦先生晚年对风水文化情有独钟，他虽然不研究具体的风水术，但对风水文化的理论基础、基本特征、核心价值等进行了深入的研究。长期敦促相关人员要

---

①《玄圃耕耘五十秋》——《国际易经》，第12期，第22—24页。
②唐明邦《耄耋忆征程》，第115页。
③徐勇，伍先飞：《唐明邦教授学术访问记》，《周易通雅》，武汉大学出版社，2010年，第318页。

加强对风水文化的研究，使风水术从草根文化上升至风水学的高度，在大力推动风水文化的继承、完善和发展上，做出了卓越贡献。

2004年9月，"风水文化与健康地产研讨会"在人民大会堂隆重举行。唐先生以国际易学联合会顾问的身份，发表了关于风水文化的论文《建筑风水文化的哲学思考》。他从四个方面揭示风水文化的哲学底蕴，认为"天人统一"学说是风水学的理论基础；"太极思维"是风水学的思维模式；"燮理阴阳"主导风水学的价值取向；"顺天休命"乃是风水学的终极目标，还论及直觉思维是风水术成功的奥秘等。

此后，唐先生多次出席风水文化学术会议，并在发表的论文和多种场合讲话中，乐于为弘扬风水文化摇旗呐喊，为风水文化正名，为风水文化揭去草根文化的帽子，使之升华为荣登大雅之堂的一门新式交叉学科，提出了推进风水文化发展的一系列观点。

在给练力华老师领衔编著的《中国环境地理学》的《序》中，唐先生开篇即说："我对源远流长的环境地理文化情有独钟，一直致力于推动地理文化的普及和研究工作。久欲寻求一部地理学专著，目的是一窥其中的奥妙，以增长对此文化奇葩的基本知识，也可为后学提供一部相对权威的传统环境地理学教材。"

唐先生系统阐释风水文化与周易的密切关系，指出风水文化的理论基础的主体是周易原理；首次从哲学的高度，阐述了风水文化的核心价值；指出风水文化是协调人与自然关系的有效准则；首次系统论述了风水文化的基本特征；首次提出要建立当代风水学新范式的概念和构思；提出风水文化要"规范操作规程"的重要思路；提出风水文化人不仅要懂"术"，还要懂"经、史、理"的治学原则；提出当今风水文化人提高综合素质的途径和方法等。

唐先生对国际易联副会长、原国际易学风水研究院院长练力华老师及其研究风水文化的团队非常重视并寄予厚望，经常告诫我们：做学问要"板凳甘坐十年冷，文章不容一句空"，要肯下苦工夫，"耕田但期千顷绿，掘井不辞万丈深"，要认真学习"两典"，即马克思主义哲学经典和易学经典包括风水文化的经典，要不负于新时代赋予的历史使命，要努力创造新成果，培养一代宗师。练力华老师及其团队不负唐先生厚望，在唐先生的拳拳关心与具体指导下，编著出版了《中国环境地理学》一书，拿出了中国传统风水学的新范式，给了唐先生心理以莫大慰藉。

唐先生钟情风水，还可从他的日常足迹中略见一斑，足见其对风水文化的极度关注。他曾在闻喜县宰相村题写对联：上联"易经能知天下事"，下联"风水总关天地人"；还吟有《堪舆时兴吟》诗："观乎流泉相阴阳，觅龙认砂审明堂。天人和谐胜景美，四灵协调魅力强。聚气藏风碧空净，利生惠民福瑞长。东方奇葩向阳开，堪舆绝学显辉煌。"

"六十多年来，唐老勤于读书、思考、著述与讲学，学而不厌，诲人不倦，献身祖国传统文化的创造性转化的事业，为现代化文教事业的发展奋斗不息！他晚年一再申言，要'重振国学，复兴儒学，弘扬易学，光大祖国传统文化；中西融合，古今贯通，建设中华民族共有精神家园，全面建设社会主义和谐社会'。这是他的为学主旨，也是他的心声与宏愿，并念兹在兹，身体力行！"[①]

唐明邦先生淡泊明志，为人谦和，自强不息，厚德载物，胸怀坦荡，光风霁月，与时俱进，勇于创新，钩深志远，探赜索隐，提携后进，不遗余力。唐先生年逾九旬，但他休而不休，仍心系易坛风云。他期盼易林新秀茁壮成长，易学研究百花齐放，学术成果不断涌现，易学思想光辉永放。吾辈当继承先生遗志，自强不息，加倍努力，为弘扬优秀传统文化、光大易学思想、构建和谐社会、实现中华民族伟大复兴的中国梦做出新贡献。

作者简介

张长青，男，国际易学联合会易学应用研究会副会长，《国际易学年鉴》执行主编；中国建筑文化研究会人文环境风水研究院专家委员；中国风水学研究会副会长兼秘书长；中国专业人才库高级建筑堪舆咨询师。师从练力华老师，为杨公风水元极门第四代弟子；参与编写正式出版风水专著《中国环境地理学》（合著，练力华任编著），发表易学论文多篇。

---

① 唐明邦《天人之学》——郭齐勇《序》，第6页。

唐明邦的风水文化观

练力华

唐明邦先生的学术思想包括范围之广,研究之深,并不多见。大而论之,包括中国哲学、易学、儒学、道学、佛学、中国古代科技等方面,而其整个学术思想的主线和灵魂,是易学。

唐明邦先生研易的一个鲜明特点,就是认可与肯定易学应用,他不仅对易理有深入而广泛的研究,收获颇丰;而且对象数占的重视与推动,亦毫不逊色。与部分易学大家只研究易理,不敢与象数沾边的治学原则,形成鲜明的对照。他在中国易学界之所以享有崇高的地位,与其对易学象数占的研究、重视与推广中所取得的成果,密不可分。本文仅从唐明邦先生对易学象数占范围内的风水文化的看法、认识与研究成果,作一初步的探讨,旨在探赜索隐,探骊得珠,正确看待风水文化,为风水文化正名。

作为唐老师的弟子,笔者长期接受其两方面的教诲与指导:一是在哲学上的世界观、人生观、价值观这"三观"方面以及如何研究周易的义理上;二是在传统风水文化上高屋建瓴地点拨与指导。大体上,唐先生在对象数占的研究与推广中尤其钟情于风水文化。特别是在 2004 年"风水论坛"开进人民大会堂以后的十多年时间里,从他在各种会议、各种场合的讲话及发表的论文中,可以清晰地看到唐先生对传统风水文化的一系列观点。在他晚年的十多年时间里,因他经常在深圳"过冬",每年大约有四五个月的时间在深圳,笔者受教的时间较多,加上笔者的研究方向就是风水文化,所以对他的风水文化观,领会颇深。下面所述,均为唐先生发表在相关刊物上的署名文章或为某书所作的序,有据可查,小标题或为他的原话,或为笔者按其文意提炼而成。

(一) 对源远流长的风水文化持肯定态度

唐先生在给笔者领衔编著的《中国环境地理学》的《序》中,开篇即提出:

"我对源远流长的环境地理文化情有独钟,一直致力于推动地理文化的普及和研究工作。久欲寻求一部地理学专著,目的是一窥其中的奥妙,以增长对此文化奇葩的基本知识,也可为后学提供一部相对权威的传统环境地理学教材。

现在《中国环境地理学》书稿陈放在案头,初读之余,受益良多。我觉得该书有如下几个鲜明特点。"①

在《国际易经》杂志总第 17 期上，唐先生发表的署名文章中指出："建筑风水文化，历史悠久。它是总结数千年来构建天人合一居室环境的丰富经验而形成的文化思想体系。营造阴阳和谐、藏风聚气的居室环境，自古以来就是人类追求的共同理想。天人合一理论，是风水理论的基础，如果抽掉天人合一的哲学原理，风水学就会失去其活的灵魂。

风水文化，肇自远古。原始人类，穴居野处，对其洞穴的朝向和附近的水源，必经周密考察。周朝的始祖，迁居岐山之前，'先要相其阴阳，观其流泉'，已有风水观念的萌芽。汉代已有风水著作行世，东汉思想家王充，开始批评风水术，足见风水术在那时已普遍流行。存在的风水学经典著作，有晋代郭璞的《葬书》、王微的《黄帝宅经》，唐代杨筠松的《青囊奥语》和《撼龙经》，这些书已成为风水学的成熟之作。唐以前的风水书，多属形势派或峦头派作品，主要探讨龙、砂、穴、水等问题，为风水术奠定思想理论基础。宋代以降，河洛之学兴盛，理气派如玄空派乘机异军突起，着重探讨河洛之理、阴阳之变，根据七政之常变，推演气运与气势，对风水文化做出划时代的新发展。从此峦头、理气二派，长期共存，竞长争高，各显其能，共同推动风水文化的发展繁荣。"②

2016 年，唐先生在给《建筑文化》杂志中韩毅先生主办的"人文环境风水文化专栏"所写的《发刊辞》中指出："中国人文环境风水文化，早在三千多年前就已萌芽，《诗经·公刘篇》颂扬周王室先祖公刘在选择新建家园地址时，已定下'观乎流泉、相其阴阳'的方针，旨在营建一个阳光充足、空气清新、水源安全、人与自然和谐相处的美好家园。数千年来，风水文化上应王侯之需，下符百姓之好，不断发展繁荣，历久弥新。

风水文化同中国优秀传统文化中作为大道之源的《周易》和智慧之海的《易学》，从来有着千丝万缕的联系。《周易》阐发的天人合一思想可谓风水文化之灵魂，历代风水名家无不奉为指导原则，其基本理论、思维模式、价值取向、终极目标均深受《周易》思想的启迪与指导。中华风水文化早已在传统文化中扎下深厚根基。由于有风水文化的滋养，和传统医学的捍卫，我中华民族不断繁衍壮大，平安生息、安然雄立于世界民族之林。

21 世纪，中国风水文化欣逢千载难逢的机遇，政局的稳定，经济的繁荣，物阜民康，催生无数高楼大厦拔地而起，新的乡镇星罗棋布，风水文化人忙碌奔波，应

---

① 练力华：《中国环境地理学》，中央编译出版社，2014 年，第 4 页。
② 唐明邦：《风水文化的久远魅力与当今价值》，《国际易经》，第 17 期。

接不暇。学习历代风水文化典籍，总结新的风水实践经验，二者相结合，促使新的风水文化著作，新的风水文化群体不断涌现。作为草根文化的风水典籍，开始升华为新的学术著作范式，并进入高等学府的讲坛。在建设部和文化部的大力支持下，2016年1月，中国建筑文化研究会人文环境风水研究院得以应运而生。此乃学术文化界的大好事，甚感欣慰。

人文环境风水研究院任重而道远。当前任务在进一步为风水文化正名，为风水文化揭去草根文化的帽子，使之升华为荣登大雅之堂的一门新式交叉学科。应将风水文化的核心价值研究透彻，做出掷地有声的论述，令专家教授，及广大群众都心服口服，公认它是一门值得注重的学科，不再投以歧视目光。"

（二）指出风水文化是协调人与自然关系的有效准则

在《国际易经》杂志总第17期上，唐先生发表的署名文章中指出："构建和谐社会必须正确处理好两大类关系：一是人与人之间、个人与社会之间的关系，旨在促成政通人和、国泰民安的政治局面；一是人类同自然之间的关系，旨在改善人类的生存环境，实现天人和谐、身心康泰的愿望。

中华民族在处理、协调人同自然的关系方面，数千年来已积累了丰富的实践经验，总结出一套行之有效的准则，积淀成独树一帜的文化体系，这就是风水文化。"①

"风水文化的表现形态，是一种方术。这种方术的实用价值是：在客观存在的山峦、水泉同人们的居室建筑之间，架上一座相互联结的无形桥梁，在二者之间发挥特殊的媒介作用。山峦起伏、水泉流淌，本属自在之物，一经风水师的勘察，相其阴阳，观其流泉，判其明堂，定其朝案，自在之物，顿时鲜活起来，展现其迷人的风采，提升其格外的身价。

居室建筑，在选址、定基之前，仅停留在理想计划之中。一经风水师勘察定穴，建筑师精心设计、兴建，普通居室，有了青山环抱，水泉萦绕，就显得格外气派，平添东方神韵。居处、作息于其中，令人心旷神怡，获得美的享受，心情更加舒畅。马克思曾经说过：'一种美好的心情，比十副良药更能解除生理上的疲惫和痛楚。'可以毫不夸张地说：掌握风水文化精髓的高明风水师，善于勘察龙脉，燮理阴阳，营造'藏风聚气'的风水宝地，堪称构建天人和谐生态环境的精巧设计师。

生活在大地上的人们，谁不希望有一个山清水秀，阳光充足，阴阳调和，藏风聚气的良好生活环境，以保障身心健康，子孙昌达，事业亨通？这样的期望与追求无可厚非。为追求和实现这种良好愿望，人们不得不求助于中国建筑风水文化。只有这种独特存在的东方风水文化，才具有如此的永恒魅力，帮助建筑物展现其美轮

---

① 唐明邦：《风水文化的久远魅力与当今价值》，《国际易经》，第17期。

美奂的东方神韵,令人倾倒。当前,在美国和西欧,同时掀起一股'风水热',绝非偶然,它是中国风水文化走出国门、风行世界的表现。"①

(三)阐释风水文化与周易的密切关系,指出风水文化理论基础的主体是周易原理

唐先生在为蔡镇远先生撰著的"千年堪舆"《西垂未央》《月泛金瓯》《二龙戏珠》等系列著作的《序》中指出:

"中华建筑风水文化,已有数千年发展历史,它同作为大道之源的《周易》有着千丝万缕的联系。风水学的基本理论、思维模式、价值取向、终极目标,无不深受《周易》思想的影响。风水术的核心价值及永久魅力在于调试人与自然的关系,改善人类的生活环境,以实现天人和谐、身心康泰的愿望。

天人合一理念,堪称中华风水学的灵魂。这一理论的完整论述,莫如《周易》。《周易》指出:'大人者,与天地合其德,与日月合其明,与四时合其序,与鬼神合其吉凶。'这里所谓鬼神,并非超自然的神怪,而是指的化生万物的元气及其一归一伸的变化。天地之间,阴阳二气一归一伸,一聚一散,化为万物。人类每时每刻,都要与大自然交换物质,交换能量,交换信息,时刻注意保持阴阳和谐,以维护身心健康。"②

唐先生对风水文化的理论基础的认识,也是不断深入的,上面的论述多停留在"天人合一"理念上。笔者在以后撰写《中国环境地理学》时,他就要求要用专门一章的篇幅从多个角度来论述风水文化的理论基础。并认真的跟我讲:理论基础是一门学科赖以产生和成立的基石,是该学科尚未产生前就已经存在并经认可的一种具有普遍性的理论,或者说是某学科得以产生的理论依据。他还一再强调,风水学的理论基础,除了周易原理中的天人合一理论、阴阳五行思想外,还有周易中的八卦模型、整体思维模式、常变贯通法则,以及非周易的元气自然说,河图与洛书等。可以说,《中国环境地理学》第一篇的三章,即第一章"构建当代传统环境地理学新范式"、第二章"传统环境地理学的理论基础"、第三章"传统环境地理学的物质基础",均是在他的悉心指导下撰写出来的,从思路、提纲、到各种理论的表述,他都亲力亲为,初稿出来后,还认真审查修改。所以,该篇的亮点均是反映了他的思想。

他在对该书所写的《序》中指出:

该书"对传统地理学的理论基础的阐述,颇有新意。过去,人们对传统环境地理学理论基础的阐述,多只局限于天人合一、阴阳、五行、八卦学说。该书在此基

---

① 唐明邦:《风水文化的久远魅力与当今价值》,《国际易经》,第17期。
② 蔡镇远:《西垂未央》,中国文艺出版社,2013年,第7页。

础上,首次提出'元气自然学说是地理学理论的核心'。先哲认为'天地未分之先,元气混而为一谓之太极'。太极生阴阳,阴阳生八卦,八卦衍生万象。地理学正是秉持中国哲学史上传承的元气学说作为地理学立论的根基,寻龙、认砂、识水、选址,无非为了调和阴阳之气,以营造生机盎然的居室环境而已。同时,该书还首次提出'整体思维模式是地理学的思维范式''常变贯通法则是地理学的魅力源泉'的新观点。《周易》所阐述的太极思维方法,实质上是整体思维方法,注重把任何事物视为一整体,防止形而上学的片面性。在地理操作过程中,时刻注意地理环境存在的多重矛盾,无论山与水、形与气、阴与阳、常与变等,无不存在对立统一的矛盾关系,要加以正确分析,统筹兼顾,不可顾此失彼。鲁莽的地理师往往囿于一偏之见,夸大一方,忽视另一方,造成无可挽回的损失,远离天人和谐、趋吉避凶的目的"。[①]

(四)首次提出要建立风水学的新范式概念,并提出不少很有智慧的建议

自 2004 年风水论坛开进人民大会堂后,他多次向我提出,传统风水文化能够传承几千年,肯定有它存在的理由。当然也肯定存在不少糟粕,而且历史上多数时期均处于"草根文化"的状况。原因何在?他说重要原因是风水之书不规范,良莠并存,体系庞杂。他不断给我"加压",说当务之急,就是要建立当代风水学的新范式,撰写出一套科学的、有完善学理体系的风水学教材,使风水术变成风水学,让"学院派"能够认可,让主流意识能够逐渐认可。

他说,范式的概念和理论是美国著名科学哲学家托马斯·库恩提出的,是一个共同成员所共赏的信仰、价值、技术等的集合。范式,归根到底讲,是某一学科的理论体系,是一门学科的世界观、方法论和工具,因而是一门学科必须首先要回答的问题。

那么,当代风水学的新范式即风水学的理论体系应该如何去构建?笔者在《中国环境地理学》中提出了五个方面的内容:"一是风水学的学科属性与学科地位的界定";二是风水学的"理论基础与物质基础的阐述";三是风水学"基本理论的取舍";四是风水学"操作要领的继承与创新";五是风水学"历史进程的科学梳理与风水著作的甄别"。说实话,这是一个庞大的系统工程,工作量大,难度更大。在唐先生的一而再再而三的"催逼"下,笔者组织了一个团队,写出了初稿,没想到他还比较满意,他在《序》中说:

"该书开宗明义,有志于为 21 世纪的传统环境地理学构建一个新范式,此论深副我意。我深深觉得实现这一抱负难度甚大,任务艰巨。传统地理文化是否堪称一门学科,尚有争议。一般人认为它是扎根民间的一种草根文化,难登大雅之堂。加

[①] 练力华:《中国环境地理学》,中央编译出版社,2014 年,第 5 页。

之地理文化派系复杂,各有所长,欲构建学科范式,未免难上加难。练力华同志和他的团队,众志成城,敢淌深水区,摒弃门户之见,兼收并蓄,立论公允,居然拿出了中国传统环境地理学第一范式,无疑是一大首创,其敢开风气之先的精神值得肯定;该书中阐述的当代传统环境地理学新范式的基本内容,有理有据,令人信服。"①

同时,建立新范式,首当其冲的就是对风水学的定义作出科学的表述,前人起码有几十种风水定义,唐先生也亲自列出了4条定义,在几经锤炼后形成本书现在的定义。他在《序》中说:

"前几年,我曾请教过多人,传统环境地理学的定义如何?其核心价值何在?很难得到满意的答案。而今该书已开门见山,作了明确回答,写道:'传统环境地理学是研究人与自然和谐相处基本规律,选择和营造生气,为各式建筑物选址、定向和布局提供最佳方案的学问和技术,是融天文、地理、建筑与造园等文化于一体的交叉学科。'这一定义的可取之处,首在明确地理学的研究对象是人与自然和谐相处的基本规律,其核心价值在于促成天人统一,一语道破历代地理先贤的心声;同时点明地理学是一门融合多种学术,具有交叉学科属性的特征。这一定义无疑揭示了地理学的本质和核心,也可以解除人们对地理学的一些困惑。"②

(五)首次系统论述了风水文化的基本特征

在《国际易经》杂志第17期上,他发表了署名文章,全面论述了风水文化的基本特征。他说:

"风水文化,在神州大地一花独放,已有近5000年的漫长历史。它是中国建筑学的一个特殊组成部分,正因为有了它的点缀,中国建筑理念乃同西方建筑理念大异其趣,而富有东方色彩。风水文化的种种特征,都是耐人寻味的。

风水文化的第一个突出特征,在于它的草根性,可以名正言顺地称之为'草根文化'。与学院式的'雅文化'大不相同,不管社会上政治风云如何变幻,它始终扎根于民间沃壤之中,生根开花,默默滋长;它形态粗放,缺乏学院文化那样的深刻精致的理论体系,少有为自己公开申辩的宏篇大论、大块文章。但它有着口耳相传的独家秘籍,和一脉相承的操作规范,更有着令人倾倒的神秘魅力,故能受到上自帝王下及百姓的特别青睐。

其次,风水文化的另一重要特征,在于它同中华传统主流文化有着浓厚的共通性。它同儒家、道家文化存在千丝万缕的联系,同《周易》文化更加血缘深厚。'草

---

①练力华:《中国环境地理学》,中央编译出版社,2014年,第4页。
②练力华:《中国环境地理学》,中央编译出版社,2014年,第4页。

根文化'本身往往被认为难登大雅之堂,然而它却同'雅文化'有不少共同语言、共通概念。它与'雅文化'同属中华传统文化百花园中的不同支系。河图,洛书,太极图、阴阳、五行、先天八卦、后天八卦等易文化中的图象和概念,在风水文化中同样广泛运用;三才统一思想,天人合一理论,阴阳升降,五行生克等思维法则,支撑着风水文化的思想体系,水乳交融,密不可分。

再次,风水文化既是独树一帜的特殊文化形态,又有着极大包容性。有如海纳百川,它涵蓄着诸多文化因素。除了传统哲学,还有天文、地理、历法、生态科学、环境科学以及人伦、心理、审美等诸多文化因素,都被其容纳吸收,为我所用,一起整合在自己的思想体系中。因此,研究风水,涉及更多文化知识,必须具有广博知识结构。

此外,风水文化更突出的特征,表现为具有某种神秘性。同雅文化不同,它不完全是由理性知识构成的文化体系。除具备一定理性思维外,还富有非理性思维成分,即神秘莫测的直觉思维因素。居室环境对人们生理、心理的影响,既有来自显形层面的实体,亦有来自隐形层面的意念。因此,判断某一居室环境的好或坏,有利或不利,不完全依靠对建筑物的显形层面所作的理性分析;对其隐形层面的判断,则依赖于'神而明之,存乎其人'的直觉思维。

总之,风水文化的诸多特征,集中一点,旨在观天文、察地理,'相其阴阳之和,尝其水泉之味,审其土地之宜,观其草本之饶,'综合思考,权衡得失,然后定其穴,立其基,再兴土木。无论建筑物属宗法血缘式的聚落结构,或闾里群居式的街坊结构,都能做到自然环境与建筑空间的和谐统一,使人与自然融为一体,人居其中可安享心旷神怡之妙境,获得身心康乐之福祉。"①

(六) 首次从哲学的高度,阐述了风水文化的核心价值

在2009年中国建筑文化中心举办的第六届易学与建筑文化高层论坛上,他在讲话中指出:

"任何一门学科都有它的核心价值。风水学的核心价值,在于诱导人们认识生

存环境的客观规律,达到人与自然和谐相处,保障人类的幸福安康、身心舒畅。"②

在他的具体指导下,笔者在撰写《中国环境地理学》时,吸收了他的主要观点,提出风水学的核心价值在于:

1. 保合太和,实现兴旺吉祥。风水文化的一个重要的原则是"和合""中和"。

---

① 唐明邦:《风水文化的久远魅力与当今价值》,《国际易经》,第17期。
② 唐明邦:《深研易理,彰扬风水文化的核心价值》,《国际易经》,第25期。

在高矮、长短、远近等的处理上，需高者削之、低者填之、长者损之、短者益之、远者蔽之、近者开之等，这是风水文化必须遵循周易"保合太和"理论的一个体现。只要遵循这一理论，方能达到兴旺吉祥的目的。

2. 燮理阴阳，追求自然之美。风水文化的核心在于阴阳两字，只有燮理阴阳，即阴阳平衡，方能真正知天，认知天行有常；顺天，顺应自然；参天与造天，参天之化育，助天成化，趋利避害。

3. 执常迎变，选取最佳时空。常者，普遍规律也；变者，随机变化的偶然性也；时者，元运、太岁、寒暑也；空者，穴位、选址也。只有系统把握普遍性与特殊性的关系，执常迎变，方能选择最佳穴址并在最合适的时间兴建坟宅，这是风水学为人造福的最核心的价值所在。

4. 与时俱进，推动生态平衡。风水学的研究对象与核心价值，均在于协调人与自然和谐相处的问题。在当代生态环境建设中，引入风水理论与技术，势必事半功倍，这也是风水文化在当代的核心价值的充分体现。

上述四条，二、三条是唐先生的原话，一、四条，是对其多次讲话的意译。他从哲学的高度所阐述的风水文化的核心价值，可以为风水文化正名提供理论依据。

在为蔡镇远先生撰著的"千年堪舆"系列著作的《序》中，唐先生指出："风水文化对今人的启示，主要在于启示人们对自然要保持一种爱护态度，应充分认识到大自然是人类的母亲，是人类的衣食之源。谁要与自然为敌，随心所欲地征服它，是十分愚蠢的。风水文化是从人们长期与自然和谐相处的实践经验中总结出来的，是采取统计概率的形式表达的。它经历了千百年的时间检验，及广袤地域的空间实践，具有充分的统计学价值和应用价值，既是一种民族传统文化，也是一门严谨的学科，可以作为一种传统文化之奇葩来研究，足以广泛应用于现代建筑、城市规划、园林设计中。有些学者片面的理解中国文化，认为建筑风水不能和西方的思想体系接轨就是迷信、伪科学。对建筑风水文化不加研究就轻率地加以否定，这本身就是一种应予抛弃的迷信！"[①]

（七）提出风水文化要"规范操作规程"的重要思路

唐先生虽然不研究具体的风水术，但对风水的价值与作用却十分认可，对风水的源流、历史与发展亦有研究，对风水为祸为福的情况相当重视。在撰写《中国环境地理学》时，一再对我强调，要规范风水的操作规程，为民造福。由于风水之书汗牛充栋，风水理论流派杂陈，故他提出，要把风水的精要罗列出来，让人易懂易操作，要借鉴《大学》的写法，前四章讲纲要，后六章讲条目，提出了"几纲领几

[①] 蔡镇远：《西垂未央》，中国文艺出版社，2013年，第7—8页。

条目"的撰写体例。为此,《中国环境地理学》第二篇"操作规程"的撰写,就是按他的思路进行的,其要点是"一总则三纲领八条目"。他看了书稿后,在《序》中说:

对风水学的"操作规程,概括为'一总则三纲领八条目'可谓行家手笔。长期以来,地理文化良莠不分,流派杂陈,导致后学走了不少弯路。该书从浩如烟海的地理书籍中取其精华,弃其糟粕,把取之有验的地理学形势理论、理气学说及地理操作要领,概括为'一总则三纲领八条目'。一总则是天人和谐,乃地理学的立论基点,同时也是终极目的;三纲领指顺乘生气、阴阳相见、时空统一,是实现天人和谐的'三驾马车';寻龙点穴、认砂识水等八条目,正是落实三纲领的操作要领。这一概括,高屋建瓴,纲举目张,一语中的,恰如其分"。[1]

《中国环境地理学》第70页云:

一总则者,天人和谐。

三纲领者,一曰顺乘生气;二曰阴阳相见;三曰时空统一。

八条目者,一曰寻龙点穴;二曰认砂识水;三曰辨方正位;四曰选址立极;五曰规划布局;六曰断宅选宅;七曰改造化煞;八曰择日用事。

唐先生在多个场合言,这个概括好就好在对如何做风水提出了一个目标、要求和步骤。一总则是做风水的目标,三纲领是做风水的要求,八条目是做风水的程序和步骤,让风水术的操作清楚明白。

(八)提出风水文化人不仅要懂"术"还要懂"经、史、理"的治学原则

针对不少人在研习风水中只重"术",不重视"经、史、理"的实际,唐先生认为这种学风要不得,最终"术"也难于达到上乘境界。多次念叨,风水文化人要全面掌握风水文化的知识体系,并要求笔者在《中国环境地理学》中要体现这一治学原则。书稿完成后,他还作了多处修改,认为基本达到要求。故他在该书的《序》中说:

"该书的高明之处,更在于所构建的地理学范式,将经、史、理、术四者整合为一体。'经'乃指历代堪舆先贤遗留给后世的宝贵地理文化典籍,其中蕴藏着先贤们呕心沥血所取得的独到经验,是后世值得珍惜的宝贵文化遗产。不深入研究和运用先贤典籍,地理学将成为无源之水、无本之木。'史'乃梳理历代先贤探寻地理学原理的心路历程,不知史将导致后学者数典忘祖,须知取得共识的宝贵原理,都是先贤心血的结晶,后学者由此才能'得来全不费工夫'。'理'乃古之地理先贤千辛万苦所凝结的共识通理,恰如数学、物理学中的某些公理,人人可随手引用,堪称一

---

[1] 练力华:《中国环境地理学》,中央编译出版社,2014年,第5页。

字值千金。然而后人往往对某些基本原理未加深思熟虑,动辄轻言妄语,偶有一得就沾沾自喜,甚而菲薄古人以自高,此种学风殊匪鲜见,当引为深戒。'术'乃指实现地理原理的操作要领,古语云:'工欲善其事,必先利其器。'术之是否精巧,关乎地理操作之成败。理不精则术难准,术不精则理蒙尘,理术不精如盲人骑瞎马,焉不败事,可是夸其术而不明其理者却大有人在。该书之所以将经、史、理、术融而为一的良苦用心,在于唯恐有人只见树木不见森林,管中窥豹而狂妄自夸。不难看出,该书的编著者,总切望当今的地理文化人既精其术,深明其理,熟知其史,透悉其经,真切笃实地掌握21世纪的中国传统环境地理学范式,以服务广大人民群众,不辱当今使命。

该书是编著者探求当代传统环境地理学新范式的大胆尝试,如有不足或不对的地方,在所难免,切盼读者以坦诚公正的心态对待之,以全编著者诸公'抛砖'而'引玉'之愿。《易》云:'一致而百虑,同归而殊途。'千百地理文化人,当以完善当代传统环境地理学新范式作为共同历史责任,务期精益求精。使原属草根文化的地理术,脱胎换骨,成为名正言顺的传统环境地理学,跻身精英文化行列,荣登大雅之堂,乃不负广大地理文化人之厚望。"

(九)综述风水文化面临三大挑战,并提出正确的应对办法

在2008年第五届易学与建筑文化高层研讨会上,他在讲话中指出,"近20年来,风水文化遭遇三大挑战:

其一,认为风水是迷信,不科学。

其二,说风水著作是过时的东西。

其三,风水师故弄玄虚,操作小术,缺乏学理,不能以理服人。

以上三大挑战,是学与术方面的正常争论,乱扣帽子、我行我素的态度都不好"。

如何应对这三大挑战?他接着说:

"风水学是中国古人在协调、处理人同自然关系方面,积累了数千年丰富实践经验,总结出的一套行之有效的准则,积淀成独树一帜的文化体系。它的理论基础是中国传统哲学中的天人合一思想。风水文化的表现形态是一种方术。它涵盖诸多文化因素,除了传统哲学,还有天文、地理、历法、生态科学、环境科学以及人伦、心理、审美等诸多文化因素。这一点与西方现代自然科学有很大的不同。东西方文化体系不同,历史渊源不同,流传时间也不同,不能把风水与科学等同看待,也不能用科学为标准来衡量一切非科学的历史文化遗产。认为风水不科学并非空穴来风,因为风水在其传承过程中,难免带有一定的糟粕。但不可以偏概全,将其一概视为封建迷信。我们要取其精华,去其糟粕,古为今用,推陈出新,使其能够适应当今

时代的需要，更好地为现代社会服务。

如何看待古代风水著作过时问题。应该说，先进文化都有一个继承和发展的过程，经典的东西是不会过时的，关键是要如何领会其原理或精神，去发展和提高。

至于说'风水师故弄玄虚，操作小术，缺乏学理'，也不能一概而论。任何学科研究、行业部门都存在良莠不齐现象。理术并重者不乏其人，江湖骗子同时存在。不能以个别代替一切。

我们对以上三大挑战一定要认真对待，如果不接受别人的批评意见，后果不好，风水学术水平也难以提高。因此要面对挑战，不断研究新问题，开拓新思路。"①

从唐先生上述的讲话中可以看出，上述三大挑战，是正常的学术争论，人家乱扣帽子不对，风水文化人对此不予理睬、我行我素也不对。从中亦可看出，唐先生总体上是肯定风水学的，也承认其中有糟粕，要取其精华，去其糟粕，不可以一概视为封建迷信。至于说风水书是过时的东西，他认为"经典是不会过时的"；风水师故弄玄虚，他也有不同的看法，并认为"任何行业都存在良莠不齐的现象"，不独风水行业存在，"不能以个别代替一切"。

(十) 提出当今风水文化人提高综合素质的途径和方法

他常说，风水文化人乃至研易之人如果不修德，不提高理论素养，不提高技术水平，势必为反对者提供口实。为此，为提高风水文化人的综合素质，他可谓苦口婆心，呕心沥血，提出多种途径和方法。

2009年至2011年期间，笔者当时任职的国际易学风水研究院在唐先生的倡议下，组织全国易学专家讨论、修改、制定了《易者十要》，是经《国际易经》杂志上广泛征求意见并经唐先生修改后定稿的。《易者十要》的制定，旨在提高易者素质，规范易者行为，提高易学行业正气。

《易者十要》为：

  一要讲大节，有民族气节，拥护中国共产党；

  二要讲人格，践行仁义礼智信；

  三要讲孝道，尊师敬长，赡抚六亲；

  四要讲自律，遵纪守法，不见利忘义；

  五要讲敦品，与人为善，不损他人；

  六要讲饱学，学问精深，博专兼具；

  七要讲能力，技术娴熟，善言善做；

  八要讲济世，治生济贫，福泽大众；

---

① 唐明邦：《让建筑风水文化走上开拓创新之路》，《国际易经》，第21期。

九要讲度人，行劝勉之道，利国利民；

十要讲奉献，身体力行，弘扬易经文化。

2008年，在第五届易学与建筑文化高层研讨会上，他对"建筑风水文化如何才能走上开拓创新的大道"的讲话中提出了三点要求：

"第一，加强对哲学、易学的学习。人们的思维能力，需要不断磨砺、锻炼。俗语说的：'刀不磨，会生锈。'思维能力的锻炼，恩格斯说过，'除了学习以往的哲学，没有别的方法'。深入掌握哲学理论武器，才能更好解决遇到的新情况、新问题。否则就会像用钝刀子切肉，劳而无功，不能以理服人。

第二，加强对现代科学方法的学习。现代科学一日千里不断进步，提出了结构论、系统论、信息论、基因论、场论等新的科学原理和科学方法……掌握现代科学精神，是风水学开拓创新的必由之路。

第三，最重要一点，在于协同科学精神与易学哲学智慧，开展深入的理论探讨，针对新情况、新问题，深入分析，提出新见解、新结论。比如说天人合一问题，阴阳转化问题，要上升到理论高度。那几个问题不突破，风水学教材没有说服力，人家看你教材新旧还是观点问题，而不是技术问题。"[①]

2010年，在国际易学风水研究院十年庆典大会上，他提出：

"对今后的工作，我提出以下建议和希望。总的要求是四句话：提高理论素质，不断开拓进取，敢为天下先，造就一代宗师。

加强理论学习，提高团队理论素质，造就学术带头人……要抓好'两典'的学习和研究。一典是马列主义的经典……哲学既是望远镜，又是显微镜，能把你的智慧提高，让你观察问题站得比别人高一些，马列主义经典能推动我们的理论思维；二典是传统文化的古典文献。一个经典，一个古典，希望研究院整个团队能抓好、结合好……只有认真钻研，吃透古典，用马列主义指导，才能够有所发明、有所创新。"[②]

唐先生的风水文化观，笔者在这里总结了十条，但恐挂一漏万，希望同道补充与完善。唐先生作为一代哲学大家、易学大家，其思维具有哲学高度、哲学视野，他治学严谨，用语规范，其言、其文均是深思熟虑而成。从唐先生的风水文化观中，还能揭示那些更加深层次的含义，给人予何种启迪？本文旨在抛砖引玉，期待大家补充完善！

---

① 唐明邦：《让建筑风水文化走上开拓创新之路》，《国际易经》，第21期。
② 唐明邦：《群策群力，弘扬易学，推动建筑风水文化新发展》，《国际易经》，第31期。

作者简介

练力华，国际易学联合会副会长兼易学应用研究会会长，北京大学相关研修班风水课程主讲教授，全国易学专业人才考评专家委员，中国风水学研究会会长，国际易学风水研究院第三任院长，杨公风水元极门第三代传人。

正式出版风水专著：《中国环境地理学》上、下册；《和谐家居1——玄空住宅环境学》《和谐家居2——居住时空选择学》。

二〇一八年九月

附"唐老来信"：

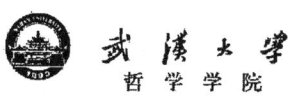

唐老来信

力华同志：

文章立意很好，对风水学者有所启迪。推动他们深入学习《周易》，提高思想文化素质，扩大视野很有帮助。

我主要补充两点：一是谈到历史文化及与风水的共同渊源，皆同胞兄弟。二是补充风水除受到《周易》思想原理的影响，还受到《周易》诸范畴、概念的影响和诸多方面的影响。

风水学是《易》学应用的一个分支，医学是另一个重要分支。说风水是《易》学组成部分不太贴切。

另外，你写这文章还是以理服人为宗旨，其他带感情的话还是不说为好。

盼你再加修改定稿，我补充的部分如你觉得不必要，可以删除。

你说要我题个名么。我认为没有必要。你在文章有说服力，你有权威做表之。

昭郢
2018.1.25

唐老来信

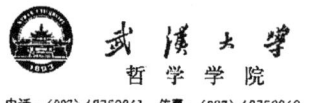

练力华同志：

此次南游过冬，三代同堂共度新年，得好友你同全家无微不至的关爱招待，深情厚谊，永志难忘。我同老伴及全家无不万分感激。此情此义，难以言宣。

此次越冬之旅，心情最愉快，收获最大。四月老景，阳光灿烂，暖气融融，我同老伴均身无病痛，高兴而来，康泰而归，出乎预期。在此会见新老深圳朋友，笑语欢声，不绝于耳。还得以会见澳门、珠海、北京、广州、东莞、大连等地老友，得在此畅叙别情，共议易学弘扬大业。我于《国际易经》杂志的首席、联席顾问之职，最有意义者是对建筑风水文化的发展，同你和诸位同仁相互磋商，明确当今机遇与挑战，摸索击破努力方向。我乐从中大受教益。我于风水文化早已许下诺言要为之摇旗呐喊，竭尽绵薄之力，可惜力不从心，难有实效，深感愧疚。

我谨寄希望于你，树立"治学三境界"埋头苦干，当起佛祖"我不入地狱，谁入地狱"之决心，勉为一代宗师。

我于耄耋之年，有你这样的知音良友，幸亦足矣。

争取五月南出再见。难以登门致谢，抱歉。

嫂夫、晓宏诸友一并致意。

唐明邦于一治斋园
2013.3.27.

唐老来信

武汉大学 哲学学院
电话：(027) 68752861　传真：(027) 68752861
电子信箱：phil@whu.edu.cn　邮政编码：430072

School of Philosophy
Wuhan University
Wuhan 430072
P.R.China
Tel:(027)68752861
Fax:(027)68752861
E-mail:phil@whu.edu.cn

第四章：风水学的基本架构

风水学的学术架构，不离三纲领、五要点、十条目。

(一) 三纲领者：风水学的核心价值也。
　　一曰天人和谐，二曰藏风纳气，三曰趋吉避凶。

(二) 五要点者：风水学的关键内涵也。
　　一曰寻龙认砂，二曰察水纳气，三曰择日定穴，
　　四曰观明堂、审朝向，五曰强本体、化煞气。

(三) 十条目者：一曰寻龙——龙分真假，脉有行止，不可不慎。
　　二曰认砂——砂有善恶，理有多端，体用相资。
　　三曰察水——水有生死，阴阳刚柔，大有区别。
　　四曰纳气——天气、地气、人气，既有区别，又相互同。
七胜　五曰择日——四辰运转，各有周期，沟通天人，如虎添翼。
　　六曰定穴——穴有真假，证穴有三法，画龙点睛时要觅靓依据。
　　七曰观明堂——不宜宽阔过度，最宜四兽环绕。
　　八曰审朝向——朝案有远近，如何与穴相配。
　　九曰强本体——看阳宅体布局，贵在藏风纳气。
　　十曰化煞气——常变贯通，因事制宜，避凶化煞七点。
　　　　　　　　趋吉避凶也。

练力华同志及编委诸君同志：

以上乃临机遐想，未加深思熟虑，纲领、要点、条目
因遗辞空疏，尚乏翔实主张，希以此抛砖引玉，敬请
诸位专家大刀阔斧，加以斧正。目的在让读者能先窥总
架构之全貌，以免见木不见林也。

　　　　　　　　　　　　　　　　　　　　唐明邦 2013.11.5.
　　　　　　　　　　　　　　　　　　　　于病中

敬祝乡居安

希望5000字左右，略抒要领，
合盘托出，以利逐章评解。

唐老来信

《周易通雅》序

郭齐勇

蜚声中外的唐明邦教授以耄耋之年，活跃在我国哲学论坛上，鹤发童颜，声若洪钟，思维之敏捷，著述之勤勉，绝非晚辈所能企及。唐师学而不厌、诲人不倦，是当今学习型社会的典范。

唐师三十万字的《论道崇真集》（华中师范大学出版社，2006年）集中了他老人家深入研究道教、道家的精彩绝伦之论，是不可多得的专家之书。晚生拜读之后，遂生一念，希冀把唐师有关易学研究的专论汇集起来，请母校出版社出版，这便是本书的缘起。唐师以易学名家，半个世纪以来，在这一领域论著颇丰，可惜此次因条件限制，未能完璧，目前只是把近十多年来未曾结集的专论汇编于此。

本书乃先生晚年论易之书，字字珠玑，弥足珍贵。《易》为群经之首，号称难读。先生是高人，深入浅出，娓娓道来，把《周易》讲得丝丝入扣。透过本书，读者可以领悟《周易》的人生智慧、理想境界、核心价值、文化精神、生态伦理、思维模式、管理方略、学术思想的恒久魅力。唐师在本书集中讨论了《周易》在21世纪的意义，易学思想与构建和谐社会的关系，易学大家名著——王夫之的《周易内传》《周易外传》《周易大象解》的义理，方以智、魏源、熊十力的易学思想，易学与我国传统文化若干流派、部类及地域之关系，象数易学蕴含的民族思维特征等。在下建议列位读者参读先生的《当代易学与时代精神》《周易评注》等著作，以便对先生的《周易》研究有全面的理解。书名为《周易通雅》，乃因为老人家对明末清初方以智之学情有独钟，方以智曾著有《通雅》一书。唐师精研方氏其人其学，唐师的为人为学也具有博通、雅致的特点。

一个甲子以来，唐师的学术研究，涉及整个中国哲学思想史，尤其是明中叶至近代哲学思想史的诸方面，涉及儒释道三教。他的科研的成就与贡献主要在以下三大领域：一是《周易》经传与易学史，二是道家与道教，三是古代自然科学中的哲学。唐师在这三大领域中都有创造性的探索，发人之所未发，取得了丰硕的成果。

唐师在《周易》与易学史研究方面的贡献是：完整、全面而又有深度地阐发了《周易》经传的意蕴与价值及其在中华文化史上的地位与作用，对汉代易学即象数易学下了很大的工夫，剖析其思维模式的特征与实质，又对宋代邵雍的先天图象数易学作了深入探讨，阐释其宇宙本体论及运化准则、数学图式，研讨了长江文化与《易》之关系，特别对王夫之的易学作了全面精湛的研究，对现代易学也作了完整的考察。可以说，唐师于20世纪80年代初期在全国率先举办全国《周易》学术讨论的盛会，倡导、引导了国内第一波"周易热"，尔后积极参与国际易学研讨活动，诠释、论证《周易》经传的现代意义，功业甚伟，功不可没；他开拓了易学史上的一些难度甚大的领域（象数易、先天易）与个案（邵雍、王夫之）之研究，筚路蓝缕，探赜索隐，特有工力与创识，有突破性的贡献，极大地丰富了我国易学研究的宝库。

唐师在道家与道教研究方面的贡献是：全面阐扬道家、道教在中国传统文化与现代化建设中的作用与价值；于20世纪90年代初在国内主持道家道教研讨会，对"道文化热"起了重大促进作用，其后一直积极参与、推动海峡两岸的道文化研究；深刻地研究了老子、庄子哲学思想的内涵及其历史影响，对《老子》、《庄子》、《老子想尔注》、《悟真篇》、郭店楚简《老子》等文献及道教史上的著名人物陈抟、吕洞宾、丘处机、张三丰之学术思想极深研几，论证陈抟传授《先天图》开先天易学之先河，传授《无极图》发展内丹术的贡献；又对道教外丹与内丹学作现代疏释与创造转化，尤重外丹对古代科学技术展的影响、内丹与身心性命修养学说的关系，并涉及《道藏》价值、道教与易学、道家直觉思维方法、道教之养生与道教手印、符箓、青词、戒律，以及现代道教学术研究等。他对道教教义、道家思想精髓及著名道教典籍、人物之深透细密的分析研究，有创新性的建树，极大地丰富了我国道文化研究的园地。

唐师在古代自然科学中的哲学研究方面的贡献是：特别关注、深入研讨古代自然哲学，考察金丹术与古代矿物学、化学、医药学、冶炼技术、天文、地理的关系；探索《黄帝内经》《本草纲目》等，深入地研究了中医药理论与实践及其与《周易》、道教、阴阳五行学说的关系，从多学科、多视角理解李时珍及其本草学新体系、新方法的内涵与《本草纲目》所内蕴的多学科的价值。他在这一方面的研究极大地丰富了我国古代自然科学技术哲学的成果。

唐师受教于北京大学哲学系，得到冯友兰、张岱年、任继愈、黄子通、周辅成、朱伯崑等前辈的亲炙。他非常勤奋，焚膏继晷，笔耕不辍，多次出席海内外举办之国际学术讨论会，与成中英、峰屋邦夫、中岛隆藏教授等过从甚密。有数百万字的著述，发表论文两百余篇。他的学术代表作有：《当代易学与时代精神》、《邵雍评传》（附《陈抟评传》）、《李时珍评传》、《本草纲目导读》、《论道崇真集》（以上是唐师个人自著）、《易学与长江文化》（与汪学群合著）等。他主编的著作有：《周易评注》《周易纵横录》《中国古代哲学名著选读》《中国近代启蒙思潮》等。他参加撰写的著作有：《易学基础教程》《易学与管理》《中国哲学史》《中国辩证法史稿》《中国哲学史纲要》《楚国历史文化辞典》等。

唐师自1958年来到武汉大学哲学系任教以来，一直没有离开过武汉大学。他得到前辈李达校长的关爱与指导，与萧萐父、李德永先生一道从事中国哲学的教学与研究，教书育人，乐善不倦，循循善诱，敬业乐群。这个群体以萧萐父老师为学科带头人，唐师与李师是萧师的左膀右臂。三位老师长期合作共事，以团队精神共同建设武汉大学的中国哲学学科。唐师是这个国家重点学科的重要的奠基人之一。三位老师的人品与学品，以及他们之间的相互关爱、协调、互补，在学术界传为佳话，也深深教育、滋养着我们。在我们这些弟子的心目中，他们就是现代三圣！现在，唐师是三圣的仅存硕果。

唐师以道家与《周易》的智慧修养身心，一生坚持不争、谦下、低调，淡泊名利，甘当配角，以高风亮节维护我们这个学科点的团结。唐师长期坚持在第一线从事本科生与研究生的教学工作，全身心地投入其中，无私奉献。他是有名的金嗓子，中气很足，声音洪亮。他以师德润泽后学，培养了很多学生，学生们都很尊重他。他悉心扶掖本科生、研究生、青年教师、国内外进修生、访问学者等，桃李满天下。

除从事大学教育外，唐师常在社会民间讲学，大力弘扬传统文化，在民间有很大的影响力。

唐师是人师，是谦谦君子。他提携后进不遗余力，是晚生的恩师！不才鲁钝，自读本科开始，一直到今天，不断得到恩师的接引、点拨与栽培。点点滴滴，俱在心头。不才的第一篇在大学学报上发表的文章是一篇学术动态，那是以哲学系78级报道组署名的《孔子"中庸"思想的再评议》，发表在《武汉大学学报》（哲社版）1980年第5期。该文综述1980年上学期，配合中哲史课程教学，同学们展开的有关中庸思想的讨论的情况。此文是我起草的，经唐老师修改、加工并推荐发表。不才的学士学位论文《王夫之〈尚书引义〉中的辩证法思想》是在唐老师悉心指导下完成的。不才的硕士论文、博士论文是先师萧老师指导的，唐、李二师都是指导小组成员，热情参与指导与答辩，关爱有加。为了不才做好熊十力研究与著作整理和筹备有关会议的工作，唐师利用到四川、上海出差之机，主动拜访熊十力先生故旧与亲属，搜集资料，给不才极大的帮助。师恩难忘，师恩浩荡。唐老师以身教与言教指导不才的学习、修养，激励不才献身教育事业，做好本职工作，潜心国学与中国哲学的研究。

唐师少私寡欲，潜心学问，胸怀洒落，光风霁月。师之《七十抒怀》有云："细雨润物占造化，大浪淘沙见精诚。斗室烹茶伴书香，清虚自守慕真人。"《八十抒怀》有云："寿臻耄耋何足道，乐天无忧最宜人。放舟东湖捐尘虑，漫步珞珈长精神。"唐师善养生，时常在珞珈山上散步，练太极拳。八五高龄，步履矫健，精神矍铄，思路清晰，谈吐从容。唐师与师母白头偕老，相依相守，家庭和睦，四世同堂，其乐也融融。借此机缘，衷心祝福唐师、师母洪福齐天，寿比南山！

晚生郭齐勇序于己丑年初冬

作者简介

郭齐勇，唐先生弟子、武汉大学国学院原院长。

忆唐老对周易与自然科学关系研究的支持

徐道一

惊闻周易泰斗唐明邦教授于2018年5月驾鹤仙去时,已是6月期间。我与唐老在30年前认识,唐老对我的影响最深的是他对《周易》与自然科学研究的关注和支持。

一、80年代唐老关注周易与自然科学关系的研究

一百年来,周易一直被主流学术界压制,被认为是一部筮书,是占卜记录的汇集,是迷信和伪科学的代表。20世纪70年代以前,多数学者对《周易》的研究重点是从社会科学和哲学的角度进行研讨,潜在地认为:在对自然科学研究方面,《周易》是无能为力的。

然而,唐老独具慧眼,重视对《周易》与自然科学关系的研究,由于它是与新中国建设密切关联的。

1. 1984年武汉"中国《周易》学术讨论会"

唐老主持于1984年5月30日至6月5日在武汉东湖之滨召开了"中国《周易》学术讨论会"。这是近几十年在国内召开的有关《周易》研究第一次大规模学术会议,它对推动全国周易研究起了很好的促进作用。在此会的带动下,在国内外兴起了一股"周易热"。

此次会议的四个主题之一是:《周易》同古今自然科学的关系,有多位

徐道一先生主持周易大会

自然科学家参加此次会议。大会主持人赞成引进现代科学的新方法,为《周易》研究开拓新领域。1986年出版了《周易纵横录》一书(1984年武汉《周易》学术研讨会文集),书中发表了华东师范大学潘雨廷的"科学易"、南京大学朱灿生的"太极(阴、阳)——科学灯塔新揭"、中国科学院紫金山天文台赵定理的"《周易》与现代科学"等一些高水平的文章。

由此以后,《周易》与自然科学关系的研究在全国得到了关注,并引起各界的重视,有关论文和著作逐渐增多,争论趋于热烈。这与唐老从正面角度支持《周易》

与自然科学关系研究是密切相关。

后来，唐老在"20世纪80年代中国《易》坛回眸"一文中的第五节特别对《周易》与现代科学的关系进行总结，指出进一步发展需要考虑的四个问题。

2. 1989年安阳《周易》与现代自然科学学术研讨会

在"周易热"的潜在影响以及唐老的积极支持下，使1989年5月的安阳《周易》与现代自然科学学术研讨会能如期召开。

我与唐老的认识开始于安阳周易会议的筹备工作。我是一个自然科学工作者，前半辈子的科研工作主要与西方自然科学有关，对《周易》等中华传统文化知道很少。60年代开始，从事数学地质（了解二进制）和地震预测研究，在80年代才知道《周易》是搞预测的。当有学者提出，太极、阴阳、八卦等与二进制的关系时，才开始关注周易。

1988年秋，我才开始认真地读《周易》。在一次北京十三陵学术会议的午餐桌上，我临时起意想在北京开一次会期仅一天的讨论会，内容有关《周易》与自然科学关系。这一意见得到北京大学陈传康教授的支持，并建议学术讨论会的地点改到《周易》的故乡安阳去开。他负责与安阳市旅游局局长段长山先生联系，我负责与武汉大学唐明邦和山东大学刘大钧先生联系。

这样，我第一次到武汉大学，第一次见到和蔼可亲的唐老。在我说明来意后，他积极支持，欣然答应参加会议，并提出与会议有关的宝贵建议。由于得到他和安阳市政府的大力支持，使会议的筹备工作顺利进行，会议如期召开。

1989年5月9日至12日在安阳市举行了《周易》与自然科学第一届全国学术讨论会，会议提出：《周易》是中国古代智慧的结晶，其中包括了精辟的象数理理论和对自然本源的重要认识。

唐老在会上做了"易学传统中的象数思维模式"的报告。他提出：象数思维的基本特征是"取象比类"，是由归纳到演绎、由个别到一般的思维方法，是归纳到演绎的综合运用，既不同于单纯的归纳法，也不同于单纯的演绎法。唐老指出了《周易》与西方科学在思维方法方面的根本性差异。

1990年10月15日至19日在安阳市举行了《周易》与现代自然科学国际学术讨论会，唐老在会上提交了论文：《〈周易〉：打开宇宙迷宫的一把金钥匙》。这为会议定下了正能量的基调。

上述两次会议过程中，对《周易》与自然科学的关系的认识存在重大的分歧。一部分学者认为：在当前《周易》研究中要坚持科学态度。他们一方面"高度评价《周易》这部中国古籍"，另一方面担心"打的是科学的旗子，讲的是很不科学，甚至是反科学的内容"。在论及安阳讨论会的主题"《周易》与自然科学"时，他们认为:"我们在谈论当代自然科学发展与《周易》关系的时候,不能不尊重长期的努力从大量科学历史的事实中找出的那些科学史的客观规律性,而不能把那些客观规律性置于脑后。""后人不可能不顾距离他们很近的前人的发现发明,而直接从古代人哪里取得自己发明发现的基础。""哲学(哪怕是最好的哲学)不能代替科学的研究"等。"不仅《易经》,而且世界上任何古籍,都不能对现代自然科学的发展起什么直接的作用。""《周易》是二千多年前的著作,无论多么优秀、伟大,但毕竟是二千多年的著作。"李申认为,"假如我们今天仍然不适当地抬高《周易》,那其实是仍然把它当作经书。这是宗教感情,不是科学精神"。

归纳上述意见的核心内容是他们认为探讨《周易》与自然科学的关系的意义不大。这反映了当时许多从事《周易》研究和自然科学研究工作者的主流看法。

由此可见,当时唐老和安阳市政府主张和支持开展《周易》与自然科学关系研究是在十分艰难的条件下进行的。其后20多年,唐老基本上每年都参加和主持大会,安阳市政府也顶住来自多方的压力,一直支持安阳周易与现代化会议的召开,才使会议能不间断地进行。目前,正如有学者认为,安阳周易研究会和它主办的重要会议已经潜在地成为国内周易研究的三大中心之一。美国成中英教授曾说过:世界上还没有一个城市,能像安阳那样,连续几十年以周易为主题每年召开会议(大意)。

这些成就与唐老的积极和长期的大力支持是分不开的。

二、90年代初唐老提出"《周易》:打开宇宙迷宫的一把金钥匙"的重要意义

唐老是旗帜鲜明地支持他称为"科学易"学派的。在"《〈周易〉:打开宇宙迷宫的一把金钥匙》"一文中,他高呼:《周易》为历代科学家提供先进的科学思维方法,强调象数思维方法对科学技术的重要影响,并举例说明,现代自然科学通用的方法,往往可以从《周易》哲理和《周易》象数中得到某种启示,或者有某些相通、相似之处。

他归纳了象数思维的四个特点:取象比类——象数思维的基本特征;阴阳对待·刚柔调和——象数思维的致思准则;整体思维——象数思维的合理内核;强调序列,注重节律——象数思维的突出优点。90年代开始,许多学者认识到有必要研究《周易》与自然科学的关系,主观上也是要发扬和继承《周易》,然而他们的主流认识还是把西方科学(哲学)作为对研究成果的评定标准,潜在地是以西方思想体系作为准则(底线)的。

上述唐老"金钥匙"一文的主题思想是把象数思维作为与西方因果性思维存在根本性差异的另一种思维,是立足于以《周易》为核心的中华思想体系的。

2007年,我在手稿"周易·科学·21世纪中国——易道通乾坤,和德济中外"

中一个主要观点是提出：《周易》与科学是两个思想体系。当我把手稿请他审阅，他欣然同意，并为该书作序。在"序"中，唐老提出："为此，首先在思想上来一场革命与解放，无论对于西方普世文化、还是对于中国传统文化都要进行独立思考，全面省察，摆脱西方中心论和科学主义的思想束缚；汲取中华传统文化的精华，不要妄自菲薄，更不可沾染民族虚无主义。坚信我中华民族在科学技术方面，由于掌握打开宇宙迷宫的金钥匙——周易思维方法，在 16 世纪前，曾经领先世界一千年，有过辉煌的历史。当此改革开放新时期，加强中西文化会通，必能在科学自主创新方面做出无愧于泱泱大国的新贡献。"唐老晚年一再申言，要"重振国学，复兴儒学，弘扬易学，光大祖国传统文化，中西融合，古今贯通，建设中华民族共有精神家园，全面建设社会主义和谐社会"。郭齐勇教授谈道这是他的为学主旨，也是他的心声与宏愿，并念兹在兹，身体力行！

唐老坚定地立足于对中华思想体系的文化自信、对先哲智慧的理论自信，他为中华思想体系的继承和发展做出了重大贡献。

正如他的名字所提示的，他是我们学习的光辉榜样。唐老永远活在我们心头，他的思想光芒将更为光辉！

作者简介

徐道一，安阳周易研究会顾问。

唐明邦先生《邵雍评传》及邵雍研究

崔 波

唐明邦先生撰写的《邵雍评传》，自 1998 年由南京大学出版社出版以来，已经多次印刷，是图书馆、文化团体、哲学、历史、文学专业研究者、学习者、爱好者，尤其《周易》研究者、爱好者的必备书。我从 1993 年到武汉大学拜访唐先生，开始追随先生。一直以来，多有受教，尤其是 2004 年到武汉大学做博士后研究期间，唐先生指点有多，让我对汉代京房的研究得到极大的提高。同时，又把我引入邵雍的世界，也是通过多次阅读《邵雍评传》和唐先生耳提面命，对邵雍爱之弥深，愈感其思想博大精深、其诗歌美妙芬芳，受益多多，更感受到唐师的大爱，我会终生感激先生、敬仰先生、追随先生。这里仅对从唐明邦先生及《邵雍评传》的特点和结论，略作介绍，以就教于大方之家。

一、唐明邦先生及《邵雍评传》

（一）唐先生简介

唐明邦（1925.1.23—2018.5.4），号云鹤，重庆市忠县人。小时候上山放牛割草，下田栽秧割谷；农闲入私塾，读四书、五经。1954 年 8 月以调干生入北京大学哲学系学习。爱好中国哲学，聆受冯友兰、张岱年、任继愈等教授教诲。1958 年入武大，主讲中国哲学名著选读、中国哲学史、中国辩证法思想史。1989 年，筹建中国周易研究会，担任首任会长。学术论著、论文等身。在《周易》哲学、道家道教、中国古代科技哲学等领域，都有系统的研探，贡献卓著，蜚声中外。尤其在《周易》研究方面，先生融通义理与象数，发掘易学的人文性、科学性，创获尤多，对推动改革开放以来易学研究的恢复与发展发挥了重要作用。

（二）《邵雍评传》内容

邵雍是北宋时代著名思想家、易学家、史学家和诗人。隐居洛阳，创立"易外别传"的先天易学，影响深远。《皇极经世》是其代表作。

唐明邦先生总结 20 世纪研究邵雍思想的学术成果，撰写的关于邵雍思想的综合性著作，对邵雍的生活时代、生平事迹、政治思想、人生哲学、先天易学、后天易学、认识论、思维方法诸方面作了客观评述，充分展示邵雍的思想风貌和他在中国思想史上的地位与成就。书中还有先天易学先驱者、隐士、道士、道教学者陈抟的评传。

二、《邵雍评传》的特点

再次拜读该大作,深感其内容有如下特点:

(一)内容丰富、架构宏阔

该书有自序,十三章内容,结束语和附录《陈抟评传》,30.8万字。

第一章"邵雍生活的时代",从权集中央、经济的繁荣、科学文化的进步、社会矛盾与思想变迁进行阐述。

第二、第三章讲述了"邵雍的生平事迹",从身居畎亩心高天下——青少年时期(1011—1039);拜师学道精通易图——青壮年时期(1040—1048);开馆授业著书立论——中年时期(1049—1061);安乐窝中隐居顺志——晚年时期(1062—1077)以及人生中交游贤俊讲学为乐,尤其讲述了邵雍激流中安享十年快活生活。

第四章"社会政治思想和人生哲学",主要阐述了邵雍的社会政治思想与政治态度以及人生哲学。

第五章"邵雍的著作",解读了重要哲学著作《皇极经世》,哲学对话录《渔樵问对》,毕生诗歌总集《击壤集》。

第六章"先天易学——宇宙本体及其运化准则",主要从《先天图》及其内涵;太极运化的"环中"原则;太极衍化的数理表现等进行宏观的把控和归纳。

第七章"象数学——宇宙万物衍化的数学模式",从邵雍先天象数学的基本图式;先天之数的"体用变化"论;先天易学的"合一衍万"法则进行分析和总结。

第八章"元会运世——弥纶天地的世界历史年谱",解读了世界历史年谱及其编制原则;世界历史年谱的其他文化内涵;对"元会运世"学说的进行评价。

第九章"皇帝王伯——别开生面的中国历史年鉴",讲述了皇帝王伯崇尚道、德、功、力的内容;"午会"前九运的历史演变过程。

第十章"后天易学——自然哲学新论",从先天之学心也,后天之学迹也;上经重天道,下经重人事展开分析研究,得出了值得信服的结论。

第十一章"'以物观物'的认识论",从三个方面:人灵于物,学际天人;以物观物,不以我观物;观物明理,即象见意等对邵雍的认识论进行总结。

第十二章"《皇极经世》的思想方法",从关于宇宙结构的创造性探索;万物皆变的变易观;"四块八段以为《易》"的形而上学痼疾进行诠释,由浅入深,言简意赅,娓娓道来。

第十三章"邵雍在中国思想史上的地位与影响",从邵雍的历史贡献;后世对邵雍思想的评价等对邵雍进行了全方位的评价。

最后是"结束语"和附录《陈抟评传》,一气贯通,尤其是《陈抟评传》放入,丰富了《邵雍评传》内容。

从该书的内容看，全方位展现了邵雍的人生和思想内容，内容丰富，视野广阔，结构合理，通俗易晓。

(二) 高屋建瓴，评述恰切

唐明邦先生是著名的哲学史家、易学家，当时已经 70 多岁高龄，积累了丰富的知识、经验和体悟，才能撰写出这部高屋建瓴的《邵雍评传》。将先天象数定格为宇宙万物演化的数学图式，将邵子的元会运世学说定格为弥纶天地的世界历史图谱。这与冯友兰先生的《周易》是宇宙代数学的观点有异曲同工之妙，是超越前人的。唐先生认为，北宋邵雍所处时代，是一个名家辈出、文化激荡的时代，正如先生在《自序》中所说："邵雍是十一世纪的著名思想家。那时，中国已进入后期封建社会，尚处于相对发展时期。封建社会在政治、经济、文化诸方面仍有重大发展。北宋前期百年内，社会相对稳定，经济颇为繁荣，科学技术取得惊人成就。思想文化领域涌现大批出类拔萃的人物，有社会改革家王安石、范仲淹，史学家欧阳修、司马光，词人苏东坡、黄庭坚、柳永，创造发明家沈括、苏颂、毕昇。尤其是哲学界人才辈出，诞生了'北宋五子'邵雍、周敦颐、张载和二程。卓越风流人物，同时活跃在北宋历史舞台上，群星灿烂，光彩夺目。"

文化思想繁荣的时代，必会出现非凡的思想家，邵雍就是一位卓尔不群的代表。唐先生在《自序》中说："邵雍同当时许多杰出人物相比，具有显著特点。他不求闻达，终生不仕，身居陇亩，心忧天下，埋头著述，撰写《皇极经世》。既是思想家、史论家，又是诗人。他所隐居的'安乐窝'，谈笑有鸿儒，往来多布衣；酌古论今恢宏江山气度，醉酒吟诗怡然风月情怀。"唐先生认为，邵雍学术思想，气象恢宏；邵氏易学思想，别开生面；邵雍醉心古史，纵其史慧，放论古今；邵雍吟诗三千首，编为《击壤集》，独具风格，世号"康节体"；《皇极世经》堪称中国思想史上的奇书，玄思异想，古所罕见。仁者见仁，智者见智。抑之者贬为"空中楼阁"，尊之者谓其"学达性天"。儒道兼综的"经世"宏论，发前人所未发。邵雍其人，"安乐窝"中隐居三十年，洛阳城里，"行窝"二十家；达官显贵邀为座上嘉宾，里巷姑嫂，亲切呼之"家先生"；政治上超脱，思想上开拓，生活上洒脱。书名"经世"而不赖以用世；诗标《击壤》，乃自别于大雅。怀奇才，写奇书，诚然北宋一怪杰。在这些认识和理念下，唐先生把邵雍先生的人生经历、著作、诗篇经过细心钻研爬梳、领悟贯通，使《邵雍评传》这部书如行云流水、娓娓道来，把邵雍讲述的栩栩如生、引人入胜。

(三) 观点新颖，影响广泛

在《邵雍评传》中，唐先生对邵雍的评价有诸多新的观点。如认为：邵雍的《皇极经世》反映尤为突出。他的哲学旨趣，在本天道以明人事。远则弥纶天地，描绘出元会运世的宇宙进化年表，近则终始古今，编织了皇帝王伯的中国历史年表。从一个简单明白的先天八卦图，妙悟神契而衍化为先天象数学的庞大思辨体系。北宋建国一百年内，是中国历史上一个承先启后，明显转折的特殊历史时期，它为一大批思想家、史学家、文学家、科学家提供了一个稳定而繁荣的历史舞台，让他们驰骋思想的骏马，去攀登中国传统思想文化发展的新高峰。邵雍以一介寒儒，身居畎亩，心忧天下，其苦心积虑经营的先天象数学尽管曾被喻为一座不落实际的"空中楼阁"，它却是在时代开拓精神激荡之下应运而生的思想产物。

又如认为：邵雍是一位易学家。五经之中，独钟《易经》，但又非正统易学。其思想特点在于，是易、非易、非非易；以《易传》为根基，以象数为中心，以易图为张本，首创先天易学，自成体系，朱熹称之为"易外别传"。

邵雍是一位史学家。他对中国历史，上自唐虞，下及五代，都有研究，厚今薄古，厚积薄发，创立皇帝王伯史论体系，探讨中国历史发展，品评王朝盛衰，臧否历史人物，编列中国历史年谱，自成一家之言。

邵雍是一位诗人。赋江山气派，抱风月情怀，以诗评史，以诗明理，以诗寄兴，居"安乐窝"，写《击壤集》，不尚辞藻，不事夸张，出口成章，晓畅如话，自成"康节体"。

邵雍兼有数术特长，指中尘寰，未卜先知，扑朔迷离，令人钦仰，后人加以神化，俨然降世仙家。然从不以数术名家，一派儒者气象，清代帝王褒之"学达性天"。

邵雍具有多方面的思想成就，而其一生事迹又十分平凡。尽管家境贫寒，生活道路并不十分坎坷；身居社会大改革时期，政治上未遭受重大厄运。极平凡的一生，造就不平凡的人物，不能不令人惊异。

再如认为：邵雍迁居洛阳后，其学术思想日益发展。唐先生对邵雍的得意门生张岷论述其毕生的学术造诣，写了一段较全面的评价："先生治《易》《书》《诗》《春秋》之学，穷意言象数之蕴，明皇帝王伯之道，著书十余万言，研精极思三十年。观天地之消长，推日月之盈缩，考阴阳之度数，察刚柔之形体。故经之以元，纪之以会，始之以运，终之以世。又断自唐虞，讫于五代，本诸天道，质以人事，兴废治乱，靡所不载。其辞约，其义广，其书著，其旨隐。呜呼美矣，至矣，天下之能事毕矣。"（《宋元学案·百源学案》）纵论前代历史，品评历史人物，均有独到建树。

又：唐先生认为，"《四库全书》将此书列入数术类，并不恰当"。"邵雍长于思考哲理，并不以诗名家，但他所写的诗，在文学史上仍有相当影响，被称为平白如话的'康节体'！这一诗体的特点是随想随写，不在词藻上下功夫，写实性强，浪漫、夸张较少。长于以诗叙事，以诗说理；抒情之诗往往夹以叙事，其优点是雅俗共赏。上乘作品，得以选入《千家诗》《宋诗三百首》；粗糙之作，诗意贫乏，无异顺口溜。"根据邵雍诗的特点，不只从格调上反映出来，更从诗的内容上有突出表现。他的诗如按其内容性质加以分类，可分为哲理诗、咏史诗、隐居诗、林泉诗、酬唱诗五大类。

在第六章《先天易学——宇宙本体及其运化准则》中，唐先生认为，邵雍是一位易学家，他创立了一套同传统易学大不相同的易学思想体系，朱熹称它为"《易》外别传"，人们称之为先天易学或先天象数学。在易学发展史上独树一帜，产生了重要思想影响。在第七章《象数学——宇宙万物衍化的数学图式》中，唐先生指出，认为邵雍先天易学的具体内涵，是他的先天象数学，这同汉代《周易》象数学是大不相同的。邵雍是"四分法"，或许更为恰当。无论怎么说，用这种思维方法解释八卦、六十四卦象数的形成，而又安排得十分整齐周延，不能不说是易学史上的一种独创。认为，邵雍营建的宇宙生成论，仅仅着眼于数的推演，远离客观事物发生发展的实际，大多属于主观猜测。似乎定位太过。

在第八章《元会运世——弥纶天地的世界历史年谱》中，唐先生认为，邵雍创制"伏羲六十四卦圆图"，作为宇宙万物发生发展的总图式、总规律。编制的世界历史年谱是先天易学原理的具体运用。运用易学原理指导编制世界历史年谱，在易学史上这是第一次。这一创造蕴含着深刻的哲学意义。

在第九章《皇帝王伯——别开生面的中国历史年鉴》中，唐先生指出，邵雍认为《周易》宣扬的"无思无为"境界，反映了三皇之世的文化精神；《尚书》所述尧典、舜典思想，反映了五帝之治的文化精神；《诗经》所歌颂的文王、武王事迹，表现了三王之治的文化精神；《春秋》之作使乱臣贼子惧，针砭了王伯之世的积弊。邵雍以四部经典阐明其皇帝王伯历史观，力图引用元典精神来论述自己的思想，这是富有启发意义的。邵雍所创立的皇帝王伯递嬗史论，充分暴露了他的唯心史观。他按照自己的易学思想主观设计了一套格式，去硬套历史事件。何朝何代发生什么事件，都是所值之卦中应有之义的应验。表面上，邵雍的历史年鉴很整齐，实际上是把历史搅成了一团乱麻，以此论史，完全失去"以史为鉴可知兴替"的意义。唐先生又说：这是"一种新的参照系统""有着可取的成分"。

在第十章《后天易学——自然哲学新论》中，唐先生认为，先天易学来自伏羲，后天易学创于周文王。邵雍既讲先天易学，又讲后天易学。先天易学是根本，后天易学是先天易学的应用。先天易学以伏羲八卦次序图和方位图为准，后天易学以文王八卦次序图和方位图为准。在这章最后，又指出了，邵雍易学"存在三大局限"。一是"人文易学思想反而显得贫乏无力"；二是"是一朵不结果实的花"；三是"脱离'大道'的孤家哀鸣"。

在"以物观物"的认识论、《皇极经世》的思维方法的章节中,也不乏新颖观点,评述发前人所未发。把邵雍的《皇极经世书》《击壤集》的内容融会贯通、水乳交融,语言流畅,分析透彻,启迪多多。

《邵雍评传》影响广泛。这是2018年8月20日,用郑州大学学术搜索与递送系统(SODI),以"邵雍""易"为关键词进行搜索,得出185个结果,总被引562次。用学术辅助分析系统,就图书、期刊等出版、发表情况,对该问题进行分析,结果如下:

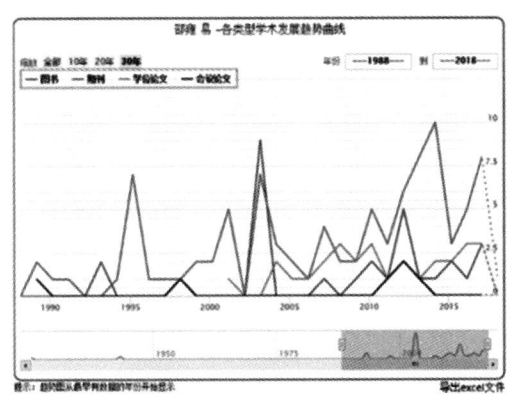

邵雍&易学术发展趋势曲线

从图可知,图书出版方面,从1925年、1943年各有一本,直到1998年才有第三本的出现,2003年达到高峰,有九本,之后2007年一本。从2009年开始每年都有著作出版,2012年达到五本(应该与2011年邵雍诞辰1000年纪念有关),可以看出,"邵雍"&"易"著作递增出版的走势,应该与《邵雍评传》的影响有关。

期刊论文方面更明显,从1974年有第一篇开始,1987年第二篇出现,之后间有期刊发表,尤其1998年,期刊论文基本每年都有,而且越来越多。

学位论文方面,到2001年才有第一篇,2004年后,每年都有,也说明年轻学子越来越多地关注该问题。会议论文,一直就不多。

这项分析可直观地看出《邵雍评传》出版后,学术方面对邵雍研究的关注。同时,在社会各界,尤其是《周易》界、道教界均以该书为必读之书。在社会大众中的影响也非常广泛。

三、结论

唐先生是哲学史界、易学界、道教界的引领风骚的人物,由其撰写亦儒亦道、兼具诗人的邵雍,作者与邵雍神交深厚,如切如磋,如琢如磨,写出的文字,如行云流水、字如其人、文如其人,再合适不过。因此,该书在《后记》中说,邵雍是无宏鸿儒,堪称高隐的学术名流;是集经世情怀与玩世态度于一身的洛阳怪杰;邵雍的一生,充分展现了哲人气质与诗人风范的美妙结合;是一位疏离于经验之外,潜心于理念世界之中的思想家。唐先生对邵雍的评价恰切允当,甚为赞同。唐先生淡泊名利、身居陋室、祥云飞鹤、播育桃李、普易众生、无怨无悔,难道不是邵雍的真切践行者吗?

作者简介

崔波，郑州大学历史学博士、武汉大学中国哲学博士后。现为郑州大学《周易》与古代文献研究所所长、硕士生导师、教授。致力于《周易》与古代文化、古籍文献的研究、图书馆现代化建设。已出版《周易文化十二讲》《甲骨占卜源流探索》《周易注译》《阅经读典》《京房易学思想探索》等 10 多部专著。

从唐明邦主编《周易评注》看经传体例及其他

温海明

唐明邦先生是海内外公认的易学名家，他在易学方面用功很多，有著作多种。其弟子郭齐勇先生在《周易通雅——唐明邦易学论文选》序中说：

本书乃先生晚年论易之书，字字珠玑，弥足珍贵。……唐师在本书集中讨论了《周易》在 21 世纪的意义，易学思想与构建和谐社会的关系……他的科研的成就与贡献主要在以下三大领域：一是《周易》经传与易学史，二是道家与道教，三是古代自然科学中的哲学。唐师在这三个领域中都有创造性的探索，发人之所未发，取得了丰硕的成果。

可见，郭齐勇先生认为唐明邦先生关于《周易》经传的研究是他非常重要的成就与贡献。这部分的研究成果主要体现在唐明邦先生主编的《周易评注》当中，该书 1995 年由中华书局出版，比书里《后记》的时间是"1990 年元月"晚了五年，但这符合唐明邦先生对成书过程的记述：

1989 年 5 月，经过五年筹备，中国周易研究会在济南成立，我由筹备委员会主任，当选首任会长。6 月，发生政治风波，教学秩序混乱。我乘机约黄钊、罗炽等教师合写《周易评注》一书，对《周易》经传作了注释，写了 200 多节《评析》，附录《周易名词概念浅释》，由中华书局出版，不到一年，印了两次。

该书是集体合作的成果，《后记》说该书由唐明邦、黄钊、何建明、罗炽分工协作而成。该书《后记》特地提及《评注》的体例："于《周易》体例之改变，作了大胆尝试。坚持经、传区分原则，将《彖》《象》《文言》独立，破除千余年来经、传杂陈例。"这说明《评注》的体例是把卦爻辞和《易传》的内容分开，每卦先是经文、注释和评析，然后是《彖传》、注释和评析，之后是《小象传》、注释和评析。《大象传》独立放在《文言传》后面，《系辞上》之前。

按照唐先生的《编者自白》，他首先要面对的问题是普及还是提高，他谦虚地说自己普及无经验，提高功力不足，于是写了 200 余节《评析》，"或有愚者千虑之一得"。其次是《周易》文化价值的再认识，"以现代文化知识为参照，去揭示卦爻辞的原意"。再次是象数、义理兼顾，"超越汉宋藩篱，不违先哲义理，不废固有象数"。本文主要讨论最后一部分，即"经传分离的体例更新"。

唐先生幼年读私塾的时候，"背诵《易经》，经传间杂，诘屈聱牙，十分反感"，可见，他对于经传分离的传统有着自身经验上的不认可，觉得既不容易读，也难以记诵,所以很自然就觉得研究《周易》"以传解经,深感不妥"。他的这种认识,既有自身经验作为基础,也是对二十世纪以来现当代易学研究成果的理解和延伸,尤其是古史辨派易学的延续。他认为,"经与传是不同时代的思想作品,反映不同阶级的思想",于是他把经与传分开,体例大概如下:

《文言》完全独立成篇,不再列乾坤二卦之内。《彖》《象》二传,先从经文分出,以其同经文联系密切,为便于参照,仍分卦列于经文之后,以示分中有合。每卦卦爻辞、《彖传》、《象传》仍分别进行评析,由于时代有别,思想水平大异,便于读者做全面科学的评价。

我本科期间在学校读过唐先生主编的《周易评注》,能够理解唐老的良苦用心,经传分观主要是顺应易学的现代发展,因为经与传的成书年代不同,就不要混同而观。

有趣的是,如果探讨易学《周易》经传的体例,可以对照著名翻译家卫礼贤((RichardWilhelm,1873—1930)的《周易》译文,就会发现他们的共同点是都想把经传分开,接续现代易学的重要发展成果。唐老在卦辞之后附了彖辞和小象辞,说明他觉得彖辞和小象辞还是放在每个卦后面比较方便理解。而卫礼贤把大象辞放在每一卦的解读之后,可能应该是意识到如果不理解大象辞,就很难理解卦象和爻位,以及其中蕴含的义理。但唐明邦先生认为,王夫之写过《周易大象解》,所以《周易评注》延续此例,把64节大象合二为一,仍分上下两篇。他不认为上篇重天道,下篇重人事,因为"通篇《大象》纯为阐发人文精神而作,一目了然"。这跟卫礼贤认为,大象辞是对每一卦卦象的说明,所以要紧跟着每个卦很不同。

卫礼贤《易经》译本结构呈现为三个特征:1.经传分开(译本第一部分单独翻译经文);2.经传合一(体现在译本第二、三部分,译本第三部分将经文与传文合在一起,其中《系辞》和《说卦》无法完全附在经文下,集中呈现于第二部分);3.确定《大象传》的优先地位,将《大象传》与经文合并在译本第一部分呈现。卫礼贤认为,既然经传在思想连贯合一,对《易经》解释无法绕开《易传》,那么以哪部传文为主对《易经》进行解释就是问题。他认为,《大象》传在内容上较其他传文更加接近经文,因为《大象传》由两部分组成,一是描述卦象,二引申哲理意义,这与他对古经的认识一致,而其他传文只偏重某一方面,要么只解释卦爻辞,要么只解释象(如《说卦》),都没有对卦爻辞进行完整解说。所以《大象传》在内容上与经文有较其他传文更为紧密的关联性,所以他最终将《大象传》附在经文后。卫礼贤对《大象传》的重视体现了他对"象"的重视,从整体来说,他在对译本内容进行分、和的过程中,始终贯穿"象比辞更键"的指导思想。其子卫德明(HellmutWilhelm,1905-1990)在第三版《易经》译文前言中指出,卫礼贤的《易经》

经文以独特的意象作为表达手段，没有我们今天在文本中所看到的说明性陈述，其取象范围丰富、不受限制，如取自神话传说、诗歌、宗教或社会生活，还有一些象反映了对特定历史时期的原始组织的认可（recognition of the archetypal configurations），即使如此，还有很多象未被阐明，可能来自于作者的直觉。可见唐明邦和卫礼贤对《大象传》的看法是不同的。

虽然在经传分观问题上，《周易评注》和卫礼贤的译本有异曲同工之妙，但卫礼贤认为，大象辞才是解读周易的核心，这说明，不同易学家关于小象辞和大象辞对解读周易卦爻辞的重要性理解不一样。类似的，杜保瑞新著《话说周易》每卦先列经文，但小象辞前面还是要放上爻辞，说明杜保瑞意识到小象辞无法离开爻辞而独存。这说明，在经传分开的问题上，通常来说，作者的体例难以统一，各自都按照自己的理解重新编辑经文与传文的体例。

唐明邦先生把自己的自选集定名为《天人之学》，并且认为天人问题是中国传统文化的基本论题，肯定象数易学、先天易学、道教易学等在易学史上的重要贡献。后期他推动长江易学，对于历朝历代长江流域的易学家的生平和贡献都做了深入细致的研究，几乎囊括了中国易学史上大部分重要的易学家，可见，长江流域对于易学的兴盛和发展是非常重要的。可以说，长江易学是整个南方文化的根源。

唐明邦先生晚年对于邵雍用功甚深，具有寄托个人心志情怀的意味，比如徐勇、伍先飞的《探寻智慧之源演绎精彩人生——唐明邦教授学术访问记》写道：

对先天易学的研究，别人视为畏途，唐明邦教授则用力较多。可以说，对邵雍的研究是他整个易学研究过程中浓墨重彩的一笔。邵雍是北宋时代的著名思想家、易学家、史学家和诗人，他不求闻达，终生不仕，身居陇亩，心忧天下，埋头著述，撰写《皇极经世》，创立"易外别传"的先天易学。邵氏闭门30年，留下的思想资料虽只有10万多字，但在中国思想史上却做出了三方面重要贡献。

唐明邦先生晚年对于陈抟、邵雍先天易学情有独钟，多有心得，写出《邵雍评传》，精研陈抟道家道教和易学思想。可以说，正如图书学派是北宋先天易学的核心，晚年唐明邦先生把巨幅彩色河图洛书高挂自己的书房直至去世，可见他心心念念致力于复兴图书易学，就是为了在宋代易学千年之后，重新开启一个易学新时代的盛世，期待新时代的易学著作能够像宋代易学那样取得开创性的贡献，让新时代能够留给后人一批如《周易程氏传》《周易本义》一般传之千年的伟大易学著作。从这个角度说，唐明邦先生无疑是新时代易学的先行者。

作者简介

温海明，中国人民大学哲学院教授、国际易学联合会秘书长。

唐明邦易学研究的当代社会价值

高燕

唐明邦先师的易学研究与哲学理论建树，成为现代不可磨灭的文化遗产。我们纪念唐明邦，研究唐明邦的易学与哲学理论，学习唐明邦的做人风范和研究精神，继承唐明邦的研究之路，弘扬唐明邦的研究成果，对推动社会发展，对走习近平新时代中国特色社会主义道路，对全面建成小康社会，对生态文明建设和建设美丽中国，有着十分重要的现实意义。

一、遗产与价值

唐明邦先师不负岁月、学而有成、博览古今、著述颇丰、淡泊明志、为人师表的高智大德，在社会上受到广泛的赞誉，受到人们的敬仰！他以易为魂，以易悟道、以易修德，以易修身，以易论道，以易弘道、以易出道。在易学研究上为我们树立了光辉的榜样，从而成为中国易学泰斗。他的著述从中国哲学到传统文化研究，涉及的领域特别广泛。他的研究以易学为基，拓展到哲学、社会学、直到以易论道，以易参禅并且是与时俱进，从而把大易哲学发展成为具有新时代意义的社会价值。他在论《周易》思想的核心价值中指出："改革开放之初，面对全国掀起的'周易热'，易学研究着力揭示《周易》丰富的文化内涵，阐述它在中华传统文化中突出的地位与作用。意在促使易学研究步入健康发展轨道。长期以来，《周易》文化价值受到严重的人为扭曲，在社会上被视为单纯的占卜之书，故不可不辩。为此，全面剖析《周易》的文化内涵，势所必然。十年前出版拙著《当代易学与时代精神》，从哲学智慧、经世微言、管理枢要、象数模式、科技会通、易学稽古等多种角度，评述《周易》的思想内容，即是这一研究方向的初步成果。当今，《周易》研究已不断地向纵深发展，关于《周易》核心价值的深入探讨，变得更加突出而重要，亦易学研究发展的必然要求。"[①]

他对易经的研究寻本问源，认为伏羲文化是"天人合一"的中国根文化，是人类的优秀文化。在历史长河里，伏羲易，《连山》,《归藏》,《周易》,《易经》，薪火相传，源远流长。它是儒、道、墨、法等百家文化、汉代经学、魏晋之玄、唐道儒释、宋代理学、明代心学、清代朴学中国传统文化之根。伏羲文化所揭示的天道，独立存在于宇宙万物之外，是宇宙本根，主宰了宇宙形成、物质诞生、生命诞生、

---

① 唐明邦：《〈周易〉思想的核心价值》，中央编译出版社，2013年。

意识形成，在天成象，在地成形，造化宇宙，诞生万有。天道其大无外，其小无内；其中有象，其中有数，其中有理。天道的本质是数，象是数的外在表现形器。理是事物内在数的排列组合所发生秩序，当代前沿科学证明数的量化与可控性能够迸发出巨大的社会生产力。

宇宙是数，万物是数。数兴则兴，数衰则衰，数盛则盛，数尽则亡，在数难逃。万物统一于场，阴阳有无、数平等与不平等的变化产生引力、磁力、强作用力、弱作用力，运转宇宙自然，运转万物，运转着社会，推动人类历史前进。《易经》所揭示的易数理论为当代前沿科学所认识并应用。

伏羲文化是阴阳大道文化，至大、至公、至尊、至刚、至信、至强，以天为根，以民为本，具有大同大公、共生共存、平等全息的社会价值，体现了真、善、美的道德追求，与大自然和谐、与人和谐、与社会和谐、不断发展变化，不断创新生生不息。伏羲文化是"天人合一"的大道文化，一直引领中华民族、一直引领中国，致成中华民族始祖大统一、中华文化大统一、中华民族大统一、中国治道大统一、中国疆域大统一、中国历史大统一。中国是人类历史上的文明古国、大国、强国，是世界上"四大文明古国"中唯一文明没有中断过的国家。

历史证明伏羲文化是中国优秀文化，是人类的优秀文化。《易经》弥纶天地，博大精深，是社会学与科学之母，是当代前沿科学量子力学"块数据巨系统理论"的故乡。由于中国是个历史上的农业大国，自给自足，与大自然同步，中国国情决定历史长河里只用在大道治国，用在占卜上，没有把数术理论运用到发展生产力上。

他历来主张易经的研究必须为当代社会服务，为推动社会的发展服务。基于这种理念，他撰写了一系列著作，都是结合现代社会发展的现实，大胆运用，大胆立论，大胆创意。他的理论建树对当代社会有着指导性、启示性的价值，是极其宝贵的文化财富。因而，研究唐明邦的易经理论思维，对易经的传承、发展与运用，具有特殊的意义和广阔的研究空间。

二、继承与发展

以敬仰之情缅怀，以敬佩之情研究，以敬慕与感恩之情继承发展传统文化与易学大道。接过唐明邦先师弘扬传统文化的旗帜，把弘扬传承易学文化的重任，承担在肩，这是我们义不容辞的神圣职责。唐明邦先师为我们树立了光辉榜样。我们应该珍惜先师为周易文化研究所创立的当代社会文化价值，把易学文化的研究传承下去，发展下去。

唐明邦先师告诉我们："中华五千年文明史，《周易》思想的恒久魅力，在于它凝结了中华民族永放光辉的民族精神。国有国魂，军有军魂，中华民族之魂，展现于《周易》所总结的维护国家统一的爱国精神；自强不息的奋发精神；厚德载物的宽容精神；顺天应人、与时俱进的革新精神；居安思危，思患豫防的忧患意识。中华大地经受无数暴风骤雨而能保持一统江山；数十个兄弟民族，数十种思想流派，诸种宗教团体，能长期共存，同舟共济；亿万炎黄子孙能团结一致，共建爱国爱家、奋发向上的精神家园，永葆精诚团结的民族凝聚力，无不得力于这种悠久博大的民族精神。环顾世界，任何民族若无团结和睦、奋发有为的民族精神，在尖锐复杂的国际斗争中，只能沦为任人宰割的砧上肉。"自强不息，厚德载物"的民族精神，是中华民族的脊梁。这一民族精神哺育了一代又一代民族志士，屡经苦难与挫折，而能艰苦卓绝，愈挫愈奋。陶铸了千百个屈原、岳飞、文天祥、黄继光、焦裕禄式的英雄模范人物，在大风大浪面前，如中流砥柱，永不动摇；为了人民的事业，国家的前途，生死关头，脸不变色心不跳，甘洒热血写春秋；为国家民族建立彪炳功勋，为子孙万代树立光辉榜样。"[1]

唐明邦先师对易经的研究，从现实出发，用科学的、辩证唯物主义的观点，阐述了易经文化对现代社会的借鉴意义，可以说易经智慧和现代文化是一个有机整体的理论体系，也是我们今后研究的重要课题。传统文化的传承与易学文化的研究是长计划，是大命题。我们在今后的研究上，要以唐明邦先师为榜样，要敢于智慧引领，要善于精心研究，要不断广泛交流。我们知道，传统文化是智慧，是思想，是人类生命的灵魂，是社会发展的动力。是传统文化让我们，大其心，容万物，虚其心，爱天下，平其心，论天下，潜其心，观天下，定其心，应天下，要求我们必须做好思想上的顶层设计。

十八大以来，党和国家特别重视传统文化的传承，把传统文化作为特殊战略资源，中共中央、国务院专门做出《关于实施中华优秀传统文化传承工程的意见》，说明传统文化的极端重要性。

在传统文化的传承上，我们既要有"乱云飞渡仍从容"的战略定力，又要有"不到长城非好汉"的进取精神！一定不辜负唐明邦先师的期望，把传统文化的研究与生态文明文化的研究推向新的高度。

最后，我想用一首诗，告慰唐老的在天之灵：

神游福地石门峰，人间仙境雾升腾，
天风洞箫迎唐老，易学泰斗留美名。

作者简介

高燕，中国风水文化研究院院长。

---

[1] 唐明邦：《〈周易〉思想的核心价值》，中央编译出版社，2013年。

探寻智慧之源　演绎精彩人生
——唐明邦教授学术访问记

徐　勇　伍先飞

2007年盛夏，在美丽的江城武汉，在珞珈山下武大校园内，笔者一行慕名拜访了武汉大学哲学教授、国际易学联合会顾问、中国周易学会顾问、湖北省道教学术研究会会长唐明邦先生。出现在笔者面前的唐老，鹤发童颜，耳聪目明，思虑敏捷，声若洪钟，一派仙风道骨风范。他待人和蔼，知识渊博，博古通今，长期致力于传统文化教学与科研工作，对《周易》、道家道教文化、明清哲学造诣尤深，访谈过程中谈道论玄，阐幽发微，如数家珍，着实令人敬佩。

再回首，历历往事，并非如烟。让我们展开一幅历史的画卷，去探访唐明邦先生人生履历中那一幅幅色彩斑斓的片断……峥嵘岁月玉汝于成。

唐明邦，号云鹤，1925年出生于四川忠县永丰镇观桥村。父亲是勤劳朴实的农民，母亲是文盲，靠耕种农田维持生计。民国初年，军阀混战，农村凋敝，盗贼横行，饥荒肆虐，小明邦很少穿新衣服，除了过年过节很难吃上肉。

七岁时，小明邦接受蒙学，十二岁参加劳动，农闲时读村塾。1940年底，少年明邦以同等学力考入精忠中学。求学的三年间，唐明邦生活窘困，没穿过一套洋布童子军装，没穿过一双胶鞋。尽管如此，他却学习刻苦，每学期发榜都是名列前三名，且毕业成绩榜列第一名。按学校规定，毕业成绩列前三名、考上国立公费学校者，母校可奖励三年学杂费。1944年春，唐明邦报考"国立中央大学附中"，在有500多人报考而只录取40人的严格考试中脱颖而出，收到了录取通知书。

中大附中在重庆青木关山沟里，抗战期间学校设备简陋，生活艰苦。由于生活及卫生条件差，唐明邦常患疟疾、痢疾，但他却不敢把病情告诉家里，以免家人挂念。学习上，他埋头读书，成绩出类拔萃，每年享受甲等助学金。1945年8月，日本宣布投降，唐明邦和学校师生们欢欣鼓舞。次年，中大附中随中央大学复原南京，四川同学转入新组建的国立青木关中学。冬季毕业后，在校长的关爱下，唐明邦被留校作教务员。次年，他报考北京大学，却名落孙山。此时，他患了一场副伤寒，险些送命。在青木关中学，唐明邦在几位良师的引导下走上了进步的道路，初步树立了革命人生观。

1947年底，唐明邦回家探亲，未料回校后校长已换作他人，唐亦被解聘，在师友的介绍下，唐明邦到蜀都中学代课，到《商务日报》作校对，勉强糊口。5月，他又到长宁培风中学担任英语教师。1949年9月，唐明邦回到重庆，去私立正中中学教书，在那里加入了重庆地下党外围组织新民主主义青年社（新青社）。11月底，重庆解放，唐明邦万分高兴，与同学们一起上街做宣传、贴标语、扭秧歌，高唱革命歌曲，兴高采烈地迈进历史新纪元！

1950年1月，唐明邦经重庆市团委介绍，到《重庆工人报》（后改名《西南工人日报》）作记者，两年后被评为行政19级，任报社编辑委员会委员、编辑组副组长。1953年3月，唐明邦被调到上级机关全国总工会西南办事处，属中共中央西南局工委作秘书科干事。1954年春，全总西南办事处撤销，组织上送唐明邦入大学深造。经考试，他被北京大学哲学系录取。

北大是一座有着光荣革命传统的全国最高学府。1952年，大学院系调整，全国各校哲学系并入北大，知名哲学教授尽数荟萃于此。哲学专业学生要学数、理、化等自然学科，中国哲学史是重点哲学专业学科，唐明邦的文化知识大为充实，哲学理论水平显著提高。然而入校时，他患有肺结核，体育锻炼不得法，1957年咯血了，一面住院治疗一面听课，未曾耽误学习。毕业时，唐明邦被分配到武汉大学。尽管此时他肺病未痊愈，仍满怀激情踏上新的人生旅程。

1958年8月，唐明邦到武汉大学。李达同志时任校长兼哲学系主任，他倡导学习研究毛泽东思想，闻名全国。9月，唐明邦与哲学系师生一道，奔赴老苏区红安七里坪参加公社化运动。1959年5月底，唐明邦与其他师生们奉命返校，任教中国哲学史，首先主讲《中国哲学名著选读》。三年困难时期，唐明邦与中哲史教研室的萧萐父、李德永两位老师在李达校长的鼓励下，自编中国哲学史教材。他们虽都患有水肿病，但仍克服重重困难，夜以继日备课、讲课、写教材，分工合作，完成百多万字的《中国哲学史》讲义。

1961年，李达校长倡议召开王船山学术讨论会，活跃学术气氛，并委派唐明邦去湖南与哲学社会科学界联系，协商联合主办任务。唐明邦到长沙、衡阳调查访问船山事迹。回系作了学术汇报，撰《船山史迹访问记》，在《光明日报》发表。接着在教研室主任萧萐父同志帮助下，研究王船山的易学名著《周易外传》，从标点原文做起，查阅参考资料，撰写学术论文。1962年11月，王船山逝世270周年学术讨论会在长沙举行，盛况空前，全国第一流学者均出席与会。唐明邦的论文《〈周易外传〉中若干辩证法思想》受到好评，被编入《王船山学术讨论集》，由中华书局出版，这是他的第一篇学术论文。1964年下学期，唐明邦被派往孝感县（今湖北省孝感市）土门公社，发动群众开展社教，后又调到另一大队搞"四清"。1966年3月，他带毕业班同学下乡去劳动锻炼，直到"文化大革命"开始。

一、酌古酬今　著书立说

"文化大革命"期间,正常的教学秩序受到破坏,教师被称为"臭老九",罪名是用"封、资、修"毒害青年。1968年11月,工宣队、军宣队进校,实行军事编制,过军事化生活。1969年冬搞战备演习,武大哲学系师生拉练去襄阳参加劳动。1970年成立武大襄阳分校,唐明邦接受哲学系布置备课,迎接开学。在隆中的九年,唐明邦除一般教学外,还参与了三项学术活动:一是组织工农兵学员讨论"奴隶有没有哲学";二是评法批儒期间,奉调回总校参加注释《曹操诸葛亮选集》,唐明邦写了《诸葛亮评传》;三是编写了简明《中国哲学史》讲义。"文化大革命"结束后,1978年秋唐明邦回到满目萧条的珞珈山。

十一届三中全会后,中华大地进入改革开放的新时期,迎来了科学的春天。武大哲学系从1977年开始招收四年制本科生,1979年哲学史教研室开始招收中国哲学硕士研究生。此时,唐明邦为哲学史教研室副主任,除了承担本科生、研究生、进修教师的教学任务,还要完成国家教委委托的任务,集体编撰《中国哲学史》教科书。唐明邦负责其中明清之际哲学史初稿,并编订《中国哲学史大事年表》。1981年,唐明邦光荣地加入了中国共产党,并于同年晋升为副教授。随即承担国家教委委托的新任务,主编《中国古代哲学名著选读》,国家教委规定为全国高等学校文科教材。1982年,湖南召开第二次王船山学术研讨会,唐明邦撰写了《〈周易内传〉中若干辩证法思想》一文,使中断多年的《周易》思想研究有所提高。1984年,由武大哲学系等发起在武汉东湖召开第一次中国周易学术研讨会,到会150人,唐明邦副教授的《汉代周易象数思维模式剖析》成为研究汉代象数易学的第一篇论文。会后,同萧汉明等编辑会议论文集《周易纵横录》,在海内外产生很好的学术效果。同年下学期,享受学术假,撰写《李时珍评传》,由南京大学出版社出版,成为他的第一部学术专著。不久又撰写了《本草纲目导读》,巴蜀书社纳入"中华文化要籍导读丛书"。

1988年,唐明邦晋升教授。当年,教育部批准武汉大学哲学系建立中国哲学博士点,成立博士生指导小组。唐明邦作为小组成员,为博士生讲《易学源流举要》,开设"中国哲学文献"课,导读《周易》《尚书》《论语》《老子》等名著。此年,受香港王宽诚教育基金会赞助,应邀到香港中文大学新亚书院哲学系讲学一月,同时应邀到香港浸会学院、佛教法住学会作学术讲演。同年,在武汉组织建立"湖北省道教学术研究会",担任会长。1989年5月,经过5年筹备,中国周易研究会在济南成立,唐明邦由筹备委员会主任当选首任会长。此后,唐明邦与人合著《周易评注》一书,对《周易》经传作了注释,写了200多节《评析》,附录《周易名词概念浅释》,由中华书局出版。为介绍此书,他又写了《周易文化价值的多棱透视》,

发表于中华书局主编的《书品》杂志。1991年，65岁的唐明邦教授光荣退休。

1991年至1996年，唐明邦教授受武大哲学系返聘，指导研究生，为他们开设易学源流举要，道教文献导读，同时辅导日本访问学者、韩国高级进修生研究易学与道教。1991年，唐明邦同萧萐父教授主持了在襄阳、武当山召开的"道家道教文化与当代文化建设学术研讨会"。1993年，承担南京大学中国思想家研究中心委托的新任务，撰写《邵雍评传》附《陈抟评传》，并于1998年出版，成为他的第二部学术著作。1993年，唐明邦首次应邀访台，参加王船山学术思想讨论会，会后参观台北故宫博物院，观赏日月潭、阿里山风光，访问台北中华道教学院等地，与台湾哲学、道教界朋友结下深情厚谊。1994年，武大哲学系举办"中国哲学的传统、现状与展望学术讨论会"，出版纪念文集《不尽长江滚滚来》，唐明邦撰写了《我的周易价值观》，总结研易历程及基本观点。

自1997年始，唐明邦教授从心所欲，进行学术研究，先后完成三部著作。合作编写《易学与管理》，唐教授负责撰写《易学与管理原理》章节，总结了他多年讲学的内容；撰著《当代易学与时代精神》，为"九五"期间的国家社科基金研究项目；同汪学群合写《易学与长江文化》，涉及的不少易学家和易学著作都是首次研究。1999年，唐教授第二次访台，出席第二次海峡两岸道教学术研讨会，会上作了《〈道藏〉文化价值的多棱透视》的报告。晚年的唐明邦教授社会兼职有山东大学兼职教授、中国哲学史学会理事、中国周易学会（前身为中国周易研究会）顾问、湖北省道教学术研究会会长、东方国际易学研究院学术委员、《道家文化研究》编委、《宗教学研究》学术委员，应聘担任湖北、河南、河北、江西、江苏、安徽等省周易研究会顾问。据不完全统计，迄今为止唐明邦教授在国内、美国，中国香港、中国台湾学术刊物上发表学术论文200余篇约200万字，学术论著有《当代易学与时代精神》、《邵雍评传》（附《陈抟评传》）、《易学与长江文化》（合著）、《李时珍评传》、《本草纲目导读》；主编《周易评注》《周易纵横录》《中国古代哲学名著选读》《中国近代启蒙思潮》；参加编写《易学基础教程》《易学与管理》《中国哲学史》《中国辩证法史稿》《中国哲学史纲要》《楚国历史文化辞典》等，用唐明邦教授自己的诗句概括便是："稗书十卷传薪火，拙文百篇杂薰莸。"其生平事迹载于《世界名人录》（美国）、《东方之子》（海外版）、《共和国专家成就博览》、《华夏英杰》、《中国当代杰出共产党人》等多部辞书。

二、精研易学　弘扬国粹

数十年来，唐明邦教授呕心沥血，深入研究易学以及道学，为推进当代易学和道学研究，繁荣中国传统文化做出了重要贡献。其突出的学术思想及贡献表现在以下诸方面。

在易学方面，首先唐明邦教授全面阐述和评价了《周易》的文化价值，确定它在传统文化中的地位和作用。它既是一部哲学著作，也是一部政治思想教材，《周易》对科学研究、传统医学、管理科学等诸方面均具有重要作用，称其为中华文化的活水源头，殆不为过。汉代经师解《易》，提倡象数。京房、郑玄、荀爽、虞翻等利用《周易》构架，结合阴阳五行、日月星辰、四季物候的变化，创立所谓互体、旁通、卦气、纳甲、爻辰等象数模式体例，宣扬唯心主义烦琐哲学，通称《周易》象数学。汉易象数学，是古代哲学的一种特殊形式。在汉易的评价上，众多易学研究者纷纷摒弃和否定汉易，唐明邦教授独出机杼，力排众论，明确指出两汉400余年历史，完全否定汉易是不正确的。在对汉易象数学的研究过程中，唐明邦教授勇于开拓，独辟蹊径，从其思维模式的特征及其实质进行深入剖析，难能可贵。唐教授认定易学中蕴含的象数思维方法既是归纳法和演绎法的结合，亦是分析与综合的统一，堪称中华民族理论思维发展的硕果，历代先哲智慧的结晶。可以说，唐明邦教授是第一位重视汉易的研究成果，并为它正名、争取学术地位的学者。汉易象数学如今之所以受到重视，唐明邦教授居功至伟。

对先天易学的研究，别人视为畏途，唐明邦教授则用力较多。可以说，对邵雍的研究是他整个易学研究过程中浓墨重彩的一笔。邵雍是北宋时代的著名思想家、易学家、史学家和诗人，他不求闻达，终生不仕，身居陇亩，心忧天下，埋头著述，撰写《皇极经世》，创立"易外别传"的先天易学。邵氏闭门30年，留下的思想资料虽只有10多万字，但在中国思想史上却做出了三方面重要贡献：（1）阐发新的宇宙本体论；（2）开创先天象数学；（3）创立新的自然史观和社会史观。邵氏绕开《周易》的卦爻辞和《易传》的思想原理，传承陈抟《先天图》，创立先天象数学，以象数为基础，创制精妙的"先天四图"，以之"弥纶天地，出入造化，进退古今，表里人物"，特别是《伏羲六十四卦方位图》构思奇妙，符合近代数学思维模式；经得住二进位制数学的检验，令人折服，使数学家莱布尼茨为之倾倒。怀着对这位先贤圣行的崇敬之心，唐明邦教授在总结20世纪研究邵雍思想的学术成果的基础之上，撰写出关于邵雍思想的综合性著作《邵雍评传》，该书对邵雍的生活时代、生平事迹、政治思想、人生哲学、先天易学、后天易学、认识论、思维方法诸方面作了客观评述，充分展示邵雍的思想风貌和他在中国思想史上的地位与成就。《邵雍评传》清理了先天易学的宇宙本体论及其运化准则；阐述了先天象数学关于宇宙万物衍化的数学图式；廓清先天易学的历史观，将其"元会运世"的历史衍化进程，视为弥纶天地的世界历史年谱，将其"皇帝王霸"历史观，视为别开生面的中国历史年鉴编纂思想；肯定邵雍的先天易学实为关于宇宙结构的创造性探索，其整齐划一的象数序列图式，构思奇妙，超越传统易学思维框架。据悉，《邵雍评传》一书自

1998 年出版发行以来，广受欢迎，目前正授权台湾有关方面出繁体字版。

晚年的唐明邦教授以当仁不让的创新精神与时不我待的历史责任感，致力于长江易学的研究工作，与汪学群合著《易学与长江文化》一书，从而开垦出有关长江易学研究的处女地，功莫大焉。之所以如此，是因为长期以来，已有的中国历史文化著述对中国传统文化的认识似乎形成了一种定势，认为黄河是中华文明的唯一"摇篮"，即黄河中心论或中原论，而对长江文化在中华文明史乃至世界文明史上的重要地位并未给予应有的重视。自 20 世纪 80 年代以来，长江流域越来越多的考古发现，促使学术界对长江流域各地区文化形势、长江文化与易学的关系等进行重新审视、考察和研究。在《易学与长江文化》一书中，唐明邦教授粹取不同历史时期 30 余位有代表性的易学家，剖析其易学著作及易学思想，展示他们在易学史上的突出贡献，如此脉络如藤，典型如瓜，藤瓜并举，从而系统地清理长江文化中易学发展的历史进程及其特殊贡献，其研究成果可谓是振聋发聩，掷地有声，使人从盲瞽走向聪慧。

对王船山易学的研究，唐明邦教授所表现出来的那种孜孜不倦的刻苦精神尤其令人钦佩，对此《光明日报》曾作了专门报道。众所周知，唐明邦教授对易学的研究，乃是从王船山肇始的。然而，研究《周易外传》的过程却相当艰苦，因为王船山的易学著作有 6 种之多，其行文既无标点，亦不分段落，许多文字不知是他自己的思想抑或是引用别人的言论，晦涩难懂。在研究过程中，唐明邦教授以"绳锯木断、水滴石穿"的恒心与刻苦精神，焚膏继晷，兀兀穷年，探赜索隐，抽丝剥茧，大胆假设，小心求证，去伪存真，抓住其主要思想，从辩证法的角度撰写出一篇篇具有深刻学术思想的论文，如《船山史迹访问记》《〈周易内传〉中若干辩证法思想》等论文在有关王船山的学术研讨会议上都深受好评，如此委实不易。此后，唐教授又相继撰写了十多篇专门论证王船山方方面面的文章。此外，他还应邀到台湾参加王船山学术研讨会，受到对方的高度重视。应该说，唐教授是武汉大学哲学系与台湾哲学界建立学术交流关系的第一人。

三、悟道参玄　延年益寿

除了在易学方面进行艰苦的探索和研究外，唐明邦教授深受道教思想的熏陶和道教人物人格魅力的感召，对中国的道家和道教进行了广泛的学术研究，取得了令人瞩目的成果。

关于道学研究，唐明邦教授着重研究其长生久视的理论与实践，特别注重其在医药、外丹、内丹方面的贡献，服膺新文化泰斗鲁迅先生的论断："中国根柢全在道教。"在研究道家、道教文化过程中，他首先论定老子其人在不同历史时期，有其不同形象。对于道教典籍总汇的《道藏》，全面地评述其文化价值。而在具体的研究过程中，唐明邦教授对道教教义、思想精髓及许多著名道教历史人物进行了深入细致的研究和分析，举其精要者，约有以下几端：

首先，唐明邦教授对道教外丹术进行了研究，论述其对古代科学技术发展的影响，并给予了高度评价，认为道教不愧为世界上唯一与科学联盟的宗教。赞同英国科技史家李约瑟的论断："道家又能将自己的理论付之实行，所以东方的化学、矿物学、植物学、动物学和药物学都渊源于道家，中国如果没有道家，就像大树没有根一样。"唐明邦认为，外丹术是中国古代化学的萌芽，而且对推动古代矿物学，古代医药学，古代冶炼技术，机械制造技术、古代天文、地理学的发展，特别是对火药的发明等，都起到了重要而深远的作用。条分缕析道教外丹术的贡献，唐明邦教授的研究的确令人耳目一新。

其次，唐明邦教授神交古代仙真高道，尤其是对道教历史人物陈抟老祖进行了深入细致的研究，肯定他传授《先天图》发展先天易学，传授《无极图》发展内丹术的贡献。应该说，有关陈抟老祖的仙风道骨、易学思想，对道教的影响和贡献等，也曾有人耗资费时进行过大量研究，但浅尝辄止、鲜有成绩者多，深入下去、卓有成效者少，但唐明邦教授却思接千载，心游万仞，神驰八荒，以如椽大笔为世人奉献出一部煌煌数万字的《陈抟评传》，令人惊叹。评传中，唐教授以"图南未遂遁玄门""高卧华岳傲王侯""承传易图留后世""参悟内丹指玄机"等章节，磨垢刮光，生动地再现了陈抟老祖一生的履历及作为，强调指出陈抟在道教史上的重要地位：无愧五代宋初道学大师，其思想成就绚丽多彩，陈抟手不释卷，钻研易学以图象反映独到心悟，开宋明图书学之先河，成为宋明道学先驱；酷爱老庄，行清静无为、抱朴守拙之教，指引道学理论新发展；苦炼内丹，参悟内修理论，创立陈抟学派，经后继者精心阐扬，绽出灿烂之花。陈抟以一代高隐，影响五代宋初几代王朝政治，其高风亮节化育北宋一大批道教学者、文人学士。毫不夸张地说，唐明邦教授对陈抟老祖的研究达到了一个新高度，为他人的研究提供了有益的借鉴。

"古稀高道不畏艰，沙漠雪山从容迈；信士热烈迎仙客，西域风情最迷人；行宫论道常惬意，'一言止杀'传美谈。"这是唐明邦教授对长春真人丘处机西游之行的赞美之词。他撰写了《一言止杀，功垂万代——读〈长春真人西游记〉》的文章。《长春真人西游记》乃长春真人弟子李志常所撰，描述了公元1220年，年届73岁高龄的长春真人抱救世宏愿，应元太祖之邀，率18位弟子从山东栖霞出发，渡荒漠、穿戈壁、越高山，行程万里，历时二年余，最终到达西域大雪山会见一代天骄成吉思汗的艰苦历程。唐明邦教授所撰《长春真人丘处机》的研究文章，拂历史之尘埃，展真人之风采，对长春真人克服重重艰难险阻，西行宣道、沙场吊古、行宫论道进行了全景式描述，对异域风土人情以及真人咏志抒怀、开导信众的诗句予以采撷和呈现,特别是对长春真人洞察时艰、心系民瘼、解民于倒悬、一言止杀以使万民免屠的历史丰功伟绩给予了高度评价。其文洋洋洒洒,引经据典,名词华句,汪洋恣肆,令人阅之而兴味益然。笔者以为,如若以此为脚本拍成一部电视剧,则可与明朝吴承恩所撰、描述唐僧师徒西天取经的《西游记》相媲美。

作为一名道教学者,唐明邦教授对道教的内丹术也做了大量深入细致的研究,关于道教教义、手印、符箓、青词、戒律等都有所涉猎,撰写了不少评论文章。为崇真论道,深入研究道家道教文化,他积极参加各种学术活动,如主持了隆中——武当山召开的道家道教与现代文明研讨会、出席在台湾嘉义举行的第二届海峡两岸道教学术研讨会等,与会之余遍访道教名山宫观,参观仙真塑像及道院风光,加深形象认识。特别是道家的养生要诀使唐明邦教授自己深受裨益,在日常生活中他奉行"养性贵守和,炼身贵守恒,饮食贵守淡,起居贵守时"的道家养生要诀,坚持打太极拳30年,以至寿臻耄耋仍身轻体健,对此《中国体育报》记者进行了报道。

关于古代科技思想,唐明邦教授亦兴趣益然。为了写《李时珍评传》《本草纲目导读》,他首先研究了《黄帝内经》的《素问》与《灵枢》,以及《本草纲目》,注重探讨中医药理论同《周易》的关系。论定《内经》理论同《周易》朴素辩证法思想息息相通,阴阳五行思想成为《内经》医学理论的基石。由医易会通,促使他进而探讨了古代其他科技思想同《周易》象数的关系。唐明邦教授撰《李时珍评传》,力图从多学科、多角度阐发《本草纲目》的文化价值,除表彰其在创建本草学新体系,厘定本草分类新方法,发明新药物,丰富药性,增广百病主治药等方面的贡献外,还特别论述此书对研究植物学、动物学、矿物学、农林牧渔以及历史、文学的重要参考价值。此外,他还从哲学思想角度探讨了李时珍之所以能自学成才而勇攀科学高峰的秘密,他的独创精神基于他富有辩证法的思维方法,实事求是的认识路线,万物化生源于元气的自然哲学。

四、淡泊明志 为人师表

"耕田但期千亩绿,掘井何辞万丈深。"更值得一提的是,唐明邦教授不仅是一位在学术研究领域取得重大学术成果的专家,也是一位优秀的教育工作者。在近40年的教学实践中,他兢兢业业,始终谨守师者"传道、授业、解惑"的本分,言传身教,诲人不倦,武汉大学党委曾多次授予他"先进工作者""优秀共产党员"等荣誉称号。为搞好教学工作,他参与编撰教科书《中国哲学史》(上、下册),由人民出版社出版,为哲学专业的教学做出了重要贡献。对待工作,他严格要求,认真负责,常常是为避免学生到处借书而自己带相关的书籍给学生,从而被戏称是"送货上门"。在他的熏陶和影响下,学生们上课时聚精会神,认真学习中国哲学史这门课程。因此,唐明邦教授在"文革"中受打击,罪名是"中国哲学成了教学中的

'重工业',冲击了马列主义教学"。而在具体的教学过程中,他因材施教,注重改进教学方法,每学期组织学生进行一次学术讨论会,先进行小组讨论,然后进行全班讨论,各抒己见,百家争鸣,在此基础上全班评选出优秀论文,由唐明邦教授亲自修改后推荐到报刊发表。这种具有鲜明特色的教育方式,如春风化雨,不仅使学生深受裨益,加深其对所学专业知识的印象、理解和掌握,同时还被学生们称为"学一门课可以顶三门课",即可以补习古代汉语、中国历史,同时又可以举一反三,加深对马列哲学的认识。声教传四海,桃李遍五洲。如今唐明邦教授桃李满门,已有多名弟子成为博导,且还指导包括日本、韩国等国家的进修生。

尽管躬耕玄圃硕果累累,声名隆著,但唐明邦教授虚怀若谷,淡泊名利,他以先贤诸葛亮"淡泊以明志,宁静以致远"的名句砥砺自己。生活中的他,热爱书法,好写古诗,勤登珞珈山,常练太极拳,虽年逾八旬却身心健康,逍遥自在,乐天无忧,可谓是"放舟东湖捐尘虑,漫步珞珈长精神"。衷心祝愿唐老身体健康,幸福绵延……

"知行合一"的伟大践行者
——追忆唐明邦教授

邓海一

2014年10月,武汉《智慧中国·国学巅峰对话》活动上,初见唐老给人最深的印象是鹤发童颜、气宇轩昂、康健硬朗、眉间透出的慈祥多于思辨,不用开口便显出大家风范和君子风度。孔子曰"仁者寿"并非虚言。交谈中,九十多岁高龄的唐老思维清晰,精神矍铄,声音洪亮,才思如流水,还高兴地为我题了字"俏梅花外应预测学"。

那次大会聚集了当今海内外国学三巨头,大陆唐明邦教授、美国来的成中英教授、中国台湾来的吴秋文教授。智慧绽放,精彩纷呈!唐老精神饱满地作了2个多小时的脱稿演讲,至今回忆起来还是那样亲切、睿智。他对《周易》的核心价值进行全面、系统、深刻、生动的诠释,闪耀着大智慧的思想光辉,是整个传统文化战线不可多得的宝贵精神财富。尤其把脉民族未来发展:"重振国学、复兴儒学、弘扬易学、光大祖国传统文化;中西融合、古今贯通,建设中华民族共有精神家园,全面建设社会主义和谐社会。"

唐老站得高、看得远、把得准,具备深邃的战略智慧,超前的战略思维,准确的战略预测,国际的战略视野,厚实的战略修养,独到的战略思想,他提出的新理论和新思想,将光耀千古,名垂史册。

才高八斗,学富五车。这八个字誉之唐老一点不为过,尤其在《周易》哲学、道家道教哲学、古代科技哲学三个领域有极深研究,创获尤多,贡献甚大,蜚声中外,是我国这三个领域中最重要的学者;不仅如此,唐老在明清哲学、中国辩证史、儒学、佛学等领域都有甚深造诣。60多年来,唐老勤于读书、思考、著述与讲学,学而不厌,诲人不倦,献身祖国传统文化事业。从他的著作中,我们可以了解其基本思路和主要创见,把握了中国传统文化与哲学的精髓,能平实准确地表达出来。

赤子之心,书生之志。源于一种文人情怀,一种爱国精神,一种学者的责任感和使命感。改革开放之初,易学走出了"冷宫",面对全国掀起的"周易"热,《易经》这部被西方誉之为东方圣经的伟大智慧书籍,仅用于测事断事,沦落为街头的算命算卦,急功近利,用于挣钱;在社会上被错误地认为算命算卦看相调风水,就是《易经》,祖宗遗留下来的文化瑰宝,其文化价值受到严重的人为扭曲。面对国内认知现实,优秀民族文化之尊严正被亵渎,从而激发唐老从哲学其他门类研究转攻《易学》这门哲学,着力于揭示和剖析《易经》的文化内涵,及其深远的哲学思想,蕴涵的正能量及大智慧。出于一种高度责任感和使命感及一位学者的良知，他要为《易经》正名，正本清源，捍卫民族文化之尊严。他以科学的态度，阐述了《易经》在中华传统文化中突出的地位和作用，让社会认知《易经》是中华文化之根，是大道之源，研习《易学》是做大学问，从而促使了《易经》研究步入健康发展轨道。在此背景下，他编著了《当代易学与时代精神》，阐释了《周易》乃三圣所遗文化宝典，为中华民族思想文化的活水源头；它的核心价值乃在启迪国人智慧，振奋民族精神，阐发大同思想，调理社会关系，培育独立人格，予中华民族长流不息的智慧源泉。从此，那些谈《易》色变，把《易经》视为"封建迷信""旁门左道"等亵渎《易经》的错误说法将没有市场，从而加速了易学文化的快速发展。

  知行合一，学以致用。唐老致力于易学理论研究及易学应用研究，以丰富的人生阅历和超人的智慧，面对政治和经济的时时波动，把《易学》这门大智慧向前推进。时时不忘《易学》的时代使命，该举什么旗，该走什么样的路。在唐老看来，《易学》从来都是由两大部分组成，即"易理"和"易术"，如果没有几千年人们对"术数"的运用，《易经》几乎是不可能传下来的。因此"术数"的历史作用是不可否认的。因时下社会思潮所致，绝大多数学术泰斗不敢沾"易学应用"的边，怕坏了自己的声誉，是他独步易界，苦心孤诣搭起了"易学理论研究"与"易学应用研究"的桥梁，起到了常人难以起到的权威作用。

  人梯精神，育人典范。从唐老身上看到一种"文化中国"的典范，他身上渗出一股"文人情怀"的本色和定力。他德艺双馨，虚怀若谷，谦卑坦诚；与一些"学术明星"的虚张声势，追名追利真乃天壤之别。中国传统文化自古以来经常跟时政纠缠不清，带着很多政治功利性；汉代起就罢黜百家，独尊儒术；宋明理学存天理，灭人欲；新文化运动否定传统全盘西化……他不遗余力地对易学工作者谆谆教导。三十多年来，他每年都要参加上十场易学会议，每次大会上，他都语重心长地教育从易人员要德艺双修，爱党爱国，遵纪守法，认真学习"两典"，即马克思主义哲学经典，易学理论及应用经典，不断提高理论水平，技术水平，提高综合素质。

  博古通今，中西交融。唐老潜心《易学》及其思想之研究，他把中华易学史誉为中华民族智慧发展史。唐老认为：五千年的历史足以证明，历代明君贤相，志士仁人，无不以《易经》哲学作指导，弥纶天地，经纬万端。泱泱中华，饱经沧桑，而永远屹立于世界民族之林，创造辉煌文明，为世界文明做卓越贡献，功莫大焉。他老骥伏枥，志在千里，易学著作及论文无数，成为现代人研易的指南，是真正的易学泰斗；他率先垂范，奔走呼吁，坚持"易理与应用"两条腿走路，要把"失落在民间的珍珠拾起并连成串"，教育从易研究人员要博采众长，取其精华，去其糟粕、批判继承。中华大地经受无数暴风骤雨而能一统江山，五千年的中华文明史，

《周易》思想散发出恒久魅力,凝聚了中华民族之魂;《周易》思想不只是中华文明之奇葩,同时也是世界文化之瑰宝,阐述的"天下为公,万国咸宁"的大同理念,对指导世界和平具有重要的现实意义。

国际视野,战略思维。唐老痴迷于《易学》的研究,在不同的场合他都强调:民族复兴,要从认识中国开始,要有世界眼光,要以东西方文化对比来认识中国。他说:人类文明成文化的演变大体经历"诞生、成长、繁荣、衰竭、消逝"五个阶段,过去世界文化之兴衰,大略言之,西方文化一衰则不易再兴,而中国文化屡仆屡起,故能绵延数千年不断,这可说因于中国传统文化精神,是不违背天,不违背自然,且又能与天命自然融合一体之"天人合一"精神。"天人合一"思想是《易经》重要思想内容,是东方文明的主导思想,中华传统文化一向倡导"奉天承运",伏羲始创"先天易学"的核心是"天人合一"的朴素辩证思维;唐老认为:西方文明近于衰落,西方文明的思想基础是"分析思维模式",其繁荣期是工业革命后,与资本主义的诞生有密切联系,这个文化的发展把人类文明推向一个空前的高度,创造的物质财富,使全人类皆蒙其利。但是,中外有识之士,已经感到,到了今天,这个文化已是"强弩之末"之势,那种"以人为中心,万世不竭,极端功利主义态度,片面地改造自然来适应人的需求"是"天人对立",大自然对人类的报复也更多体现在这方面。"民胞物与,天人合一",20世纪80年代以来,对中国传统文化进行反思而形成的真知灼见,随着西方社会走向后工业时代,"天人合一"思想是中国文化对人类最大的贡献,是拯救人类的清热解毒良药,是疏浚西方文化血管中物质沉淀的阻塞,唐老预言:"将来世界文化之归结,将以中国文化为宗主。"

乡土情,书生志。唐老先生身上始终有一种"乡土情"和"书生志",伴随他打开学问的大门,从传统中吸取能量,做一个"知行合一"之人。他淡泊明志,低调平实,践行老子的"上善若水,水善利万物而不争"的精神,超越名利之上。他退休较早,住房又旧又小,收入较低,待遇较差,他毫不计较,豁达大度,乐天无忧,提携后进,不遗余力。他一再申言:中国哲学同西方哲学不同之处较多,其中最主要的差别是,中国哲学喜欢讨论"知行合一"问题,按照"知"和"行"两个范畴,把中国文化分成两部分,一部分是认知、理解和欣赏等属"知"的范畴,一部分是纲纪伦常、社会道德、社会实践等属于"行"的范畴,"知行合一,学以致用"才形成中国文化的整体观。他常说,西方人重美,中国人重品;西方人喜欢玫瑰,因为它看起来很美;中国人喜欢兰竹,并不是它看起来有多美,而是因为它有品;兰竹是人格的象征,是某种精神的体现,这种看重品的美学思想,正是中国人最高贵的精神价值。

作为一位学者,唐老身体力行,做到了"知行合一",具备兰竹品格,他不仅仅是传播知识,更是延续"为天地立心、为生民立命、为往圣继绝学、为万世开太平"的传统文人使命,是"知行合一"的伟大践行者,永远值得我们尊重、爱戴和敬仰!

作者简介

邓海一,国际易学联合会执行秘书长。

易学泰斗　永垂不朽

——怀念唐明邦先生

杨永林

2018年5月4日，晴天霹雳，噩耗传来，河北省周易研究会顾问——著名哲学家、易学家、武汉大学教授唐明邦先生仙逝。我万分悲痛，在核实了消息之后，第一时间在河北省周易研究会官网及我的几个易学同仁QQ群、微信群上转发，易界同悼。9日，我专程赶赴武汉，代表河北省周易研究会吊唁唐明邦先生，并于次日参加唐明邦先生追悼会。

我没有当面聆听过唐明邦先生的教诲，实为此生一大遗憾。河北省周易研究会第一任会长张志春先生、第二任会长石建和先生多次提到唐明邦先生，加上自己阅读唐明邦先生的著作，我深深地为唐先生对当代易学发展所做出的丰功伟绩而震撼。

唐明邦先生生于1924年，重庆忠县人，1954年考入北京大学哲学系，1958年毕业至武汉大学，教授中国哲学名著选读、中国哲学史、中国辩证法思想史、易学源流举要、隋唐道教等课程。

《周易》是中国文化之源，儒家、道家"群经之首"，但由于周易具有预测吉凶的功能，在中华人民共和国成立后特别是经历"文化大革命"后，错误地把周易视为封建迷信，致使1949年后的三十时间里周易几乎没有发展。这是中国文化界的极大悲哀。

进入20世纪80年代，中国经济、政治先后进行改革开放，中国思想文化的改革开放也暗潮涌动。唐明邦先生与萧箑父先生经过多方努力，于1984年在武汉大学召开了"第一次中国周易学术研讨会"。开创之功，伟哉大哉！之后，中华大地兴起了"周易热"，好多大学生都捧起了周易书，我作为其中一员也开始对周易咬文嚼字（本人1983年考入北京大学历史系）。

1989年，唐明邦先生参与筹建"中国周易研究会"，并担任首任会长，这对于促进中国周易研究意义重大。（1996年，中国周易研究会改名"中国周易学会"，唐明邦先生担任名誉会长。）

1990年，易学泰斗邵伟华先生写出的《周易与预测学》在河北省花山文艺出版社出版（责任编辑为易学泰斗张志春先生），唐明邦先生录《系辞》之语"蓍之德圆而神，卦之德方以知，六爻之义易以贡，神以知来，知以藏往"，表示热烈的祝贺。此举打破了易学应用研究领域的坚冰，唐明邦先生功不可没。

20世纪90年代,周易研究在中华大地蓬勃发展。河北省周易事业在张志春老师(1965年毕业于北京大学中文系)领导下异军突起。1993年河北省周易研究会完成注册,中国周易研究会会长、武汉大学教授唐明邦先生在百忙之中抽出宝贵时间撰写了贺词。贺词全文如下:

> 张志春同志并转河北省周易研究会:
>
> 欣闻河北省周易研究会正式成立,举行隆重的成立大会,特此表示衷心祝贺。
>
> 周易是我国古代经邦济世的宝贵经典,是具有辩证法思想的一部"宇宙代数学",科学家们把它看作打开宇宙迷宫的一把金钥匙,企业家们把它当作创建有中国特色的管理模式的教材,研究神秘文化的人更是看作一切神秘文化的理论基础。周易多方面的学术、文化研究价值,值得我们从多种角度、多种侧面进行探讨。
>
> 希望河北省周易研究会团结广大易学同仁,做出卓越的科研成果。
>
> 预祝大会及学术讨论圆满成功!
>
> 武汉大学哲学系 唐明邦
1993.12.20

唐明邦先生贺词

1994年1月7日,河北省周易研究会召开成立大会,聘唐明邦先生为顾问,唐先生欣然接受。

1998年春天,张志春老师作为《名家》杂志"易学名人"专栏主持人,专程访问了唐明邦先生。访谈录发表于《名家》1998年第1期。两位泰斗的对话现录于下:

张志春:国内外为什么会兴起"周易热"?它是不是带有偶然性?

唐明邦:"周易热"这一文化现象的出现,绝非偶然,值得深思。它表明《周易》的确具有多方面的学术文化价值,受到海内外哲学、文学、史学、自然科学、管理学、军事学等方面学者的广泛重视。因此,很有必要对《周易》的文化价值,进行再认识。在"周易热"兴起之前,人们对《周易》的认识,是相当片面的;"周易热"的兴起,客观上为全面认识《周易》的思想文化价值,创造了更有利的条件。

张志春:您作为大学哲学系的教授,为什么会对《周易》这部书感兴趣?

唐明邦:《周易》对我的诱惑,是在童年时代开始的。启蒙教育的第一本书是

《三字经》。书中有两段话提到《周易》，至今还能背诵。一是说"有连山，有归藏，有周易，三易详"；二是说"诗书易，礼春秋，号六经，当讲求"。那时只重识字，不讲解内容，对什么是"三易"，为什么"当讲求"，都不去问，教师也不解释，只说那是一些古书，长大了是要读的，将来自然会明白。幼小的心灵，已知有什么三易、六经了。

大概到十二三岁的时候，我负笈到姑母家求学。她家有许多线装古书，其中有《周易》《周易正义》《周易本义》《周易集解》等。教我们的是一位远近闻名的私塾老师，大家崇敬他则因为他学识渊博，懂得《周易》，能给人诊病、算命，择黄道吉日。这更增加了我对《周易》的神秘感。私塾里学生不多，文化程度不齐，我算是高等生，教师教得特别用心，但主要还是强调背诵。老师要求我先背诵《古文观止》《大学》《中庸》《论语》《孟子》，然后才能读"五经"。五经之中，又要求先背诵《诗经》，再轮到《周易》。老师的确懂医术，能为人诊病，也精通占筮，但他并不将占筮方法告诉学生。只反复强调"起卦容易解卦难"。后来，没有来得及打破对《周易》的神秘感，我就告别了私塾老师。

在中学时代，我遇到一位精通《周易》的语文教员。他十分崇拜黄季刚、熊十力。课余时间，他热心向我们传播《周易》知识，主要从训诂学角度，指出《周易》经文中某些古字的音义，和《周易》乾、坤二卦卦爻辞中包含的某些民主意识。《周易》是一本什么性质的书，对我来说，依然是一个未解之谜。

直到进入北京大学，听了冯友兰、张岱年、任继愈、朱伯崑等老师讲的中国哲学史课程，才真正了解《周易》是一部重要哲学著作，包含着相当深刻的哲学智慧，具有丰富的朴素辩证法思想。不过，那时对于《周易》象数方面，基本上没有接触。"文化大革命"之前，自己在教学和科研方面，也是主要讲《周易》哲理，将象数看成一只拦路虎，不敢去碰它。实际上，不弄清《周易》象数及象数思维方法，《周易》的神秘感是难以解除的。

当前，在广大群众中，《周易》的神秘感，具有很大的诱惑力。《周易》的文化价值，不同程度地受到人为的扭曲。建国前，民间流行口头禅："读了《增广》会说话，学习《周易》会算卦。"这是我们小时候就耳熟的。目前不少青年爱上《周易》，主要意图是用它来算卦，预测人生命运，人事吉凶。造成这种不正确的认识，责任不完全在他们；长时间里，学术界、新闻界忽视对此书的内容作全面宣传介绍，尚未充分揭示《周易》多方面的思想文化内容。事实上，《周易》是一本什么样的书，它有哪些基本特征，研究它有何现实意义，这些问题很难用三言两语说清楚，至今有待深入研究。

张志春：《周易》这部三千年前的古籍，为什么到今天对许多人还有这么大的诱感力？它的神奇魅力在哪里？

唐明邦：《周易》乃东方文化之奇葩。

《周易》是我国最古老的文化典籍之一。三千多年，在中华文明史上一直放射着耀眼光芒。在东方各国早已发挥其重大影响。17世纪，介绍到欧洲，日益引起西方哲学家、科学家的重视。一部古代文化典籍有如此持久的魅力，在世界文化史上是罕见的。其神奇魅力来自以下诸方面。

首先，它是世界文化史上一部结构奇特的"天书"。

《周易》包括《易经》和《易传》两大部分。经乃占筮之书，编成于殷周之际；传乃战国中后期写成，是发挥《易经》思想而自成体系的哲学著作，反映新兴封建阶级的世界观。

《易经》的结构相当特殊，由奇特的符号系统和晦涩的文字系统两大部分组合而成，这种体例的哲学著作，在世界文化史上实属罕见。

符号系统和文字系统各有其特点。符号系统的特点，在于使思想规范化、系统化、图式化；它有很大局限性，类似一些"空套子"，若不辅以卦、爻辞，难以表述明确的思想。文字系统的特点，是文句简朴古奥，多数人识其字而难明其义，望而生畏，难于卒读。古奥词句反映的思想文化内涵，甚为玄妙，同远古占卜方式相联系，令人觉得神秘莫测，只可随人拟议。

其次，《周易》产生的历史，充满着神话般的传说。

这部典籍的编撰过程，《汉书·艺文志》说是"人更三圣，世历三古"。传说上古的伏羲氏，看到黄河的"龙马负图"，始画八卦。到中古时期，周文王拘于羑里，加以重叠，组成六十四卦，并为每卦系上卦辞和爻辞，又说爻辞是文王的儿子周公所系。传至近古，孔子读易，"韦编三绝"，为阐发其哲理而写成"十翼"，是为《易传》。从此上古的一部占筮之书，演变成为哲学经典。由伏羲始画八卦，到经与传结合的《周易》，前后经历了三千多年。一部书的编撰，经历了如此长的过程，其他古籍前所未有。

再次，称《周易》为东方文化之奇葩，尤以其玄妙的义理在世界文化史上独树一帜。

《周易》提出一幅奇特的宇宙演化图式，谓"易有太极，是生两仪，两仪生四象，四象生八卦，八卦定吉凶，吉凶生大业"（《系辞上》）。这一宇宙演化论，立论恢宏，思虑玄妙，基本上奠定东方哲学思维模式的基础，影响极为深远。《周易》建立天地人"三才"统一的宇宙观，主张"立天之道，曰阴与阳；立地之道，曰柔与刚；立人之道，曰仁与义"（《说卦》）。三才之道的统一，涵盖了宇宙的阴阳消长，万物的刚柔变化，人生的道德准则，至广大而尽精微，极高明而道中庸。三千多年来,"《周易》乃大道之源",这已成为中华民族的共识,并已得到当今国际易学同仁的认同。

张志春:在学术界,大家都公认《周易》是中国一部最古老的哲学著作,它在哲学方面的主要价值是什么?

唐明邦:《周易》可说是精湛的"宇宙代数学"。

《周易》蕴涵着丰富的朴素辩证法思想。黑格尔在其《哲学史讲演录》中,分析东方哲学时,对于中国的易经哲学,作过这样的评价:"中国人也曾注意到抽象的思想和纯粹的范畴。古代的《易经》(论原则的书)是这类思想的基础。《易经》包含着中国人的智慧,是有绝对权威的。"可是黑格尔并没有读懂《易经》,却以西方哲学家的傲慢态度,诋毁周易哲学"如何的肤浅"。《周易》的朴素辩证法思想,受到中国历代思想家的高度重视,成为锻炼人们理性思维能力的优秀教科书。西汉时期,被列入学官,视为"五经"之首。魏晋时期,玄学盛行,《周易》成为三玄(周易、老子、庄子)之冠,它为提高中华民族的抽象思维能力,发挥了重要作用。冯友兰先生指出:《周易》讲大化"流行",讲阴阳"对待",若再加上"发展"原则,就是"比较完整的辩证的宇宙代数学"。《周易》的辩证法思想是相当丰富深刻的,包含着"天地氤氲,万物化醇"的宇宙发展观,"刚柔相推,变在其中"的变化内因论,"革故鼎新""物极必反"的矛盾转化思想,以及"保合太和乃利贞"的中和思想等。两千多年来,研究《周易》,阐发其精深义理,揭示其象数奥秘者,代不乏人,著述不下三千种,形成独立发展的学科——易学。许多著名哲学家,大多发展《周易》思想原则,营建自己的哲学理论体系,张载、王夫之、方以智是卓越的代表。一部易学哲学史,对此作了充分的论述。

张志春:毛主席讲过,哲学是自然科学与社会科学的综合与概括。《周易》既然是一部哲学著作,它必然在自然科学和社会科学方面都具有价值。唐先生,您先谈谈在自然科学方面的价值好吗?

唐明邦:好。《周易》可说是打开宇宙迷宫之门的金钥匙。

《周易》思想同中国古代科学技术的发展,关系十分密切。中国古代科学家,正如爱因斯坦指出的,既没有掌握西方近代科学家们的那种逻辑思维方法,也没有他们那种科学实验方法,可是在探讨宇宙和生命的奥秘时,往往易于获得惊人的发现,做出精湛的科学技术创造。17世纪以前,中国的不少科学技术创造,都走在世界的前列。对于这一现象,爱因斯坦深感惊奇。奥秘何在?重要原因之一在于古代科学家们自幼受到《周易》思想的哺育,掌握了《周易》所提供的、与西方不同的哲学理论,特别是象数思维方法。

《周易》的象数思维方法,突出地反映了东方思维的特征。1. 取象比类,是这种思维方法的基本特点；2. 阴阳对称，刚柔调和，是这种思维方法的致思准则；3. 整体思维法则，是这一思维方法的合理内核；4. 强调序列，注重节律，是象数思维方法的突出优点。中国古代科学家们有了这种比较精密的象数逻辑思维方法，无异于手中掌握了一把打开宇宙迷宫大门的金钥匙，故常易捷足先登，升堂入室。

《周易》象数思维方法，可说是归纳法与演绎法的巧妙结合，形成一种独特的思维模式，是古代先哲智慧的结晶，在古代科学技术和各个领域，都普遍地加以运用。打开中国古代科技史，不难发现：天文学家借用《周易》象数显示星移斗转的周期，历法学家借用象数描绘阴阳消长、物候变化的节律，中医学家借用象数总括人天统一的节度，乐律学家借用象数表志律吕损益的法则。古代治河水利专家，在统筹治理黄河、淮河、运河这样浩大的工程时，若无《周易》象数思维的锻炼，要使工程指挥若定，万无一失，简直不堪设想。难怪历史上一些著名的治河专家多是修养有素的易学家。所以称周易哲学是古代科学家打开宇宙迷宫之门的一把金钥匙，绝非夸张之词。至于《周易》对现代科学方法论有何种启迪作用，倒是一个很值得探讨的新课题。

张志春：我认为，中国封建社会的统治者大多都对科学技术不太重视，因此《周易》在自然科学方面的价值并没有得到很大发挥；相反，历代统治者几乎都把《周易》作为一种政治哲学、伦理哲学来使用。

唐明邦：是的。《周易》实际上成了古代经邦济世的宝典。

中国封建时期，《周易》一直被列为五经、九经或十三经之首，作为官方颁布的法定教材广泛流传，求知者人人必读。封建统治者看重《周易》，主要是推崇其中经邦济世的政治、伦理思想。古代政治家、军事家、理财家，所有贤明的君主与大臣，无不认真研读它，从中汲取治理国家、安定社会、发展经济、建设国防、提高社会道德水平的思想原则。

《周易》作为一部哲学典籍，有一个重大特点，即具有鲜明的实用性。周易哲学将"正德、利用、厚生"奉为价值取向标准，要求哲学思想能够维护国家的统一，增进民族的团结，推进经济的发展，促成社会的进步。《周易》中不少社会政治观点，至今有着现实意义。

《易传》从加强中央集权制的政治目的出发，提出"建万国，亲诸侯"的主张。《文言》宣扬"万国咸宁"的政治理想，要求中央国家同诸侯国之间始终保持安定和睦的政治关系。为了保卫宗庙社稷，《象传》提出了"设险以守其国"的国防建设思想。

《周易》的社会政治思想，坚持"崇德广业"的原则。要求以高尚道德原则指导政治，推行"仁政"。主张"君子体仁，足以长人"，缺乏仁爱之心的人，不足以充当人民官长。"长人"者，还要善于"理财"，整理财政，广辟财源，管理好财物，量入为出，节约开支。"节以制度，不伤财，不害民。"

《周易》坚持"民为邦本"的民本主义思想。执政者要爱护人民，使之过安居乐业的生活。《系辞》说："安土敦乎仁，故能爱。"执政者充满爱心，使社会安定和睦。民本思想还要求执政者能"与民同患"，和百姓同甘共苦，深体民瘼，洞察时艰；外患当头，能与人民共赴国难，而不是置人民于水深火热之中而不顾。

《周易》强调治理社会必须"隆礼重法"。《易传》主张"非礼弗履"。人们的行为要受礼的约束，不可越礼。"父父，子子，兄兄，弟弟，夫夫，妇妇，而家道正，正家而天下定矣。"除了重礼，还要重法。《象传》提出"明罚敕法"主张。刑罚要明，法令要清楚，使人人遵守，"刑罚清而民服"，才能"遏恶扬善"。礼治精神与法制精神相结合，是古代安定社会行之有效的政治原则。

《周易》所阐扬的"自强不息"的奋发精神，"慎以终始"的忧患意识，"革故鼎新"的创新思想，"厚下安宅"的社会管理原则，教育了一代又一代雄才大略的政治家、社会革新家。许多经邦济世的哲理格言，至今值得深入体会。

张志春：唐先生在前边讲过《周易》包括经和传两部分，《易传》主要成书于战国中后期，反映了新兴封建阶级的世界观。所以，我个人认为，《周易》作为一部政治哲学和伦理哲学，在今天的借鉴价值已经不是很大了，主要价值应该是自然哲学的文化学方面。唐先生再谈谈《周易》在文化方面的价值好吗？

唐明邦：好。《周易》可称之为上古巫史文化的百科全书。

《周易》古经，是上古巫史文化的遗存，是中国最古老的文化纪念品。无可讳言，它最初是一占卜之书，战国时期一批易学家对它作了哲学、政治学方面的新诠释，写成《易传》，经传结合，使它焕然一新，成为一部政治、哲学著作，流传至今。

《周易》卦辞、爻辞，传说是周文王或周公写成的。实际上并非出自一人之手，它是殷周之际一批巫师和史官，根据逐年累积的占筮资料，予以筛选，加上当时巫史掌握的一些自然知识、社会知识、民歌民谣、哲理格言，混合组编而成。古代的巫师和史官是一批有社会影响的人，他们广泛接近社会上各类人物，对于各地风土人情、礼俗习惯，颇为了解。这些人多才多艺，掌握占卜法、占星术、占梦术，知医药砭石，会唱歌、跳舞、善绘画、文身，也会打仗，熟悉气象知识，了解各种生产技术。这批巫史所集体编撰的《周易》古经，包含的知识十分广泛，涉及天文、气象、山川、草木、鸟兽、历史知识、哲理格言、生产经验、民歌民谣，这是很自然的。有人称《周易》为上古巫史文化的百科全书，是有道理的。

剥去《周易》占卜体系的外壳，可以发现其经文中蕴涵着多方面的文化知识。

历史学家从中可以考证殷先祖王亥"丧牛于易"的事迹（旅卦上九）和古代奴隶集体逃亡的记载（讼卦九二），民俗学家从中可以发现古代姊妹同嫁一夫的抢婚的习俗（归妹卦六五，屯卦六二），天文学家从中找到世界上最早的太阳黑子记载（丰卦六二），哲学家更可以从中发掘古代独特的哲学思维。

张志春：《周易》一书对中国文化影响深远，几千年来研究周易者代不乏人。著作汗牛充栋，形成了庞大的易学文化体系。清代《四库全书总目提要》把它概括为象数、义理两派，象数、禨祥、图书、义理、儒理、考史六个宗系，又说："易道广大，无所不包，旁及天文、地理、历法、乐律、兵法、韵学、算术，以逮方外之炉火，皆可援易以为说，而好异者又援以入易，故易说至繁。"有人把易学分为经学与纬学两派，或者说易理与数术两派，有人又把数术、气功等统称之为神秘文化。《周易》与这些神秘文化是什么关系呢？

唐明邦：《周易》是中国神秘文化的思想基础。

神秘文化，是古代数术的组成部分，在我国文化史上源远流长，有几千年传承历史，是炎黄文化百花园中最富神秘色彩的奇葩。历代玄思宇宙、好探神奇之士，无不为之倾倒。《史记》的《龟策列传》《日者列传》，其他正史的《五行志》《方技列传》等，都记载了古代术士及数术家的神秘事迹。《汉书·艺文志》将数术分为天文、历谱、五行、蓍龟、杂占、形法六类，《四库全书总目》分为数学（与算数不同）、占候、相宅相墓、占卜、命书相书、阴阳五行。史书所列数术图书，其子目有风角、九宫、太乙、奇门遁甲、六壬、易占、堪舆、阵图之类，不一而足。至于道教方术中的内丹、房中亦属神秘文化的分支。所有这些神秘文化，未有不与《周易》太极、阴阳、五行、河图、洛书相攀附的。《周易》思想实际上成了一切神秘文化的理论基础。

易学对数术的影响大体有三个方面。首先，为之提供"一阴一阳之谓道"、天道地道人道相统一的宇宙观；其次提供河图、洛书、太极图、先天八卦、后天八卦等象数思维模式；再次为之提供一套可以利用的范畴、概念如太极、阴阳、八卦、九宫、卦气、纳甲、爻辰、大衍之数、天地之数等。如果没有代表封建社会官方哲学的《周易》思想为指导，神秘文化就难以建立一套具有神秘诱惑力的思想体系和实用操作程序。若非神秘文化的广泛传播，易学思想难以走下学院殿堂而深入千家万户，以显示易道之广大。神秘文化正是由于借用了《周易》象数，使之同五行、天干、地支、二十八宿等相结合，构筑了一套非理性思维的符号信息系统，这一系统一旦同神秘的文字信息系统相结合，加上数术家的主观悟性，可以推导出种种不是理性思维所能做出的灵异判断，引导人们趋吉避凶。数术所应用的这一套特殊的象数思维模式，以神秘直觉为特征，故难以用理性思维方法加以诠释。有人认为神秘文化所具有的灵异效验，是《周易》所赋予的，甚至认为乃《周易》固有的文化价值，这是不符合实际的。《周易》的哲学世界观，和它的象数符号、象数思维方式，不但可为人文科学和自然科学所利用，也可为多种神秘文化所利用或借用，这是事实，无可否认。这正是《周易》思想的一大特征。

张志春：的确如此。20世纪80年代周易研究的复兴或叫"周易热"绝不是孤立的，它与人体科学的兴起，社会各界对气功、特异功能和中医研究的重视密不可分。周易研究推动了人体科学、气功、特异功能、中医研究的发展；反过来，后者又促进了周易研究的深入。"周易热"与"气功热"等其他热点事物一样，只要一旦热起来，就难免鱼龙混杂、泥沙俱下，尤其是在商品经济的驱动下，假冒伪劣乘机滋生，以假乱真，混淆视听，使人真假难辨，甚至"假作真来真亦假"，妨碍了人们对周易和易学研究价值的正确认识。这一点应该提醒广大读者注意。

唐明邦：所以我提出，《周易》研究应走上健康轨道。

《周易》的思想文化内容，异常丰富。无可讳言，它显然是精华与糟粕浑然一体的。它既提倡崇德广业，"经邦济世"；又主张"神道设教"，宣扬神秘主义。因此需要我们在马克思主义指导下，花大力气做好细心剥离工作，取其精华，弃其糟粕，进行多学科、多侧面交叉综合研究，批判地继承这一份珍贵的文化遗产，防止或抵制对待传统文化的民族虚无主义态度。

目前的"周易热"中，有些所谓周易爱好者，并未正确认识《周易》的文化价值，单纯把它看作占卜书，妄图凭它定休咎、断吉凶。江湖术士更以之为幌子，进行封建迷信活动，对此，理应予以抵制、批判。尽管这不是当前周易研究的主流，却容易贬低或歪曲《周易》的学术价值，有损周易研究的声誉，玷污为弘扬传统文化、建立社会主义新文化而研究《周易》的光荣任务。因此，我们有责任对周易研究予以正确导向，使之走上健康发展的轨道。应当科学地、全面地阐明《周易》的思想精华，使其与现代社会需要结合起来，本着"古为今用"的方针，为我国社会主义现代化事业提供有益的借鉴。因此，提出研究《周易》的几条原则，向海内外专家讨教：阐发易理而不要牵附，探讨象数而不神秘，注重应用而不迷信，弘扬易学而不要禁锢。

张志春：唐先生提出的这四条原则太重要了，我完全赞同。一，阐发易理而不要牵强附会，要坚持历史唯物主义的态度；二，探讨象数而不搞神秘化，要以现代科学观点研究其中的合理内核；三，注重应用而不迷信，不能光搞空头理论、经院哲学，要以实践是检验真理的唯一标准为指导，使易学古为今用，与封建迷信严格区分开来；四，弘扬易学而不要禁锢，不能因为鱼龙混杂、假冒伪劣滋生，就采取禁锢的态度，打假把真的也扫掉。事实证明，易学文化有顽强的生命力，禁是禁不住的,只有正确引导,让它逐步与现代科学接轨,才是正确的方针。唐先生,不知我对您这四条原则,理解得对不对?

唐明邦:对,对。知我者,春君乎!

两位泰斗的访谈,至为经典,像极了当年儒祖孔子向道祖老子求教。如此高的站位,如同洪钟大吕,高屋建瓴,鞭辟入里。这篇访谈录,后来收入张志春老师的文集《三栖集》(河北人民出版社2001年版)。身为本书的责任编辑,我非常有幸好好学习了一番。如今,两颗星斗都已回归天庭,怀念唐明邦先生之际,重读这篇访谈录,深感两位的高见一点没有过时。"学术并重""扬弃结合""德易同修"后来成为张志春易学思想的核心内容。

斯人已逝,精神永存。我们怀念唐明邦先生,就是要学习他为人处世、教书育人的高风亮节,学习他研究学问、追求真理的一丝不苟,要勤勤恳恳,兢兢业业,弘扬国学,服务社会,努力开创易学研究的新时代。

作者简介

杨永林,现为河北人民出版社编审,河北省周易研究会会长。主要易学专著有《易说三国》《易卦入门》等,编著有《阴阳干支万年历》《中国古代万年历》等。主编出版了河北省周易研究会会刊《河北周易》第6—23期。

第二章 哲人风范 大爱无边

纪念唐明邦先生

成中英

唐明邦教授在今年 5 月过世，对中国易学界而言是重大的损失；对作为同辈朋友的我而言是噩耗，内心极为沉痛。

1985 年 12 月，我回北大教书的时候去湖北黄冈开会，纪念熊十力百年诞辰暨学术研讨。在这次会议上我认识了唐明邦先生，当时的唐先生已经执教于武汉大学几十年，在易学研究上算是同行，但当时我们并未太多地讨论易学方面的内容。这次会后我到武汉大学演讲，可以说认识了哲学系几乎所有的教授。1987 年我受邀到山东大学参加国内举办的第二届国际易学会议，并做主题演讲。那时，我才知道早在 1984 年，唐明邦先生和萧萐父先生已经组织召开了首届国际易学会议。我很高兴当时国内对易学竟有如此高度关注了，但在山东我觉得易学热才刚刚开始。当时国内受意识形态的影响，不敢谈易经，但他们的工作对易学研究的发展很有作用。从此以后，国内的此种会议我基本都有参加，开始经常见到唐明邦先生。

2003 年在安阳我又与唐教授见面，2004 年后，因我参与组织国际易学联合会，与唐先生的见面就更多了。除了易学会议，在其他的会议也常看到他。他兴趣广泛，能将易学和其他学科结合起来，发表灼见。我还知道他修订了《周易评注》，编撰中国哲学史、易学大辞典等。2010 年，他还致力于邵雍的易学思想的探讨。总之，我了解到他对易学作多方面研究，还把易经和道教的内容关联起来。他论述周易易理，关注易学，关注易学的应用，尤其是在风水这一方面。在深圳他培养了一些风水专家，进行学术讨论，我觉得有重要意义。唐先生还重视易学的养生功能。他享年 95 岁，算是高寿，这也得益于他的易学养生。

除了会议，见到唐先生的机会不算多，但每次见到他都觉得他温和可亲，他的思考也灵活而清晰，是一个真正从生活体验和运用思维来发展易学的人。他传授易学，对易学发展来说，虽不是全面历史地整合，但对易学系统的基本建设，他是有智见的。因为他要从易学的抽象思考，走向一个使用的生活空间。他有着谦虚的胸怀，对平和亲近的生活有深刻的领悟。在一般印象中，他好像从不发怒动气，有很深刻的人生修养。这样的风度我认为是他长期用易学修持自我的结果，不得不令人佩服。

前几年在武汉开会，唐先生介绍我认识了他在深圳的一位弟子，是从事风水方面的专家。唐先生大胆地把风水提出来作为一个研究对象，我觉得很好。风水是研究小环境的,从小环境怎么发挥到中环境,以至于大环境。相对于风水,我更多地强调易学在管理方面的运用。同时,也关注易学在环境生态方面的应用。唐先生虽已仙逝,但他弟子众多,能够坚持和发挥唐先生的各项研究兴趣,我觉得非常重要。

易学对唐先生来讲,发挥了他个人的智慧与魅力,产生了一种对生命的维护,也提示了一种生命自我完成的能力。唐先生对儒学也十分关心,一如他对易学与道家的坚守,也是对传统文化渊源的坚守,可说推广了易学的基本概念。他的弟子们,如练力华、李顺祥、唐梦华等,继承了老师的精神、衣钵和技术,必能将老师的学问发扬光大,开拓出更新的易学层面,唐先生当感欣慰!

作者简介

成中英,美国夏威夷大学哲学系终身教授,美国易经学会会长。

沉痛悼念唐明邦老师

郭齐勇

唐老师走了！2018 年 5 月 4 日上午，我与几位同事去看望他时，他未能睁开眼睛，已经没有意识。医生说，癌细胞已转移到全身各脏器。他很瘦，已是皮包骨了。下午 4 时接到噩耗，唐师于 3 点 30 分驾鹤西去，享年 94 岁。哲人其萎，呜呼哀哉！

唐师是我最亲近、最尊重的三导师之一。三导师中的萧萐父老师、李德永老师走了快十年了。在他们自己戏称的"三驾马车"中，萧师是灵魂，唐师当教研室主任多年，承担了一些具体的组织、落实的任务。

九天前，4 月 24 日上午，我到中南医院去看唐师，他见我来了，很高兴，断断续续说了很多话。这次我待了近两小时，与他聊了一个多小时。他跟我讲，应重视中国哲学的四大观念：阴阳观、五行观、天人观、经络观。唐师对每一条都有论述，强调了应注意的方面，如五行，是关系而不是实体等。他边讲理论，边说材料，背了几段话，我知道是《易传》与王夫之《周易外传》中的话，也与他一起背了起来。据他身边的人讲，从这一天开始，他的口齿不太清楚了。但他当天的思维理路是清晰的，记忆力也还不错。他告诉我，他平日能背一些唐诗宋词等古今诗词名篇，当即背了李清照的《声声慢·寻寻觅觅》和毛泽东的《沁园春·雪》。

1 月 25 日，武汉难得的雪天，校园飘着雪花，我与徐少华、孙劲松二教授一道，代表国学院师生看望唐老。他热情接待了我们，与我们聊得很好。每年春节前，我们都要提前给老先生们拜年。这次感到唐老师瘦多了，脸部尤其明显。

唐师是著名的金嗓子，上课时声若洪钟，声震教学楼。他重视本科生与研究生的教学工作，深受同学们爱戴。他投身教书育人，对学生关怀备至。

唐师对我关爱、提携，不遗余力，师恩浩荡，恩重如山！我的本科毕业论文是他指导的，我的硕士学位论文是三导师合作指导的。唐师还是我读博士生时的指导小组的师长之一。我研究熊十力，唐师很是关心，出差四川、上海，拜访熊先生门生故旧与亲属，帮我联系，提供信息。我当青年教师时，唐师传帮带，亲力亲为，对我帮助很大。

唐师退休很早，1991 年就退了，但他退而不休，著述研究，参会讲学，很是忙碌。他常给我打电话，我也常到他的府上去拜访，他说的都是近期的读书、写作、外出的情况和一些学术信息。他很勤奋，著作多为退休后撰写。

唐师淡泊明志，低调平实。有一次他与我聊天，他说他的人生格言是"不争"。

他实践《老子》的"上善若水,水善利万物而不争"的精神,超越于名利之上。由于退休早,他的住房又旧又小,收入较低,待遇很差,比起我们这些学生,甚至再传弟子都差多了,但他毫不计较,心胸宽广,豁达大度。唐师坚持练气功,动功与静功都练,常常指导我们养生健身。唐师把他领悟的中国哲学的智慧与自己的身心修养,密切地融成一体,知行合一,学以致用!

唐师是哲学家与中国哲学史家,尤精于《周易》经传与易学史、道家道教和古代自然科学中的哲学。他的堂庑甚广,成就颇大。承唐师看得起,命小子为他的两部大作写序。小子斗胆应命。在这两序中,我探讨了他的学术思想及贡献,以此聊表我对恩师的沉痛悼念与深切缅怀。

2018年5月5日,立夏日

作者简介

郭齐勇,武汉大学教授、国学院原院长,唐先生的弟子。

挽唐明邦先生并追忆

吴根友

易为宗主，道医科技均通贯。

淡味平生，名利得失早外身。

我们尊敬、爱戴的唐明邦先生在 2018 年 5 月 4 日（谐音无事）这一天离开了我们，享年 94 岁，是人中高寿者。仁者寿，唐先生是我们学界中的仁者，是珞珈山中国哲学的宽厚仁人，最值得我们敬重的人师。

今年春节之后，我选了个天气晴朗的下午去看唐先生。一见面，我就觉得他的状况不是很好。三月份刚开学不久，我又陪学院新到任的党委书记龙滔博士，以及院党委副书记、工会主席徐萍一道再去看望唐先生，此时先生身体状况更差了。在交谈中，唐先生得知学院搬了新楼，非常高兴。我们当时也答应天气暖和一些，让学生推车陪他老人家去看看新楼。没想到，最近十几天连续两次进医院后就再也没能出院了。

唐先生是我博士生期间的业师之一，1990 年，我平生第一篇正式学术论文《略论老庄的生命哲学》（《哲学研究》）就是经过唐先生亲自修改后发表出来的。后来由于专业方向是明清哲学，在学术上与唐老师的交往不多，但在《周易》研究、道家道教方面，我还是常向唐先生请益。有时先生三言两语，就让我茅塞顿开。特别是讲到李时珍辞去皇家御医，常以自己身体做实验，扎针灸，试药效，令我对大药王、大医王李时珍顿生景仰之情。每次去唐先生家，他都非常开心，既谈他的近期学术研究，学术心得，什么地方参加了学术会议等，也往往在结束谈话前，总喜欢与我分享他晚年养生的心得。先生告诉我养生的道理：饮食贵淡。而且现身说法，以他自己晚年鹤发转黑，脱发再生的实际身体体征，说明正确的饮食对身体健康的好处。实际上，按照我自己的理解，唐先生养生贵淡不止是在饮食方面，整体人生情怀就是道家的道之出乎口，淡乎其味也。

2013 年初的某一天下午，我去看望唐先生，闲谈间，他拿出自编的《云鹤诗稿》，嘱我作序。我欣然领命，趁此机会拜读了唐先生退休后的百余首诗作。唐先生的诗犹如其人，其厚道、质朴的为人风格即是他的诗格。其诗虽为古体，但并非近体诗，故不可以律诗之律要求之。然其诗的确表现了"我手写我心"的率真，兹引两首窥斑见豹，如《八十抒怀》云："放舟东湖捐尘虑，漫步珞珈长精神。闲批旧稿刊故失，偶吟佳句引诗魂。"《自题墓石》云："耕耘玄圃获硕果，清心悟道显至真。

风抚石门云霞灿,月满升空鹤一声"。第一首体现了先生哲理诗魂相扶持的人生姿态;第二首展示了先生超越生死的哲人精神境界。

如今,唐先生以九四高龄在春天无事之日驾鹤西去,我们应当以"仁者寿"的祝福,鼓琴歌送他毫无挂碍的飞升。而在先生飞升之后,我们应当反复回味的是他淡味人生的情怀,以及留下的天籁鹤音,并让这鹤音把我们对他的思念永远地引向玄圃。

2018 年 5 月 6 日晚

作者简介

吴根友,武汉大学教授、哲学院院长,唐先生弟子。

忆唐明邦先生

孙劲松

2018年5月4日,北京大学在隆重举办120周年校庆,校长的一篇讲话惹出些许是非。同一天,武汉大学哲学学院在新办公楼举办一场有中、日、韩、英同声翻译的、高大上的禅文化国际会议,各国学者济济一堂、谈玄说妙。我们的太老师、北大哲学系58届校友、武汉大学中国哲学学科奠基人之一唐明邦教授,在家人、弟子、朋友的陪伴下,在世界各地学者聚于未名湖、珞珈山的时候安详辞世。

按照哲学学院讣告中公布的信息,先生出生于1925年1月23日。打开电脑上的日历软件查一下,发现这一天正是农历甲子年腊月二十九(除夕),按照传统的算法,生下来当天已是一岁,第二天农历新年时已是两岁,到辞世之时已是95个年头,确实是高寿的哲学家。

1991年,我考入武汉大学生命科学学院读本科,唐老师刚好从哲学系退休。那时校园里面流行气功玄学,经常有学生社团请唐明邦先生做周易的学术报告,我也去听过,走道上都是人。由于时日久远,内容已经不记得了,只记得自己曾拿一本外语字典请先生签名,先生笑容可掬地写上"探赜索隐,钩深致远",并署上"唐明邦"及年月日,这是我第一次与唐先生有面对面的接触。二十余年过去了,先生签名的字典早已不知去向。但我确实走上了"探赜索隐,钩深致远"的哲学之路,冥冥之中似有某种因缘。

2000年,我考入哲学学院,师从萧汉明教授攻读中国哲学硕士学位,这就正式可以列为唐先生的徒孙辈了,但此时先生已不怎么讲课,能打交道的机会不多。2003年我完成了硕士毕业论文《郭雍易学思想研究》,萧老师觉得写的还不错,拿给唐老师看一看不算丢人。就让我请唐先生作书面评审专家,这是我第一次单独到唐老师家里拜访,唐老师对我的文章有鼓励也有指正。2004年入郭齐勇老师门下读博士以后,偶尔也在学术会议上见到唐先生的身影,他总是笑容可掬,我也时常去打个招呼,他一般会问:"你是谁啊?"

2010年,国学院成立,郭院长聘请唐先生为国学院顾问,老人家很高兴,专门写了一首诗:"尊经读史绍古风,重振国学亮金牌。鉴古开新昌大道,陶铸经世栋梁材。"以后每年春节前夕,郭老师都会带大家去给顾问拜年,郭老师总是说唐先生退休早,工资待遇不高,要多关心、多照顾。唐先生渐渐能记得我的名字,尽管有时候人与名字对不上号。每一次陪郭老师与唐先生见面,先生大都会很高兴地介绍自己的养生经验,有气功修炼、饮食有节、心情豁达等。有一次他很高兴地说,他学到一个方法很管用,每天用51粒枸杞和牛奶蒸鸡蛋,枸杞不能多也不能少,他坚持一段时间,感觉很好。我刚刚对如此精密的数字起疑,旁边照顾她的阿姨就撇嘴说,哪有工夫一个一个地数,每次抓一把大致差不多就行了。大家都笑了起来。这一两年再去拜访的时候,明显感觉先生日渐衰老,但还是很健谈。

一两个月之前,哲学院办公室老师去唐先生家里看望,在学院微信群里面发了一张唐老师的照片,是翻拍先生家里的镶在相框里的照片,我当时觉得这不是一个好兆头。果不其然,数日后吴院长就告诉我们,唐先生日渐衰弱,医院旋出旋入。直到5月4日下午,我正在禅学会议现场,博士生徐衍发来短信,"唐先生走了",既觉得突然,心里又有所准备。

生壮老死,大化流行,自然的规律就是如此,生生不息的另一面就是逝者如斯。生与死正是中国哲学家所要面对的基本问题。《河南程氏遗书卷二十一》记载:"伊川先生病革,门人郭忠孝往视之,子瞑目而卧。忠孝曰:'夫子平生所学,正要此时用。'子曰:'道着用便不是。'忠孝未出寝门而子卒。"郭忠孝在程颐病危的时候前去探望,师生之间还把如何面对死亡作为最后的功课。唐先生学究天人、博古通今,明变化之道,参生死玄机,先生或许已经有了自己的答案而"偃然寝于巨室"。

祝先生走好!

2018年5月7日

作者简介

孙劲松,武汉大学教授、国学院院长,唐先生再传弟子。

唐明邦教授千古

邵伟华

2018年5月4日下午，我接到学生毛善生的电话，得悉唐明邦老师仙逝的噩耗，感到无比的震惊！为我国易学界失去一位德高望重的、著名的、卓越的易学理论家、研究家，热情支持我国易学应用研究的先导者、卓越的领导者，感到十分难过。为失去一位久经考验、品德高尚的优秀共产党员而痛心。唐明邦老师，一生热爱共产党、热爱人民、热爱祖国、热爱社会主义、热爱教育事业、热爱易学事业，是忠心耿耿的一生，是光明磊落的一生，是为共产主义奋斗的一生。我向唐明邦老师致哀，向家属、亲属问候。

唐明邦教授长我十二岁，是兄长、是益友、更是老师，我和他是在1987年济南第四次国际周易学术研讨会上认识的。我的第一印象，他为人谦虚、友善、和蔼可亲，没有大教授的架子，在易学理论上有深厚造诣。他是第一个支持我作易学应用研究的大教授。

这次出席国际周易研讨会的国内外易学专家四百多人，是我国改革开放后第一次国际周易学术研讨会。他们都是易理派，唯独我是从事易学应用的。我的《八卦与信息》是讲应用的，不仅大会的主办单位，还有省、市有的领导认为我的《八卦与信息》论文是宣传封建迷信的，不准发给到会代表。当时国外的易学家提出抗议说："这是国际周易学术研讨会，不是山东的党代表大会，为什么不准发《八卦与信息》论文？"

会议的第一天下午，有一位学者，向瘦小的、穷酸的我走来，十分热情，亲切地问："你是邵伟华同志吗？我是武汉大学唐明邦。看了你的《八卦与信息》的论文，有理论、有实际、有应用事例，很有说服力，是一篇难得的好论文。我看到很多专家，用很多论文换你的论文，说明你的论文很得人心啊！"

我知道唐明邦是家乡武汉大学的教授，又是大会上第一个支持我开展易学应用研究的，他表扬我论文写得好，我犹在严冬感到了太阳的温暖，我怀着激动和感激的心情，流着热泪，紧紧握住唐老师的手……

虽然我的《八卦与信息》没有被编进国际会议论文集，但唐老师打电话安慰我说："你的论文是我国易学应用的开路先锋。"

我国改革开放后，易学走出了冷宫。记得我参加在武汉召开的第一次易学会议就只有七个人。唐明邦老师既是会议的参加者，又是组织者之一。后来他担任了我国第一个、又是第一届中国周易研究会会长。武汉会议奠定了我国周易应用的基础，唐老师是我国推动易学应用的火车头。我国今天易学应用的大好形势，有他一份心血。

唐明邦老师特别重视易学应用研究，更重视民间应用易学人才的发现与培养，叫我多抓这方面的典型。

唐老师多次在全国的易学研讨会上讲，要重视应用研究，要团结好易学界的同行，要讲易德，重视易德，易德是我们易学工作者的准则，要做品德高尚的易学人。他的教诲为我国易学应用走上正规化道路起了很大的促进作用。

1989年，新中国第一部易学应用著作《周易与预测学》出版前，请他为我的书题词，他愉快地答应了，很高兴。这是他对我的最大肯定，最大的支持。

唐明邦老师看到我在易学应用研究中不怕批判、不怕坐牢的坚强意志，他在易学大会上说："邵伟华是一条龙，把易学一潭死水搅活了。"他的讲话不仅激励我，也激励了全国千千万万个易学爱好者。因此，我下决心一定要在易学应用研究上多出成果。

唐老师仙逝了，无疑是我国易学界的损失，我们要化悲痛为力量，继承唐明邦老师的遗志，走好他没有走完的路。我们一定要团结在以习近平同志为核心的党中央周围，把我国易学应用研究与现代科学紧密结合起来，并使其在新时代有新的作为，为我国的富强做出应有的新贡献。

作者简介

邵伟华，著名周易研究家，此文为作者在2018年5月10日唐先生安葬仪式上的发言。

沉痛哀悼唐明邦教授

练力华　李顺祥

我们怀着万分悲痛的心情，深切悼念德高望重、慈祥睿智的易学界一代宗师——唐明邦教授。

唐老对当代易学的贡献，包括易学研究与易学推动两个方面，尤其在易学推动上，独步易界。

是他，在改革开放之初的1984年，在武汉主持召开建国以来的第一次全国性的周易研讨会，点燃了当代易学研究的第一把火。

是他，于1989年筹建"中国周易研究会"，当选为首任会长，为当代易学的复兴与发展，搭起了第一个平台。

是他，与张志春老师、邵伟华老师等权威专家一起，发起成立了"国际易经科学研究院"，建起了易学应用研究的第一个阵地。

是他，协助相关机构，于2004年将风水论坛首次在人民大会堂召开，从此，易学应用在全国蓬勃兴起与发展。

是他，在易学理论研究与易学应用实践的相互包容、相互理解上，起到了重要的"桥梁作用"。他常游说于易学理论界的博学鸿儒之间，要他们不要轻视易学应用，并说一代易学宗师朱熹也是承认并践行易学应用的。今天，易学界坚持的理论与应用"两条腿"走路的原则，正是这位老人几十年来苦心孤诣坚持的结果。

是他，不遗余力地对易学工作者谆谆教导，在易学界起着重要的"教化作用"。可以说，他培养了整整两代的易学研究者。三十多年来，老人家每年都参加上十场的易学会议。每次大会上，他都语重心长的教导易学人员要德易双修，要爱党爱国，要遵纪守法，要认真学习"两典"即马克思主义哲学经典、易学经典包括易学应用的经典，提高理论水平与技术水平，提高综合素质。良言犹在耳，斯人已去矣，怎能不使人涕泪沾襟？

是他，在易学人才培养上，起到了一个老易学家的"人梯作用"。他呕心沥血，诲人不倦，不求自达，但求惠人。现在易学界的领军人物，大多都得到过老人家的点拨和指导，有的还得到他长期的教导和勉励。"春蚕到死丝方尽，蜡炬成灰泪始干"，就是对他老人家人梯精神的真实写照！

唐明邦教授的逝世，使我们失去了一位好长辈、好老师，失去了把握易学应用之舟破浪前进的舵手、定海神针，是我们易学界十分沉痛的损失！他离我们而去，但他那种"先天下之忧而忧,后天下之乐而乐"的无私品德;那种"为天地立心,为生民立命,为往圣继绝学,为万世开太平"的高尚情怀;那种"自强不息""厚德载物""保合太和""崇德广业""执常迎变""与时俱进"的做人治学原则,永远值得我们学习!

唐明邦教授,您走好!您永远活在我们心中!

2018 年 5 月 5 日

作者简介

练力华、李顺祥均系国际易学联合会副会长、唐先生弟子。

追忆恩师唐明邦教授

毛善生

2018年5月4日下午，武汉大学哲学系教授、博士生导师、中国周易学会创始人、易学泰斗，优秀共产党员唐明邦先生，在武汉大学中南医院与世长辞，享年95岁。恩师集佛心、儒表、道骨、易体于一身，他知识渊博，品格高尚，乃当代易学之宗师。每当回想起与老师相处的点点滴滴，心中难免悲痛万分。

一、初识老师

那是八十年代中期、我初学易经之时，就听说了大易学家唐明邦的大名，也拜读过他的一些著作，如《周易评注》《易学与管理》等。那时曾想，要是能有机会聆听唐教授课程该多好，但一直无缘。后来我从老家到武汉发展，机缘成熟，经朋友引荐，和老师相约在2001年秋季的一个周日去家里拜访他。

那天，我来到武汉大学南三区18栋。这是一栋老房子，我原以为唐教授名气这么大，住房条件会很好，看到的现状与我的想象大不一样。老师那天穿着一件黑青色棉袄，坐在客厅的老藤椅上，见我到了便主动站起来招呼我坐下，和我寒暄。我说："我早就听说过您，得益于您创立了中国周易研究会，我们易学爱好者才有机会学习周易，

作者与唐明邦先生

很遗憾直到今天才有缘见到您的尊颜。"老师说："是吗？那你是什么时候开始学《周易》的？"我说："我初学《周易》是在1986年，那时学的人很少，也没有相关的书籍，我之前对《周易》不了解，就在书摊上买了一些《周易》方面的书，慢慢自学。"谈到这个，老师当时有点感慨，微微扬起头，轻轻叹了口气说："当时这个课题，还没有人来做研究，所以呢，是个冷门。我是搞哲学的，学校比较器重我，就让我来做《周易》这方面的课题研究。我之前看过一些有关易学资料，对伏羲文化，道教文化等传统文化很感兴趣，也很乐意去做。"老师在做周易课题研究初期，整个易学研究与学习大环境不太好，所以他提出来要破除封建迷信，倡导用哲学的眼光、科学的态度研究易学。

1984年5月老师在武汉主持召开了第一次全国周易学术研讨会，并筹建了中国周易研究会，推动了全国《周易》研究活动。当时在社会上引起强烈反响，这给他

树立了把中国的传统文化传承下来、将易学发扬光大的信心。1989年在山东济南正式召开了中国周易研究会成立大会，老师众望所归担任周易研究会会长，由此在国内掀起了研究、学习周易热潮，易学爱好者渐渐多起来，陆续出现了一些易学培训中心，很多人开始对易学有了正确的认识，不再把它停留在封建迷信的层面。老师用自己渊博的易学知识，正确的易学理念引导了易学的发展，对易学界产生了重大的影响，为推进中国易学的发展、应用和传承做出了不可磨灭的贡献。饮水思源，吃水不忘挖井人，我们后辈能有机会学习周易，并能把周易知识运用到社会生活实践中去，要感谢老师当初的努力，为我们指明了正确的《周易》研究与应用的方向，让周易更好地服务于社会。

二、结缘拜师

因为我在武汉定居，一有时间，我就会去老师家讨教学习，他对我的了解也逐渐多起来，外出开会总爱叫上我作陪，我十分珍惜这些机会，很乐意放下手中的事情陪同并照顾他。同他在一起的机会多了，彼此之间逐渐产生了深厚的感情。记得2011年的一天，老师主动打电话要我去他家里，刚坐下不久，他就说："善生，跟你认识以来，对你也渐渐了解，我看你为人忠厚老实，做事踏实认真，对易学研究方面的一些思想我也赞同，你陪我外出参加易学会议也有好多次了，你处事考虑周全、为人不争的性格，我也很是喜欢。我和你师母商量，有意收你做徒弟，你看如何？""那求之不得！这当然是我最大的愿望啊。以后还请老师和师娘多教导我。"我非常开心，从来没想过这位德高望重的易学泰斗会主动收我做徒弟。2011年10月15日上午，老师说："我跟你写个拜师帖，正式收你为徒。"我喜出望外，非常感激地说："感谢您对我的信任和器重，我一定认真研究易学，好好弘扬易学。"就这样，我正式拜了师。从此，我的生命中就有了一位父爱般严肃、园丁般呵护的恩师。我是幸运的，也许是前世修来的缘分，更是今生的福气。

与老师相识以来，我常常去家中探望他，他总是很热情地问我最近的情况，要是他自己有什么作品或是出去开会、游玩的照片，都会拿出来给我看，让我增长见识。他性格开朗，说话声音洪亮，也许是搞哲学研究的原因，他看问题一向乐观，而且思路清晰讲话简单明了，富含哲理。他家里书架上满满的都是书，他曾说过自己小时候环境不好，吃过很多苦，那时候边放牛边看书学习，后来他看到一些中国传统文化方面的好书，都买了下来，有些书是别人送他的，积攒下来，大大小小有几千本了。他送我的一些书，有些是他自己编著的如《天人之学》等，我一直放在家里好好珍藏着。老师常和我说起，学习周易，思想不要有局限性，思想不能僵化，看书学习不要排除不同学术观点和不同流派，要知道尺有所短，寸有所长，不能只听一家之言，要懂得"取其精华而去其糟粕"。易者，变也，要懂得灵活应用，不能墨守成规，要懂得与时俱进,才能让易学科学化、现代化,将易学发扬光大,造福社会。

作者与唐明邦先生合影及唐先生题字

我很早就跟老师谈过想要开公司把易学用于企业策划,他认真听了我的想法,非常支持我。2005年,我开办了公司后,他带着师娘一起特意来到公司办公室指导,并给我写了企业法人简介,并当场亲笔给我公司写了名字"武汉市上生企业策划咨询有限公司"。

还记得有一次去老师家里,聊了聊近况。老师说:"你们平时给人测事情拿决策时摇卦,最早期不是用铜钱占卜的,是用的龟甲和蓍草,龟甲主要是在背上钻孔之后用火烧,根据其裂纹的形象断吉凶;而蓍草占卜是取自周易'太极生两仪,两仪生四象,四象生八卦'原理。占卦时,蓍草要用50根,逐步演变成六爻的卦象,你看这个蓍字。"老师在手上比画着说"中国是象形字,蓍字上部是草头,下部为日,中间是一个老者的老字,意思是老者在太阳下用一种草为道具用以观天象,占吉凶。我有次去河南开会,请他们给我找了一点蓍草带回来了,现在这种草很少见了,我找出来给你看看"。说着,老师就

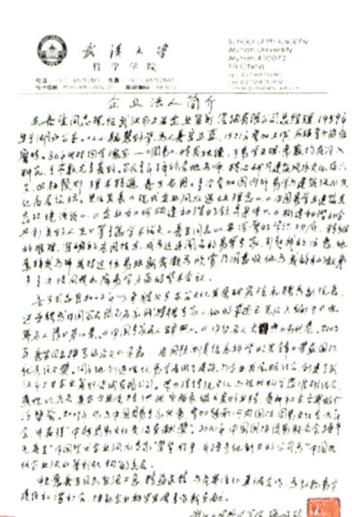

唐明邦先生来信

找去了,可惜翻了半天也没找到,老师显得有点遗憾地说:"你是搞周易应用的,虽然是在实际运用这块,但是一些相关的易学起源知识也要多多了解。"我点点头说:"好的。"因为谈到了六爻,后来,老师把邵伟华老师发明的八卦六爻预测仪拿出来给我看,我饶有兴趣地看了半天,这个仪器很大,上面是一个球形,有八个面,每个面用不同的颜色表示方位,下面还有3层也是八角形还可以转,使用起来也很方便。老师问我会使用吗?我说应该会,然后跟老师讲了我对这个仪器的认识,老师听后,坚持要我把这个预测仪带回家,让我好好研究学习。现在这个预测仪还摆在我的办公室里。

那时候老师身体健康状况还可以,精神很好,闲时爱写些小诗,记得有一次看望老师,给我分享了他写的诗:

《八十抒怀》

寿臻耄耋何足论，乐天无忧最宜人。
放舟东湖捐尘虑，漫步珞珈长精神。
闲披旧稿刊故失，偶吟佳句引诗魂。
浇灌殷勤枝叶茂，喜见兰桂满园新。

　　这首诗是老师当时超然物外、达观自我、平和豁达心境的写照。老师号云鹤，生活如云鹤般悠闲自在，饮食非常简单，都以清淡为主，闲时会在校园内走走。最深刻的道理不是在高谈阔论中，只是体现在最平淡的生活中，老师说他常常参悟《道德经》，跟道家学习养生，淡泊明志，宁静致远，是道家的思想，老师一直身体力行，保持身体健康和良好的心态。所以他九十多高龄，思想依然活跃、敏捷，虽然已退休多年，还孜孜不倦的写些东西。

作者与唐明邦先生

三、病中题字

　　"天行健，君子以自强不息；地势坤，君子以厚德载物"这两句话出自《周易》中的《象传》，也是老师常常用来教导我的话。老师常说，不管遇到什么艰难，保持一颗达观的心，不管身处如何复杂的环境中，自己都要好好学习，豁达为人。

唐明邦先生题字及全影

　　从2015年开始，老师的身体每况愈下，他有时候会觉得心有余力不足，从那时起，太远的地方老师就不再去了。记得有次老师因病住院，我去看他，他本躺在病床上，一看到我，立刻非常高兴，连忙叫我帮他把床摇起来，问了一些我出差的近况。接着老师说："善生，我想给你写几个字，字我已经想好了，等我这次出院就给你写。"我当时没想太多，说您先把身体养好。后来过了段时间，我再去老师家时，他马上就把字给我拿出来了，我一看上面老师用颤抖的手写的"厚德载物"四个字，落款是云鹤老人唐明邦病中书,年九旬有二。老师说:善生,你看这四个字很简单,蕴含的道理很多,要做到不容易,说到厚德载物,前面还有四个字"自强不息"。"天行健,君子以自强不息"是八卦中的乾卦,主显学,为外在,你要记着时时努力,无论在哪都要勤奋学习,不要放松;"地势坤,君子以厚德载物"是坤卦,坤主隐学,为内在,坤也为土,土主厚重,沉稳,能包容,忍耐,要知道智慧总是与谦虚相连,要学会包容,学术上要能包容不同的声音,与人相处时要学会包容别人的生活习惯、性格。一个人能承载的东西与他的自身修养和品德有关,你要时刻铭记。我很感谢老师那天的一席话,我将这幅字挂在办公室,作为我的座右铭,时刻提醒自己。

四、为易学代言

2017年,《地理文化档案》制片组邀请老师为他们做总顾问,由于考虑到老师年纪大了,身体也不太好,同年12月,在老师家中录了恩师的一段讲话,当时我陪同老师一起,这部纪录片主要以地理文化为题材,结合周易文化讲述了中国建筑的历史人文等。我2018年1月在北京参加了这部片子的新闻发布会,老师对这部片子很期待,只是很可惜他没有等到这部片子的播出。

《地理文化档案》新闻发布会

五、继承与弘扬

初识老师时,看不出他的过人之处,只见是一位再普通不过的老人。但是在与老师日积月累的生活相处中,在和老师的交谈中,听他阐述对事物的见解时,在聆听他的教诲中,又

作者与唐明邦先生及制片组合影

无处不体现出他渊博的学识、儒家的为人智慧以及淡泊名利、与世无争的道家胸怀。老师的去世是易学界的重大损失!老师的精神永存!老师对发展和弘扬易学等传统文化所做的贡献永存!老师高尚的品德、坦荡、宽厚的胸襟气度,给我们树立了永远的榜样!老师躬耕玄圃几十年,竭力传承中华易脉,老师走了,弟子要薪火相传,不负恩师!

纸短情长,笔拙意远,老师生前的言传身教依然历历在目,牢牢在心。谨以此文追忆恩师。

作者简介

毛善生,唐先生入室弟子。

慈父严师唐明邦

唐梦华

2018年5月4日下午3点26分,义父停止了呼吸,没有一丝半点的挣扎和痛苦,平静地、安详地走了!为了不牵绊他回天,我没敢大声哭泣,强忍着,默默地为他祷告为他送行。看着像是熟睡了的义父,不仅在心里说道:"爸爸,从此再也喊不应您了吗……"

回忆起与义父在一起的日子,有意义的记述实在太多、太多……

我自幼受祖母熏陶,喜爱中华优秀传统文化;婚后受夫家家族影响,爱上中医药学,曾研习祖传中医及《黄帝内经》。因苦于难懂阴阳五行,便追根求源钻研《周易》多年。一次机缘巧合认识了上海复旦大学教授、无极书院院长李定,交谈中,他得知我研习易学多年,又是武汉人,便极力向我介绍武汉大学哲学院教授、著名哲学家、易学泰斗——唐明邦教授,并约我一同去拜访他。

一、初识尊颜

一天,事先约定的李定教授太忙抽不开身,我就代他去武大看望唐老。拨通唐老家的电话,约定明天上午去。

第二天,来到唐老家。一进门,客厅里两幅中堂映入眼帘,一幅千字"易",一幅傲雪红梅画。字画前,一位身着白色唐装,精神矍铄的老者坐在藤椅上。"唐老好!"我试探着打招呼。"你好。"老人想要站起来,我跨步过去握住老人的手:"唐老您不要起来,我代李定教授来看望您和师母。""师母已走了……"我回头看见挂在右边墙上师母的遗像,桌上摆着供品,三柱檀香在袅袅地吐着青烟。"师母,我来晚了!"我怀着崇敬和悲痛的心情向遗像深深地三鞠躬。礼毕后,唐老握着我的手,让我坐在他身边,他说:"你能不能把家里的情况说给我听听!"于是,我很高兴地向他娓娓叙说……

我叫王继红,祖父1928年任湖北省豫鄂边区区委书记、赤卫队大队长,1932年为革命牺牲了。父亲1942参加了新四军,1947年转业回到湖北襄阳老家,投入家乡建设。唐老听了,感慨不已,他说;"我们的党和国家有今天,实属不易啊,那么多优秀共产党人抛头颅洒热血为革命捐躯。你是革命的后代啊。你是党员吗?""是的。"又了解了一些我的工作及家庭情况。

接着,他也向我介绍了他的家事。他说:"我有两个儿子,没有女儿,有七个干女儿,但都不在武汉。""那就认我做女儿吧,我就在武汉,可以常来看我。""好啊!"就这样,和他有缘,认识第一天就认做父女。他慎重地说:"我已答应明天到长春观去,你就同我一起去吧。"第二天,我开车来武汉大学接他的路上,他说:"我给你取名唐梦华,你大哥叫唐清华、二哥叫唐建华、你叫唐梦华,当然不必改身份证的名字,但是在我的圈里就叫唐梦华。"到了长春观,会见了湖北省道教协会会长、长春观吴诚真方丈及副会长王平。午饭席间,他正式宣布收我为义女,并当场赠予他的著作《天人之学》《周易评注》《云鹤诗稿》《李时珍评传》。

二、授课严谨

自从相认父女后,我就常抽时间去陪他,开车带他游东湖、逛汉街,重上珞珈山、再寻老书店,远旅三峡坛子岭、近走亲朋与好友,小病嘘寒问暖、大病急送医院,里里外外帮他处理一切力所能及的事务。他多次感动地说:"梦华,你义母走后,有你在我身边照顾,像爸爸的贴心小棉袄。"他也常常叹息:"梦华,我一生最大的遗憾就是你的两个哥哥都不学习易学,几个孙子也不爱好易学,我研究了一辈子的易学,没有人继承。"一天,他问我:"梦华,你学易多年,都看过哪些书?"我一一向他汇报。他思索了一会说:"梦华,今天给你讲课吧!""好啊,可是爸爸,我大学学的中文,不是哲学呀。""我给你例了个课程表,从今天开始,我们正式上课。"

他讲的第一课,是六十四别卦中六爻之间的关系。他说每个别卦是一个整体,六爻之间存在着相互制约关系,任意变动其中一爻,都会造成内部诸关系的改变。牵一发而动全身,这就是《周易》象数的整体思维关系。整体思维告诉人们,每遇到一件事物,必须从各种不同角度考虑与其他事物之间的联系,以深思熟虑慎重选择,不可鲁莽行事。

说实话,以前看书、研习易学,是工作之余玩玩而已,现在已经快50岁了,跟着一个资深老教授还像个学生一样严格按照课程表的安排学习,我还真的有点不适应,所以常常借故不去上课,他发现后便语重心长地说:"梦华,我希望你真正成为一个文化人。爸爸觉得你有培养前途,你要按着爸爸的想法和指引的方向一步一步地向前走,争取成为当代女易学家,把我研究了一辈子的易学继承、传承下去。""我可没有那么大能耐呀,爸爸,我不在大学工作,又不是教授,怎么能成为易学家呢。""我来教你呀,你要乘我现在身体好,思路清晰,抓紧时间学啊。王夫之、邵雍不都是民间哲学家吗?"我还没有退休就有许多朋友拉我一起做生意,他知道后拉着我的手说:"梦华,你在铁路上搞企业管理这么久,我知道你有能力,但现在自己搞个大企业不太容易,搞个小企业没啥意思,你就一心一意跟着爸爸研习《周易》吧。你家在武汉,离我很近,又有大学中文系毕业的文化底子,还有一定的易学基础,教起来容易,探讨、研究起来也方便。"

终于,我们父女经过多次地"交涉"达成协议,每周三、周六去他家学习两整天，其他时间我自己在家完成他布置的作业，下个周三去上课时，再交作业，由他圈阅、批改。

从此我的义父便成了我的导师，从而，我走上了一条慈父严师为我设计的艰难的易学之路。

讲解完《易经》六十四卦及《易传》基础后，爸爸用了大量的时间给我讲了《周易》的辩证智慧，《易传》的创新精神，《道德经》，天人之学，《周易》与道家，《周易》与古代科技，《周易》与中国管理学，《周易》的象数思维模式，历代易学家对《周易》的研究、创新、贡献及历史局限等课程、课题；河图、洛书的

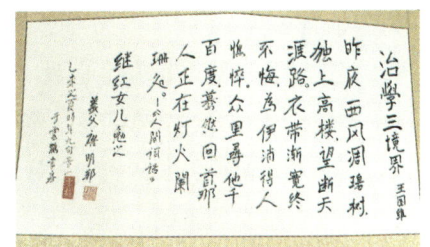

唐明邦先生题字

原理及应用等。另外，给我列了十几部应该及时熟读的相关书籍，安排了三十几个论文课题及完成时间表，要求我几年之内必须达到博士研究生水平。

为了激励我刻苦学习，特意用王维的《人间词话治学三境界》为我题词。每当一个课题没有按时完成，爸爸就会说："'衣带渐宽终不悔，为伊消得人憔悴。'我看你没有瘦啊。"我十分委屈地说："爸爸，你都不心疼女儿吗？你知道吗？自从跟着你上课、学习，我除了上班，甚至是上班都在研习易学！这些年除了看新闻，我都没有看过电视、电影呢。我都快累死了呀。"爸爸拍着我的手说："哈哈，看把我的女儿累的，电视、电影都不看了。但是有些好的电视还是要看的，我最近在看《人间正道是沧桑》。""您给我布置那么多作业，再好看的电视，我也没有时间看啊。""当然，做学问就是

女儿与爸爸在一起

要沉得下去、吃得了苦。做学问是要打深井的啊！爸爸90多岁了，所剩时间不多了，希望在有生之年把你带出来。"

就这样，夏去秋来，冬去春来，我们父女俩坐在小窗前，圆桌旁，一个讲，一个学，几年过去，爸爸给我授课500多课时，纠正了我以往一些不全面的理解，补上了我欠缺的相关知识，扩大了我的文化视野。我的每一篇论文，爸爸都是精益求精地改了又改。在研习易学的路上，我像一个找不到上山之路的行者，总在山下迷茫徘徊，又苦于"即鹿无虞"，仿佛是爸爸让我"站在巨人的肩膀上，一下子把我送

到了山顶"。

几年下来，在爸爸的教导和指导下，我完成了他布置的 30 多篇学术论文，好几篇散文，并大都发表在不同的刊物上。看到我取得的成绩他喜出望外地说："孺子可教也！不错！不错！梦华，看到你的进步，甚至比我自己当年取得成就还要高兴啊。"他曾多次对我说："梦华，我是在按当年带博士研究生的标准教你、要求你的啊。不过，我带博士研究生也没有像教你这样，手把手地教呢。""我也从来没有像现在这样，学习得这么辛苦啊，爸爸，高考也不过如此吧。"

我清楚地记得，2017 年 12 月 15 日，我按照爸爸的要求，把几十篇论文分类整理，列出目录交给爸爸。第二天，我去看他时，他把修改、完善后的论文目录拿给我说："你这些年写的论文目录，我做了适当的调整，你再补充几篇后，以《周易精义》的书名出版。"爸爸抚摸着论文目录，感慨地说："不错，现在可以说是博士毕业了，这些论文都有相当的水平了。"

三、父爱如山

爸爸不仅严谨地教我研习易学，平日里，他也很溺爱我。每个周三、周六我去上课时，他总是要求保姆多炒几个我爱吃的菜；吃饭时，总是把他喜欢吃的鱼片、鸭肉挟到我碗里，"多吃点，你现在正用脑子呢"。每次吃完饭我要收拾碗筷时，他就说："放在那里让阿姨收，不用管。你快去睡午觉吧，休息好了下午还要用脑呢。"每到下午两点，爸爸都会起来在客厅里咳嗽一声，算做是叫我起来学习。如果我赖着多睡一会，他就会等我半小时。每次午休起床后，爸爸都会让我去拿些好吃的水果，让我吃。"爸爸，这些水果都是来看望您的

女儿与爸爸在一起

人送的，留着您自己慢慢吃吧。""你吃吧，多吃点。你若没有来，还得给你留着呢。上次那个黄心西瓜，为了等你来了再吃，都放坏了，多可惜。"这些年来，但凡有人送来好吃的东西，爸爸都会给我留着，让我品尝；有送来物品，都会拿出来，让我欣赏、分享。武汉的亲朋好友请他出去吃饭，或外地来武汉的同仁请他出去吃饭，他总要带上我，并热情地给人家介绍我："这是我的女儿，跟着我身边学习。"

他还把我带到武汉大学哲学院，自豪地把我介绍给他过去的同事、学生；带去深圳参加师兄练力华老师召开的易学会议；分别带去两个儿子家里，参加家庭节日聚会聚餐；带到武汉所有亲戚家里做客；把我介绍给所有的亲朋好友。把我写的论文及散文送给来家拜访的客人，或带回四川老家送给老家的亲人、亲戚，或带到会

议上,送给他的易学界老朋友。但凡我写好的论文,他都要多打印几份放在他手头上,以便送给来探望他的有关同仁看。他视我如己出,立为易学传人,甚至于病重期间要立下遗嘱,把仅有的财产的三分之一分给我。他也曾多次和我说:"梦华,你和我一起学习,一起研究、探讨我所钟爱一生的易学,使我不寂寞,还找到了易学传人,真是令我晚年十分开心。"

2018年4月24日上午,他的学生郭齐勇教授去医院看望他,他指着我对郭齐勇教授说:"原来我的评传是交给她来写的,也和她谈了思路,准备了一些资料,可她的事情太多了,就交给你来执笔,由她来配合你吧。她是我的易学传人啊。"

从2015年代表他出席安阳周易研究会后,他即让我代表他出席所有的相关场合,代表他参加各种相关会议。并携带我合著《易学源流举要》,指导我独立完成著作《周易启蒙》《周易精义》等著作,让我为他的《李时珍评传》写再版序言。在他生命的最后一个月里,大儿子来看望他时,他甚至给大儿子交待,要把他居住的房子留下来给我用他的名字做书院,他曾多次催促我代他写遗嘱,写明邦书院章程,但和上次他要分遗产给我一样,都被我坚定地拒绝了,我说:"爸爸,我只做您的学术传人。至于书院的事,以后再想办法。"

爸爸对我关爱、提携,不遗余力,真可谓父爱如山啊。

四、晚年情趣

除了给我授课,爸爸也经常给研究生、博士生授课。来访者不少是他学生的学生,谈笑中往往谈到易理,他知无不言,言无不尽,循循善诱,总是平易随和,有求必应,鼓励他们成才。有的易学爱好者撰有易学书稿,特来求他指点,他也认真阅读,亲切交谈,一派长者风范。

爸爸的爱好兴趣十分广泛,他常说:"家有六宝:儒、释、道、诗、书、画。"有些宝典,已赠予武大哲学院资料室,为此爸爸曾多次遗憾地说:"要是早一点认了你这个女儿,我的书籍都由你来继承和打点,就不用捐赠了。这些剩余下来的书,我走以后,你都拿走。""那时还不知道会有一个易学传人的女儿呢,要知道晚年会得到一个这么好个女儿,就不会把书捐了的啊。""那以后您再送书给别人,可是要得到我的同意啊。""要嘚。"

爸爸喜好的多是诗书画。

他热爱诗词,小时候读的《诗经》里很多诗,至今仍会背诵。大学时,加入了北大诗社,多次聆听延安时期著名诗人何其芳、田间等人论诗,还聆听北大知名教授讲如何欣赏古诗词。退休后他参加了武汉大学诗社,在《珞珈诗苑》上发表过几十首诗;义父共作有400多首诗,其中有100多首发表在公开出版的诗集上,多次获奖。晚年,他出版了《云鹤诗稿》。他常常咏诗诵词。记得一年3月的一天,温度骤降10多度,他一边加着棉衣,一边咏词句:"乍暖还寒时候,最难将息。"他还十分热爱毛泽东主席的诗词,也常常咏诵。

他爱好名画,收藏有《中国传世名画欣赏》《外国传世名画欣赏》,共有大大小小十几本画册。他最珍爱的是《马克思画传》和《列宁画传》,都是他上大学收集的。他爱朗世宁的画,特别是朗世宁的《百骏图》,多次拿出来和我一起欣赏。他还让我从网上购买了一幅松鹤图,过年时,把它挂在客厅里,给客厅增添新气象。爸爸还热衷于收藏旅游门票。从1983年起,到我带他游的三峡大坝,所到地方的门票都有收集,有时我们父女俩会拿出门票看看,他一边看着那些精美的门票,一边回忆着游玩大好河山的美好情景。我真佩服爸爸,九十多岁的人了,居然能回忆起几十年前谁陪他一起旅游,发生了一些什么事情。有时还翻出当年的照片,一一对应。他积攒的门票有280多张,大大小小、花花绿绿、丰富多彩,曾经,我们着手把它整理成册。

爸爸热爱书法。他说,书法是他在"文革"时开始练的。他有一本郭沫若的《蔡文姬》,其中有隶书《胡笳十八拍》,闲时就动手临摹,日积月累,练了整整5本,至此,爸爸的书法自成一体,象他的人一样苍劲、清秀、优雅、利落。

他还爱好听戏曲,京剧、越剧、黄梅戏、早年的流行歌曲他都爱听。为了方便听歌,还让我在网上买了储存有1000多首红歌和戏曲的手机,看书累了,就放一曲听听。

爸爸不仅仅是一个著名的哲学家,易学家,也是个兴趣广泛,生活丰富多彩的儒雅学者。

五、赏梅吟诗

2015年2月的一天,天气晴朗,太阳照在身上暖暖的。开车进武大文澜门时,看到正对着文澜门的花园里梅花开了,好美。三步两步上了楼,"爸爸,我们去看梅花吧。""好哇,梅花开了吧?""开了。"爸爸最爱梅花。他说:"古诗云'数点梅花天地心'。清香高雅而不张扬,傲雪而绽放。诗人是以诗解《易》。复卦《象辞》曰'复,其见天地之心'复卦的卦象,上坤下震,五阴之下,独有一阳,正如毛泽东的诗句:'高天滚滚寒流急,大地微微暖气吹。'严冬时节,百花不见,只在梅花上看出一点生机。这就是天地之心。"

唐明邦先生

我们来到珞珈山下的梅园,学校还没有开学,梅园很是清静,只有老两口在晒太阳、赏梅。红梅、黄梅、白梅、粉梅、绿梅，在冬日暖暖的阳光下静静的绽放着，散发着淡淡的清香。爸爸深深地吸了一口说："真美、真香啊。在武大工作了这么多年，还是第一次专程来梅园赏梅。"爸爸坐到刻有"梅"字的大石旁，石旁有几珠盛开的红梅，很有意境。红梅花瓣随风飘落，星星点点地洒在爸爸的身上。爸爸那天穿着黑色的貂毛领中长大衣，颈间是我给他

女儿与爸爸

系的一条酒红色真丝围巾，头戴一顶貂毛黑礼帽，温暖的阳光照在他满面红光的脸上。拈着落在身上的花瓣，爸爸喃喃地低语着："珞珈山的梅花好美啊。"那山，那园，那梅，那石，那冬日暖暖的阳光，和珞珈山下耕耘了几十年的老学者交相辉映，形成一副绝美的画面。我赶快按下快门，锁定了这让人感动的一刻。"梦华，你来坐在我身边，请他们帮我们照张合影。"生父去世已三十多年了，此刻我仿佛又回到孩童时代，坐在了慈父身边，感到无比的温馨和幸福。

六、养生之道

《黄帝内经·素问·阴阳应象大论》说："圣人为无为之事，乐恬淡之能，从欲快志于虚无之守，故寿命无穷，与天地终，此圣人之治身也。"90多岁的爸爸堪称谓圣人。他虽然躬耕玄圃硕果累累，蜚声中外，但他却虚怀若谷，淡泊名利。他最喜欢诸葛亮的名言"淡泊以明志，宁静以志远"。

他退休以前，几乎每天早上都到珞珈山上去练太极拳。和爸爸一起欣赏照片时，看到了几张几年前爸爸打太极拳的照片。只见爸爸一身白色太极绸装，一双白色布鞋，在林间或挥弄着太极，或打太极拳，或如白鹤亮翅，或如猿臂轻舒，吞吐朝气，左右星辰、朝阳、白发、晨雾，浑然一体，天人合一。

后来年龄大了，他已不练太极拳了，但一直坚持练气功及内丹。他说易学家邵雍及医学家李时珍都对气功有较为深刻的论述。李时珍认为"车河功"可"通行任督二脉""人能通此二脉，则百脉皆通"。爸爸练过三种功法，其中的功法是藏传佛教高僧所传。这种功法不受时间、空间限制，坐卧站立都可修炼。他每天定时练功，他说："我的身体健康得益于练气功和打太极拳。"

爸爸身体健康还益于他善于从读书中找乐趣，活到老，学到老，老有所乐。在他的书房里、走廊里、阳台上、床头上，都放着书。虽已捐给武大哲学院800余本，家里仍处处见书。他说："我这一生没有其他的嗜好，唯一的嗜好就是买书、看书。《周易》就是'洗心经'，我们研究易学、道教的人，天天都在念经，常与先贤对

话,其乐无穷。"

他恬淡虚无,志闲而少欲。家里的家具有的还是几十年前老家做好运来的。住的房子是几十年前武大分给他的,老式三室一厅。学校两次让他换更宽的楼房,他都谢绝,他说:"现在的房子已经够好了,宽房子留给年轻的教师,他们更需要。再说我这房子,纳气,冬暖夏凉;况且书太多,搬家也劳神费力。"他的衣着也十分的简朴。有两套西装,一套是1988年去香港讲学时学校给定制的,一套是1993年到台湾开会定制的。这两套老式西装,到隆重的场合,爸爸穿着它,回来后,悉心存放。有几件衬衣领子已经破了,他舍不得丢,给他买的新衬衣他又舍不得穿,他说:"你义母常说'新三年旧三年缝缝补补又三年',现在过着小康生活,但朴实节俭的本色不能丢。"

他饮食有节,起居有常。吃的也十分清淡,作息很有规律。直到去世之前一个月,都是脸色红润,声音洪亮,耳目聪明,齿如齐贝,思路清晰敏捷,尚在思考天人之学、阴阳理论、五行观、经络观、太极观等学术命题,尚在给我指导学术研究课题及研究方向,正曹操所谓"老骥伏枥,志在千里,烈士暮年,壮心未已"。也正如他常常挥书:"春蚕到死丝方尽,蜡炬成灰泪始干。"

2018年4月12日吃午饭时,我问他:"爸爸,我看您这几天不太舒适,淮阳的伏羲祭祀大典我不去参加了吧?""去吧,我没有事的。"16日中午正在淮阳开会的我,接到保姆电话,说爸爸感觉呼吸有些困难,让我尽快回家代写遗嘱并送他去医院。我带着国医也是近年来爸爸的家庭医生陈启华老师,半夜11点赶回家中,冲到爸爸的床前,我焦急地问:"爸爸,您哪里不舒服?"爸爸虚弱地摇了摇头,口中喃喃地念叨着解痛咒语,"不好",我的心一下子沉至冰点,一边让陈老师给爸爸把脉,一边急呼120。很快,急救中心车来了,和我们一起把爸爸送进武汉市中南医院急诊门诊。经过一系列的检查、办理相关手续,把爸爸安置到肺病科重症监护室时,已是第二天凌晨一点半了。那一夜真是漫长的啊……

肺病科重症监护室很大,里面住有大几十号危重病人,每一间病室之间没有设墙,只用深蓝色的布帘相隔。大门进去,分左右两边、左右两排重病房,爸爸被安排在右边的右排倒数第一个病房、第二个病床。推着爸爸,沿着重症监护室那长长的、幽暗的走廊,伴着那重危病人发出的此起彼伏的"呼……呼……"声,我迈着疲惫沉重的步子,向病床走去、走去……我的心一紧一紧的,感到莫名的恐惧和伤感,又感到十分的悲凉和无助。爸爸,您这一住进来,还能健康地出去吗?爸爸,也许,上一世我们本就是亲生父女……

其实,2017年下半年,爸爸就越来越消瘦了,住进医院后他就更加消瘦了。可他的思路却是十分清醒,病床上还在不停地给我讲课,让我给他打印毛泽东主席的诗词，还反复地嘱咐我如何教育孩子，如何做个贤惠的好妻子，又反复地交待如何办好明邦书院，并多次催促我拿出书院方案和章程给他看，还反复交待我，他生病住院的事不要告诉易界同仁、不要打扰别人……

每天早上7点半至8点，只要看不到我，他都会问："梦华那里去了？梦华怎么还没有来呢？"有几次，我去后见他睡着了，就座在他的病床边看书，他恍惚地对我说："打电话叫梦华赶快过来啊。""爸爸，我早就来了呢，看您睡了，没有叫醒您。""哦，哈哈。"看着我，他孩子般地笑了。多少次看着熟睡、枯瘦如柴、生命迹象渐去的爸爸，回忆着和他相处的点点滴滴，我禁不住失声痛哭……隔壁病床的陪伴总是劝我说："你爸爸都九十多岁了，也走得着了。况且你那么孝顺，他也真够幸福的了。"可我哪里舍得他走呢。

每天看着他的病情不见好转，且每况愈下，我万分着急，反复去找主任、主治医生沟通。他们也多次不厌其烦地告诉我，我爸爸的时间不多了，可我怎么也不愿意相信，思路还那么清晰的爸爸真的要走了。

5月4日下午3点26分，在大哥、二哥和我及姑姑的陪护中，爸爸他平静、安详地驾鹤归去……爸爸他真的走了……

爸爸，您真的走了吗？再也不给我讲课了？再也不给我布置论文了？看着紧闭着双眼，安然熟睡，渐去渐凉的爸爸，我终于明白，我再也听不到他那爽朗的笑声了，再也听不到他的谆谆教导了，再也听不到他亲切地叫我"梦华"了，我再也没有有问必答的爸爸了。从此后我有了问题再去问谁？谁再无私地为我解疑释惑？悲痛从心底里升起，无声的泪水泉涌而出……

5月4日下午5点26分，武昌殡仪馆的灵车，来接爸爸上路了。我开着车，和二哥一起跟在灵车的后面，悲伤地送着爸爸。我们安置好爸爸，已近夜晚10点了，回到武汉大学南三区18栋四门403室，那个昔日温馨的小屋，已被布置成爸爸的灵堂，满屋尽是浓浓的哀伤。物是人非，我再也见不到我的爸爸、我的导师了。

5月10日，爸爸被安葬在石门峰公墓、义母的身旁。那天，天也悲伤地下着大雨，我感到爸爸就是乘着那浓郁的雨雾，登上了石门峰广场的升天台，驾着白鹤归去了……归去了……

呜呼！爸爸驾鹤归去，女儿徒留伤悲；恩师成仙回天，弟子仰天长送。慈父严师安息吧！女儿、弟子谨记教诲，不负重托，当尽绵薄之力，容百川之量完成宿愿。愿慈父严师在天继续傲游于玄埔之间，常与三圣品琼聊易，笑语漫天。

作者简介

唐梦华，唐先生义女、弟子。

山高水长忆明邦

胡应南

四十多年前，我在湘潭当年杨度上学的地方求学，我的老师、国际著名的经学家周士一老师就向我推荐过唐明邦老师。后来，我在武汉大学求学，认识了唐明邦老师，再后来，我们每年要聚会在中国社会科院国际易学联合会一次，相见甚欢。

周士一老师对我做学问是很苛刻的。首先，推荐一些名师名作作为研学的对象，武汉大学的唐明邦、肖萐父就是最早推荐的老师。"山不在高，有仙则名。"红楼梦研究学者胡德平曾经问我的求学经历，我告诉他，我的老师就是周士一，周士一有一批学友，都是我的老师。周光昭也是周士一推荐的老师。20世纪90年代，周光昭到湖南视察，我去拜访过周光昭。周光昭的秘书问我与周光昭是什么关系，我说是他的学生，秘书说你是得意门生，我回答是周家门生。奇怪的是周光昭也问我的老师有什么人，读过什么书。我也说起了唐明邦。周光昭说："这都是一流学者。名师出高徒。"周光昭还说："武汉大学不错，他的老师不会比北京的差。唐明邦就是名师嘛。"周光昭的赞誉，证明唐明邦是有社会公信力的。

唐明邦老师的社会公信力是以学术为基础的。在广西，我陪唐明邦老师游学青山绿水，他与我们讲解《易经》的深厚哲理。一句句道来，都是金句。这是唐明邦七十年治学的总结与积累。与君一席话，胜读十年书，这都是经典之言。"人之将死，其言也善"，这个善不但是善良的善，更为重要的是至理哲言的"善"，是最好的、顶级的意思。

很多时候，社会上对《易经》有一种错误的认识，总认为《易经》是封建迷信。但是，中国哲学界对《易经》的研究始终不断，薪火相传，生生不息，就是有唐明邦这样一批学者、贤者在坚守中国文化的精神家园。只有科学的证明了《易经》的科学性、哲理性，才会有中国文化的春天。

英国学者李约瑟一辈子研究中国科技史，但是，他始终没有明白《易经》的真谛。20世纪80年代，李约瑟请周士一到英国剑桥大学讲学两年，相约的还有美国学者惠勒。他们三人和其他学者一起研究的是《易经》、是《参同契》、是《资本论》，把中国古典哲学研究推向了一个历史的高峰。中国古典哲学《易经》与现代科学的结合，与马克思主义的结合，奠定了中国文化在现代化今天的历史地位和历史高度。今天中国改革开放的历史成就，就是中国经典哲学《易经》作为基础的。因为，《易经》就是一部中国文化生存、发展的经典。中国文化存在，中国《易经》就存在，这是中国文化的第一块基石。

21世纪，经过中共中央常委批准，中国社会科学院成立国际易学联合会，第一次把《易经》从封建迷信的迷雾中解放出来，这是中国哲学的新生，也是中国文化的新生。因为不解放对《易经》的认识，还认为《易经》就是封建迷信，中国文化的科学性就得不到发挥。而唐明邦老师以及众多的老师对《易经》孜孜不倦的终身研究，就是奠定了《易经》哲学的地位。不从中国哲学的高度来解释《易经》，我们还会对《易经》陷入一种盲目的崇拜或者是诽谤。只有科学的、理性的学习和阐述《易经》，像唐明邦老师那样，以科学的态度、科学的方法，去学习和解释《易经》的哲理，我们才能更好地发挥出《易经》的经典作用。

2011年，在海南国际易学大赛期间，我对人们提出的国际国内的五个难题一一作了准确的回答。有人说这是玄学在起指导作用。假如玄学是指《易经》的话，这是对的，但是，《易经》不是玄学，而是哲学。所以，唐明邦老师一直坚持《易经》就是哲学研究，而不是玄之又玄的"玄学"研究。唐明邦坚持《易经》的哲学研究原则，也认为《易经》也有它的实用性一面，我个人认为这是对《易经》研究和运用的准则。

唐明邦老师逝世了，我们后学所要做的事就是继承他的严谨的治学方法和精神，不虚言、不妄语。唐明邦老师的品德是高尚的，为人谦虚厚道，彬彬有礼，山高水长，德润后人。无论在哪里出现，唐明邦都是仁者风范。中宣部原副部长龚心瀚与唐明邦多次相会，总是谦让唐明邦老师，唐明邦老师也是拱手相礼，这使我们看到了中国的君子之风。

山高水长忆明邦。

愿唐明邦先生在天之灵安息。

2019年2月11日

作者简介

胡应南，北京大学国家软实力研究院。

唐明邦教授永远活在我们心中

曾 伟

今天，我们怀着无比沉痛和崇敬的心情，在这里共同悼念缅怀一代宗师，著名的哲学家、易学家、武汉大学哲学院博士生导师唐明邦教授。

唐老少年立志，奋发进取。一生治学严谨，著作丰硕，成就卓越，德高望重，桃李满天下。当年，唐老米寿高龄，老当益壮，亲临广东和各地讲经论道，其《论道崇真集》《当代易学与时代精神》等一批论著给学界带来了国学新风，推动了易学文化的健康发展，与我们结下了深厚的友谊，成为我们的良师益友。

作者与唐明邦先生

最令人崇敬的是，唐老在耄耋之年，曾多次来到广东，并携家人在我寒舍连续三年共度冬春。曾记得多少个寒夜，我们促膝谈心，多少个清晨，我们漫步庭院。在从化温泉、花都九龙湖、增城白水寨、新会小鸟天堂、惠州西湖等地，均留下了唐老和我们谈经论道、指点江山的音容笑貌。有幸陪伴唐老，聆听教诲，实乃三生有幸！更为难忘的是，在广东从化我的寒舍，唐老撰写了他传奇人生的回忆录——《耄耋忆征程》，并且还为我的小作《命宅梦》审稿和亲笔作序。

敬爱的唐老：我们的师长，良师教诲三生暖，益友情怀百载春。您的高尚品德和渊博学养，您谦和务实的求索精神，您亦师亦友的亲切话语，是我们一生中最为宝贵的精神财富，将永远激励我们努力向前！

宗师远去，风范永存。唐老的学术理论将继续造福人类，唐老的思想光辉将永放光芒。尊敬的唐明邦教授永远活在我们心中！

在这里，让我们共同祈愿：唐老，安息吧！

2018年5月10日于石门峰

作者简介

曾伟，广东省文化馆原馆长，此为作者在唐明邦先生安葬仪式上的发言。

悼唐明邦先生

高 燕

江河鸣咽，草木同悲。我们怀着沉痛的心情，在这里深切悼念易学泰斗唐明邦先生！在此，我谨代表中国环境科学学会传统文化与生态哲学分会、中国风水文化研究院对唐明邦先生的不幸逝世表示沉痛哀悼！并向其家人表示深切的慰问。

此时此刻，万分悲痛的心情难以言表！我们在这里述其生平、览其事迹、忆其音容、效其风范，以便让我们永远铭记这位宽厚仁慈的老前辈。回想老师生前对中国风水文化研究院的亲切关怀和无私的支持，老人家的话语还在耳畔回响，老师的题字历历在目！这种缅怀之情无法用语言表达，对老师的感恩之情难于言表。只有以行动缅怀我们的前辈，那就是要化悲痛为力量！学习老师的治学严谨，苦于钻研，正直无私，为人师表，智慧善良，开明练达，诚挚为人和克己奉公的精神！不忘初心，牢记使命，牢记唐明邦教授生前的谆谆教诲，把中华优秀传统文化传承、发展、发扬光大，让传统文化智慧服务社会，光耀千秋！

唐明邦教授精神永存！唐明邦教授永驻心中！

此文为中国风水文化研究院院长、中国环境科学学会传统文化与生态哲学分会秘书长高燕女士在2018年5月10日石门峰追思安葬仪式上的发言

以后，高院长又发来如下文字：

我永远铭记这位宽厚仁慈的老先生。因为我和先师有着不同凡响的交往。老师生前对中国风水文化研究院的亲切关怀和无私的支持仍然历历在目，老师的话语还在耳畔回响！每次拜见老师，他都以非常热情的态度接见我，并对中国风水文化研究院的发展、研究院的研究路径、研究课题、人才的发现与培养等方面提出非常周到的建议。同时对研究院应该遵循的理念，提出精准的意见。

我清楚地记得，在中国风水文化研究院成立之前，为了名称的确立，我去向唐老求教，最后是唐老敲定了"中国风水文化研究院"的名称，并为院名亲笔题字。如今，打开中国风水文化研究院的网站，就可以看到仙师留下的墨宝！

我还清楚地记得，2008年我们中国风水文化研究院和中央电视台联合拍摄了《谈风论水》专题节目。我带领摄制组专程到武汉大学对唐老进行了采访，唐老在《谈风论水》节目中做了主导性演讲。最后，二十集的《谈风论水》除了在央视播出外，并在2008奥运会之前，在全国多家电视台播出。摄制组制片人张力深有感触地说："谈风论水，弥补了央视有史以来的节目空白！"

我永远不会忘记，2010年的"首届传统文化与生态文明国际研讨会暨第22届国际易学大会"，唐老亲临大会，并做了专题发言。他说这次大会在理念上有创新，在思路上有超前，在易学风水界起到领军的作用！这样800多人的大会，规模和盛况是空前的，唯一的！当他说这句话时，全场爆发经久不息的热烈掌声！

他接着说，这次大会表明，传统文化和易学传承有希望了！这次大会有高度、有内涵，因为直接传播着党的声音，体现了传统文化核心的核心，经典的经典！他还说，在高燕的倡导下，中华传统文化和生态文明有机结合，说明她有大胆的创新，在理念上有新意！有助于提高全社会的道德水平，有助于推进传统文化的传承发展，有助于加强生态文明建设！他希望：在高燕的带动下，弘扬传承好传统文化，为社会做出更大的贡献！因为高燕具备正能量，她走的是正路！希望大家要和高燕团结在一起，把传统文化的传承延续下去，发展下去，全场再次爆发出热烈的掌声。

从那以后，每届举办的传统文化与生态文明国际研讨会，老人家都亲临大会，发表演说，对大会加以肯定并激励鼓舞年轻学者把中国的传统文化发扬光大。

直到第五届以后，因为身体的原因，老人家不能亲自到会了，但是他要命笔题词，表达他对大会关怀的心声！

在此期间，我曾多次到武汉大学中南医院去探望老人家，就在今年（2018）5月3日我再次去唐老所住的医院探望，当时老人家已不能说话，只是用点头来表示。唐老的家人对我说，老人在病榻上多次提高燕的名字，他对您特别欣赏！听到这里，我禁不住泪如泉涌！

每当回忆此情此景，我都控制不住对老人家的怀念之情，控制不住的泪水，控制不住的哀思！难以忘怀的感恩！是啊！缅怀之情无法用语言表达！对老师的感恩之情也难以用语言表达……

缅怀唐明邦教授与中华周易学会的易道情

台湾中华周易学会

在当代，海峡两岸易学文化交流中，武汉大学唐明邦教授与台湾中华周易学会创办人吴秋文教授，发挥了十分重要的作用！

本文的撰写，不仅在回顾与怀思唐明邦教授与台湾中华周易学会彼此之间的深厚渊源与情谊，更希望把唐明邦教授对海峡两岸易学文化交流与合作的推广贡献留下历史记录，以感念唐明邦教授的一代国学大师风范，更以此作为两岸易学文化交流与合作的共同见证。

一、相逢缘起

1994年，在美国夏威夷大学哲学系成中英教授的引荐之下，来自台湾的中华周易学会吴秋文教授，与大陆多位著名易经学者荟萃易都安阳，吴秋文教授从此与唐明邦教授结缘相识，并成为易道好友，共同为推动易学的正道文化而努力。

从此，台湾中华周易学会积极参加两岸国际易学学术研讨会，在研讨会上发表易经相关论文，与大陆易学教授专家等共商易学推广教育，吴秋文教授应邀到各地发表精辟演讲，并于2004年参与北京国际易学联合会成立大会，成为该会常务理事，副会长兼创办人之一等。

二、相晤风华

2014年10月4日至6日，由国资委中国专业人才库全国易学考评管理中心，教育部中国人生科学学会国学院易学研究中心，在武汉国际会展中心共同联合举办的《智慧中国·国学巅峰对话》，由武汉大学唐明邦教授、美国夏威夷大学成中英教授与台湾中华周易学会吴秋文教授，三位大师共同作"智慧中·国学巅峰对话"，以探讨中国传统文化的智慧与运用，产、官、学各界精英代表约200余人参加，可说盛况空前热烈。

作者与唐明邦先生参加
《智慧中国·国学巅峰对话》

三位易学大师，一致以"国学的源头在易经，振兴国学必先复兴儒学，复兴儒学要从易学开始"，以引导世人从正道来看待易经、儒学与国学的优良传统文化，意即"重振国学先重儒，复兴儒学先说易"。

三位易学大师所阐述的真知灼见与独到见解，使与会者留下深刻而难忘的记忆。

三、相惜风采

2015 年 7 月 19 日唐明邦教授特别为吴秋文教授在大陆以简体字出版的《易读论语》（中国纺织出版社）撰写推荐序，他于序中指出，《易读论语》所涵摄的《易经》与《论语》二书，都凝结着孔子的心血。二书都是传统文化的宝典，历代的明君贤相、志士、仁人无不朝夕研读，从中吸取修身、齐家、治国的宝贵教诲，以增长才智。

作者拙著

唐明邦教授在序中特别强调《易读论语》是以《论语》为经，《易经》为纬，经纬万端而融为一体，以"论"引"易"，以"易"证"论"，"论""易"融通，"扬仁义、合天人"，妙意横生，弥足珍贵。由此可见，唐明邦教授对吴秋文教授《易读论语》一书的肯定。

2015 年 9 月 3 日唐明邦教授再次为吴秋文教授的《易经与道德经》一书写序，并称许这一巨著可称为研究"易""老"互参的传世之作。唐明邦教授归纳该书的研究旨趣与贡献有四大方面：

《易读论语》

首先，对老子其人作了充分介绍与中肯评价，为读者作了书前必要的准备。其次，导引读者透彻理解原文，充分完成普及任务。再次，书中特辟"广义"一项，充分阐发各章的要旨，务使每章相互贯通，并称此为"内证"之法，目的在证明前后章的自相呼应，以帮助读者的更好理解。最后，作者还特地开辟"易理"一项，衬托出本书画龙点睛之笔，全面展示《易经》与《道德经》的内在联系，具体阐发二书不同思想体系中的"异中之同"与"同中之异"，此为"外证"方法，正好与前述的"内证"之法互相呼应。

作者拙著

四、相悦风范

1981 年，吴秋文教授凭借着对中华文化的使命感及秉持易经"普及化、生活化、智慧化"的三化原则，于台湾创办"中华周易学会"，成为易经文化教育的推广机构，并将其推广至海内外，至 2018 年受教学员已累计达四万多人。

1981 年北京大学朱伯崑教授，筹备成立"东方国际易学研究院"（1993），担任首任院长。1985 年美国夏威夷大学成中英教授，在檀香山创立"美国国际易经学会"，担任会长。1989 年 3 月武汉大学唐明邦教授，担任"中国周易研究会"第一任会长。

综上可知，朱伯崑教授、成中英教授、唐明邦教授与吴秋文教授等，在共同推动易学学术研究与易学普及化的宏愿下，带动两岸掀起一股学易、研易的潮流，现正引领着诸多易学研究者、爱好者百家争鸣，百花齐放。

作者与唐明邦先生等

五、相知风雅

台湾中华周易学会与唐明邦教授的往来交流，除了在易都安阳唐明邦教授与吴秋文教授有数十次的见面因缘与多次共同参加易学研讨会外，唐明邦教授在弘扬中国传统文化、促进两岸易学交流，与包括提携女性后进积极参与易学研究的人才培养上，功不可没，现列相关重要的易学交流活动如后：

（一）2000 年，台湾中华周易学会丁美美常务理事，在第 11 届"周易与现代化国际研讨会"上发表论文，并在大会演唱一曲"卦名追想曲"，赢得与会所有人员的称赞与喝彩，会后与唐明邦教授相谈甚欢，互动良好，唐明邦教授乃决定收丁美美为义女，一时传为佳话。另外，2007 年，台湾中华周易学会陈咏真理事在第 18 届"周易与现代化国际研讨会"上发表论文，唐明邦教授也收陈咏真理事为义女，佳话再添一桩。

义女丁美美（右一）

（二）2001 年 4 月 23 至 24 日，参与北京举办的"周易与科学文化国际学术研讨会"时，唐明邦教授特别邀请吴秋文教授等一行人参观北京大学、清华大学与武汉大学。

（三）2001 年，唐明邦教授与成中英教授及吴秋文教授会晤于北京。另外，唐明邦教授

义女陈咏真（左一）

陪同吴秋文教授、吴瑞源副理事长与丁美美常务理事等一行人参访武汉大学。2001 年 12 月 11 日，唐明邦教授邀请吴秋文教授参观北京大学哲学系。

（四）2002 年，唐明邦教授与吴秋文教授共同向第 13 届安阳周易研究会会长、

安阳周易专修学院段长山院长献锦旗，表彰他弘扬易学的功绩。

（五）2011 年，唐明邦教授最后一次参加在安阳召开的北京孔子年会，并造访台湾中华周易学会所设立的"安阳办事处"。

六、结语

2004 年，唐明邦教授八十岁寿诞，婉谢一切祝贺，唯独接受台湾中华周易学会吴秋文理事长、吴瑞源副理事长与丁美美常务理事等，赞助唐明邦教授出刊回忆录《云鹤清影》一书的经费。唐明邦教授以此《云鹤清影》赠予亲友作为纪念，是最有意义的构想，书中唐明邦教授自述八十年来的奋斗心路历程。

唐明邦教授一生艰苦卓绝，砥砺向上，思维清晰而思想先进，对于哲学、易学、道学、佛学的学术研究成果丰硕，一生成就非凡，堪称一代国学大师与易学泰斗。唐明邦大师的风范将永留世人怀念。

最后，谨恭录唐明邦大师于台湾中华周易学会创会 20 周年时（2000），所写祝贺诗，以作为永恒的纪念与怀思：

贺台湾中华周易学会

易经心传二十秋，道育群贤遍海陬。网罗英才创伟业，路通大同乐悠悠。

美轮美奂建广厦，惟精惟一图远谋。敬德修业义理新，弘扬国粹建殊猷。

作者与唐明邦先生合影

作者与唐明邦先生合影

追忆过往

追忆恩师唐明邦教授

张兴全

我和恩师唐明邦教授相识于1990年8月14日至18日于庐山召开的《全国周易与中国文化学术研讨会》上。我在会上宣读我的《周易之我见》，得到了时任中国周易研究会会长唐明邦教授和刘大钧秘书长的高度评价，唐明邦会长送一本《周易研究》杂志于我，并题"厚德载物"。在会几天，我和唐明邦会长、冯天瑜教授等参观李烈钧在庐山的别墅，大家对我的《周易之我见》都非常感兴趣。冯天瑜教授问我，今年10月1日星期几？我掐指一算，星期一。那时还要看日历才知道，有个与会者打开万年历看说是星期一。唐明邦会长问："怎么这么快？"我说："一年只一个口诀，什么都知道，今年庚午年口诀：'庚午壬辰初九巳，正三四六又五鸡。033614625035'全年的新旧日历，二十四节气，哪天干支纪日，星期几全在一掌中。"

在庐山会上，刘大均秘书长在《周易研究》杂志上题："兴全同志：读易见天心。"

1993年2月23日，河南淮阳召开"中国伏羲文化学术研讨会"。应朋友邀请，我于2月19日到了淮阳。办完事后，21日到"中国伏羲文化学术研讨会"会务组报到时，得知唐明邦教授也到了，我很是高兴，晚上就去拜访了唐教授。交谈中，我向唐教授详细地介绍了个人的经历及易学专长。

认真听完我的介绍，唐教授颇感兴趣并大为称赞。22日，我陪唐教授去了伏羲太昊陵、东汉陈王刘崇墓、伏羲画卦台。

23日，在"中国伏羲文化学术研讨会"上，我宣读了论文《伏羲八卦之我见》，得到了唐教授及许多专家和学者的高度赞扬，唐教授当即为我题词："探赜索隐，其灵如神。"中国术数研究中心还给我颁发了"术数学最高荣誉奖"荣誉证书。为了奖赏我，唐教授赠予我大量著作。同时，王锡玉教授也赠送给我一本他著的《宇宙元素周易经络图》。会议结束后，我陪唐教授乘周口到汉口的火车去了武汉。唐教授邀请我到他武汉大学南三区的家中做客，并挥毫写下了会议上为我的题词："探赜索隐，其灵如神。"从此，我从心底里便认下了这位德高望重的老师，而老师却谦虚地称我为他的好友加学生。

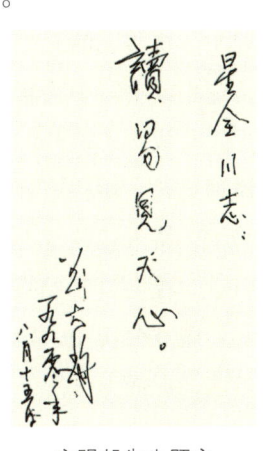

唐明邦先生题字

唐明邦先生题字

1994年6月25日，我邀请老师来到了我的家乡湛江。湛江医学院听说我的老师大驾光临，便请我说情让老师去他们学院讲易学。我给老师讲了湛江医学院的请求，没想到老师欣然同意。老师分别讲了《周易理论与企业管理》和《太极吟》。听课师生无不赞赏受益匪浅！

这一次老师在湛江小住了一段时间，我向他请教了许多哲学问题，老师讲授什么是哲学等课程。

他说，哲学一词来自希腊；Philosphy 希腊语，爱智之义，为建立知识总体之秩序而使之体系化之学问；其形式存乎思考，认识，故别于艺术、宗教等，其认识论也为方法论，故为科学之一，其对象为普遍的，全体的，故别于特殊科学。

作者与唐明邦先生湛江讲学后留念

中国历史上没有著作的哲学家比有著作的多，要想读这些人的著作，必须从他们的朋友和学生的言论集或书写中去辑录，中国哲学家惯用于用格言形式写成；《庄子》书中充满寓言和故事。孟子以说理见长，用格言比喻和事例来说理，不透彻，靠暗示。诗人往往意在言外。毛泽东的哲学，是自然科学、社会科学的概括总结。哲学立场分唯物、唯心；观点分历史、阶级、唯物、唯心；方法分辩证方法、形而上学。外国人是一部机器，人与人是狼的关系。写博士论文的文章分三步：（1）收集资料70％的时间；（2）拟提纲20％的时间；（3）成文章10％的时间。文章内容，论史结合，古今通气，中西会通，独创论点，有新资料。研究哲学分三部分（一）马克思主义哲学。（二）中国哲学。（三）外国哲学。

唐明邦先生题字

如何成为哲学家？哲学家这个词本来含有智慧和爱的综合。柏拉图认为："这人必须经过长期的哲学训练，使他在瞬息万变的世界事物中成长，头脑得以转变到永恒的理念中去。"

老师深入浅出的讲解，使我的认识有了较大的提高。

期间，我和老师也曾深入地交流过民间数术，特别是我所掌握的一系列数术也让老师感到无比的神奇，并挥毫为我题词："弘扬周易术数学，将文化瑰宝推向世界。"

在《指中尘寰·弁言》中，我的恩师对我的评价是：

中华数术乃千古之奇葩，养育诸多盖世奇才。汉有子房、张衡，蜀有诸葛孔明，唐有一行、李淳风，宋有陈抟、邵康节，明有刘伯温等，所操方术不一，同属数术名家。通晓天文地理、方以未来人事，多有奇中，世称神人。千古佳话，传颂不绝，数术之学，不绝如缕。

山不在高，有仙则名，水不在深，有龙则灵。广东湛江麻斜村，有一古朴之龄庐，其主人虬髯蓬首，具仙风道骨，人称南国奇人，此乃大师张兴全居士也。此公非佛非道，亦佛亦道，侠肝义胆，菩萨心肠，以祝由灵龟八法治病，以易数测事，济人

作者拙著

之急，无不灵验，与人消灾，辄不取值。愚与居士有幸相识，交往有年，同参伏羲于龙都，共访文王羑里，论易道于庐山，评数术于东湖，相谈甚洽，相契愈深，其言谈举止，多异常人，妙悟天人，语惊四座，诗人、画家多为座上常客，名医教授、将军、大亨，均乐与之游，出入龄庐者，络绎不绝，居士娴于书画，酷好古董，所藏名家书画，金石珍玩，有称国宝。龄庐名闻遐尔，雅士遍集海外，介绍文章，刊布都邑，友人收集，辑为《指中尘寰》，人皆宝之，先睹为快，聊书数语，以抒浅见。

唐明邦

1995·12·4 于云鹤书房

1995年12月20日早上，我接到一个电话，说武汉的陈维辉老师寅时在武汉逝世。我马上到邮局电汇资费过去帮助处理陈老师的后事，接着乘飞机飞广州转武汉。到后，致电开发石门峰陵墓园的尚总，请他以我的名誉给陈老师赠送一个墓地。尚总说，大师出面，一定没问题，你到园区看一下，哪个地方适合再来电，我通知下面的人就可以了。

作者与唐明邦先生

22日陈维辉老师遗体告别有一百几十人，我的老师唐教授一直都忙着帮助操办后事。陈老师入土后午时已过，我看到大部分都是上年纪的人，大家的肚子还是空的，我就说："中午这餐由我请客。"饭后我结了账，身上还有人民币和港币几千元，我留下了回程的路费，全部给东北一位女士，是她陪伴陈老师最后一程。老师对我处理陈老师的后事很是满意，并给予我很高的评价。

第二章　哲人风范　大爱无边

从石门峰回到武昌后,我去武汉大学拜访冯天瑜教授,他赠送我一本他著的《中国文化史纲》,并题字:"兴全君雅属。"他又陪我移步到唐老师家中,在请教老师问题时,冯教授又在送我的那本书扉上,用钢笔速描了我的一幅头像,并题字:"兴全君速写,冯天瑜画于武汉大学唐明邦先生家中。"

1996年,恩师送给我一套四卷线装本《易简义》并题:"巍巍哲人,维我文王,演易垂教,万载辉煌。书赠星全居士,云鹤山人,丙子之夏。"

又在《易简义》边题:张兴全同志存念,丙子夏唐明邦赠。

张兴全

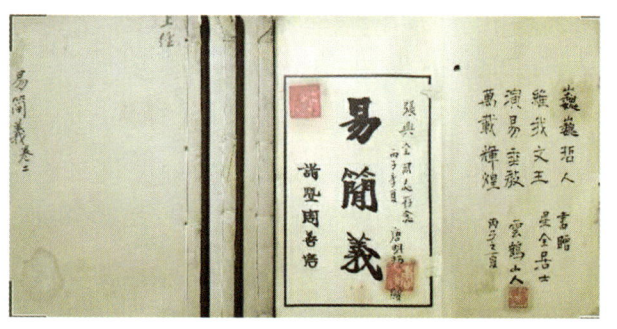

唐明邦先生题字

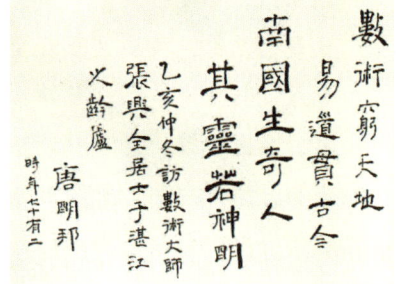

唐明邦先生题字

为纪念香港九七回归,经珠海出版社社长成平姐的努力,在香港恒明出版有限公司出版了我和赵向阳合著的《大智慧论》(张兴全易数)。恩师为《大智慧论》作序:

大智慧论·序

中华文化元典之一的《周易》,数千年来,以其智慧之清泉,滋润炎黄子孙心田,显示民族大智慧的无穷魅力。《易》理弥纶天地,出入造化,堪称宇宙代数学;治国理财,安定社稷,蕴含经邦济世大道。它文字古奥,言简意赅,赋有多重文化思想价值。

《易传》谓古人学《易》,风尚各别,"以言者尚其辞,以动者尚其变,以制器者尚其象,以卜筮者尚其占"。古今易学家,"居则观其象而玩其辞,动则观其变而玩其占",或留心其玄奥义理,或寄情于精神象数,数千年来,象数义理二派,竞长争高,对易学

《大智慧论》

之发展,各有历史贡献。玩辞、玩占,不离象数。易学象数,变化多端,玄妙神通。

《左传》云:"物生而后有象,象而后有滋,滋而后有数。"

谓先有物而后象数生;邵雍先天易学谓"神生数,数生象,象生器",说先有数,而后象、器成。二难相订,无分轩轾,实则物与象数,统一不可分,天地法象,无非阴阳象数之载体,图书象数,均属宇宙信息之显现。奥义玄理,莫可言宣,要在"神而明之,存乎其人"。

民间数术家张兴全居士,坦荡君子也。隐居湛江龄庐,接纳四海宾朋,"不作风波于世上,自无冰炭到胸中",疏离尘世扰攘,潜心易学研究,于象数理占,妙悟神契;喜康节观梅术,悟天罡推背图,更精岐黄医道,兼习《冰鉴》相理,披沙拣金,探骊获珠,时与挚友赵向阳先生反复切磋,共契玄理,精心构架,撰成《大智慧论》,阐大易之宏旨,窥象数之秘奥,创神奇之易数,成一家之新论,是称"张兴全易数"。其书也洞察天地法象之数理精蕴,妙悟象数理占之内在关联,揭示数字信息之神奇,指点人事浮沉之天机,晓畅明白,直截了当,法理兼备,雅俗共赏。

诚乃乾坤胸中藏,风雷正激扬,日月高辉耀,山泽焕文章。观其书则神驰于未知之玄宫,临驾乎祸福之萧墙,"探赜索隐,钩深致远,以定天下之吉凶,成天下之亹亹者",其斯之谓也。奇思伟构,嘉惠易林,"人谋鬼谋,百姓与能"。袖其书者,则南国奇人,顿成知己,相视而笑,莫逆于心。子房有知,欣有家门哲嗣;康节再世,喜得当代知音。

愚读其书,心会其妙,乐书康节《观易吟》以赠之:

一物其来有一身,一身还有一乾坤。

能知万物备于我,肯把三才别立根?

天向一中分体用,人于心上起经纶;

天人焉有两般义,道不虚行只在人。

唐明邦
一九九七年元旦于云鹤书斋

1997年6月16日,我再次邀请老师来湛江小住,老师带来一本孟津易学研究会出的《河图之源》龙马负图寺志,送给我。签字:兴全居士惠存。还给我留一首诗:"海风阵阵拂玄宫,山花鸟语四时同,翰墨浓香逸豪阁,怡情诗魂伴髯翁。"诗中足见我们师友情深。

自1990年与老师相识以来,几乎每年都会

作者与唐明邦先生

去武汉看望他老人家,也常常接他和师母来湛江小住,并讲讲易学。老师也曾传真太极、八卦、二十四象图叫我修改。

1997年,为纪念香港回归,老师赠予我艺苑珍品文房四宝并题:兴全居士雅鉴,翰墨浓香,逸豪阁,唐明邦敬赠,香港回归喜庆日。他也常常交代我帮他办理一些其他相关事宜。

还记得,2006年,我接老师及家人来我的家中过年。也就是这年春节,老师对来看望他的朋友说:"我平生有四种弟子:(一)有三千多大学本科生,(二)有三百多硕士研究生,(三)有三十几位博士生,(四)有两名塾家弟子,张兴全其一也。"丙戌大年初一老师作诗一首:"南国奇人美髯公,弘法济世医易通,萍踪四海逍遥汉,蜚声五湖穷富翁,救困周急频解囊,怡然两袖透清风,针砭尘俗多睿智,德性若水性悟空。恭祝张兴全大师新年吉祥!云鹤唐明邦八十晋二于湛江。"

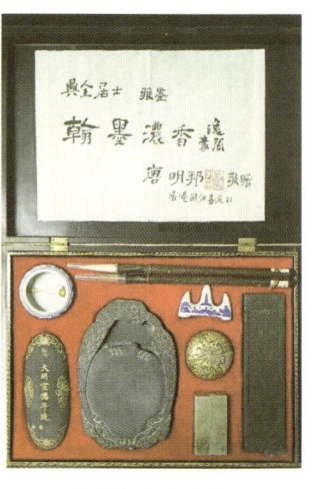

唐明邦先生题字

2007年,老师感到年岁已大,也到了考虑百年寿域的事情了,对此,老师同我讨论过多次,并把百年寿域选址的事情交给了我来办理。终于在10月的一天,老师再一次电话约我到武汉参与他的百年寿域选址。6日晚北京飞武汉,7日上午到石门峰帮老师选了一块百年寿域。寿域为夫妻合墓,老师和师母都十分满意。石门峰的尚总是我的老朋友,看在我的面上,免费赠送了此寿域,并马上办理了相关手续。办完正事,晚上我便赶上武汉飞广州的飞机,8号凌晨三点回到家中。

作者与唐明邦先生

我著的《八卦太极图》一书被中国首届数术学术研讨会专家评为"天机深藏,奥妙无穷"。恩师在拙作题字:"弘扬周易术数学,将文化瑰宝推向世界。与兴全同志共勉。唐明邦题,甲戌年仲夏。"恩师还为我著的《掌中诀》作序言:

《掌中诀》序言

《掌中诀——张兴全易数经义》是中国数术学研究的最新成果。"易数"的又一范本。堪称民间文化的一枝奇葩。

中国数术,是中华民族传统文化的重要门类之一,已有三千多年发展历史。建国以来,曾一度销声匿迹,无人问津,在社会主义市场经济发展大潮中,随着人们的视野的扩展,日益受到青睐。运用易学原理和象数思维方法构建的数术学，在我国文化史上有着特殊的地位。她一直以来都位居东方文化女皇称号，被历史学家所重视。《史记》的《日者列传》《龟策列传》及历代正史的《五行志》《方技列传》等，都为神奇的数术保留着一席之地，大量的数术图书著作更为正史《艺文志》或《经笈志》所著录。数千年来浩瀚的中国数术学，哺育了很多思想家、科学家。现在各国学术界和科学界的精英都对数术作了研究，代有名家，人才辈出。战国的邹衍，汉代的孟喜、京房、焦延寿、魏伯阳，魏晋之管辂、郭璞，北朝卫元嵩，唐代李淳风、曾一行（张遂），五代陈抟，北宋邵康节，明代刘伯温等，在数术学发展史上，各有建树，名垂青史。

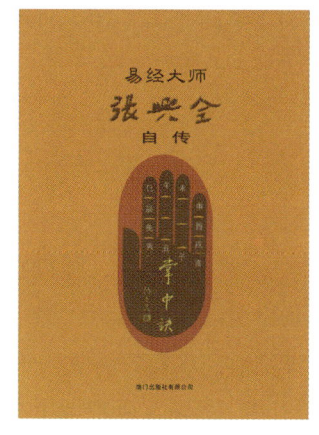

作者自传

《周易》及历代易学对数术学的发展发挥了重要作用，为之提供"一阴一阳之谓道"，天道、地道、人道相统一的宇宙观；为之提供河图、洛书、太极图、卦爻象、先天八卦、后天八卦等象数思维模式，还为之提供阴阳、五行、八卦、卦气、纳甲、爻辰等易学范畴与图式。数术学借助于易学而购建自己独特的思想体系和操作程序。《周易》同数术向来关系密切，研《易》者必将涉猎数术、数术家无不精研易学，古今皆然。

在我国文化史上，数术是一种特殊文化形态，它以《周易》八卦、阴阳、五行为架构，运用阴阳五行生克制化的数理，构建了非理性思维的符号信息系统，数术家将二者巧妙结合，根据各自的领悟，推导出玄妙灵异的论断，预测未来，推断人事吉凶。数术所用的一套象、数、理思维模式，主要以神秘直觉思维为特征，其文化价值，向来仁者见仁，智者见智，互有非难，至今亦难以凭理性思维法则作出科学诠释。尽管如此，它毕竟是探索宇宙和人生奥秘的另一门径，日益受到有识之士的重视，如果简单地将其贬为封建迷信，未免失之武断。正确的态度、当是"入其垒，袭其辎"，认真进行研究，细心加以剥离，揭示其中奥秘。

易数，乃数术学的重要分支。《四库全书》术数类序云："物生有象，象生有数，乘除推阐，务究造化之源者，是为数学。"术数学，今称易数，相传北宋易学家邵康节乃易数的开创者，张兴全同志对于易数，进行了多年潜心研究，并经名师口传心授，笃学精思，于易数精奥，多有创造性悟解，终于自成一派形成"张兴全易数"。《掌中诀》善于运用人们喜闻乐见的歌诀、图像、言简意赅表述易数的奇妙内涵。书中详细论述了易数的基础理论，证以生动卦例，并发展灵龟八法与河洛易数。"神以知来，智以藏往。""神而明之，存乎其人"，个中奇妙难以理喻。绝不能同信口雌黄的江湖诈术相提并论。《掌中诀》为我们科学地研究易数展示了一个当今的范本，内容充足，论述全面，文字生动，深入浅出，雅俗共赏，读之引人入胜，故吾乐以为之序。

唐明邦

2014 年 7 月，师母在武汉病逝。夫妻七十载相濡以沫的生活，为了慰藉老人，其妹来武汉接他到成都，回重庆老家看看。2014 年 7 月 25 日，老师在成都致电于我，要求回武汉，我理解老人的寂寞，7 月 26 日我即飞成都来陪他，27 日到唐老的住处，绵阳市梓潼县文昌镇唐老的弟子罗玉贤大师已来作陪，我便放心地去云游，与他们握手言别。2014 年师母去世

作者与唐先生合影

后，我与恩师、恩师与我都联系得比较频繁。但凡恩师生病、住院，都会电话我，或让梦华联系我，述说病情、病症，让我帮助选择治疗方案或方法。

2018 年 5 月 4 日，接到唐老儿子建华电话说父亲去世，叫我去，我说有特殊情况去不了。我委托石门峰董事长尚云华处理善后。

2018 年 5 月 7 日，我携犬子开文前去武汉，与尚董共商在石门峰陵园广场布置追悼会场。

10 日上午火化，武汉下着小雨，苍天垂泪，送别易学泰斗、武汉大学哲学系博士导师、我的恩师唐明邦教授。

我以无比悲痛的心情，在唐老的骨灰中挑三块金骨，君子万年，永锡祚胤。

三生有幸结识泰斗；

一代宗师驾鹤蓬莱。

呜呼！我的恩师走了！再也没有那宏亮声音叫我"兴全"了。对于恩师，我有着万般的不舍与怀恋。但逝者已逝，我只有继承恩师遗志，发扬恩师高尚的品格，继续行驰在弘扬中华优秀传统文化的路上。

回忆我的恩师唐明邦先生

秦文学

我的恩师唐明邦教授的去世,在我心中是最大的痛。

我是在20世纪90年代初与唐明邦教授结识的。1991年我调往安阳市旅游局工作,当时安阳周易研究会隶属市旅游局,每年举办一届"周易与现代化国际讨论会",这是国家旅游局批准举办的"国际殷商文化节"的一项重要活动。因此,我每年都参与组织"周易与现代化国际讨论会",期间周易研究会出版了"羑里易学"杂志。我担任出版社副社长,聘请唐明邦教授为顾问,并为杂志作序,与唐明邦教授的接触越来越多,特别在2003年我担任周易研究会的会长后,交往更加频繁。2004年,"周易与现代化国际讨论会暨世界易经大会"在安阳同时召开,我们在羑里城举办了周文王祭祀仪式活动,请唐明邦教授撰写了"祭文王文",并亲自恭读,影响巨大。为了纪念周易研究会、也是羑里城第一次组织世界性的周文王祭祀活动。在2005年,我们在羑里城树立了纪念碑,将唐明邦教授撰写的"祭文王文"刻在石碑的正面,将世界各国和海峡两岸的参会代表名单刻在石碑的背面,在乙酉年羑里城周文王祭祀仪式上,请唐明邦教授亲自为纪念碑揭幕。在《周易》的发源地羑里城,留下了唐明邦教授辉煌的一页。

在唐老80岁寿辰的时候,我们几位会长前往贺寿,并赠送仿殷墟出土青铜鼎一尊,唐老十分高兴。回来后,唐老还回函表示感谢,全文如下:

"安阳周易研究会秦文学会长、陈凯东等诸位副会长、秘书长:

愚年届八旬,学识浅薄,无所建树,深为愧疚。辱承厚爱,惠赠青铜鼎,以贺贱寿,愧不敢当,感激莫名。

2004年,贵会承办之第七回世界易经大会暨第十五届周易与现代化国际讨论会,同时举行空前文王祭祀盛典,十分成功,海内外学者无不交口称赞。预祝在新的一年里,贵会在诸位精心组织下取得新的成就,为弘扬易学文化做出更大贡献。

恭贺鸡年春节吉祥如意。

武汉大学唐明邦印
乙酉春节"

这凸显了唐老虚怀若谷、谦虚谨慎、对后辈的鼓励鞭策及无限期望。

2005年春节,唐老作为前辈,给我发来一封贺年信:

"秦文学同志：

金鸡高唱，春节来临。神州大地，万众腾欢。遥致节日祝福，敬贺鸡年吉祥。

2004年，祖国飞跃发展，政通人和，社会安定，海内外炎黄子孙，无不扬眉吐气、笑逐颜开。愚于甲申岁末，年届八旬。回目往事，编印《云鹤清影》，以示纪念。前年完稿的《易学与长江文化》，已由湖北教育出版社出版，另有《一言止杀，功垂万代……读〈长春真人西游记〉》《建筑风水文化的哲学思考》等论文6篇，发表于书刊。老有所作，略宽晚年胸怀。2004年，两次上北京，三次下广州，还出游绍兴、上虞、汕头、安阳、安溪等地。出席国际易学联合会成立大会及第七回世界易经大会，参加了道家文化与现代化、建筑风水文化、现代道家等学术研讨会及主祭文王盛典等8次学术文化活动。访问了厦门大学、汕头大学、春晖中学（上虞）。参观绍兴鲁迅纪念馆、兰亭王右军祠、上虞白马湖畔的弘一法师晚晴山房、丰子恺小杨柳屋等名胜古迹。漫步山水间，其乐融融。家道小康，子孙清吉，老伴身体如常，乐天无忧，堪慰故人。

一年来，时承亲友关怀，多次书函问候，惠赠诗词书画及贵重礼品，甚慰我心，深表谢意。八十寿宴，吟诗敬谢亲友：

> 高天滚滚寒潮涌，珞珈梅园暖融融。
> 亲朋寒暄情正切，师友畅谈兴尤浓。
> 贱躯幸得康尔健，乐天无忧夕阳红。
> 但期十载风霜后，共举金杯庆大同。

恭祝鸡年春节幸福吉祥！

明邦

二〇〇五年元月二十五日于云鹤书房"

唐老是我的老师，是我的前辈，在春节的时候还能记起我这个小辈，发来春节贺信，实在使我受宠若惊。而他一年来的所作所为，很难使人想到是一个八十岁老人所为，彰显了一位哲人为了祖国的文化事业发展，只争朝夕的博大情怀，"老马自知夕阳晚，不用扬鞭自奋蹄"，对我也是一种极大的鞭策。

在2006年我们将"周易文化"申报省级非物质文化遗产，2007年2月河南省政府将"周易文化"批准列入首批省级非物质文化遗产名录，我为此编写了《灿烂的周易文化》一书，请唐明邦先生作序，唐先生欣然命笔，在极短的时间内就给我发了过来。

在序中他热情洋溢的写道："最近传来好消息，源远流长的'周易文化'经河南省人民政府批准，列入省级首批非物质文化遗产名录，为'周易文化'申报世界非物质文化遗产奠定坚实基础。两千多年前，西汉太史公司马迁在其历史巨著《史记》

中，明确记载：'文王拘羑里而演《周易》。'羑里距安阳市20公里，名列中国七大古都之一的安阳名正言顺堪称易都。近20年来，中外易学爱好者络绎不绝前往羑里朝圣，蔚然成风，诚盛事也。

周易乃中华传统文化元典之一，早在西汉时期朝廷将其列为'五经'之首，在中华文明史上，一直放射着璀璨的光辉。《周易》一书，赋有多方面文化价值。它是中华传统文化的活水源头。哲学家看重其精深的哲学智慧，赞之为富有辩证思维的'宇宙代数学'；政治家认定它是经邦济世的宝贵经典，声称'不读《易》，不可为将相'；科学家视之为探索自然奥秘的锐利思想武器，称之为'打开宇宙迷宫的金钥匙'。《易》乃大道之源。其卓越的人文价值，首先在于显示了'自强不息''厚德载物'的中华民族精神；并陈述着中华民族一贯憧憬的'万国咸宁''天下和平'的崇高愿景。近年来，在西方世界同样掀起'周易热'，绝非偶然。

三千年来，《周易》之所以具有永恒魅力，因其赋有超越世界哲理书的种种特征。首先，《汉书》肯定《周易》一书的成书过程是：'人更三圣．世历三古。'上古伏羲氏，仰观俯察，首画八卦；中古周文王演易而有《易经》；近古孔子作'十翼'而有《易传》。一部书的完成经历上古、中古、近古三个时代约3000年之久，世界文化史上，仅此一书，绝无二至。其次，《周易》的组织结构尤为独特，作为一部哲理书，由独特的符号系统（八卦、六十四卦）和古奥的文字系统卦辞、爻辞组合而成，如此体例的古典著作，世界文化史上实属罕见。再次，《周易》首创太极原理，描绘了一幅奇特的'宇宙演化图式'，立论恢宏，思虑玄妙，影响深远，令人倾倒。最突出的特点，还在于《周易》创立了一种与众不同的东方思维方法。这种思维方法可称之为太极思维模式，其特点是通过周易象数进行运思，或取象比类，或运数比类。此种运思方法，影响到中国传统思维习惯。例如抓工作当照顾全面，就说要善于'弹钢琴'；鼓励大胆前进，就讲不要学'小脚女人走路'，这种思维类似'取象比类'。又如正确评价干部工作的成绩与缺点，常说'要分清九个指头同一个指头'的问题；又如形容群众智慧高，就说'三个丑皮匠，顶个诸葛亮'，这种思维类似'运数比类'。《周易》思维通篇都是运用易象和易数，以特定形象或某种数字去说明原理，启发思路，充分显示出东方思维特色，成为中华民族喜闻乐见的思维方法。《周易》的民族特征，使其赋有永恒魅力；申请列入世界非物质文化遗产名录，顺理成章，毋庸置疑。

秦文学同志为此编写了《灿烂的周易文化》一书，提纲挈领，论述了《周易》这一经典著作的来龙去脉，及学习《周易》的基础知识；阐述了周易文化在中国乃至世界上的重要地位与作用；进一步分析了当前周易研究的内容及方向。全书内容充实，条理清晰，论断正确，读之引人入胜。诱导读者对《周易》和周易文化建立全面认识，正确评断，再不致产生《周易》是一部'算命书'的错误印象。

衷心希望安阳人民和全国周易爱好者齐心合力，加强易学研究，创造辉煌成果；推动发源于易都而普及于全国的周易文化，申报世界非物质文化遗产，获得圆满成功。"

唐先生还对此书提出了可以再增加些内容等非常具体、深入的意见。

2007年7月25日，我去武汉大学看望唐老，唐老将登载着《"周易人生"唐明邦》文章的《总裁》刊物赠送给我，并签名"秦文学同志存念，明邦，2007.7.25"，同时给我讲述了他的学习、研究《周易》的人生。

在唐老的记忆中，帮助他学习《周易》的老师共有3个人：一个是晚清秀才李灿如，一位是我国著名哲学大师冯友兰，另一位是国学大师张岱年。

1990年8月成立了安阳周易研究会。在安阳举办"周易与现代化研讨会"的时候，邀请唐老莅临会议指导工作，从此唐老与安阳结下了不解之缘。在以后的每年"周易与现代化国际讨论会"上，唐老都以安阳周易研究会名誉会长和大会学术委员会主任的名义出席会议，在把握周易学术研究方向和深度上发挥了不可替代的巨大作用。

2014年秋，我们安阳周易研究会的会长们，由我带队，谭基仁、陈凯东、杨云庆、杨彦明、李全庆等一起到武汉大学向唐先生祝贺90大寿。唐老非常热情地接待了我们，我们将寿礼送给唐老，唐老十分高兴，还与我们和赠送的书法作品"易学泰斗"进行合影，并且每人赠送一部唐老写的《耄耋忆征程》和诗集。在交流中，唐老给我们讲述了"太极"：有生有无；一分为二；二级生四象；四象生八卦；太极的哲学思想；讲述了"先天八卦"：用宋朝邵雍的《山村咏怀》："一去二三里，烟村四五家. 亭台六七座，八九十枝花。"来说明，第1句：把二放在三之上，泽火革卦；第2句：四、五为雷风恒卦；第3句：六、七为水山蹇卦；第4句：八、九为地天泰卦。革、恒卦是说做人要有革新精神，持之以恒；蹇卦是说遇到坎坷要善于对待；结果是泰，得到好的结果。讲述了"复卦"：用毛泽东同志的诗词："高天滚滚寒流急，大地微微暖气吹。"形容复卦，"数点梅花天地心"，看到的花就只有梅花，有一点生机。大地凝固了，过冬了，只有梅花在开，世界没有断绝生机。讲述了十二消息卦：用邵雍的《观物吟》诗："耳目聪明男儿身，洪钧赋与不为贫；因探月窟方知物，未蹑天根岂识人；乾遇巽时观月窟，地逢雷处看天根；天根月窟闲来往，三十六宫都是春。"十二消息卦是说十二个月，"乾遇巽时观月窟"是说天风姤卦，"地逢雷处看天根"是说地雷复卦，复卦是冬月、冬至，一阳生，姤卦是夏至，一阴生，"天根月窟闲来往"，这是天地之道，"三十六宫都是春"，四象成九为36宫，总是春，三阳开泰。讲述了"取象比类"的思维方法：取象小，比类大，不是综合，是分析。"善于弹钢琴""摸着石头过河""一带一路""一国两制"等，用活了有现实意义。

2015年，为纪念安阳周易研究会成立25周年，我们搞了庆典活动，其中进行评选2000年至2014年15年的优秀论文，聘请唐明邦教授担任《周易与现代化》优秀论文集评审委员会主任，唐老十分高兴的承担下来，非常认真的进行评判，详细地一丝不苟地将评选的编号发了过来，我们在征求其他评委意见的基础上，大家都尊重唐老的意见，形成了优秀论文集。唐老还为此书写了序言。评选结束后，唐老把他在2013年9月出版的《天人之学》赠送给我，让我好好学习，这说明唐老十分关心培养下一代接班人。他还多次向我们推荐他的义女唐梦华同志，我们欣然接受，在2015年8月14日给我和陈凯东同志的来信中，这样写道："感谢你们同意义女继红（我命她以梦华为号）与会，代我领奖。她是首次参加易学盛会，希多关照。她的易学处女作，《周易卦爻辞的哲理故事》已用电子信箱寄上向与会专家请教，未知收到否？亦希二位多予指教，以后好再次参与盛会，广交易友。她热心好学，值得鼓励。她中文系毕业，写作基础不错，介绍我晚年生活的习作，亦敬呈二位参考，由梦华带去。"彰显了一位长辈对晚辈无微不至的关怀与培养。

2016年，科技部、中宣部联合颁布了《中国公民科学素质基准》，将"阴阳五行、天人合一、格物致知"列入其中，我们重启《周易文化》申报国家级非物质文化遗产的工作，需要有百年四代传承人，向唐老汇报此事之后，唐老马上列出名单就发了过来"近现代《周易》研究四代传承人：

第一代：冯友兰、任继愈、张岱年、朱伯崑、熊十力、刘子华、唐君毅、方东美、郭沫若、高亨、常秉和、李镜池、顾颉刚；

第二代：唐明邦、萧萐父、成中英、刘纲纪、段长山、徐道一、张政烺、金景芳、吕绍纲、李廉；

第三代：萧汉明、张其成、刘大钧、秦文学、黄钊、唐梦华、罗炽、张善文、吴秋文、傅佩荣、杨力、郭彧、陈凯东；

第四代：梅珍生、崔波、丁四新、黄黎星、陈仁仁、孙劲松、唐琳、萧洪恩"。

我们据此整理了材料，向有关部门上报了申报非遗报告。

2016年安阳周易大会，唐老发来祝贺辞对周易研究进行回顾总结，并指出了函待弥补的缺失："安阳举办周易学术讨论，已有27届，在全世界绝无仅有，讨论会规模大、档次高、影响深远。特别是周易文化的核心内容已经进入《中国公民科学素质基准》，这次学术会议主题定为'弘扬周易文化，提高科学素质'，是十分正确的，非常及时的，我热烈响应。特在此发表一点意见，以就正于在座的各位首长、来宾及易学同仁。自1984年在武汉举办历史上第一次《周易》学术讨论会后，在全国掀起'周易热'以来，至今已40余年。易学界的研讨中心，基本上都集中于周易文化的广泛内容，如哲学、政治、经济、管理、文学、诗词，以及术数等方面，对周易的来龙去脉、广泛影响、国际传播、历代传承等诸多方面，都作了深入探讨。的确关于周易核心价值，及其对提高'公民科学素质基准'，包括我本人在内，文章写了不少，都很少乃至未尝涉及，这是一个函待弥补的缺失。

习近平同志早已经指出，在全球文化经济一体化的浪潮冲击下唤起广大国人及学界对国学特别是周易的重视，应视为提升国家软实力的必要措施。弘扬国学易学，具有强烈的时代意义，围绕道德重建的紧迫问题，提高青少年心理健康、科学素质是现实重任。易学同仁们，让我们誓为人民精神食粮增加营养，誓为青少年科学素质提高贡献力量，誓为实现民族伟大复兴的中国梦，做出新贡献。"

2017年8月，我们根据非遗申报的要求，要明确这种传承关系，我和陈凯东同志一起赴武汉大学举行拜唐老为师仪式。唐老非常高兴，但唐老要求一切从简。在随后的交流中，唐老对我们侃侃而谈，他讲述了"阴阳观""五行观""天人观""经络观"，并且强调研究这四观的论文，都可以获得"诺贝尔奖"。

在这一次会面中，我将我研究写作的《安阳与归藏易》一书，请唐老勘正并作序，唐老欣然接受。

2017年9月20日至23日安阳举办一年一度的"2017海峡两岸周易文化论坛暨第28届周易与现代化国际讨论会"，唐老由于身体的原因，不能参会，但是，他老人家还是给我们发来了"祝贺辞"，在祝贺辞中除了祝贺和鼓励之外，对这次大会的"传承中华优秀传统文化，弘扬周易文化科学精神"主题给予高度的肯定，并对我们提出了殷切的期望，祝贺辞全文如下：

"秦文学会长，并转大会组委会：

欣悉2017年9月20日至9月23日海峡两岸周易文化论坛暨第28届周易与现代化国际讨论会，在周易发祥地安阳隆重召开，海峡两岸易学界无不欢欣鼓舞，乐观其成。特此致以衷诚祝贺。

安阳举办周易学术讨论，已有28届，在全世界绝无仅有，讨论会规模大、档次高、影响深远。特别是周易文化的核心内容已经列入中共中央、国务院《关于实施中华优秀传统文化传承发展工程的意见》中，这次学术会议主题定为"传承中华优秀传统文化，弘扬周易文化科学精神"，是正确的，非常及时的，我热烈响应。

此时，我对秦文学会长和大会领导小组提出三点期望，以就正于在座的各位首长、来宾及易学同仁。第一，应该对各级支持安阳周易研究会的政府及领导人，表示最真挚的感谢，并出一部28年来出席或发来贺辞的政府及领导人名册。第二，应该在前面两本羑里杯、红旗渠杯优秀论文集的基础上再编一部优秀论文集，以作永恒的纪念。第三，秦文学会长领导大会十多年，应当组织组委会成员总结一篇20多年的办会的丰富经验、会上会后的广泛收获，以及国内外的中肯评价。近代不少中外科学家将《周易》同现代自然科学相结合，在传统的义理学派和象数学派之外，异军突起形成了科学易学派。《周易》自古以来就与科技有着密切的关系，我国的天文、历法、乐律、医学等都与《周易》有着不可分割的关系。《周易》是一把打开宇宙密码的金钥匙，值得我们深入探究。期望广大易学研究者和爱好者有广泛的论文和著作发表。

习近平同志早已经指出，在全球文化经济一体化的浪潮冲击下唤起广大国人及学界对国学特别是周易的重视，应视为提升国家软实力的必要措施。弘扬国学易学，具有强烈的时代意义。易学同仁们，让我们誓为人民精神食粮增加营养，誓为实现民族复兴的伟大中国梦，做出新贡献。

恭祝此次盛会圆满成功！

恭祝与会的各位领导、各位嘉宾身心康泰！

武汉大学唐明邦"

我与唐老的最后一面是2018年5月4日下午1点钟左右。唐梦华师妹3日给我打电话，说唐老住院。我第2天早上就与周易研究会常务副会长白国学同志、秘书长李全庆同志乘高铁奔赴武汉，下车后直奔武汉大学中南医院4号大楼16楼呼吸科22床，看到了唐老在病床上，我给他讲了："我是安阳周易研究会的秦文学，来看您老了。"唐老"啊"了一声，睁开眼睛注视着我，已经不能讲话了，我还讲了许多让唐老"安心养病""会好起来""一定坚持住"的宽心话，看到唐老的大儿唐清华、二儿唐建华等在商议唐老的诊疗事宜，我和梦华商议，给唐老留点慰问金，就告别了。我们回到宾馆，3点半左右，梦华来电话讲："唐老走了。"我们面面相觑，不知所以，完全不可想象，当清醒过来，确信已成事实，不禁悲痛万分，夜不成寐。第2天，我们早早起来，直奔唐老家进行吊唁。5月10日我们赴武汉参加了唐老的追悼会、遗体告别仪式，石门峰主题公园唐明邦教授追思会和骨灰安葬仪式。至此，我们才略感欣慰。

唐老去世后，梦华给我来信说："唐老已经为你的《安阳与归藏易》一书作序，由于一直在忙，没发，现在发给你。"

唐老在序中最后部分说："秦文学同志是安阳周易研究会会长，领导安阳周易研究20多年，是国内知名的周易专家，对《归藏易》的研究是他的兴趣点之一。安阳是甲骨文的发现地，也是周易文化的发源地。当代的人们往往把两者撕裂开来，认为甲骨文就是甲骨文，周易就是周易，两者井水不犯河水，风马牛不相及，实际上这是一种错误的认识，至少是不准确的认识。秦文学同志敏锐地认识到这一点，投入到《归藏易》的研究中，因为周文王被囚禁在羑里那个时代是殷商末年，和甲骨文的年代是重合的；《周易》最早是一部卜筮之书，甲骨文大部分是占卜记录，二者不但有必然联系，而且有非常直接的关系。

用龟甲、兽骨占卜，就是在《易》的指导下进行的，这是毋庸置疑的事实。但是殷商时期指导占卜的《易》肯定不叫《周易》。那指导龟甲兽骨占卜的是什么《易》呢？秦文学同志经过长期研究，得出了结论，甲骨占卜是在《归藏易》的指导下进行的。安阳是《归藏易》的发祥地，也是《周易》文化的发源地。这个结论掷地有声，虽然还不能完全作为定论，但是我看也是八九不离十的。

秦文学同志的研究，不仅为周易研究开辟了一条新路，也为甲骨学研究开辟了一条新路，那就是关注'前周易'时代。这一研究拓展了学术思路和视野，扩大了学术研究的范围，意义是非常重大的。

中国社会科学院的张政烺先生通过研究甲骨和青铜器等器物上的刻画符号得出了数字卦的结论。学者通过研究数字卦，找到了为数不少的《易》卦符号。这些《易》卦符号的发现证明了六十四卦在周易之前、在殷商时期就已经出现了。也证明了古人用龟甲兽骨占卜是在六十四卦的指导下进行的。我们知道《周易》有六十四卦，《周易》也叫《六十四卦》，那么六十四卦在《周易》之前就出现了。这也证明，《易》是源远流长的，也证明了古人说的'三易'是符合历史事实的。

考古工作者还发现了秦简《归藏易》，目前的资料整理工作还在进行过程中。秦墓竹简《归藏易》材料和传世辑佚文献《归藏易》有很多契合的地方，也证明了传世文献的《归藏易》不是伪书。

所以，如果把秦墓竹简《归藏易》、甲骨文、《周易》结合起来研究，我认为会产生很多新的成果，也会打通《周易》研究和甲骨文研究。安阳当地政府也可以考虑把周易文化和甲骨文化结合起来进行开发，这样思路就会豁然开朗，有利于促进当地的文化发展和经济发展。

秦文学同志毕业于武汉科技大学，他谦虚好学，我们经常交流学问之道，平时与我交往甚密，算起来也有近 30 年了。我们之间既是朋友的关系，也是师生的关系。根据周易文化申报世界非物质文化遗产的要求，必须要有传承谱系，他恳求拜我为师，我欣赏他的品行、作为与诚意，很乐意收他作为我的弟子。我也编制了建国后，研究周易文化的 4 代传承人，我已经 90 多岁了，愿将我多年研究的周易文化悉数相授，以贯彻中央提出的实施中华优秀传统文化传承发展工程的意见，将中华优秀传统文化的主干周易文化传承下去，并将周易文化申报为世界非物质文化遗产。他写了这本新书，请我作序。我非常乐意，就写了上面的话。敬请同志们批评指正。"

唐老的序言比较长，选择最后一部分，说明唐老对晚辈取得一点进步都给予极大的肯定和鼓励，表现了唐老对中央文件精神的积极贯彻执行的态度以及对周易文化申报非物质文化遗产的全力支持的决心，特别是收我为弟子的表态使我心情激动，十分感恩，牢记师嘱，终身受益。

唐明邦先生的一生，是革命的一生，是奋斗的一生，是为我国教育、哲学、易学、道学、诗词文艺、书法艺术等辛勤耕耘的一生。唐老是著名的教育家、哲学家、易学家、道学家、诗词家、书法家、社会活动家。在他的近40年教学实践中，在他的20多年的社会活动中，除了私淑弟子，研究生、本科学生无数，聆听他的学术报告的学者更是无数，真乃"桃李满天下"，荣誉称号无数，一生著作无数，独具一格、别开生面、标新立异、创造创新。为我们树立了光辉的榜样，是我们每一个人学习的楷模。

为了追思唐明邦先生为安阳易学研究所做的特殊贡献，我们编辑了《唐明邦先生与安阳》，并在"2018海峡两岸周易文化论坛暨第29届周易与现代化国际讨论会"期间，举行了"唐明邦教授追思会"，著名周易学者、国家地震局研究员徐道一先生、唐明邦先生的弟子崔波博士、明邦书院院长唐梦华义女和我在追思会上进行了追思，深切怀念唐明邦先生。唐老虽然已经离我们而去，我们怀念他、追思他、学习他，同时，我们还要继承唐老的遗志，完成他的未竟事业！

作者简介

秦文学，唐明邦先生弟子、安阳周易研究会会长。

再读唐明邦先生两封来信的感言

韩 毅

2013年6月9日，中央编制委员会办公室批准的中国专业人才库成立全国易学考评管理中心和全国易学专业考评专家委员会。来自中国社会科学院学部委员、原研究生院院长方克立教授，美国夏威夷大学哲学院成中英教授，北京大学哲学院教授、中国文化书院王守常院长，北京师范大学教授、中国易学文化研究院张涛院长，著名易学家邵伟华先生、廖墨香先生等出席了成立大会。正在病中的唐明邦教授为大会发来贺信（见图）。

时任中国社会科学院研究生院继续教育学院《易经》研修项目负责人的我刚满47岁，承蒙方克立、成中英等老一辈易学哲学家的信任

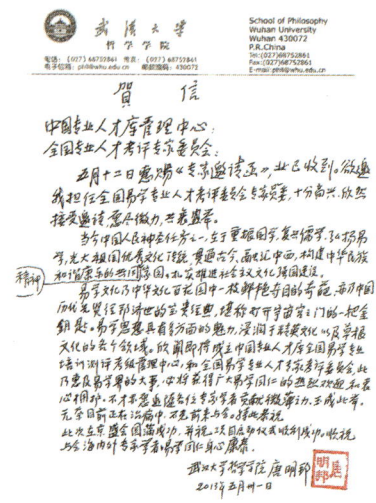

唐明邦先生贺信

与厚爱，担任了中国专业人才库全国易学考评管理中心主任。上任后第一项工作是回到母校武汉大学向我的导师唐明邦先生求教。

"长期以来易学发展各自为阵，官方以易学考评立项，从专业人才切入，实要打破困局，使易学发展平台化，营造共生共存环境"，我开门见山地对唐老说。

唐老回答道："易学考评教材若能顺利出版就是成功一半。"他从教材编写开始，谈到师资、专业科目、交叉学科整合乃至精英文化人和草根文化人的精神归属问题，使我的思路逐渐清晰起来，深切地感受到易学传承的使命任重而道远。

唐老的精神追求无私而宽广，如定海神针奠定了我未来的工作方向和目标。

后来，中央编译出版社陆续出版"全国易学考评与应用研究丛书"，练力华著《中国环境地理学》上下册；李顺祥著《易学经世真诠》七卷本。唐老和我并肩作序，为此举行新书出版新闻发布会，为引导易学健康发展写下了开创格局的一笔。

再后来，易学应用与交叉学科整合的高级研修课程和考试题库，陆续推广到中国社会科学院研究生院、北京大学、清华大学的院系和中心，受到学员们的好评。参与中国专业人才库全国易学考评的爱好者、从业者、研究者从此登上了高等学术殿堂。

在复兴传统文化的道路上,"风水学"无疑是最难突破的时代课题。

在"一带一路"中国文化走出去的大背景下,文化部主管的中国建筑文化研究会成立"风水学"研究机构,我又一次被推向历史变革舞台,成了中国建筑文化研究会人文环境风水研究院院长。

2016年1月9日,人文环境风水研究院成立大会在北京国家体育场鸟巢文化中心举行。来自住建部总经济师、中国建筑装饰协会李秉仁会长,北京大学城市环境学院于希贤教授,北京建筑大学韩增禄教授,北京大学儒藏编审郭彧教授,海南中华传统文化研究院刘东雳院长,沈阳市周易研究会王炳中会长等出席了大会,唐明邦教授担任专家委员会首席学术顾问。

有一天,中国建筑文化研究会领导找我谈话讲:"海外对'风水学'很感兴趣,文化部对中国风水文化走向海外交流也有信心,但国内学派分歧众多,部委领导褒贬不一。你院要召集专家教授发表学术文章,为国家政策与行业发展规划提供决策参考。"

2016年3月7日,国家一级学术期刊《建筑与文化》杂志社批准人文环境风水研究院主办《建筑风水文化》栏目,我担任责任编辑。唐老听说后,不顾已93岁高龄,口授创刊辞让其义女唐梦华整理成稿,发表在《建筑风水文化》栏目首页,"风水"敏感话题正式走进官方决策视野。

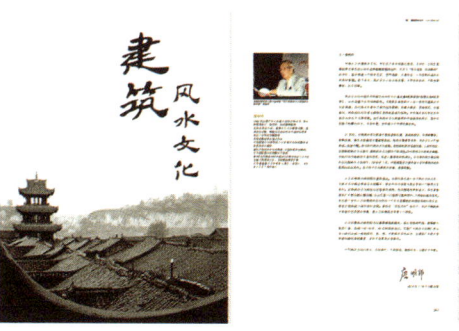

建筑风水文化

唐老在创刊辞中写道:"人文环境风水研究院当前任务在进一步为风水文化正名,为风水文化揭去草根文化的帽子,使之升华为荣登大雅之堂的一门新式交叉学科。应将风水文化的核心价值研究透彻,做出掷地有声的论述,令专家教授,及广大群众都心服口服,公认它是一门值得注重的学科,不再投以歧视目光。还当进一步为风水文化做出一个名正言顺、放之四海皆准的科学定义,使之正规地进入现代学科之列。更应在'双百方针'指引下,允许不同的风水学著作范式竞长争高,使人文环境风水学更上一层楼。"

字里行间,力透纸背。唐老用生命捍卫中国传统文化繁衍生息的人格魅力,深深影响着我们这一代人。

后来,人文环境风水研究院与北京建筑大学联合主办《中国环境设计文化》高级研修班,与中国建筑技术集团有限公司共同研发《建筑风水勘察设计监理》标准,与美国加州理工大学环境设计学院签署国际合作筹建《设计风水学》学科备忘录。

再后来,人文环境风水研究院入驻国家住建部大楼办公,围绕2020年全面建设小康社会目标，配合国家公示的特色小镇、乡村振兴、文旅康养区域选址和规划提供决策咨询。

唐老已远走，我回想创业一路走来，如同孩子般蹒跚学步。如今再读他为易学考评中心写的贺信、为风水研究院写的创刊辞时，我仿佛回到学生时代，记起导师唐明邦先生讲课时的那句"要攀登科学高峰，学术和人生一样，无限风光在险峰"，我禁不住泪流满面……

作者简介

韩毅，男，现任（城乡小康发展促进中心）中国专业人才库全国易学国学考评管理中心主任；（文化和旅游部）中国建筑文化研究会人文环境风水设计专业委员会主任委员。

追忆唐明邦先生

杨景磐

  1992年初秋,我出差过武汉,慕名去武大拜访唐明邦先生。先生在他的小书房内接见了我,热情和蔼,使我顿生一见如故之感。当得知我业余搞易数研究时,唐先生说,他不会易学术数,现在年龄大了,也懒得再去研究它。但唐先生明确表示他是支持易数研究的,并告诉我说:新华社记者最近来访问他,指出当前周易研究的书籍出版的很杂乱,唐先生回应,这个责任不在周易研究者,而是在出版界。唐先生还告诉我,西安的一个人曾说,周易研究(包括易数研究)再过七八年,或可有一个较大的开放和发展,大概也是西安这位先生个人的预期吧。

  我当时就想到,唐明邦教授这样的周易专家,既精通义理,也必然精通易数,因为易学中的理和数是联在一起的。至于后世由易数蜕化出的许许多多的末流和分支,专家们无暇顾及这些"旁门左道",是可以理解的。由于我是初次拜访唐教授,不便于对唐教授已经说过的问题再进行追问。接着,我又提出了另一个问题:"易传一般认为孔子所作,金景芳教授更是指出,在那个时代,孔子之外,无人能写出易传那样的作品。无论易传的作者是谁,但当代专家们都强调易传完成了周易由卜筮向哲学的转变,而有些专家只肯定其义理,否定其筮法,甚至对卜筮的作用进行严厉地批判和鞭挞;这是否算是以偏概全?我认为易传是义理和占筮并重的,并非只完成了周易由卜筮向哲学的转变。"唐老说:"你提的这个问题很深刻。我是主张理数兼得的。易传既完成了周易由卜筮向哲学的转变,同时也充分肯定了筮法的价值和作用,这是不可否认的。后人对周易进行探讨研究,应当研究其中的义理哲学思想,但也不应忽视其筮法象数,以及由此派生出的术数学。搞周易研究不会有错。冯友兰教授于1987年写给山东大学举办的首次国际周易学术研讨会的贺信中就说过,周易本来是一部筮书,周易的哲学思想与筮法有关,对筮法也应作调查研究工作。但是大家在讨论研究中有不同的见解,有的甚至以偏概全,因为是在研究讨论,不是下定义作结论,也不可能下定义作结论,出现不同的认识,也属正常,但不能强加于人,可以仁者见仁,智者见智。因为对周易已经研究探讨了几千年,现在还是在研究探讨中。"当我起身向唐老告辞时,唐老谦虚地说:"我的意见不见得正确,仅供参考。"事后,我查到了冯友兰教授写给山大举办的首次国际周易学术研讨会的贺信原文,节录于下:

  "我有个建议:研究《周易》当然以《周易》哲学为主,但《周易》本来是一部筮书。《周易》的哲学思想有些与筮法有关,因此对筮法也要作调查研究工作。前人在这方面的工作限于书本上的材料,这是一个途径,此外还有一个途径,就是封建社会中的术士们的传授。在解放前,我在北京街头碰见一个摆摊卖卦的人,自称能用《周易》筮法占卦。我请他给我占一卦,他说,有大衍,有小衍,在街头只能用小衍,要用大衍,需要到他家里去,我当时有事没有去。看起来他对筮法似乎有所传授的。这样的术士可能现在还有,大会可以发出号召,请各省市的周易研究会做一番调查,把他们的传授记录下来。他们的传授不一定真是《周易》原来筮法,但可备一说。这不是提倡筮法,不过是要搞清历史中的一件事情。"

唐明邦教授对于周易研究应"理数兼得"的主张,与冯友兰教授周易研究应以周易哲学为主,对筮法也要作调查研究工作的认识,是一脉相承的。冯友兰教授和唐明邦教授的论述,已为我们今后的周易研究指明了方向。

时隔不久,我同唐老在安阳召开的周易研讨会上又见了面。我是第一次参加安阳研讨会,是一名普通参会者,唐老是大会的嘉宾。那次大会上对周易及周易研究,尤其对易数研究有多种不同的声音。记得大会开始就宣读了著名的老专家从北京发来的书面发言,文中有"我有话要说,如鲠在喉,一吐为快",指出卦爻辞皆荒诞不稽,是当时的大臣们为了说服国王,实现自己的某些主张而编造出来的东西,现在仍然去研究,毫无价值。某大学参会的一名教授(大会嘉宾)则公开批判易数研究。我也曾私下同中国社会科学院参会的一名学者进行交谈,他说周易先天六十四卦的二进制数,同五进制、十进制一样,没有任何值得宣扬的价值,等等。在此语境下,唐先生是在向大会的致辞中仍然表达了研究周易应当义理和象数(包括易数)并重的观点,这在当时是难能可贵的。大会第二天在分组研讨时,唐先生去了我所在的小组,同大家一起研讨。唐教授说,他在六岁时就曾学背卦辞和爻辞。我当时理解,唐先生是在用另一种形式反驳北京某著名专家向大会所作书面发言中的观点。

2005年春,我的七本易数作品交出版社准备一次出版(易数精华系列),我不好意思每本书都烦唐老写序,只挑出其中一本《中国历代易案考》的清样寄去,请唐老写序。当时出版者忙于印刷,希望迅速拿到该书序言。北京庞钰龙先生对我说,唐教授很仔细,看不完书稿不会写序,你这本书几十万字,最快也须三个月。可是还不到半个月,唐老就把写好的序言传真给我。

这篇序言一千八百多字,已属于"大序"范畴,各个段落无缝衔接,似唐老一气呵成。我读后既赞赏又感激,发自内心地默念道:唐老太辛苦了!唐老过去曾对我说过,他不研究易数,这是唐老的谦辞,我们应当理解为唐老不专门研究易数。请看唐老在"大序"中的这段话:"在古代,占筮活动是相当严肃的事情。本书

（指《中国历代易案考》）所收罗的易案，都是周易进行占筮的记录。以下三方面的内容，令人叹为观止：一是重大政治举措的决策，要进行占筮。如重耳返国，晋悼公为君，勾践归国，南朝宋顺帝禅位，宋徽宗被俘，溥仪论国民政府等；二是重大战争，须通过占筮预测是否可行及未来胜败结局，如鄢陵之战，赵鞅救郑，韩原之战，吴王伐齐，汉武帝伐匈奴，邓艾伐蜀，张康论伐日本，奉直战争等；三是个人重大行动的抉择，如伍子胥奔吴，夫差释勾践，李纲仕唐，朱熹焚秦稿，辛弃疾南归，纪晓岚科举等。"

唐老在其前置观点的统率下，将历代有关易案分门别类依次排列下来，如数家珍一般。若没有对古史、古易、古筮的深厚研究功底，是不能达此境界的。唐老虽不专门研究易数，却对易筮易数早就烂熟于记忆中的。由此也可以证明，唐老对研究周易应"理数兼得"的主张是非常理性，经过深思熟虑而提出来的。

唐老对拙作《中国历代易案考》的价值给予充分肯定和很高的评价。唐老在序言中说："杨景磐先生花费10多年心血，参考大量文献资料，著成《中国历代易案考》，完成了冯友兰遗愿中的一个部分。依我对《中国历代易案考》的初步阅读和理解，此书具有多方面的文化价值，不同于一般占卜之书。

本书集腋成裘，蔚为大观，使读者对于不少历史人物、历史事件的逸闻趣事有集中了解，可补古史之阙而益读史之兴。

在中国文化史上，对历代易案进行系统梳理，这还是第一次。作者对每则易案详加考订，细心评析，指出谬误，论其得失，对涉及的古代史事，予以客观评判，读来别有情趣。

《中国历代易案考》一书，内容搜罗宏富，评析务求精审，深入浅出，雅俗共赏，有史有论，体例新颖，不失为具有开拓性的学术著作。"

当我拨通唐老的电话，对唐老进行感谢时，我说："您对我和我的作品过奖了，我自愧不敢担当那么高的评价。"唐老说："不是过奖，是实事求是的，我认为你的这部作品和我写的序言是能够经得住历史的检验的。希望你再接再厉，趁年富力强之际，能写出更多更好的作品来，为易学研究做出更大的贡献！"唐老对我的鼓励和希望，也是对广大易学爱好者研究者的鼓励和希望。

当我收到出版者寄给我的样书后，特捡出一套给唐老寄去，同时电话告知唐老。谁知唐老已先我看到了拙作，他热情地说："你这七本书出版后，在读者中震动很大，对你的成就表示祝贺！"唐老一贯的扬人之善，是唐老高尚人格的具体体现。

2011年夏，北京三式乾坤研究院筹备纪念邵雍夫子诞辰千年大会，要我同杨懿人、李和二位先生到武汉拜访唐老，征求唐老的意见，兼向唐老发出参会邀请。唐老听了我们的汇报后表示赞赏，并欣然接受参会邀请。同时，唐老对于纪念邵雍夫子的重要意义讲了他独到的见解，对于大会的研讨内容也提出了宝贵的意见。毫无疑问，这对于提高大家对这次会议的认识和丰富会议的研讨内容起了重要的作用。

当拜访结束前，我对唐老说："您的大作《邵雍评传》我拜读过了，其广度和深度都是前所未有的。您将邵子的先天象数学定格为宇宙万物衍化的数学图式，将邵子的元会运世学说定格为弥纶天地的世界历史年谱，这与冯友兰先生的周易是宇宙的代数学的观点有异曲同工之妙意，都是超越前人的。但您对于邵子书中律吕声音部分似乎未能涉及，不知是何原因？"唐老笑曰："邵子的律吕声音，我实在看不懂。"我问："现在的古文化教授们，是否有人研究律吕声音？"唐先生说："南京方面，有两位教授研究京房易，希望他们能够拿出成果来，但未听说有人研究律吕声音。这个问题应当搞清楚，但只能等待有智者出现了。"可见，唐老谨遵圣训，知之为知之，不知为不知，这也反映了唐老的高尚人格和治学严谨态度，是永远值得后人学习的。

接着，我提出了邵雍的挂一图和既济图的问题。我对唐老说："南宋时代，早于朱熹的张行成和晚于朱熹的祝泌，都说挂一图和既济图为邵雍所传，并且张、祝二家都有专书作了解释，而从未见朱熹提到过这两个图。并且《皇极经世》中有律吕声音图，却没有挂一图和既济图，而张、祝二家介绍其作用时，又把这三个图结合在一起用，到底对这两个图应怎么看？"唐老说："是这样的，朱熹连这两个图的名称也未提到过。黄宗羲在《易学象数论》中肯定挂一图、既济图为邵雍所传。黄氏对这两个图也作了一些简单论述，不够详尽，令人难以理解，现在更不见有人去研究。你是否能拿出一些时间和精力，对这两个图进行一些探讨研究？正因为没有人研究的东西，才去加以研究，能破解更好，不然搞个初步也是成绩。"我说："我试试看。如果我能作初步破解，写成作品，还得烦你老写个序言。"唐老笑说："希望看到你的成果，看到你的作品！"（几年之后，我对邵雍的挂一图和既济图做了初步研究，写成约二十万字的《祝泌观物篇解释义》书稿，还未来得及征询唐老的意见，请求唐老写序，如今已成为永久的遗憾了！）

最后，我又重提黄宗羲《易学象数论》中的问题向唐老请教。我说：黄宗羲在《易学象数论》中，把河洛占筮以及大宗的术数学说几乎全都拿出来了，逐个进行介绍，又逐个进行批驳，杭辛斋说他"言之甚详，斥之正所以存之也"。

（注：杭辛斋在《易学笔谈》中那段原话如下："余姚黄氏《易学象数论》，其排斥河洛先天及《皇极经世》诸说最力，为毛西河、胡东樵诸氏之先驱，实则皆梨洲违心之论焉。盖先生非不知象数者，少壮之时，泛滥百家，于阴阳禽遁等学，实有心得。至晚年学成而名亦日高，恐平日之研求术数，近于小道，足为盛明之累，故撰此书，极力排斥，以存大儒之身矣。是以言之甚详，斥之正所以存之也。"）

"真是这样吗？在黄氏所处的时代，并不排斥占筮术数，为什么还会出现这种矛盾现象呢？"唐老说："杭辛斋是民国时期的易学大家，他对黄宗羲的认识可能是对的。在那个时代不排斥易筮术数，像纪昀、毛西河、李塨等人都有易占案例流传下来，你在《中国历代易案考》中也都分析过了，但是，很少有易学家专门研究术数学论，写成作品，是把这类东西视为小道，也许这是一种偏见。有资料表明，黄宗羲、黄宗炎兄弟是学习研究过易学术数的，若不学习研究，就不会有心得体会，也就写不成批驳文章。黄宗羲既然写成了论述批驳象数术数的文章，也证明他是学习研究过的，或者他也希望后人进一步加以学习研究。还是冯友兰先生说得好：不是提倡筮法，而是要搞清楚历史上的事实。冯教授既强调要在书本资料中弄清周易筮法，也提倡到民间搞调查研究，有没有世代口传心授的筮法。为什么把筮法看得如此重要，就是因为筮法与卦爻之象、卦爻之辞，与周易中的哲学思想紧密相连。我们现在时代倡明，提倡研究继承传统文化，当然要汲取精华，剔除糟粕，可以有话直说，不用再藏头露尾了。"

唐老语意未尽，又进一步说："像先天六十四卦的符合系统中含有二进位数学，0和1两个数进位，人们搞清楚了，把它用在了电子计算机上了。"我插话说："扬雄的《太玄》，其符号系统是三进位制。"唐老说："《太玄》是仿《易》而作，如果人们把《太玄》中的三进位数也搞清楚了，也应用到现代高科技上去，这不是天大的好事吗？所以说，不进行探讨研究是不行的。"唐老的谆谆之言，使我受益颇多，他的认识和观点，既深刻又赋有前瞻性，确实令人叹服！

2011年11月8日，纪念邵雍诞辰千年大会在涿州召开时，唐老因健康原因虽未能到会，却为大会发来热情洋溢的贺信，并寄来亲笔书写的朱熹《邵雍画像赞》四言八句题词以作纪念。同时，还专为大会撰写了三篇有关邵雍的学术论文：一、《邵雍夫子的学术人生——纪念康节先生千年诞辰》；二、《独领风骚的康节咏易诗》；三、《邵雍尊儒崇道的先天易学》。这三篇论文都已收录在纪念邵雍诞辰千年的学术论文集中。唐老的这些墨迹和文章都是弥足珍贵的。

北京三式乾坤研究院的秘书长杨懿人先生于2018年5月5日上午来电急告唐明邦先生逝世的讣讯，并拟代我发去唁电。痛怜之余，我于当日写悼诗一首，曰：

> 易界名儒未为多，如今唐公又化鹤；
> 忆昔初访何侃侃，再访相契语更多；
> 大序一篇明心志，理数兼得何错讹；
> 今悼逝者何以奠，唯望业绩更丰硕。

因怀念唐明邦先生，遂于5月7日又写悼诗一首：

> 云鹤高飞赴苍溟，以言代酒饯远行；

> 桃李芬芳花正艳，春风拂面日已融；
> 大序一篇私谊重，等身著作献平生；
> 案头残编无人续，还望先生早回程。

2018 年 5 月 24 日于文新墨旧斋

作者简介

杨景磐，北京三式乾坤信息技术研究院名誉院长，正式出版《太乙通解》《玉照定真经白话例题解》《六壬预测学》《中国历代易案考》《皇极经世演绎》《太乙通解》《太乙考证》《六壬指南例题解》《六壬捷录新解》《用易琐谈》《易数拾零》《历代六壬占验选注》《实用六壬预测学》。

唐明邦为往圣继绝学

杨维增

唐明邦（1925—2018），身为武汉大学教授、博士生导师，不仅是中国著名哲学家，而且是中国屈指可数的易学泰斗。他一生追求的是：为往圣继绝学，为当代育英才。

一、积极撮合义理派与象数派，促使易学健全发展

翻开易学史，首先是先秦易，其中有伏羲画八卦的符号易、周文王创六十四卦的卜筮易（象数易的雏形）、孔子作十翼的义理易与象数易兼收并蓄的儒门易。其次是汉易，其特点是重象数轻易理。再其次是魏晋易，其特点是王弼扫象，开创纯粹义理派。接着来是唐宋易，义理易与象数易争鸣并存。跟着是明清易，重义理轻象数。到了解放后，也是重义理轻象数。二十世纪八、九十年代周易复兴之时，义理派占了上风。吉林大学的金景芳教授（著有《周易讲座》《周易全解》等书）、北京大学的朱伯崑教授（著有《易学哲学史》《易学基础教程》等书）、福建师大的黄寿祺教授（著有《周易译注》等书）等人都是义理派。例如金景芳教授在其《周易讲座》绪论中说："王弼不重象数重义理是正确的，极得《周易》之真谛。唐人做《五经正义》，《周易》采王弼注本是对的。后来，李鼎祚作《周易集解》又把汉人的东西搜集起来，我看是不对的。"与此同时，山东大学的刘大钧教授（著有《周易概论》《纳甲筮法》《象数易学研究》等书）、武汉大学的唐明邦教授（著有《邵雍评传》《当代易学与时代精神》等书）、笔者（著有《周易基础》《周易与住房风水》等书）等人则对义理易和象数易兼收并蓄。笔者于1995年在汕头大学举行的广东省易学大会上提出了"以学带术，以术促学，学术统一，古易今用"的十六字治易方针。然而，《光明日报》1995年9月却发表了一篇社论，题目是："易学的价值在学不在术。"唐明邦教授等人顶着这个舆论压力，大力支持中青年开展象数易与应用易学的研究，实在是难能可贵！

二、竭力促使风水文化从草根文化不断向精英文化提升

唐明邦教授孜孜以求把风水文化从草根文化不断向精英文化提升。为了达到此目的，唐教授竭力做了三个举措：

1. 彰扬风水文化的核心价值：①燮理阴阳，促成天人统一；②执常迎变，选取最佳时空，为我所用；③实现乐天知命，自求多福。

2. 建立风水文化新范式。唐教授认为练力华团队编著的《中国环境地理学》一

书拿出了中国传统环境地理学的第一范式，无疑是一大首创。

3. 规范操作规程。唐教授认为《中国环境地理学》一书提出的"一总则三纲领八条目"可谓行家手笔，值得鉴赏。

一总则：天人和谐；三纲领：一曰顺乘生气，二曰阴阳相见，三曰时空统一；八条目：一曰寻龙点穴，二曰认砂识水，三曰辨方正位，四曰选址立极，五曰规划布局，六曰断宅选宅，七曰改造化煞，八曰择日用事。

作者简介

杨维增，中山大学哲学系教授。

追思与唐老的点点滴滴

王炳中

唐老西去,甚是悲痛,编撰一联,表达对先生的无限哀思与敬意!

易学泰斗,道业精深,恩泽国粹子辈

人生典范,胸怀宽广,榜样易界后人

涉入易界唐老大名便已耳闻,即便是在那个通讯极其落后的年代。初识唐老是在2002年安阳第十三届周易与现代化国际讨论会上。当时请唐老合了个影并简单寒暄。老人家时已年近八旬,但和蔼可亲,真诚感人,没有架子,和谁拍照都很配合,顿时对老人家产生了敬仰之情。

2004年9月9日,有幸作为主讲嘉宾出席了住建部中国建筑文化中心在北京人民大会堂举办的、新时代风水文化的里程碑会议——"首届中国建筑风水文化与健康地产发展国际论坛",唐老作为此次论坛的重量级嘉宾,为论坛的成功举办做出了不可磨灭的贡献。在这次论坛上,与唐老更近距离接触,并聆听教诲。在这次论坛上,唐老发表了《建筑风水文化哲学思考》的重要学术演讲,畅谈了对风水文化的哲学思辨。记得唐老最后说:"愚于建筑风水文化实属外行,幸蒙相邀,临此盛会,不揣浅陋,意在抛砖引玉,切望专家学者不吝赐教。"老人家易道渊博,对风水文化论述精道,还如此的谦虚,更加深了我的敬仰之情!

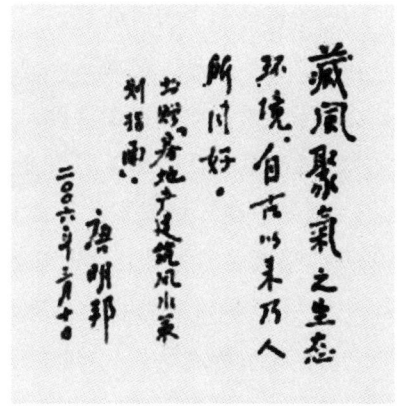

唐明邦先生题字

2006年,本人拙著《建筑中的风水——房地产建筑风水策划指南》在北京文化艺术出版社正式出版前请教唐老,老人家给予鼓励的同时,还提出了若干中肯建议,并欣然提笔为拙著题词:"藏风聚气之生态环境,自古以来乃人所同好!"唐老的题词,对本人立志用风水文化造福社会起到了很大的激励作用。

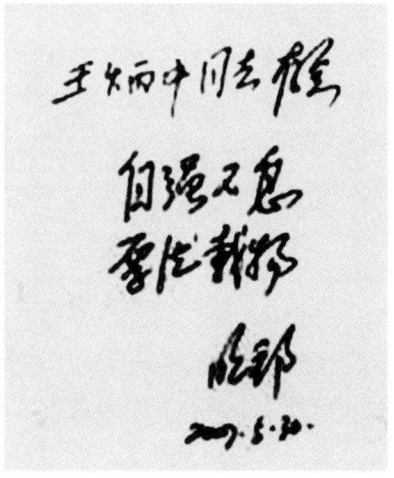

唐老在照片后留言

2007年6月，收到了唐老寄来的亲笔信件，老人家谈了自己的生活情况，并发来几张近照，像一位慈父，亲切祥和。老人家虽已八十多岁，但看起来精神矍铄、神采奕奕。看了老人家的状况，倍觉欣慰。

2011年，本人所撰《周易导读》即将出版，再次请求唐老为本书作序，唐老欣然命笔，为本书撰写了序言，对拙著给予充分肯定。这一序言，更是对本人未来治易生涯的鼓励与鞭策。

唐老在《序》中言：

"《周易》乃中国传统文化之瑰宝，亦可谓世界文化之奇葩。世界著名思想家、心理学家荣格（Carl. G. Jung，1875—1961）在《易经》英译本前言中，对此书有高度评价。他写道：'谈到世界人类的唯一智慧宝典，首推中国的《易经》。在科学方面，我们所得到的定律，常常是短命的，或被后来的事实所推翻。唯有中国的《易经》，亘古常新，相延四千年之久，依然具有价值，而与原子物理学颇多相同的地方。'

当今世界，同神州大地一样，不少地方都掀起学习《周易》的热潮。不少读者反映，此书实在难读，特别是《易经》的卦辞爻辞，无异于有字'天书'，不经专家指点，难以明其究竟。充分说明此书读者渴望有人导读。王炳中先生《周易导读》的面市，适得其时。

《周易》难读，自古已然，于今为甚。究其原因，约有四端。

《周易》的成书，经历数千年。汉代史学家班固在《汉书·艺文志》中指出，此书的成功，'人更三圣，世历三古'。指的是上古伏羲氏，始画八卦，开其端；中古周文王，'拘羑里演《周易》'，成其书；近古孔子，与其弟子、后学，作'十翼'（即《易传》），阐发其微言大义，使《易》得以广其流。由于世历三古，《周易》卦辞、爻辞中所反映的不少历史事实，古代风俗习惯，各种上古器具名物，于今已年代久远，十分渺茫，观其记载，而不明其内容。此难读之故一也。

《周易》由《易经》《易传》两部分组成。《易经》中的卦、爻辞，文字十分简略，用语相当古奥，同一个字，读音不同，意义各异，还有不少假借字；有些生僻字是一般书上从未见过的，既不知其音，亦不明其义。《易传》中的不少术语，在中学和大学的文史书籍中，都从未见过。此难读之故二也。

《周易》的体例，十分特殊，世界文化史、哲学史上无有先例。它是由奇异的符号系统八卦和简奥的文字系统巧妙组合而成。符号离开文字，无以显其意义；文字离开符号，令人难以理会。而且，八卦符号，每卦代表多种卦象，总计有百余种卦象，令人无所适从；六十四卦（别卦），每卦由六爻组成，爻与爻之间，存在贞与悔、比与应、承与乘、中与和、互体等相互关系，这些《周易》特有的专门述语，识其字而不知其涵义，令人难以理会。此难读之故三也。

《周易》的理论和象数，实用范围都很广泛，正如《四库全书》所说：'《易》道广大，无所不包，旁及天文、地理、乐律、兵法、韵学、算术以逮方外之炉火，皆可援《易》以为说，而好异者又援以入《易》，故易说愈繁。'后世兴起的术数，大都借用《周易》的卦象和易图，构建自己的思想体系，并对卦象作出不同的特殊解释，致使本末混杂，后之学者舍本逐末，难以明其本义。此难读之故四也。

《周易》虽说难读，但又不可不读。故读者渴望得到浅显易懂的导读之书。王炳中先生有鉴于此，花多年心血撰成《周易导读》，以飨读者。此书的优点和特点在于：详细地揭示《周易》产生的渊源，使人明白此书的性质和它的来龙去脉；全面地介绍关于《周易》的基础知识，作为入门的向导；系统地剖析《周易》的精湛哲学思想和特有的思维方法，读之大受教益；简略地介绍《周易》的理论和象数在当今流行的某些术数中的实际应用。纵观此书，说理平实，深入浅出，不故作高深；学风正派，实事求是，不故弄玄虚，哗众取宠。文字畅通，读之引人入胜，令人开卷有益。观其大略，确为一部利于普及易学、弘扬易学的优秀著作，故乐以为之序。"

2013年1月，收到唐老从深圳寄来的信件，打开一看，是几页诗文的复印件。原来，是唐老参加"党旗颂——庆祝中国共产党成立90周年全球华人诗文大赛"入选清样的复印件，上面有唐老亲笔书写的"获特等奖"字样。以及"炳中同志斧正 明邦 2013.1 深圳"。看后激动不已，想起了孟子。《孟子·梁惠王章句下》："曰：'独乐乐，与人乐乐，孰乐？'曰：'不若与人。'曰：'与少乐乐，与众乐乐，孰乐？'曰：'不若与众。'"老人家获奖喜悦与众人分享，这不就是"众乐乐"吗！同时，老人家90高龄，还能吟诗作赋，庆祝我党生日，充分体现了老人家对党的感情，以及积极乐观的情怀，也是后辈学习的榜样。

2014年，又收到了唐老的哲学巨著《天人之学——唐明邦自选集》，几年来坚持拜读，受益匪浅。唐老书中对儒释道的独到阐释，使人开悟。对人文易、象术易、科学易的论述，使易学的博大精深跃然纸上。

书中唐老向海内外易学专家同仁建议："阐发易理而不要牵附，探讨象术而不神秘，注重应用而不迷信，弘扬易学而不要禁锢。"也可以说是老人家易学学术思想的重要阐发。

唐老心胸开阔，学识渊博，以礼待人，谦卑似大地，自强如昊天。唐老是位哲学家、易理大家，对易学实用体系很多门类也有一定的研究，但没有实践经验（据老人自己所言），也不从事相关操作。不过，因为老人家深知其中的道理与文化及实用价值，故其对易学实用体系诸分支学科的研究应用均予以支持。这一点是很难能可贵的，好比朱熹，不怕因此而"败坏了名声"。其在易学界的崇高威望，除了他的易学造诣与境界，于此不无关系。其实这正反映了老人

作者与唐明邦先生等

家实事求是的崇高品质。现在说来，在那个年代，一个资深大学教授，自己又不专门从事这方面的工作，却能够竖起一面大旗，让世人正视它、认识它、研究它、传承它是多么的不容易！随着易学应用体系的诸多玄机被现代科学、未来科学所破译，老人家高瞻远瞩、严谨的治学精神，一定会赢得后人更大的崇敬！

哲人已去，风范长存！在老人家旗帜下成长、发展起来的易学后辈们，理当自强不息、探赜索隐、开物成务、与时偕行，践行易学新的历史使命。

作者简介

王炳中，中共党员，高级工程师，辽宁省第十届、十一届政协委员。出版了《周易导读》《建筑中的风水——房地产建筑风水策划指南》《六爻预测指迷》《还本归宗——六爻预测指南》《探本溯源——四柱命理学指南》《起名真诠——中华姓名学正源解析》等系列易学理论与应用著作。现兼任国际易学联合会现代易学专委会副会长兼专家团主任，中国建筑文化研究会人文环境风水设计专业委员会副会长，沈阳市周易研究会会长等。

终不为大，故能成其大

——受唐老教诲回眸

叶炳辉

唐明邦教授的逝世，让人悲痛不已！多年来受唐老教诲、指导的往事历历在目，不能忘怀。先生归去，我等晚辈只有自强不息、砥砺前行，方不负先生之厚望！

一、题写书名，聆听教诲

经过两年的努力，我的拙作《宝地论：太极圈点穴》已脱稿，在练力华师父及罗玉贤老师指导下，修改后的书稿正式定稿。2010年通过师父练力华的推荐，已约好了与唐老在东莞见面，请他为书稿作指导并希望题写书名。

唐老一进门，便迫不及待拿起书稿看，盯着书名想了一会儿，又看栏目里"太极圈点穴的基本原理"的内容。

唐明邦先生题字

练老师说，炳辉在寻龙点穴方面是有实战经验的，这本书是他实战的理论总结，是围绕太极理论而展开的。

唐老说，是的，物物一太极，事事一太极！太极阴阳的概念，不是一个实体的概念，而是一种属性概念。用太极原理寻求宝地，有理论依据，选题很好呵！

我说，是的，书名虽然说是"太极圈点穴"，其实是"太极原理点穴"，从穴位看周围一圈圈的，仅仅是表象。本书介绍的真正点穴的方法，是用太极的思维进行选址。

唐老对书稿浏览一遍后说，我愿意为这书题写书名，我回去再对全书细看吧。

唐老又问我，你对阳宅的布局如何看？我说，正在完善，因为物物事事都是一太极，阳宅布局也不例外。唐老鼓励我说，对！期待你的又一新作。

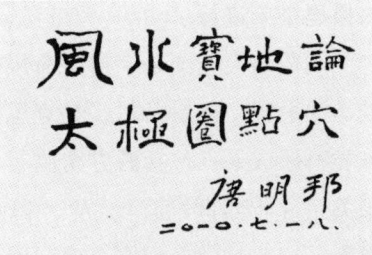

唐明邦先生题字

这次会面，唐老叮嘱说，目前易学里的"取象比类"象数思维模式在中国传统上，非常普遍，有得有失，希望你参照中外哲学思想来研究呵。

"参照中外哲学思想来研究",这个提醒让我深思!

二、遵嘱深研,拓宽视野

从此之后,我认真读《周易》,对"取象比类"的象数思维深入研究。

唐老十分重视对中国古代科技史的研究,从《易学》与哲学的角度,阐明《黄帝内经》《本草纲目》和明清的科学系统中所蕴含的科学思想、思维模式。将中国传统文化和哲学的精要与精髓,以系统而又平实的文字表达出来。

这给我有莫大的启示!

同时,我又认真研究中外哲学,西方的主要是黑格尔哲学和马克思主义哲学,中国的主要是孔子《易传》及老子《道德经》等这些古代哲学。

太极是中国道家文化史上的一个重要概念、范畴,初见于《易传》。其云"易有太极,是生两仪。两仪生四象,四象生八卦"。后来,人们根据《易传》对"太极"的论述而逐渐推演为成熟的太极理论。

太极图是以黑白两个鱼形纹组成的圆形图案,俗称阴阳鱼,为派生万物的本源。太极图形象化地表达了它阴阳轮转,相反相成是万物生成变化根源的哲理。

我与唐明邦教授多次会面,并经常电话沟通,我们沟通的主旨,是关于太极思维如何运用到人文环境规划中去;关于《周易》与现代科学关系的思维模式,我们要注意的一些重要事项。

作者与唐明邦先生

每当我们在谈论这些问题的时候,唐老总是兴致勃勃。

有一次,唐老说:"易学中的象数思维很广泛,取象比类,用卦象爻象推理世间事物,但是,很可能会走向极端。因为,取象比类要在整体思维,也就是在完整的太极思维中进行。"

阴阳鱼太极图是宇宙生命规律的唯象模型。太极的"无极而太极,太极分两仪"的本源思想,比黑格尔、马克思的哲学更早揭示了大自然本体万物发展的客观规律。人类科研成果,包括西方希腊哲学的逻辑体系形成,和系统的科学实验室总结的因果关系(十四世纪后),及"和谐人居"的人文环境规划的操作,都是建立在大自然发展规律基础上,作合理利用大自然的创新,是物质世界中的客观规律学。

唐老叮嘱,阴阳这一概念,不是实体概念,而是一种属性概念,也是一对关系范畴,它表达的是事物特性之间的对立统一关系。这一点,你在《宝地论:太极圈点穴》一书中,已经很好地注意到了,希望坚持。而社会上,特别是易学界很多人,对"取象比类"的应用,往往误入歧途。

　　唐老认为,易学理论的基础就是太极整体观。取象比类方法的运用,其"象"不仅是一种思维模式,也是一对阴阳范畴的关系。

　　联想到易界很多取象比类方法的运用,拿"象"照搬滥用,往往就会犯这方面的错误。

　　于是,有关阳宅布局的理论研究,我从中得到很大的启发。宅地的选址、室内的立极到九宫的分布,让我有新的思维。

三、举一反三,付诸实践

　　关于人文环境的规划和布局,师父练力华十分重视"形、理、法、课"的综合应用,并专门提醒我:"形为体,理法课为用。这不是说形家与理法课独立分开。这个形是什么?是指宅墓周边的大小环境,也就是大小太极,这是根本。形不合,理法课是发挥不出应有作用的。"这与唐老的说法同出一辙。

　　目前,易界很多人,将河图、洛书以及八卦、六十四卦、星象、干支等纳入其理论体系中,来演算天人地感应吉凶。这样的学说门派众多,一些门派脱离了形局,靠术数推理方位的吉与凶,然后再去考察周边的形势环境是否与其理论符合,从而断其得与失。这种做法并不是从形到理的思维,而是从理到形的逻辑,本末倒置,甚至人为地把自己及客户带入了意象环境,替代了大自然地理环境。

　　练师父对我说:"坊间'峦头无假,理气无真'的说法是错误的。因为假的峦头学说不少,就是按真的峦头学说,也不一定上山后能看出一个子午卯酉来;而真的理气还是有的,不过掌握在极少数人手里罢了。"他还认为"形家无外包括杨公九星、廖公九星、正体五星的形峦学说;喝形点穴的形象学说;冲射逼旷凹反的形法学说"。他还把"喝形"归纳为四种类型,即将山水模拟成人物之形、动物之形、植物之形、器皿之形。如睡美人、狮子踩球、莲花出水、冲天蜡烛等。这些虽不像五行、星象那样明显的具有理气性质,但毕竟喝形同样加进了人为的主观义理进去,故可把喝形之法列入形势之理气,是有一定道理的。他还常说,"喝形,用于点穴,作辅助而已;但用于砂法断事,则准验度相当高"。

　　据此,从2015年开始,我与同门众多弟子,及中大杨维增教授、师弟罗锦添等,常常一同深入民间调研考证太极思维模式和形家地理结构的运用,使理论与实践更好地结合起来。

　　杨维增教授说:"意象环境对人的影响有精神上的作用,不要夸大,而大自然地理环境的影响则是最直接的、本质的影响。要从本质认识才是大道,不然会导致迷信或新的信仰。"

　　罗师弟说:"太极圈点穴法,选择真龙穴,通过对名山大宅的考证,丝丝入扣,很有新意。又快、又准。"

通过大家的帮助,我十分坚定这一信念——寻找真龙穴,主要看龙与穴左右前后山峰及水口的一对对的阴阳关系。阳宅布局,也从周边的环境分析开始,大自然局势的"外象"、龙穴的"内象"及室内布置的"藏象",三象合一,和谐融通,是实操的大原则。分析建筑物的吉凶,不是离开周边环境的形局影响,单凭坐向干支,千篇一律,来确定室内宫位的得与失。

后来,在深圳我又将地理实操的方式方法向唐老、练师父及中国人民大学博导温海明作专门的演示汇报,得到多方面的肯定及指正。

唐老说:对太极思维模式在风水上的正确理解和运用,也是对中华传统哲学的深入研究和应用方面的发展。

在唐老及众多导师和大家的支持和帮助下,我们团结海内外广大的杨公文化支持者、爱好者,弘扬杨公救贫博爱精神,传承和发展"和谐人居"的堪舆术,在杨公故里将堪舆文化成功申报为非物质文化遗产,并于2016年,本人又被茂名市人民政府认定为非遗"杨筠松堪舆文化代表性传承人"。

2014年,在练老师组织的一次座谈会上,大家对唐老为易学界所做出的重大贡献作出积极的评价,唐老非常严肃地说:"大家不要抬举我,你们当中有很多的优秀人才,要懂得发现他人的优点,互相学习,共同进步。……最后,我赠送大家几句:美人之美,美美与共;美上加美,美不胜收!"

在这里,我想起老子说过的"圣人终不为大,故能成其大"这名言,在易学领域,正是由于有唐老这样"终不为大"的指路人,不追功名,不求回报,为我们弯腰帮扶,才有易学界今天的繁荣,也成就了唐老"故能成其大"的一代宗师的高大格局。

唐老的高大形象让我们难以忘怀,永记在心!

作者简介

叶炳辉,男,1963年生。国际易学联合会理事,国际易学联合会易学应用研究会副会长,广东高州市杨筠松文化研究会会长,广东茂名市非遗杨筠松堪舆文化代表性传承人,茂名市政协委员。出版《宝地论:太极圈点穴》。

亦师亦友悼明邦

桐源居士

唐明邦先生永远地离我们而去了。

虽然赴武汉参加了追悼会,但几个月来,明邦先生亲切而独有的音容笑貌仍时常浮现在我的脑海,与他接触交往的点点滴滴不断涌上我的心头,我在努力地接受着云鹤仙去这一无情的事实。

我与唐老相识,缘自一篇序言

那是2008年3月,拙著《百年堪舆——王者山河》定稿,拟由香港三联书店出版。按惯例,出版社让我找人写个序,以利发行。

请谁写序呢?一番比较,我选择了唐老。

那时的唐老,硕果累累,可谓德高望重。哲学教授、博士生导师的身份,中国易学学会首任会长的名望,高瞻远瞩的风水哲学阐述,深入人心,广受赞誉。

这样一位学术大家,能请得动吗?我试着找了武汉大学历史系的一位朋友帮忙牵线。

不久,朋友郑重告知,唐老答应面谈一次,时间不超过半小时。并透露,唐老目前还有几篇序言没来得及写,让我不要抱太大的希望。

我怀着崇敬的心情,在武汉大学第一次见到了唐老。

出人意料的是,一星期后,我在广州收到了唐老亲手寄出的序言。

唐明邦先生以博大的心胸接纳了我这名易学新兵!他在序言一开篇即写道:"这(《百年堪舆——王者山河》)是一部别开生面的风水学著作。"字里行间,对我这位风水新人的处女作给予了高度评价,对作者寄予了殷切希望。

在这篇序言里,唐老对中国风水学术做了系统的哲学思考,将风水学与周易理论融会贯通,予以深刻阐述。他指出:天人统一学说奠定了风水学的理论基础,风水术就是天人统一术。太极思维主导风水学思维模式,燮理阴阳主导风水学的价值取向。《周易》哲学的核心是阴阳学说。风水学将阴阳学说与五行学说相结合,形成自己的理论骨架,风水学的终极目标是"顺天休命"。

作为易学泰斗,唐老的肯定和风水宏论,激励着我以顽强的毅力和超常的速度投入到后续的创作实践中。

我与唐老相交,肇始一场报告

2010年,拙著"百年堪舆"系列之《将帅家国》《龙主沉浮》相继完成出版。

同年12月，唐明邦先生应邀出席了在泉州闽台缘博物馆举行的"百年堪舆"系列著作学术报告会。

那是我第一次与唐老有了比较深入的交往。

"风水我不懂"，唐老神态轻松地对我说。

我知道，他不是不懂风水，而是希望我减轻压力，大胆开讲风水。他一反专家做派，毫无权威架子，甘当绿叶、配角，主动出来为我站台，如今每每忆起都令我感动不已。

报告会上，我做主题报告，唐老则从理论的高度给风水正名。我们同台讲演，一唱一和，共同回答听众的提问，他之长恰好补我之短，相得益彰，给与会者留下深刻印象。

期间，主办单位安排我们一行到锦绣庄艺术园参观。当时，艺术园正在大兴土木建设。出于对唐老的仰慕，我们一进门，老板便端上罗盘，恭请唐老指点风水迷津。唐老看了看，一言不发。上到二楼，在一幅"厚德载物"题匾前，唐老有感而发，从题词的《周易》出处，到卦理、现实使用，侃侃而谈，让人受益匪浅。

唐老重学轻术，大学问家气度。他始终与方术保持着一定距离，尤其是风水，若即若离。这一风格，是唐老不经意间养成的，亦贯穿了他的一生。

江城冬日寒冷，对唐老身体是一大威胁。进入晚年的唐老，常南下深圳过冬。广州离深圳不远，一来一往，我与唐老有了更多的接触。

知我忙于写作，怕麻烦我，唐老南下从没有预先通知我。每一次，我都是事后获悉。

唐老重义轻利，有古君子风。广东人逢年过节有封"利是"的习惯，每年见唐老，我都会循例表达一点心意。每当这时候，唐老总会有一种学者的拘谨，感到很难为情。他总是说，很高兴分享你们的成果，但钱够用，你们的心意我领了。

2014年春节，唐老应邀到广州做客，我给唐老封了个大红包，他欣然接受了。但没想到，第二天喝早茶时，他又把红包分别塞回到我儿女的手上。看着老人一脸认真、小孩一副天真的样子，我的心中顿时涌动着一股暖流。

我与唐老相知，发轫千年堪舆

唐老学贯古今，对自己不熟悉的学派、方术，从不排斥，讲求吸收、融合。即使对某些自吹自擂的市场行为，也从不抨击，美其曰"宣传搞得不错"。而对有真本事、扎实做学问的晚辈，则赞赏有加，推荐起来不遗余力。

2013年，拙著《千年堪舆——西垂未央》草成，我再请唐老作序。

冬日的深圳，温暖如春，88岁高龄的唐老在公寓客厅里接见了我。

"我拜读了你的大作"，唐老声如洪钟，主动向我伸出了双手，并亲手将誊写好的序言交给我。

唐老的手,温暖而有力;唐老的话,让我诚惶诚恐;唐老的序言,在我手里沉甸甸的。

"老朽行年八十有八,乐读此书,乐为之序。"序言最后,唐老喜当伯乐、甘做人梯的高尚情怀溢于言表。

为中国传统文化传承与发展奉献了毕生精力的唐明邦先生,对后学的扶持,更多地体现出一种责任和寄望。暮年时光,他对中国风水学仍充满着信心。

2014年春,我俩相聚于广州桐源文化工作室。唐老结合中国风水现状,建议我写一部风水学教程,以便官方推广,规范业界乱象。那时,我对中国风水走向心存疑虑,加之"千年堪舆"系列创作尚未完成,故未敢应允,殊属遗憾。

因健康原因,唐老自2015年后不再来深圳。当年初冬,我报告唐老"千年堪舆"最后一部《二龙争珠》已完成,不日将莅汉拜会。唐老闻讯,热情邀我到家中小住。次日,唐老在电话中再次提及,明确希望我夫妇俩住在他家里,不要住宾馆。

这是我们第一次做客入住唐老的家,也是最后一次。

唐老居室自号"云鹤书院",是学校分配的两居室老房子,条件简陋,唐老一住就是几十年。

我们到汉,唐老很高兴,专门在教师饭堂摆了一桌酒席款待我们。晚上,唐老一改早睡的习惯。我们像师生、像友人,在云鹤书院促膝交谈很久很久。

也就是这一晚,我对唐老终生研易、弘易的事业,包括已遂、未了的愿景与布局,有了清晰的了解和更深一层的认识。

"百年堪舆""千年堪舆"系列著作

第二天,别过唐老,梦华女士好奇地问我:"唐老这么器重你,你为何不拜他为师呢?"我一时难以回答。

无论是学问还是人品,唐老足以做我的良师;在我心目中,我以此生得遇这样一位恩师而自豪。我所虑,惟恐自己才疏学浅,不够格当唐老的弟子。但唐老并没有把我当成一名普通学生看待,而是在交往中以礼相待,亦师亦友。

这何尝不是易学与风水相互依存、继往开来的一种写照?

唐老门徒众多,与弟子的交往何止百千!在中国千年堪舆中,我与唐老的忘年之交不过是历史长河的一抹浪花。斯人已去,风范永存。唐老的智慧,予我终身教益;唐老的品格,催我砥砺前行。

桐源居士

2018年9月于广州

作者简介

桐源居士,当代中国知名风水学家。已出版系列堪舆著作"百年堪舆"之《王者山河》《将帅家国》《龙主沉浮》,"千年堪舆"之《二龙争珠》《月泛金瓯》《西垂未央》。

哭悼师父唐明邦

简成道

2018年5月4日，我最敬爱的老师，我易学路上的引路人唐明邦师父因病在武汉中南医院去世。闻此噩耗，我肝肠寸断，为没有见师父最后一面而遗憾。听说师父去世的消息，我拖着病躯，与我的几个弟子在第一时间赶赴武汉，帮助料理师父的后事，参加师父的追悼会，并倡导出版《唐明邦学术思想探索》，来续写唐明邦师父的精神风范。

跪在师父灵前，望着他那慈祥而又睿智的面庞，与师父相交的点点滴滴涌现心头，师父的谆谆教诲还在耳旁响起，立志要以师父为榜样，做一个对社会，对易学发展有用的人。

我少年困苦，生活无着落，喜欢上周易后，逐渐改变了我的人生轨迹。为了能学到更多的知识，我想拜唐明邦先生为师。我怀着这个意愿踏上去武汉的列车，在去武汉的路上，我心里忐忑不安。唐明邦是一个全国知名的大学教授，又是国内易学界的领军人物，他会愿意收我这样一个"流浪者"为徒吗？抱着试一试的态度，我来到师父家，说明来意后，师父爽朗地笑了，和蔼地对我说："你只要愿意学周易，我会毫不保留地教你，易学的传承需要年轻人啊，别看我是教授，许多学问我也要向民间易人学习，高手在民间啊，你这个徒弟我收了。"我立即跪下来给师父唐明邦叩头，师父拉起我。我们坐下来详谈，师父从我的生活，学习，家庭情况，易学基础，以后的计划等都详细的了解，并给我赐了易名，从此，我开始系统的向唐明邦教授学习。以后的几年里，我每年都会到师父家里好几趟，吃住在师父家，与师父有说不完的话，谈不完的心，彼此间师徒胜似父子情深。每逢到师父家，都是师母亲自下厨，我在厨房帮忙，当一碗武汉热干面端上桌的时候，我和师父相对一视，每人一碗，津津有味地吃着，现在回忆起来，那碗面胜似现在的山珍美味。

在师父的教诲下，我的研易水平也有大幅度的提升，社会影响力和在周易界的地位也提高了许多。在北京、广东都开有自己的工作室。闲暇之余，我会邀请师父到我的办公室来玩，陪师父到广州各地走走，并圆了师父在人民大会堂开周易论坛的梦想，让师父师母第一次坐飞机等。回忆起师父，我真的感觉到他太伟大了。

师父满腹经纶，却又平易近人，对来找他学习的每一个人都那么和蔼亲近。凡是委托师父的事，师父都会记在心上。几十年研究周易，淡泊名利，生活简单清淡，为了研究易学倾其所有买资料，出版图书，赞助易学研究活动，自己却住在老楼里，屋里除了书，没有一件像样的家具。

师父的伟大，还在于他对易学的推广和弘扬上，他顶着压力召开国内第一次周易论坛大会，顶着压力支持周易术数的发展，为研究周易的爱好者题词作序，让易学从地下走进大雅之堂。

伟大的师父，我用笔难写尽其功勋！唐明邦师父永垂不朽，唐明邦师父永远活在我心中。

作者简介

简成道，唐明邦先生弟子。

"执大象 天下往"
——追忆我的师父唐明邦先生

罗玉贤

唐先生走了,但是他的慈祥音容,谆谆教诲,殷切期望,严谨学风,科学态度,精进精神,广博胸怀,镌刻在了我们的心中,往事依然历历在目,唐先生依然和我们在一起,激励着我们不断前行。

一、刻在心灵的记忆

2005年,在一次易学论坛会上,我认识了唐明邦先生。会议茶歇时,很多人追着他照相合影,我也抢抓机会向他请教问题。当时,陪同人员可能是担心影响唐先生休息,呵斥我,唐先生却说:"不要那么大声吼别人,对别人说话要和善、宽容,其他人追着照相,他却是追着请教问题,说明他好学,我喜欢这样的人。"当时他问我来自哪里?我如实回答:来自四川梓潼。唐先生说:"梓潼是个好地方,有两千多年历史,是文昌帝君故里,蒲辅周先生也是梓潼人,梓潼文化底蕴很深厚。"我说:"我曾经是蒲辅周先生的徒孙,是海灯法师弟子,对中医、武术、周易、风水、儒家文化、佛学和道家文化都有所涉及,是共产党员、行政干部。"唐先生说:"很好,以后只要我有时间,你有啥问题要问,都可以来找我。"几句问答,体现出了他的和善、宽容胸怀和广博学识。后来,每次遇见唐先生时,我都要向他老人家请教一些问题,他每次都是慈父般的循循善诱不厌其烦地讲解,指导。他的广阔胸怀、他的人格魅力、他的哲人睿智、他的深邃思想都深深地刻入了我的心灵。"经师易得,人师难求",明师更难遇,我深深感觉到唐明邦先生就是我梦寐以求长期寻觅的老师。十分渴望有一天能拜入他的门下,聆听教诲。

2010年,在北京的一次易学会议中,正好唐先生是特邀贵宾出席大会,茶歇时,我又去向他老人家请教,当时人很多,他老人家对我说"我可以给你单独安排一个时间到我房间里来,好好聊一聊"。他老人家这一句话,让我喜出望外。我如约而至。果然,他谢绝了其他众多拜访者,和我谈了很多,谈到了我的工作、学习、家庭,谈到了我的父母、祖辈和我的过去。谈到了我对哲学和易学以及社会现象的看法,谈到了我对唐先生的敬仰和崇拜,希望拜在唐先生门下学习、聆听教诲,为传承和弘扬中华优秀传统文化尽自己的一份微薄之力。真没想到,唐先生即刻答应了。唐先生讲:"经过接触和交流,你的人品和学习精神,以及对人生看法和思想信念都是不错的,完全符合我收入室弟子的标准,你写一个拜师贴交给我就行了。"我当即提出应该举行一个简单的拜师仪式,师父也欣然应允,并说:"明天上午早餐后,我可以安排时间,我在房间里写点东西,不会出去。"晚上,我写好了拜师贴,久久无法入睡,几年来师父的教诲和指导与师父的接触情境像电影一样不停地在大脑里回放。

第二天上午,我到师父房间,以传统拜师方式稍作布置,请师父坐北朝南上坐,我面向师父跪下,行礼三拜,宣读拜师贴,将拜师贴双手高举过顶上呈师父,次行三跪九叩拜师礼。同时按传统仪式呈上了敬师礼。拜师礼成后,我说"一日为师,终身为父,我从现在起就改称师父吧",师父欣然同意,并说:"我这里没有带笔墨纸,你去拿一个本子来,我给你写几句话,以资勉励,你明天上午可以来拿。"第二天早餐后,我到师父房间,他老人家已写好题词了,内容是"明经通史彰大道,精研国学向未来,鉴古拓新益睿智,陶冶情操育俊才。玉贤勉之. 唐明邦. 二 0 一 0. 七. 一八"。因为必须赶回上班,拜师后,我带着师父的题词,带着师父的嘱托,辞别师父就匆匆离开北京赶回四川了。拜师时刻,师父嘱托,师父期望,永远刻在了我的心中,成了我人生中不可磨灭的记忆。

二、人生境界,贵在修持

拜师后,我成了师父门下的正式入室私淑弟子。师父在给我开讲的第一堂课中,讲到了他的过去,讲到了中国历史上的易学大家,讲到了中华传统文化和哲学与人生的问题。师父说:"要学做学问,先学做人。做人,一是道德标准;二是意志力;三是立志和正确的方向目标;四是审时度势的洞察力;五是执行能力。"最后讲到了明清大学者王国维先生的"人生三境界"。他说:"王国维先生在他的《人间词话》中说:古今成大事业、大学问者必经过三种之境界'昨夜西风凋碧树,独上高楼,望尽天涯路'此第一境也;'衣带渐宽终不悔,为伊消得人憔悴'此第二境也;'众里寻他千百度,蓦然回首,那人正在灯火阑珊处。此第三境也……'第一境界,原词出自北宋晏殊《蝶恋花》,第二境界原词出自北宋柳永《凤栖梧》,第三境界原词出自南宋辛弃疾《青玉案》。都是写景写情的绝佳之作。而王国维先生脱离诗词文学去观察和思考,将其概括为人生成大事业者,成大学问者之三重境界是独具匠心。其第一种境界是说:成功人生首先立志向,定目标,明方向,确定理想信念。当人们在起步之初的茫然和困惑之时,或者是在遭受挫折困难之后,一定不可以消极等待,不可以自暴自弃,要登高望远,审时度势,明白自己的人生定位,找准正确的人生方向,确立正确的人生目标,树立正确的人生理想,建立正确的人生观、价值观、世界观,制定好人生为之奋斗的方略。其第二种境界是说:成功人生必须要坚定理想信念,要坚持不断地奋斗,始终不渝的努力,人生道路充满了坎坷,可能在奋斗中会遇到新的挫折,这时你需要有克服一切困难的勇气,无怨无悔地朝着既定方向、既定目标、既定理想,坚定不移地坚持走下去。或许在你的人生道路上取得了一些成绩，取得了一些成就，绝不可以盲目乐观，骄傲自满，故步自封，安于现状，同样必须继续无怨无悔地朝着既定的人生方向，既定的人生目标，既定的人生理想，坚定不移地走下去，不达目标誓不罢休，坚持就是胜利，坚持才能有成功人生。其第三种境界是说：成功人生必须广博与精深相结合，在学习和发展中，做到博采众长，海纳百川，"耕田但期千顷绿，掘井何辞万丈深"，围绕人生理想目标不计较功利得失，不停耕耘，不懈努力，厚积方可薄发，最后才会达到人生成功最高境界，才会笑到最后。师父的第一堂课，让我振聋发聩，如醍醐灌顶，获益终生。

三、大师对话，论道京城

2010年10月，师父受邀以贵宾身份出席首届传统文化与生态文明国际研讨会暨第二十二届国际易学大会北京年会时，住在北京市丰台区京丰宾馆，恰遇我的中医师父蒲志孝先生（中国中医泰斗、中医药学家、原中国中医研究院副院长蒲辅周之子）正好也在北京市石景山区。征得两位师父同意，邀请两位师父相会于丰台区京丰宾馆。唐明邦师父的年龄比蒲志孝师父大十七岁，行业也不相同，起初我还有些担心两位师父相会能否相投，结果，两位大师从哲学谈到了《易经》《道德经》《论语》《黄帝内经》《本草纲目》，谈到了道家文化、佛家文化和儒家文化、谈到了中医的历史地位和贡献，谈到了中医泰斗蒲辅周师爷以及中医现状和中医养生。一直从中午谈到午后1点多，竟忘记了吃午饭，我曾几次提醒说该吃午饭了，两位大师说不忙，最后酒店管理人员提醒说：如果太晚，酒店可能无法用午餐了，两位大师才非常遗憾的去合影共进午餐。两位大师对医易同源、中医哲学观、天人合一观、整体全局观、临床实践等诸多学术问题也进行了交流和探讨。师父唐明邦先生还特别讲了他总结的"道家养生要诀"，他说："我养生坚持'四贵守'一是养性贵守和，二是练身贵守恒，三是饮食贵守淡，四是起居贵守时，简称'四贵守'。早上吃好，一杯牛奶，一个鸡蛋，51颗枸杞子，中午吃饱，晚上吃少，饱也以八分为度，均以粗茶淡饭，并要蔬菜水果相兼。同时，退休后生活以'老有所为，老有所乐'为总括，讲学，著书，哲学、易学、儒、释、道文化同研，旅游、书法、吟诗、练拳锲而不舍；儿孙满堂都有小成，还收了一些易学弟子，经常指导他们。他们虽是天南地北，云水相隔，却能经常问候看望，晚年生活其乐融融。现在仍然耳聪目明，牙齿坚固，能吃善睡，腿上有劲，声若洪钟，中气很足，做事不知疲倦。"蒲志孝师父听后对唐明邦师父所总结的养生之道十分赞赏。他说："《黄帝内经》中《生气通天论篇》有'阳强不能密，阴气乃绝，阴平阳秘，精神乃治，阴阳离决，精气乃绝'；《上古天真论篇》有'其知道者，法于阴阳，和于术数，食饮有节，起居有常，不妄劳作，故能形与神具，而尽终其天年，度百岁乃去'；《阴阳应象大论篇》有'阴阳者，天地之道也，万物之纲纪，变化之父母，生杀之本始，神明之府也'；

《气交变大论篇》有'夫道者,上知天文,下知地理,中知人事,可以长久'。先生所总结的养生之道,抓住了阴阳平衡之关键,完全符合《黄帝内经》中圣人所讲之养生准则,非常好,先生一定会身康体健长寿。建议把你的养生之道总结出来,推而广之,以造福于更多的人。"随后,我的中医师父蒲志孝先生为唐明邦师父把了脉,所言健康情况完全吻合,唐明邦师父对蒲氏医学大加赞赏。两位大师这次京城相会论道都觉相见恨晚,结下了深厚情谊,他们相互尊重,相互珍惜,友谊甚笃。2014年唐明邦师父在成都期间还专门为我的中医师父蒲志孝先生题词:"国医名家蒲志孝先生:当代医圣 妙手回春 忠州.唐明邦恭贺.甲午仲夏年九旬于锦里。"两位大师的对话,也是给我上的一堂课,让我终身受益。

四、传道解惑,授课蜀中

2014年夏天,师父唐明邦先生已是九十高龄了。师母仙逝后,师父打电话给我,告知他来成都了,住在唐幺姑(师父幺妹)和叶庆文(师父外甥)家里,要在成都住一段日子,希望我能到成都去,单独为我授课。我立即安排好工作向领导请了假,赶到了成都。师父耳聪目明,思路异常清晰,授课非常认真,在成都的20多天里,都是每天上午备课,下午一点至五点按时授课,学生就我一人。师父90高龄,不辞劳苦,不厌其烦,给我传道解惑,令我十分感动,终生不忘。授课内容以《周易》为主,涉及周易的形成、周易的历史功绩、关于卦象和爻象、周易与中国管理学、周易的哲学思维方式、周易的象数思维方式、周易与时代精神、周易与中医学、周易与科学、周易与儒家文化、周易与佛家文化、周易与道家文化、中国风水学、中国哲学史、中西哲学之特点、中外哲学家的思想特征、近代大学者思想特征、现代哲学与传统哲学之异同、现代哲学的问题导向、四书五经的学习重点、关于重振国学、关于复兴儒学、关于弘扬易学……20余天授课共计讲授了数十个专题,涉及面很广。师父将要离开成都之时,他讲了费孝通先生说过的四句话:各美其美,美人之美,美美与共,天下大同。他语重心长地讲述了师门中所收的义女、干女和弟子的全部情况,最后提到我和练力华师兄两位,他说:"你们两个都有从政经历,希望多担当,和大家一道共同努力,把中华优秀传统文化传承好、弘扬好,为中华民族复兴多做贡献。"最后他说:"玉贤,我给你题了一幅字,内容是'注重国学,精研儒学,弘扬易学,光大祖国传统文化,自强不息,厚德载物,竭力实现中国梦,罗玉贤同志勉之,落款是九旬老翁唐明邦题,甲午仲夏于成都'。题词中没有用弟子的称谓,而是用的罗玉贤同志这一称谓,主要考虑你还在工作岗位,用一般称谓比较好,在送给你我的回忆录《耄耋忆征程》一书中题写了'弟子罗玉贤存念'。这个题词是对你的期望和勉励,也是嘱托,以后一定要多写几本书出来,特别是风水方面你积累很多,整理出来到时我给你题写书名,可以给你作序。"当时,师父胞妹唐国惠幺姑也叮嘱说:"你师父很关心你,也很牵挂你,你要努力,尽快把书写出来,免得你师父挂念。"听到这里,面对师父的嘱托和幺姑的关心我泪水忍不住涌了出来,赶忙背过身去怕师父和幺姑看见。但是,由于工作太紧张至今没有完成师父的嘱托,成了我人生的一大遗憾。

五、精神长存,千古永垂

闻听师父走了,我如丧考妣,不胜悲痛,随即飞赴武汉为师父昼夜守灵,陪护师父到最后,以敬弟子之心。在悲痛中书"巨星坠陨光炳日月照环宇,宗师归去功在华夏利人间"向师父致挽。送走师父后,我回到四川。师父的音容笑貌,谆谆教诲,随时浮现在眼前,仿佛师父仍在注视着我们,关怀着我们,仍然和我们在一起。

师父走了,带着他一生的中华复兴梦,带着他的一身正气,带着他的艰苦奋斗精神,带着他的人生成功与辉煌,带着他对弟子与后学们的嘱托和希望,永远地告别了我们。他离去了,是中国教育界、中国哲学界、中国易学界的一大损失。他的离去,让我们失去了一位慈父般的难得好师长。我在与父师相处的日子里,深深地感受到他那共产党人的坚定信念,复兴中华的爱国情怀,哲人学者的高远睿智,充满辩证法的严密深邃思维,儒家"己所不欲,勿施于人",修身、齐家、治国、平天下的克己宽人情操,佛爱众生平等、博爱无私的广阔胸怀,道家道法自然的超脱境界,指点人生的科学思想、坚苦精进的奋斗精神,是留给我们无尽宝贵财富,如长江、黄河奔腾不息,如大海之水,"取之不尽,用之不竭","自强不息,厚德载物",是中华民族之魂,更是师父一生真实写照。天地利万物而不争,"生而不有,为而不恃,长而不宰,是谓玄德""终不为大,故能成其大""修之于天下,其德乃普",师父是中华大地上和我们心中永不磨灭的丰碑,将千古永垂。

师父走了,依然与我们同在,我们将继承师父遗志,不懈努力,"注重国学,精研儒学,弘扬易学,光大祖国传统文化,自强不息,厚德载物,为实现中国梦奋斗"。

谨以此文,告慰师父在天之灵!

2018年12月26日

作者简介

罗玉贤,唐先生弟子。

感恩知遇伯乐　易学薪火相传

——追忆易学泰斗唐明邦恩师

王招珺

  2018年5月4日，接到唐老的二儿子打电话告诉我老人走了，要我立即去武汉家里为老人送殡，并说父亲最喜欢你这个女儿了，临走还在叫你的名字，你快来！我当时整个人都傻了，半天没缓过劲来。缓过神后第一件事就是订机票，那一晚我第一次失眠了……第二天一早飞往武汉，直奔父亲的灵堂前双腿不听使唤扑通地跪下，眼前便模糊了，弥后上香，为他老人家守灵。岑寂的凌晨我迷迷糊糊中竟看到父亲微笑着站在我身边，慈祥地望着我，我连喊："爸爸，爸爸，我又来看你了，你高兴吗？"忽然他消失了，我猛然惊醒，只见父亲的照片被鲜花黑纱围绕着，他走了，他离我而去了……顿时泪如雨注，湿透了手中的帕……他走了，就像一颗巨星划过天际，自己陨落了，却照亮了后人……

  作为与唐老没有血缘关系的女儿，不是亲父女胜似亲父女，他不但是我的父亲，更是我的恩师。今天怀着无比崇敬的心情，感谢恩师的知遇之恩，并将秉承其遗志，让易学薪火相传。回首往事历历在目，恩师的音容笑貌犹在眼前。打开记忆的闸门，一次次教诲，一段段经历，在脑海中挥不去抹不掉。恩师色彩斑斓的一生，犹如波澜壮阔的画卷，有幸参与其中的一笔一画、一涂一抹，升华了我的学识，升华了我的生命！

  我与恩师结识于2004年，当年我在广东电视台工作，同时在做广东企业家报刊工作。经常组织企业家联谊，期间认识了吴吉平、赫英范两位老师。2004年2月在鼎湖山召开的企业家沙龙活动中，经介绍认识了唐明邦及其夫人。老夫人以前做过老师，我也做过老师，我们俩相聊甚欢，一见如故。唐老夫人说她有两个儿子，就缺一个我这样的女儿，唐教授当即表态："那就认这个干女儿吧！"还问我好不好？我回道："好呀！"就这样我和唐老夫妇结下了不解之缘。

  第二次见面，是安阳会议上。会务组特意安排我住在唐老隔壁，专门照顾他。之后的十几年，唐老应邀参加的各地易、道学术交流大会，他都是让我或他二儿子接送他以及照顾他的起居饮食。记忆尤深的是，2009年9月9日在澳门由吉祥组织的易学交流大会前，唐老突然病了，肚子痛拉稀，吃药都不好，直到10号上午还痛，老人一点力气都没有，这样下去肯定影响下午的发言。当时我正好在珠海一客户那里做事，陪伴他的二儿子打电话给我，说老人家找我，让我立即去见他。我马上打的士过去，见到老人了解情况后，安慰他老人家："请您相信女儿的道医水平，保证 30 分钟后病好，下午正常讲课。"当时在场见证的还有香港周易研究会会长吴恒超。于是我用穴位推拿按摩，加藿香正气水两支帮助他解除病痛，中午喝白粥，下午正常发言中气十足，得到大会主办专家的高度赞扬。

在恩师离世的前半年，我和南宁易友黄清云受北京联合大学教授吴勤学委托，代表国际易学联合会易学与经济发展专业委员会给恩师颁发的最高奖《德易双馨专家》奖项时，老爷子还谈笑风生，还练气功，还拄着拐杖拉着我的手来到家中的阳台，让我看十几年来我陪他参加各地易学研讨会时的合影，五大影集，全是4寸放大照。那时保姆杨阿姨对我说："你爸爸每天都在翻看这些照片，每一张上都有你，你爸说你对他照顾得很好，是最贴心的女儿。"当时我感动得无法用言语表达，他是真的很疼爱我，悉心教导我，在乎我的人。

恩师尽管学富五车，无数光环加身，但恩师为人忠厚，淡泊名利，敬佩诸葛亮名言："淡泊以明志，宁静以致远。"他还热爱书法，好写古诗，部分作品发表于《世纪诗词大典》《珞珈诗词集》。恩师的一生是传奇的一生，也是有血有肉精力充沛、情感丰富的一生。作为女儿和学生的我，深得其教诲，在学问上深受恩师指点，领略其精髓之一二，也帮助到许多人；在为人处世上，敬仰恩师的德高望重，以其高尚情操为榜样，用一生去实践。

我幼承家学，长大后修读中大哲学，后在恩师唐明邦教授的悉心教导下，精研心理学、哲学、企业管理、天文学、人体信息学、生命规律、美学、古今堪舆数术等，尤其擅长相术命理、人居环境策划、楼盘风水规划。我相信泉下有知，恩师一定会很欣慰，如今女承父志，在光大易道文化的路上造福到更多的人。

在恩师的鼓励和指引下，多年来我行走大江南北、拜访名师高手，系统学习了四柱、六爻、各派风水、手相、面相等专业知识，深得精髓，由此定为终生事业。

二十年来，我先后参加学术论坛十几场，长期为商界、金融界诸多企业做顾问，为有缘者全方位策划，助其开启智慧、避凶化吉；擅长对婚姻情感、青少年人生规划、职业取向；在建筑风水、居家环境、手面相、命理和小区规划、楼盘布局、商家选址定向方面的堪舆布局、助旺过大江南北和马来西亚的不少企业和个人，饮誉海内外。客户和同行给予了我"术理均通、享誉海内外的易学风水专家"的荣誉称号。每每听到这样的赞誉，我便深感责任重大，为了不辜负恩师的栽培和大家的信任，我一刻也没忘记奋然而前行！师父，安息吧！

难忘恩师情

桑一立

唐明邦师父对当代易学的贡献以及他渊博的知识和人格风范,我没有资格予以言表,只想用朴素的语言回忆和师父相处的点滴。

我和师父于 2002 年 5 月在河北新乐参加伏羲文化节活动时结缘,从此成为他老人家的私淑弟子。十几年来,无论是在武汉师父家里还是他来成都,师父很少对我刻板地说教,总是寓教于乐,让我受益于不经意间。

和唐明邦师父一起参加易学界学术会议

记得在 2006 年,我们打算一起去杜甫草堂公园,因为我的爱犬太小,不忍心独自放在家里,正在为难,师父说:"外面正好下小雨,你穿件雨衣把小狗放在里面不就带进去了吗?最多也就是《小过》,只要我们不把它放下来,就不'失度',无咎害。"哈哈,这就是师父。正好应景杜甫的"润物细无声"诗句,我也受《易》于生活的琐事间。

2014 年师父来我家

2014 年的夏天,师父九十岁,那时师母刚过世不久。师父在电话里孩童般地对我说:"想到成都来吃一碗四川担担面。"按照他老人家的描述,我们寻找了几家小吃店,终究没有找到师父记忆中的味道,事后我有些后悔,怨自己为什么没有学着做一碗师父想吃的"担担面"。

师父每次到我家做客,都喜欢看我新收的一些小藏品,让那些不起眼的小玩意也逃脱不了哲学智慧的浸染。这是我和师父最后一次见面,记得那天他拿个 iPad 给我看他在武汉石门峰选的墓地,风趣地问我:"为什么选用太极造型作为墓碑?"我含着泪试着回答"也许师父是想告诉后人,生死都在天地间",师父笑了,接着又说:"你知道我为什么总喜欢书写'元亨利贞'吗?"我答"师父最遵从天

90 岁师父露出童颜般的笑容

道"，这下师父哈哈笑出声来："开始、发展、成熟、收藏，正是反映了事物发展的节律。"这就是一位哲学大家对生命的诠释，即便是面对死亡，也淡然处之，不以形体的生死为始终，而以无形的精神为不朽。

虽然和师父在一起的许多具体情景随着时间会远去，但我深信师父比我们的记忆更永恒。

2018. 8. 13. 于成都

作者简介

桑一立，美籍华人。美国东部周易应用研究会第一任会长，唐明邦先生私淑弟子。从事易学应用研究近三十年，执业足迹：北美洲、南美洲、中国大陆，香港和台湾。

功若春雨润无声

——追思我们的老会长唐明邦教授

商宏宽

武汉大学哲学系教授唐明邦,学养深厚,知识渊博,治学严谨,待人宽和,很受人尊敬,我们这些半路出家的易学爱好者,自然称其为师长,向他学习,收益颇丰,这都是在不知不觉中做到的。

他作为会长,随时注意学会的方向问题。比如1991年学会一度占卜算卦成风,他及时指出"周易研究应走上健康轨道",一些群众对《周易》文化价值受不同程度的扭曲,正是我们应该给予宣传和纠正的。《周易》是中国文化的源头活水,代表了中国人的智慧,我们应进行正本清源的工作,使《周易》研究走上健康轨道,为我国社会主义现代化事业做出贡献。

又如在2001年正值世纪之交,他就提出:"新世纪初,当突出哪些主题?"不要动辄宣称自己破译了《易》学的千古之谜,自己营造新体系;应当潜心研究,真积力久,力求多出精品,在哲学易、人文易、科学易、管理易、易史学、易象数、易逻辑、易伦理、易图学、神道易、易范畴等研究做出很有现实意义的成绩出来。

唐明邦会长率部分学术委员会成员
在安阳羑里城向文王圣像祭拜

再如2016年唐会长因身体关系不能到会,但他却十分负责地写出了《研究周易当有开创精神》的祝贺辞,由他女儿唐梦华代读。其中特别强调易理与象数结合的问题,应如何全面透视《周易》文化内涵问题,《易经》在中华传统文化中的地位和作用问题等。

正由于唐明邦教授十分重视学会的发展方向问题,使安阳周易学会坚持三十年如一日,成果丰硕,成为在全国全世界很有名气的易经研究团体,而安阳的羑里城成为《周易》学者的朝圣之地。这都有唐明邦教授潜移默化的功劳。

他的许多论文是理论联系实际,结合当前形势有较大影响的文章,如1992年他发表了《易学传统中的象数思维模式》,在当年能深入谈象数思维是很前卫的,他就比较系统地论述,并能联系实际,重要章节如下:取象比类——象数思维模式的基本特征;阴阳对称,刚柔调和——象数思维的致思准则;整体思维——象数思维的合理内核;强调序列、注意节律——象数思维的突出优点。这些论点使我茅塞顿开,为我以后写《周易自然观》提供了思路。

又如 2005 年写出了《周易论和谐》主要提纲是:涵养"独立不惧"的人格风范;坚守"独立于野"的宽容心态;营造"安土敦仁"的和谐社会;维护"品物成章"的生存环境。接着 2006 年又写出《宽容精神与和谐社会》,其主要内容是"同声相应,同气相求"则群体和谐;"同归殊途,一致百虑"则社团和谐;"保合太和,万国咸宁"则世界和谐。这两篇文章对当时的社会稳定,建立和谐社会很有指导价值。

再如 2017 年,他在身体不佳状态下仍然坚持写下了《我的〈周易〉价值观》使我深受感动,可见其研究《周易》的拳拳之心。主要提纲是:对《周易》诱惑力的反思;《周易》乃东方文化之奇葩;《周易》——精湛的"宇宙代数学";《周易》——打开宇宙迷宫之门的金钥匙;《周易》——古代经邦济世的宝典;《周易》——上古巫史文化的"百科全书";《周易》——中国神秘文化的思想基础;最后他还念念不忘,《周易》研究应走上健康轨道。这就是唐明邦会长对《周易》研究给我们留下的嘱咐。

他时刻不忘开拓我们的思路,开拓我们的视野,启发我们的研究新鲜的路子。比如在 2008 年,他提交了《道家道教内丹学与中国传统文化——兼论〈钟吕传道集〉》,其提纲是:黄帝、老子、庄子思想——古代丹道之源泉;《钟吕传道集》——道教历史转折的标志性著作;《钟吕传道集》——内丹学的纲领性文献;道家内丹学对传统哲学、医学、生命科学的启示。这是通过"炼精化气,炼气化神,炼神还虚",使肾水补心火,水火既济,任、督二脉打通,这是一套向内求而修身的功夫。

又如在 2011 年,恰逢邵雍诞辰 1000 年之际,唐明邦写了《邵雍尊儒崇道的学术人生》,主要内容为:邵雍是无愧鸿儒堪称高隐的学术名流;邵雍可谓集经世情怀与玩世态度于一身的洛阳怪杰;邵雍的一生充分展现了哲人气质与诗人风范的美妙结合;是一位疏离于经验世界之外,潜心于理念世界之中的思想家。他深情地系统介绍了这位易学界的传奇人物,给我们开拓了一个真实的世界。

再如唐明邦教授在 2012 年写出《弘扬天下之学,奋力"以人造天"》论文,他写道"究天人之际,通古今之变",乃研究中华传统文化的基本指导思想;力行以人"造天"成果辉煌,文中强调王夫之认为人不止应知天、顺天、参天地之化育,更应发挥人的主体能动作用"以理司化""善动以化物",终至"以人造天"。"天之所死,犹当生之""天之所愚,犹当哲之""天之所无,犹当有之""天之所乱,犹当治之"。"任天而无能为,何以为人!"这种以人造天论,真是振聋发聩,使人耳目一新。这就是我们的老会长给我们做表率,教导我们研究《易》学时,应开拓、应进取、应创新、应奋进。写此短文缅怀唐明邦教授。

作者简介

商宏宽,国际易学联合会顾问。

唐老和长三角易学联盟

宋健华

2007年11月,我作为当年上海易经学会的秘书长,带团上海20余人一行,出席了在深圳迎宾馆由建设部中国建筑文化中心主办、国际易学风水研究院练力华院长承办的"中国传统建筑文化论坛"。

我是一位易界新兵,第一次参加易学大会,四五百人的大会没有人知道谁是宋健华,我也不认识几位大师名家,当时只知道易学界有唐明邦、邵伟华。在大会上,第一次看到唐老,当年已是84岁高龄,坐在主席台中间,红光满面,精神矍铄,慈祥和蔼,一身正气,令人崇敬。拍摄集体照之前,我们上海好几位易友,都希望和唐老能够合影,而我又激动又紧张,

作者与唐明邦先生

没有想到唐老没有一点架子,爽快地同意了,这是我第一次见到唐老,也是第一次和唐老合影。合影后,唐老还非常亲切地对我说,上海条件好啊,应该把易学文化搞上去。我始终铭记着唐老这句话,转眼10年过去了,我们长三角易学联盟坚持走正道,传播正能量,如今成为易学界的品牌,上海没有辜负唐老对我们的殷切希望。

上海原有一个"上海易经学会",挂靠于上海气功康复协会,1989年成立至2000年注销,之后的10年上海的易学活动成为空白。2010年5月,我们在上海中外文化艺术交流协会(一级法人协会)的大力支持下,成立了"上海易经研究会"(即长三角易学联盟前身),同年10月22日,首次在上海举办了"首届易学文化高峰论坛",开了上海地区大型易学文化活动的先河。我们又在这个基础上,2012年年初,正式组建"长三角易学联盟",同年5月会议正式更名为"长三角易学文化高峰论坛",至今已经成功举办了八届论坛。

"长三角易学联盟"成立,唐老就与长三角易学联盟结下了不解之缘。长三角成立之初,国内易经社团和会议很多,已经呈现出泛滥乱象。我们严格自律,要求从领导班子到论坛质量等各方面宁缺毋滥。决定只聘请两位导师(唐老和任法融道长)和四位荣誉主席。当时给唐老发了邀请信函,既没有礼品酬金,也没有待遇承诺,

且"长三角"初出茅庐默默无闻,而当年唐老在易经界已经如日中天,并任多家著名单位要职,但是唐老欣然答应,并发来自己的照片和介绍,正式成为长三角易学联盟首席易学导师。

2012年5月"首届长三角易学高峰论坛"在上海航空宾馆成功举办。论坛开始编印了《易学名家录》和《易学论文集》,就在最前面刊登了唐老的照片、介绍和论文,为长三角易学联盟和论坛增添了光彩和含金量。2013年6月,第二届长三角易学高峰论坛在上海宝丰联大酒店如期举办。从这一届开始,论坛每期编印了彩版的《易学名家录》和《易学论文实战案例集》,这一期《易学名家录》唐老照片就作为封面人物,并整版刊登了唐老的彩色照片和全面介绍。《论文集》也刊登了唐老专门发来的《关注天人关系,力行以人造天》的论文。之后长三角易学联盟的每一届论坛,都是坚持编印了彩色《名家录》和《论文案例集》,至今仍然保持这个在全国民间易学论坛会议中唯一的记录,也成为长三角品牌一个特色。至2018年7月我们共举办了八届,始终保持这个优良传统,每一期的《名家录》都刊登了唐老的照片和介绍。虽然至今唐老因为年事已高,没有亲自出席过一次长三角论坛,但他老人家心到了,每一届都发来新论文,而且每一次都会来电话表示祝贺,并从第五届开始,唐老专门指定其义女唐梦华老师代替他专门出席长三角论坛,论文依然,每年如此。

第六届论坛是长三角和天师府合作在江西鹰潭龙虎山举办首届易道文化论坛,唐老还专门写了贺信,委托义女在开幕式上宣读,并向大会赠送了书法礼品。第七届论坛,我们在易学界首创举行了"当代易坛元老人物奖"评选活动和颁奖仪式,在全国麟选了六名年满80岁的易坛老前辈,年满94岁的唐老名列前茅。其义女唐梦华在开幕式上代领,引起全场的热烈掌声。一个星期后,唐老亲自来电话表示感谢,并发来唐老和"当代易坛元老人物奖"奖盘的合影照片。唐老就是这样以其细微之处和实际行动,给全国易经人树立一个虚怀若谷,谦虚大度易学泰斗的光辉榜样。特别是第八届论坛,唐梦华老师在4月份就发来了唐老的论文《周易象数对古代科学发展的影响》,没有想到竟然成为他老人家的绝笔。我们编辑《论文集》依然放在首篇的位置,并特意在文后安排了湖北田建国会长等两篇悼念唐老的格律诗以示纪念。

长三角易学高峰论坛一共成功举办了八届,唐老发来的论文有《关注天人关系,力行以人造天》《中国环境地理学序言》《周易思想的核心价值》《浅析国学的核心价值》《易学思想乃建筑风水文化的灵魂》《周易象数对古代科学发展的影响》等。为一个地方易学社团的论坛每一届都提供新的论文,而且不计报酬,不提要求,这在当代易学界实属罕见,充分体现了唐老高风亮节,厚德载物的人格魅力。认真拜读唐老的每一篇论文，都闪烁着其易理博学，高屋建瓴，大道之论。如果说《长三角易学论文案例集》是一艘小船，唐老的论文和思想就像一个船舵，为我们在易学文化的航道上指引正确的方向，劈风斩浪勇往直前。唐老是长三角易学联盟乃至全国易经人的易学导师，当之无愧。

2013年7月期间，由我主笔，和联盟秘书长王惟清女士合作撰写了一本近30万字的姓名新书，并通过上海出版社的审核，同意正式出版。

由于上海出版系统对于易经文化方面著作控制得非常严格，而且又属于上海正规出版唯一的一本姓名学著作，所以我们非常高兴。特别希望易学界德高望重的人物能够出面为这本书锦上添花，以此提高这本书的含金量。我们心里肯定是非唐老莫属，所以我们非常期盼唐老能够为我们这本书留下墨宝，但是毕竟我们疏于来往，唐老会不会答应，非常忐忑不安。当时我们真的抱着试试看的心态，还是下了决心和唐老进行了联系。

7月19日，我给唐老写了一封信，希望唐老为我们新书写一篇序言或者题一个书名。第二天我们将书稿也快递到唐老府上。之后又和唐老进行了数次电话联系，唐老表示他已经看了书稿，非常诚恳且用商量的口吻表示，因为近年来眼睛视力下降得很厉害，所以不便写序，但是同意为我们题写书名，也同意约定我们上门取宝。我们知道唐老还是书法协会的领导，写得一手好书法，兴奋了好几天。如此遂了我们的心愿，感恩之情可想而知。

8月的武汉，果然是传说中的"火炉之城"，5日那天烈日当空，我和王惟清秘书长两人如期来到武汉，打车来到了武汉大学。唐府居住在大学内南三区18幢4号301室，俨然是一幢陈年的家属楼，家里陈设简单，但厅里却挂了一幅梅花国画和好几幅书法，尤其一幅"先师孔子行教像"黑白大拓版画，两边对联"明师执教杏坛培桃育李德风璀璨耀华夏""邦国寄寓胸怀探儒究道学识渊深泽环宇"。唐老如此德高望重，为我国哲学易学文化做出了巨大贡献，却如此陋室简朴，让我们理解了什么是淡泊明志，而这幅嵌名长联正是面前这位长者最真实的写照。

唐老已经准备好了一个大西瓜和一大盘的葡萄，招待我们坐下就切开了西瓜。他亲切地说道，武汉天气热，先吃瓜凉快凉快。他一点没有大家的架子，然后捧出我们厚厚的一叠书稿，告诉他已经认真翻阅了，书写得很好，是他看到姓名学书中最好的一本，有"姓名学"学科的味道。他又拿出三幅书法，一幅是我们要求题写的书名《中国人取名的学问》（出版社确定的）；一幅《华夏姓名文化考究》，他认为我们这本书其中"取名概论"章节很有特色，其他姓名书还没有看到过，所以他建议采用这个书名更有学术味道；还有一幅书法是"华夏取名多考究，此书论述甚精详"，三幅书法都落了款和盖了印章。我们向唐老汇报了长三角易学联盟的概况和发展计划，我表示上海一定按照唐老2007年嘱咐的话语，努力做好上海易学工作。遂我们两人和唐老合影，很快一个多小时过去了，心里很想和唐老多聊聊，考虑唐老休息，还是恋恋不舍地告辞。唐老执意送我们到楼梯口，风趣地说道：我只送三步哦，三步就是三里啊。

2013年12月，上海的学林出版社出版了我们的新书《中国人取名的学问》，书名就是唐老的墨宝，扉页也有唐老的题辞。我们怀着感恩之心，第一时间就给唐老快递了新书。后来出版社告诉，全国新华书店发行脱销，出版社还加印了。2015年9月，此书参加了安阳周易研究会成立25周年庆典大会的"2000——2014年现代易学优秀著作"评选活动并获奖。好久好久，武汉的酷热、西瓜的甜味和唐老的谆谆教诲，我们记忆犹新。

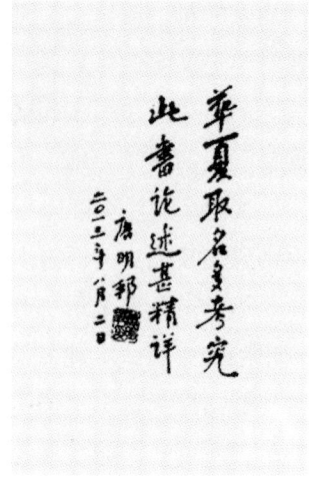

唐明邦先生题字

今年4月18日，我在河南郑州出差，和唐老弟子简成道在一起，听说唐老住院了，简成道马上打电话慰问。只有短短的十多天，5月5日一大早，唐老义女唐梦华微信通知了唐老日前逝世的噩耗。第二天，我代表了长三角易学联盟发了挽联：

淡泊明志，无愧百年易学泰斗
国梁邦才，堪称一代文哲大师

9日下午，我又一次来到了武汉大学南三区18幢4号301室，唐老的斗室依然，书画如故，只是东面多了一个灵堂，我跪在唐老的遗像前，深深地磕了三个头，我又来看你唐老了。

《中国人取名的学问》

10日上午8时，我随着来自全国各地的200多位易学领导和老师，来到了武汉市武昌殡仪馆天云厅，参加了唐老的追悼会。之后又乘车来到石门峰名人文化公园，在雨中，参加陵园为唐老举行的别开生面的追思会，11时参加唐老全程落葬仪式。

当晚下榻在武汉宾馆里，我虽然和唐老交往不多，但是唐老对我们长三角易学联盟，特别是对于我这样一位易经后学，实实在在地支持和亲切诚挚地关心，犹如电影一幕幕在我的脑海里放映着，久久不能入寐。子夜时分，一首"唐君明邦百一翘楚"的藏头诗在内心喷薄而出，以此表达我们长三角易学联盟和后学本人对唐老敬佩、敬重、敬仰和怀念之情。

哭祭唐明邦先生

(藏头诗)

唐公耄耋九五寿,君归石门峰下休。

明志淡泊厚德载,邦才国栋英名留。

百年哲苑赞大师,一代易坛誉泰斗。

翘首哭祭珞珈山,楚鹤后继遍神州。

(5月10日于武汉子夜)

唐老永远活在我们长三角易学联盟同仁、全国易经人的心里。

2018年8月28日上海

作者简介

宋健华,国际易学联合会易学应用研究会副会长、长三角易学联盟主席。

学术之良师　人生之楷模

——痛悼恩师唐明邦先生

徐水生

4月22号上午，我与教研室几位同仁去中南医院探望唐明邦老师，他虽消瘦许多，但双眼有神，与我们交谈时的洪亮声音使在场的青年教师感到惊叹。据在旁照顾的保姆说，"与前几天相比，今天唐老师的身体和精神状况好多了"。我看了一下监测的医疗仪器，心电图走势正常，血压113/52，舒张压略低一点。我当时还说："唐老师一定会康复的，过几年我们一起给您办百岁庆典！"唐老师微笑以对。没想到，唐先生病情恶化于5月4号下午遽归道山，令弟子悲痛不已！

恩师已去，但其慈祥的音容笑貌仍在我脑海中萦回。以萧萐父先生为学术带头人的，包括李德永先生、唐明邦先生三人组成的学术团队，几十年来精诚团结，辛勤耕耘，成果丰硕，蜚声学界，创建了现代的珞珈山中国哲学学科。他们在培养硕、博士研究生的过程中，长期实行的是名副其实的指导小组负责制。如，为了让我做好"金岳霖《论道》研究"的硕士论文，萧老师为我专门写了一封求教于著名哲学家冯契先生的私人介绍信；唐老师为我专门写了一封求教于著名的哲学家张岱年先生的私人介绍信。20世纪80年代中叶，电话还没有普及到一般家庭，在一个秋天的下午我不约而至地敲开了坐拥书城的张岱年先生房门，张先生看了唐老师写的介绍信后，热情而认真地与我

作者与唐明邦先生

谈了一个多小时他对金岳霖哲学思想的看法和提示了研究中应注意的问题，极大地激励和促进了我对金先生《论道》的研究。1992年7月下旬，我的博士论文《中国古代哲学与日本近代文化》二稿写出之时，正值武汉连续十来天的40度左右高温，萧老师看后并提出了修改意见，又嘱我送李老师、唐老师审阅提修改意见。当时空调还没有普及，唐老师一边拿着大蒲扇（因脚疾不能久吹电扇），一边十分认真地谈他对我论文的修改建议，其情其景，终生难忘！

我的中国哲学史教学工作是从"中国古代哲学名著选读"课程开始的，唐老

曾给予详细指点，教我如何把握原典中的哲学思想，如何利用现有的各种工具书？如何深入浅出地讲授并取得较好的教学效果，为了解决我此课中的一些教学困惑，唐老师还带着我一起去拜访、求教著名的语言学家、武大中文系的教授周大璞先生，使我获益匪浅，周大璞先生著的《训诂学要略》后来成了我教学中的重要指导书之一。

　　唐老师不仅是良师，而且也是我们的人生楷模。我每次去他家求教和探望时，他总是热情地询问我的教学科研及生活的近况，同时十分高兴地向我介绍他的新著或新作，给弟子以学术鼓励。他身居斗室（比我们学生辈的住房小得多），月拿退休薄酬，但从来没有任何怨言和牢骚，以治学为乐，身上充满了一种"士人"的浩然之气。

　　唐老师在如何正确对待家庭生活上，也为我们做出了榜样。他对待与其有着巨大文化差异、大字不识的师母充满了温情和爱心，70余年来，相濡以沫，相敬如宾。一位在哲学系工作多年的女教师对我说，在襄阳分校时，她与唐老师是简易平房的隔壁邻居，当时唐老师拿的是讲师的工资，上有老下有小，家庭负担较重，晚上经常听到唐老师耐心并和气地向老伴解释工资收入的开销情况和商量如何安排好日常生活。这位老师对唐老师的高尚人格十分敬佩。

　　几年前，唐师母去世了，几天后已届90高龄的唐老师让我开车陪他去世前选定的石门峰陵园高知花园区域的墓地。一米左右高的墓碑上，雕刻有以唐老师照片为底板的十分清晰的半身像。正在打扫的女保洁工，看着我们搀扶着唐老师一步一步地缓慢走上山坡的台阶，惊奇地说："这位老先生与刻在墓碑上的人好像啊！"我回答说："不是好像，二者就是一个人。这位老先生是我的老师，他已九十岁了，今天来看刚刚去世的老伴。"保洁工伸出大拇指，夸赞不已。唐老师到了墓地，给相伴一生先去天国的妻子献花，然后扶着墓碑照相留念，表达了自己对终生伴侣的深深怀念。

　　如今唐老师到天国永久陪伴师母去了！

　　恩师唐明邦先生千古！

弟子　徐水生　敬悼
2018. 5. 8. 深夜

哲人其萎　沉痛哀悼

王顺然

　　青年节当天晚上八点饭后，我和太太还坐在楼下的餐馆，闲谈着北大校庆的各路新闻。突然看到郭齐勇师在微信上发布了师公唐明邦先生去世的消息，我瞬间悲痛了起来，径直走出了餐馆，太太在身后呼唤也全然未觉……

　　唐先生在我的印象中与其说是师公、哲学家、易学大师，不如说是老神仙。第一次拜见他，是受郭师引荐，计划陪他赴河南一个易学会议。我去到他在武大的寓所楼下，看了半天那栋破旧的楼房，几次怀疑是不是走错了地方。认真对照纸上的楼牌号，才发现这个看似危楼、四面"漏风"，也没见到什么空调机位的地方，竟然住着哲学院不世出的大学者。走上那半开放的楼道，脚步又轻了轻，一来是要见到唐先生的紧张，二来是害怕水泥台阶的声响。深吸一口气，敲了敲内门虚掩的房门，有人应了声门，底气很足，又带点儿方言味儿。一会儿，一位气色红润、面带微笑的老先生给我开了门，老神仙就这样第一次出现在我的面前。

　　"是顺然吧，郭老师和我说了。会议方要填写个人信息，你在这里写一下。我进屋有点儿事情，你稍坐。"边说着递给我纸笔，就转身进了屋子。我自然是带了纸笔，没想到唐先生竟然给我还准备了。我一边写，一边紧张地揣测：这可是易学大师啊，看看笔迹、看看个人信息，不就啥都知道了。时至今日我发现，这种紧张感不是道理讲明便可以避免的，而是纯粹出于对真正的易学大师的敬畏。然而紧张抵不过好奇，转过头，我就开始参观起先生屋里的陈列。大约十几分钟的样子，唐先生从屋里出来，笑着和我说刚刚做了什么，具体的内容当时我也没太听懂，也就记不太清楚了，只记得先生随口的解释让我感觉受宠若惊。会议事情处理罢，老神仙似是看到了我的好奇，顺着介绍屋里的陈列，给我上了一节易学课。以我当时的学力，堪堪记下些关键词，但也已受用至今了。

　　想想我的胆子也是不小，有了这次拜见之后，我竟然给老神仙"拉起了生意"。当时，司安杰（Jesse Ciccotti）兄麟儿出世，说是想起个中文名字，我就"大包大揽"地给他说找唐先生请教。我和司安杰约好时间，请示过郭师，就前往唐先生处拜见。这次已经"熟门熟路"，通禀了事由，唐先生笑呵呵地拿着 Zeke（司安杰长子）的生辰又进了里屋。这下时间比较长，先生进去了半个多小时才拿出一张纸条，纸条上写着几组姓名选项。这张纸条我一直保留着，摩挲着上面详细的生辰解说以及姓名选项，我的感动又酸了眼角。当我和司安杰提出要合影的时候，先生专门回到屋里穿上一件白色缎面唐衫，戴上一顶呢料绅士帽。呵，老神仙穿上老神仙的行头，老神仙显出老神仙的样子！

最后一次拜见唐先生，是我硕士毕业要离开武大的时候，我邀请了当时入职哲学院的刘乐恒、王林伟、张健丰三位老师一起去拜见先生。去之前，我们就"谋划"向唐先生讨几个字，因刘乐恒兄长于书法，就托请他准备的笔墨。这次拜见，有三位兄长在场，聊得时间更长，问题也更深入了。趁着先生高兴，我们就掏出了笔墨请他题字。我求得一幅"乐由心生、顺其自然"，也是老神仙知道我偏爱研究周秦乐教之故。各人求得一幅心满意足的字，珍而重之地收好，便带着先生赐的书和照片高高兴兴地离开了。我也就这样带着先生之所赐离汉赴港，博士毕业后来到深大工作。一直期待着在深圳还能有机会拜见习惯年关来深圳过冬的先生，不曾想，数年前这次见面竟成了永诀，先生的音容笑貌只能靠这点点记忆拼起。

唐明邦先生去世那几天，武汉大雨滂沱，这也是对老神仙的送行吧！

哲人其萎，沉痛哀悼！

王顺然　于深圳寓所
2018 年 5 月 6 日

垂泪忆先生

刘乐恒

4月21日，吴根友老师说唐老先生身体又不好了，看我们中国哲学学科的同仁能否去看望唐老。22日，我与吴老师、徐水生老师、谢远笋、萧航、任慧峰、沈庭等同仁，到中南医院看望老先生。老先生虽然病卧床上，但精神颇佳，看到我们来了，忙着问："齐勇来了吗？"然后想从我们处找到郭老师。我想他可能是要和郭老师谈一些比较重要的学术问题和其他问题的。吴老师在旁边说："郭老师到荆州开会去了，他回来后会立即来看望您的。"他听后似乎颇放心了一些。后来我们跟唐老说："您的精神颇好，等到您出院我们再来看望您，陪您一同回武大。"唐老很高兴，他说现在喉咙就是有一口痰在里面，只要将它清除了，就可以出院了。我们都盼望老人家能够尽快康复，迎来百岁大寿、茶寿。可是没过多久，5月3日就接到教研室的电话，说要准备好唐老的身后事了。4日，程幺娥主任打电话来，说唐先生已经驾鹤仙游了，心中惘然。

乐恒对唐老先生的学问很敬仰。他淡泊宁静，安居陋巷，涵养德性，充内形外，是古代儒家的君子、道教的真人一流之人物。他的治学态度严谨认真，真正地做到了一丝不苟。他的研究论著，既精且广，而且还非常明晰、朴实。可惜自己难以尽窥老先生治学之堂奥。唐老先生和萧萐父先生、李德永先生三位老前辈，是珞珈山中国哲学学科的奠基者。郭齐勇师非常推崇他的这三位老师。我自己后来读到郭老师对三位老师的回忆文章，以及自己读他们的书，想见其为人，追慕其德行，心中的敬意油然而生。萧先生风骨嶙峋，李先生诗意盎然，唐先生朴实平易。前辈学者的学问素养和人格魅力，是我等后辈的精神财富，我应善加学习。我很遗憾未见过萧、李二老，但幸运的是，自己曾跟随师长、同道、朋友，曾经登门拜谒唐老先生三次，每次都颇感受用。老先生的学问与精神，自有我的前辈师长们忆述。在这里，我只能分享自己作为和唐老接触不多的青年学者的点滴感念之情。

今晚自己查了一下日记，查到几则与唐老先生相关的日记，现如实录出，以作为对老先生的纪念：

2013年7月10日下午借著顺然的善缘，拜谒师祖唐老。唐老质朴平易，在旁感受他的言动气韵，就很受益。唐老的认真细心让我等晚辈感动惭愧。照相前，他坚持回房间整戴好帽子才出来；有小孩要他起名，他回房间运思，但此前则早已放好几本中西画册供我们玩赏。我喜欢周易"君子以多识前言往行以畜其德"句，请唐老写一幅以自勉。

2013年11月30日下午继续参加唐明邦先生从教60周年庆祝会。听唐先生谈学问须专一，如老鼠打洞，甚有启发，余今后宜将主要精力投至现代新儒学特别是马、唐二先生之研究。

2016年3月2日午饭后随校车至华师桂苑宾馆接安徽大学钱耕森教授至哲学院讲座。讲大哲冯契其人其事。其后与吴默闻陪同钱教授至刘纲纪、唐明邦先生处拜会。唐先生中气充沛，齿发皆好。

恭盼唐老先生乘愿再来！

晚辈　刘乐恒　敬悼
2018年5月5日

一生蔼然 后世师范
——恩师唐明邦先生辞世百日追思

翟金录

一把生命之火,燃烧近百年,说熄灭就熄灭了。2018 年 5 月 4 日下午,唐明邦老师与世长辞。

今年三月份,武汉大学校园内,珞珈山下,樱花如锦。唐老师电话邀我去武大看樱花。朗朗的笑声,心无挂碍。我当时从上海回老家邯郸办事,拟返沪后即去武汉访师。谁知,一个多月后,老师竟撒手人寰,驾鹤西去;那一次电话竟是师徒的告别之语,每每想起,阴阳相隔,永难相见,不禁潸然泪下。

初识唐明邦老师,是我离职的 2002 年,在安阳周易大会上。唐师西装革履,端端庄庄,睿智祥和,一看就是大学者。他演讲时的大气、统摄、远见和方向性的导引,给每个与会的人,都有极深的感染。期间,邯郸的金女士友人邀唐师及一批中外有影响力的易学朋友到古赵都一游。因我多年任邯郸的旅游局长,朋友请我做一次导游,讲邯郸的历史沿革、风土人情、成语典故、名胜古迹。这一次邯郸之行,唐师情绪欢快,与大家很热络,有幸给我墨宝一幅。从此,我们的师生情谊不断,特别是安阳周易大会上,每年必聚。

安阳周易大会的创办,得益三驾马车:北京徐道一先生举义、武汉唐明邦先生领衔、安阳段长山先生的操劳。三足鼎立,大功告成。当然后来的"八大常委"、社会贤达、当地政府的努力和奉献,都不可或缺。但会议的灵魂和领军人物,是唐明邦先生。

改革开放以来,全国最早举起易学大旗,是 1984 年武汉东湖会议。唐老师给我讲,1983 年,湖南学术界研讨王夫之,他提交了一篇《王船山周易外传的朴素辩证法思想》,会上反映强烈。唐师回武汉后,与萧萐父商议,抓住好势头,把易学研究发动起来。他们的动议,得到湖北省委省政府的支持,破例拨给经费一万元。与会人员,由原来设定的八十人,改为一百二十人,最后规模达到一百五十人。武汉易经大会,像在闷热的屋子里开了一扇大天窗,既亮堂又清新。慢慢发散,全国易学研究形成了一种潮流。

北京的徐道一老师给我讲,他在十三陵一次学术会议上,和旅游地理研究专家、北大陈传康教授谈到安阳羑里的文化价值,获得很高认可,他决心促进这一思路。徐老师经山东济南到武汉大学,河南安阳,得到了唐明邦老师和段长山局长的支持。安阳从 1989 年 5 月召开大会至今,三十年坚持不断,成为推动国际易经研究的一面大旗，真是不得了的历史功绩。

领军人物，是凭自己的德识才学在历史中形成的。唐老师在易学界，举易坛异帜，开一派先河，是划时代的人物。在 20 世纪 80 年代，社会上还把易经当作迷信之祖，他敢于领军，作为中华民族传统文化的主峰去弘扬，除有远见，还要有胆识。他笑着对我说：1984 年我们在武汉开会，当时武汉大学教务长穿上多年放置的西服，准备郑重赴会出席。有朋友提醒"政治上别出了事"，这位教务长马上打了退堂鼓。可见当时学术空气多么压抑，也反衬出唐师举旗之不易。

到了 21 世纪初，他打破"象牙塔里做学问"的框框，大力支持提倡易经的实际应用，认为这应该是易学和时代对接的一个方向。晚年，唐老师大大减少了一些社会活动，好多会议，让其义女唐梦华代为宣读论文。会上见不到唐师，我就到武汉登门请教。后来在梦华的安排下，直接住到唐师的书房，以便就近聆听。因唐老师一天五次餐，三次睡，中间能请教的时间很短。住到一起，听唐老师讲课就大大方便了。

唐老师除了讲他晚年总结传统文化的"天人观""阴阳观""经络观""五行观"四大观之外，还听他讲《李时珍评传》采访撰写的过程。他带研究生到蕲州，知道鄂东不平常：李四光、汤一介大学者出生在这里；禅宗的三、四、五祖修为在这里；苏东坡的二赋一词诞生在这里；共产党早期的创始人陈潭秋、包惠僧出生在这里。讲鄂东有李时珍，两任国家主席董必武、李先念，以及林彪等一百位将军也出生在这里。鄂东蕲州是李时珍的故乡，蕲州有蕲蛇、蕲龟、蕲竹、蕲艾四大名药，他概括叫"鄂东现象"。我从唐老师写的李时珍评传中，才真正弄懂"太极拳"的命名，不是因"理根太极"（任何一种武术，均理根太极），而是理根人体命门三焦这个核心的"太极区"。唐老师真是博大精深。

我住在唐师书房，所有的资料，可以翻阅，可以复印。白天翻阅，晚上到校门口外复印。唐老师随时回答我的提问。当唐老师看到我在摘录台湾出版的一套两本太极拳著作时，告诉我，那是 20 世纪 90 年代在武当山开会时，作者赠送给他的，现在，转赠给我。我真感激，给唐老师行跪拜礼！

"老师，您这样高寿，是不是在练一种内功？"唐老师毫无保留地把自己身体躬行的藏秘功介绍给我。并嘱咐，随时随地，清净即练。

"枸杞三元汤"是唐师饮食上的营养剂，名字是他自己起的。此味汤是十多年前唐师在四川青城山开会时，九十多岁的一位道长传授给他的。这位道长还讲了一个故事：河两岸同一个生产队的群众，河北岸因水井上长一棵茂盛的枸杞，全村长寿；河南岸因水井没有枸杞树而稍差。还讲了，一杯牛奶、一个鸡蛋、五十一粒枸杞，曾让一个久病的红军康复。唐老师讲的情趣盎然，并让家中阿姨在早晨给我也做好

"枸杞三元汤"让我吃。并说，配伍是老道长传授，"枸杞三元汤"是他命名的。真是幸运！

唐师晚年很爱谈，很健谈。谈自己小时候放牛，谈自己上私塾，谈和毛主席在延安一块儿学哲学的杨超怎么把他送到北大哲学系，讲武大李达校长怎么和青年教师平易相处，讲他的弟子不同的特长和功能，讲自己经过的三个"四世同堂"，讲自己老伴临去世时，走得清清楚楚，明明白白……我感到唐老师做学问，很通透；做人，表里如一；待人，真诚和善；我心目中的完人，就是这样！

"唐老师，现在您对鬼神到底怎么看？"我想问个究竟。唐老师用"归"和"申"来解释。其实，我感觉唐老师晚年是主张超越唯物和唯心的划分，认为传统文化是主张形神合一的。但他非常严谨，没有系统阐发。盼望对这方面有深入研究的唐师后学，多做介绍。

唐师对其身后之事，特别是易学的传播有长远安排。对《唐明邦学术思想探索》的选编，对唐梦华易学专题的讲解和培养、对云鹤书院的宗旨、对自己所有哲学史料的捐赠等，都考虑得细致入微。真是心存高远！读唐老师的书是一种享受，酣畅淋漓，痛痛快快。他的文笔很亲近，可能与他早年的记者生涯有关。听唐老师谈话，是一种享受，深入浅出，娓娓道来，通俗易懂，又博大精深，这是因为他满腹经纶。我在好多大会上听过唐老师的主题演讲，真是高瞻远瞩，提纲挈领，讲出大气，指出方向，易学领军人物风采尽显。他是靠醇厚的德识才学感染大家的。

吾师虽已没，千载有余情。唐师著作甚丰，功德甚多，深深地影响着中国易学发展。我们作为唐师后学，要把明邦易学的治学方法、研究成果、未竟事业、人品修为……继承下去，弘扬开来！

二〇一八年八月十四日　于沪上

作者简介

翟金录，安阳周易研究会顾问。

追思　传承　悟道
——悼唐明邦先生敬文

墨文增

突闻噩耗，百感交集！唐老先生的离开，瞬间引发了易学界的集体追思……

很多易友同仁不远千里前去追思悼念。因故不能亲自前往的易友也在微博上、微信里刷屏表示沉痛哀悼。

唐明邦先生的离去带走了一个易学时代！20世纪80年代，先生奔走呼吁，率先垂范、呕心沥血把"撒落在民间的一粒粒珍珠""拾起并连起串串珍珠"。他力排众议，义无反顾地重视易学应用，为应用易学争取一席发展之地。

忆十几年前与唐老的初识，往昔历历在目。2005年9月第十六届周易与现代国际讨论会在安阳举行。同坐在主席台上，有幸初识唐明邦先生。大有"早闻先生大名，今日终于得见"之感！先生笑容可掬，谦卑可敬，在大会休息时间多次与唐老先生交流探讨易学知识，工作经验，人生阅历……唐老先生看我很年轻就坐在主席台上，非常中肯地勉励说："一定要培养年轻有活力、有实力能够继承易学文化的后备力量。"十几年过去了，这语重心长的话语应犹在耳。唐先生，不仅学术精湛，对易学未来的发展更是关心。寒暑易节，十几年的相识、相处，唐先生平易近人的为师之道，无不让我感受到唐老德才兼备，豁达而坦然的襟怀。每次与唐老相遇相逢，他不仅关心易学方面的问题，还多次关切地问起我的恩师——亢亮教授的情况，问及恩师的身体情况，以及恩师传授我的建筑风水知识在现实中的应用情况。我知道唐老及恩师都是大学学院的教授，他们在重视理论教学的同时，更看重知识在实际生活的应用。并义无反顾地支持、参加国内外应用易学研讨大会，发表演讲。他还谆谆教诲易界同仁致力于学术钻研的同时一定要博采众长，取长补短，取其精华去其糟粕，把博大精深的易学文化转化成生产力，实际应用到生活中去。这才是易学工作者最伟大之处。而我正是易学实践的应用者，唐老知道我经常亲自去到各地的山水之间现场指导教学，赞赏我们吃苦耐劳的精神外，更多的是感慨易学未来的光明前途。那个时候，我们也能深深感到唐老欣慰的心情。

与唐老一来二往的接触中，我们之间就有了亦师亦友的深厚友谊。在每次易学论坛中，只要先生在场，就特别关注我主持的专家组学术研讨。多次去我主持的专家组学术研讨会议室去听，并提出宝贵意见，给予我更多的关怀和支持。

在与先生的接触中，让我印象最为深刻的一件事情是发生在广州的一件小事，那是让我对先生的品德更为钦佩的一件事情。正所谓："平凡之中见伟大，点滴之中见成功。"那年,有一个易学论坛会在广州举行,很多易学专家学者受邀出席。身为易学泰斗的唐明邦老先生也不例外应邀出席。唐老先生应有八十多岁高龄,为了易学的发展不辞劳苦的坐几个小时的火车去参会。而8月份,广州也算是酷暑难耐。不知什么原因,唐老先生到站后,说好的接站人员没来。先生不知原因的就在火车站足足等待了两个多小时。随行人员,显然是火气十足,而唐老先生却面带笑容的劝解,以大胸襟、大气度的情怀化解这次工作上的失误。唐明邦的大德,正是从生活中的点滴小事上以自身表率为我们做出了榜样!

有一次在交流时,知道我要出一本有关《峦头理气的风水教材》,仔细询问了书的内容和章节,给了许多意见,并亲笔题词勉励:"墨文增同志存念,藏风聚气的居住环境从古以来就是人类追求的美好愿景!"并合影留念。感谢唐老先生传承不藏私,诲人不倦怠的大学者之风度!

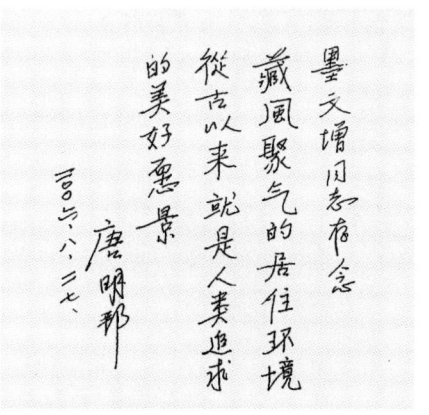

唐明邦先生题词

哲人仙逝,德音绵远。先生的学术思想、治学态度与人格风范,必将惠泽学林,启发来者,生机不息,历久弥新。

唐明邦先生千古!

作者简介

墨文增,男,现任国际易学联合会培训部执行部长、国际易学联合会易学文化产业专委会执行会长、中国安阳周易研究会顾问、河南省易经研究会荣誉会长、中国专业人才库管理中心全国专业人才考评专家委员。著有专著《地理探源》《玄空风水教材》《金锁玉关风水教材》《阳宅三要与八宅风水综合运用》《峦头理气风水教材》等。

唐明邦老先生给我易著题签

谭大樑

多年前，我怀着对唐老先生崇敬的心情，来到武大唐老家，唐老先生表示热烈欢迎老乡。我拿出了预先准备好的《易经裸舞——周易智慧哲学》书稿，请唐老先生指教。唐老先生说，《周易》博大精深，洁净精微，阴阳协调，刚柔相济，仁义兼修。我请求唐老先生给我拙作写个序，他即表示：非常乐意，法书一个题签吧！我知其意，觉得这很好，既节省唐先生的时间，又留下一幅墨宝，我说"妙极了"。接着，就在唐老先生家用过午餐，怕耽误唐老先生午休，我很快便告辞了。

我回家一个来月吧，唐老先生给我邮来了易著的题签："崇德广业乐天知命，革故鼎新与时偕行。"此时，出版社正紧锣密鼓推进我的学术专著《易经裸舞——周易智慧哲学》的审稿出版。

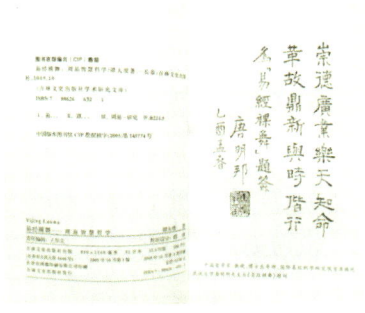

唐先生题签

在历史上，巴蜀重庆有不少易学大家，如杨雄、范长生、谯定、来智德等，而在新中国唐明邦老先生就是名符其实的一代大易。他出生于巴渝忠县，是中国著名的哲学家、易学家，是武汉大学教授，著作等身，国内外知名学者，在易学研究发展史上很有创建，功不可没。新中国巴蜀易学第一人，非唐明邦教授莫属，故而我要请唐老先生作序题签，流传青史。

唐明邦老先生现已逝去，我以与唐老先生生前交往的一件事写成文字，以缅怀老先生，纪念老先生。最后，我以诗一首，来寄托对唐先生的追思。

江夏城头卷暴风，巴人故里雨蒙胧。
拈笔题句婉深意，举酒谈经犹响钟。
治国安邦求末剑，解疑寻道问髯翁。
莘莘学子相思泪，翻作神州飞彩虹。

作者简介

谭大樑，重庆市巴渝文化研究院研究员、重庆市作家协会会员、重庆市经济管理学会副会长兼秘书长、国际易学联合会易学应研究会副会长。

我为唐老师"送终"了

萧洪恩

在人们对"万寿无疆"无法期待时,"寿终正寝"就成了人们对自然生命的理想预期。在这方面,人之自然生命的长度,既有自然科学上的常理根基,又有人文、社会科学上的修养根基。这两者,我们敬爱的唐明邦老师,已经达到了相当完美的结合。然而,唐老师还是走了,2018 年 5 月 4 日下午 3 时 36 分,成了我们敬爱的唐老师永远的、完美的自然生命的终点——享年 95 岁。此后,唐老师的文化生命将会永生,伴随着他的家族生命的后人、学术生命的传人、精神生命的达人……直至永远。唐老师永垂不朽!

我们并不希望为人"送终",不过,今天唐师走的时候,送终的队伍庞大。特别是有远从四川来的妹妹、侄儿,自己的儿女、学生,及至徒孙,还有保姆(上次写时,用"保母",说其照顾唐老师的责任与担当,这次已经不宜再用了)等。我应该是作为直接的学生代表了能够为唐师"送终"了(我在 2018 年 4 月 8 号去看他时,他还很清醒,当时我还写了一篇博文:《老师今年九十四岁》,当时还说希望他活一百岁呢!)。

为什么有这么多人"送终"?这些人又为什么能够"送终"?按照中国传统民俗文化的说法,有两条铁的原则:道德上的必然性、信仰上的天然性。

道德上的必然性是说逝者的道德素质达到了受人尊敬、受神认可的必然程度;信仰上的天然性是说基于过去的"举头三尺有神灵""人在做,天在看"而确定的逝者与"送终"者都有被诸神认可的特殊功德。

所以,由此两个来源于民间的唐老师神圣的确证,也会让人们永远记住这一代易学宗师、一代学师典范、一代文人楷模!

后学　萧洪恩

2018 年 5 月 4 日下午 5 点 18 分

深切怀念唐明邦先生

杜新会

唐明邦先生是我最敬仰的易学老前辈，惊闻先生离世的消息，深感悲恸。

记得一次大会期间，我瞥见先生路过，就拿出一本刚出版的《周易与商战》，立即大步追了过去，想请先生指正，当时先生年迈八旬，走了不久，我竟然被远远甩在后面，不见了踪影。

有一次，我到武汉讲课时，有幸到先生家拜访，唐明邦先生和蔼可亲、平易近人、从不拿架子，当时看到家里非常简陋，卧室有一张床，铺着一张凉席，旁边一张桌子，真不敢相信这里就是中国周易研究会会长唐明邦先生的住所。

记得约在1992年唐明邦先生到河北周易研究会考察，他讲话中指出，周易属于思维科学范畴，周易是四大经典著作，周易在易学领域里很有造诣，周易必须联系实际。又说古人讲不学周易不能为相。还讲述了六大论述、易学的价值，批评了学周易是迷信的说法，并肯定了我们周易研究会每周定期研究易经的做法，肯定了通过古代书籍结合实际的预测技术，肯定了我们研究的方向，勉励我们发扬、传承先人绝学，为当代社会发展做出贡献，以期服务大众。

2018年9月17日

作者简介

杜新会，奇门遁甲专家、国际易学联合会易学应用研究会副会长。

恩师教诲铭记　哲人精神永存
——追思易学泰斗唐明邦先生

王　钧

转眼恩师唐明邦教授逝世已近100天了，然而，恩师的笑容时时在我眼前呈现，恩师的教诲亦时时在我脑海回荡。怀着思念的心情我又一次阅读了《天人之学——唐明邦自选集》。从书的字里行间，又一次聆听到恩师要"重振国学，复兴儒学，弘扬易学，光大祖国传统文化；中西融合，古今贯通，建设中华民族共有精神家园，全面建设社会主义和谐社会"的谆谆教诲，又一次感受到恩师"勤于读书、思考、著述与讲学、学而不厌、诲人不倦、弘扬传统文化奋斗不息"的精神。我肃然起敬，又思绪万千。

恩师唐明邦为人谦和，胸怀坦荡。记得2009年我有幸与唐先生相见，面对面地传授了学习心得。他说：老子的"道生一，一生二，二生三，三生万物。万物皆由阴阳二气互相激荡，和谐统一而成"的理论说明了一个道理：事物维持阴阳和谐才能够生存是一个普遍规律，"三生万物"中的"物"都有它的两面性和矛盾性，在我们的现实生活中就有循环往复的规律。我们在困难面前要锲而不舍的追求解决之道，始终相信正如"一生二"生出的阴和阳是彼此相互克制、相互制约一样的。在世间任何困难都有它的克制对象、制约对象，即：解决之道，只待我们去寻找、去探索。

恩师唐明邦乐于助人，激励创新。他的《邵雍评传》令我印象深刻。邵雍是一位疏离于经验世界之外，潜心于理念世界之中的思想家。中国思想史上的人物，有的可信而不可爱，有的可爱而不可信。邵雍却二者可以得兼。说他可信，因其不设堤防，不露圭角，一是一，二是二，不说违心话，不做亏心事，怎么想，怎么说，推心置腹，胸怀坦白，"勿意，勿必，勿固，勿我"，他能身体力行。

哲人仙逝，德音绵远。恩师您的教诲我终生难忘，您的学术思想、治学态度与人格风范，必将永远传颂后人，生生不息。

2018年8月5日

作者简介

王钧，高级设备工程师，任职物业宝技术发展有限公司董事长、中国邵雍风水研究院执行会长、中国邵雍思想文化研究会执行会长、中国国际大道文化研究会执行会长。

引领中国易学文化走进新时代

马勤定

山川肃立，江河呜咽。当代易坛泰斗唐明邦教授与世长辞，如柱陷梁倾，既是易学界的金瓯之缺，也是中国国学教育事业的巨大损失。

青山依旧，故影还熟。唐老虽已仙世，但他对易学事业的巨大贡献，却永远铭记在我们心中。

唐明邦老先生引领中国易学文化走进新时代，为后辈易学研究带来了明朗的晴空。他以丰富的学识涵养、伟大的人格魅力给所处的时代和社会传递着理念和力量，培养了一大批有理想信念、有道德情操、有扎实学识、有仁爱之心的易学人才。他说："我平生有四种弟子：一有三千大学本科生；二有三百。研究生；三有三十位博士生四有两名塾家弟子。"在他退休后又接纳了八名弟子。

在他的提议和推动下，于2014年3月26日在深圳成立了专业从事风水文化研究的纯学术研究机构——中国风水学研究会。此会与众不同之处在于：不吸收会员、理事，不开展商业经营活动，只吸收符合条件、有奉献精神的专家学者开展纯学术研究工作。在唐老的关心指导下，由练力华任编著，编写了中国第一部构建当代风水学新范式的风水学教材《中国环境地理学》，并于2014年12月由中央编译出版社出版。唐老反复告诫易学风水文化人，要有使命意识、危机意识和发展意识，珍惜千载难逢的开展风水文化研究的大好时机，对历史负责、对未来负责。他这种既不图名，更不图利的崇高精神和高尚人格，是我们易学文化人的楷模。

唐老在致中国风水学研究会的贺信中说：机不可失，时不我待。深盼研究会诸同仁，同心同德，团结合作，踏实苦干，攻坚克难，为当代中国风水学发展，做出卓越的创造性贡献。是所至盼并乐观其成。并在成立大会上语重心长地说：我对术数界寄予厚望。希望大家学习学习再学习，要学习马列、学习中国哲学、学习西方哲学；研究研究再研究，要研究风水学的定义、风水学的核心价值、风水学的理论基础、风水学的传统经典等；团结团结再团结，要克服术数界的痼疾，不要相互瞧不起，要互相欣赏。唐老的谆谆教导，有力地引领着易学的健康发展，引领者中国易学文化走进创新、发展的新时代。

他就像一只陀螺一样，被内心里那根"忠孝节义"的鞭子鞭策着，事不竟、力不息。他始终把易学事业看成一生的主宰，把心力全部聚焦在易学的传承、创新和发展上，放在敬业尽职践行社会主义核心价值观。政声人去后，民意闲谈中。他的贡献为我们描绘了易学的蓝图，培育了易学新秀，编写了易学术数范式教材。在他的策划与指导下，易学界又发展前进了许多。

笔者于 2016 年春节过后，专此从厦门到武汉登门拜访了唐老。此年，他已年届九十二高龄。不但描绘《周易》事业发展的大笔从未放下，且对后辈学者培养、指导的责任重担还牢牢的扛在肩上，继续指导、勉励和培养。他不顾年高体衰的疲惫，给我和唐梦华围桌谈经论道、释疑三玄。在我受益匪浅的同时，更大的是我对唐老无私传教的精神倍增感激。此外，他又签名赠我其自选集《天人之学》，并亲笔书写了三篇勉励文章。他的宝书、宝墨是留给后世的无价之宝和千金难买的精神财富。现附诗二首，以表对唐老的深切怀念。

唐老赠书有感

唐老无私赠吾书，如获至宝多珍惜。书随人身总不离，刻苦学习深研几。
《天人之学》论道深，三玄释疑理世稀。后学增智谢恩师，易学传承盛花期。

访唐老

春暖花芬芳，人心花怒放。易学春常在，缘有尊师唐。
唐老已九旬，心筑大梦想：所向易学兴，传统大弘扬。
退休有担当，蓝图胸中藏。易学指方向，余热乃发光。
长江东逝水，后浪推前浪。祖国气象新，文化日兴旺。
易学今繁昌，前辈是栋梁。沥血把业创，贡献甚辉煌
后学有榜样，尊贤学明邦。淡泊以明志，道德有修养。
肩负大重任，传承有担当。创新向前进，发挥正能量。
易界同励精，成果日见长。志当存高远，中华复梦想。

2016.2.26

作者简介

马勤定，陕西澄城县周易文化研究会会长，中国河洛易经学院易学教授，陕西省周易研究会易医研究院常务院长。著有《中华易数姓名学》《易数姓名精断》《八卦起名改运学》《周易与姓名人生》《中国周易姓名学》等。

老师，您怎么就走了呢？

赵翔宇

2018年2月3日，那是个终生难忘的日子。上午9点来到唐老师您的家，和翟老师一起行磕头拜师礼，正式拜师，归入师门。中午和师姐、杨阿姨我们一家五口，兴高采烈一起在家里吃团圆饭。老师您就更是高兴了，您像孩童般天真地笑着、聊着。那天，您很爱谈、健谈，谈自己家事，谈小时候放牛，谈上私塾，谈如何上北大哲学系，谈您的老师冯友兰的趣事，谈师哥师姐，谈自己经过"四世同堂"，谈师母的去世奇异……倍感老师您做人做事，心地光明，纯良素朴，疏于名利，行忠恕之道，事母至孝，朋友相亲，确是我心目中的完人！

谈起易学，您说《周易》乃大道之源，易学乃智慧之海。您从《易经》《易传》《易学》《易图》《数术易》等讲易学发展史，揭开易经的神秘奥妙，老师您更是学贯三教，乐天知命，性达天人。最让我难以忘怀的是，您讲，应重视中国哲学的四大观念：阴阳观、五行观、天人观、经络观。这四观、四大理论体系是中国文化之根具体体现，是中国国学精神之魂，涵盖

作者与唐明邦先生

中国国学所有内容，具有很高哲学思想、法治思想、经济思想，可以医国、医人、医病，这是老祖宗留下的财富和精神食粮，是中国的独创，拿出任何一观、一个体系都可以获诺贝尔奖，或者申报非物质文化遗产，您要求我们要好好研究。这就是老师的伟大，您站得这么高的高度和期望，给易学国学后人指明研究方向，这就是国家财富。

谈起养生，您更乐观了。十分高兴介绍自己的养生经验、修炼气功、饮食有节贵淡、心情豁达等，表明正确的养生对身体健康的好处。

您向我们介绍养生佳品"枸杞三元汤"。关于养生，您总结了您谨遵的道家养生要诀：养性守和，炼身守恒，饮食守淡，起居守时。

谈起内功养生，老师您说得密宗真传，人有七大气团：一是头顶、二是齐眉、三是喉结、上三气团；中间四是肚脐、五是丹田、六是生殖器、七是会阴、下三气团……您这样高寿，在于内功修炼。您毫无保留把藏秘功传给我们，并嘱咐我们随

时随地，净心即练。这是多么高的品德啊！

那时，您为了锻炼自己腰板和手劲臂力，每天要两手各提起10公斤袋子，在室内来回走动，使我看到了您的执着和坚毅。

记得，2018年2月16日上午，打电话给您拜年时，您精神很好，声音还是十分地洪亮，未曾想到这竟是最后的通话和永别。

2018年3月16日，老师您还让师姐打来电话说，武汉大学里的樱花开了，好美，您也想我们了，要我和翟老师一起去共赏樱花。终生惋惜未能成行。

作者与唐先生

2018年4月16日，师姐告诉我，您病了，而且很重，住在武汉中南医院，要我抽出时间一定来看一看您。计划忙完了手头的工作，5月5日去武汉看望您，未曾想到，5月5日我和翟老师一直来到武汉，老师您却走了，永远走了。老师，我们专程来看望您，您怎么不等您的学生，就提前走了呢？

2018年5月6日早上8点，天也有情，和我一样，悲伤地下着大雨。我和翟老师再次来到武汉大学南三区18栋楼前，看到的是一排排花圈、一束束挽联，是亡者的肃穆与沉静，是全国文化界对老师您的深切悼念！老师，您真的走了。

来到家中，看到您的遗像，我悲痛万分。昔日温馨的家，失去了您的音容笑貌和谆谆教诲，满屋都是浓浓的悲伤。我只能深深地鞠躬祭奠悼唁！痛哉！师尊已逝，师缘已尽，冥冥之中非人类自身所能把握的生来注定的抉择，命中注定认识老师才3个月啊。多想老师您能长生久视，我们师生缘分永无禁止啊。

呜呼！逝者已逝！老师在时，忙忙碌碌，没有多去看望老师，此恨已无法弥补！老师走了，才知道这辈子师徒已经做完，不知道下辈子做弟子的福分，还有没有资格再次轮到，呜呼！悲哉，云横虹水，日隐西山，仰雨露之沾濡，不胜感伤，听杜鹃之哀啼，恩师难忘，千载有余情！

老师您没有走远，易坛明灯长明，老师明邦千古！

2018年12月于济南

春华秋实　丰硕易园

——记练力华、李顺祥拜访易学泰斗唐明邦先生

黄　俊

2017年8月15日，国际易学联合会副会长兼易学应用研究会会长练力华、国际易学联合会副会长兼易学应用研究会执行会长李顺祥专程从深圳来到武汉大学，拜访著名哲学家、易学泰斗唐明邦教授。

唐老常说《易经》乃大道之源，易学乃智慧之海，弘扬易学旨在富国强民，学习易学首重崇德广业，运用易学诚心服务人民，普及易学教人爱国敬业。唐老一直十分关注易学的传承、发展和创新。在国际易学联合会易学应用研究会成立之际，唐老曾特发贺信，提出期望。早在2010年，唐老就向练力华老师提出要求，让其撰写一部当代环境地理学教程，认为目前的重要任务是要构建当代环境地理学的新范式，建立当代环境地理学的学科体系，并提出"范式"概念等许多精辟的观点，促成练力华老师领衔编著的《中国环境地理学》于2014年由中央编译出版社出版，并得到了广大读者和专家学者对该书的普遍好评。

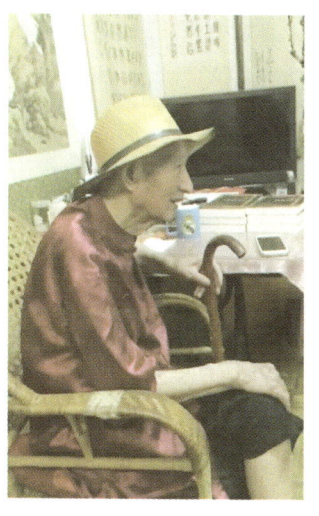

唐明邦先生

几年前，唐老就多次过问李顺祥老师撰写的《易学经世真诠》应用易学系列丛书，并在收到初稿后认真阅读、仔细审核，提出修改、完善建议，并欣然为之写序。这套丛书出版的过程中，唐老多方推荐，亲自过问。在唐老的亲自关怀和帮助下，经过几年的努力，李顺祥老师撰写的《易学经世真诠》系列丛书，终于于2017年7月由中央编译出版社出版。

《易学经世真诠》系列丛书

中央编译出版社是隶属于中共中央编译局的国家级社会科学类专业出版社，主要翻译介绍世界政治、经济、哲学和文化等社会科学方面的经典著作和前沿作品。中央编译出版社以"让中国了解世界，让世界了解中国"为立社使命，以"思想文化的摆渡者——在东西方之间"为座右铭，以出版"精品图书"为导向，以尊重思想知识为基石，以国内外专家学者为智力后盾，致力于出版高品位、高质量的图书。练力华老师的《中国环境地理学》和李顺祥老师的《易

学经世真诠》系列丛书能够在中央编译出版社出版，是对其学术成果的充分肯定，是上交给唐老的一份满意答卷。

为了迎接练力华、李顺祥的到来，唐老特意安排弟子毛善生、唐梦华一起来到家中，五人欢聚一堂，留下了历史性的会晤和纪念。

唐老已经九十三岁了，精神较好，思维清晰。老人家难以抑制内心的喜悦之情，交谈了

练力华著《中国环境地理学》

三个多小时，还意犹未尽。作为武汉大学哲学院教授、博士生导师、精研《易经》大半生的智者，唐老说《易经》所包含的四个思想观念，完全可以得四个诺贝尔奖。一个是"天人合一观"，一个是"阴阳观"，以及"五行观"和"经络观"，这是中国文化所独有。学习《易经》的智慧，最终使人"知天、顺天、参天、造天"，指导人们更好地认识世界、改造世界，提高生活质量。

说到易学的发展和传承，唐老又兴致勃勃地聊到邵雍的易学思想体系，指着家里墙壁上的十二消息卦，讲起了邵雍的"天根月窟常来往，三十六宫都是春"，讲起了他一生中四次大的转折。他语重心长地说："易学思想需要传承，需要培养新一代的接班人，不能令法脉断绝。"练力华老师说："高素质的易学接班人起码要符合以下几个条件，一要品德修养好，二

作者与唐明邦先生等

要热爱易学，三要有较高的文化水平，四要耐得住做学问的寂寞，肯坐'冷板凳'……"唐老近百高龄依然为易学的发展、传承无私奉献，真正是春蚕到死丝方尽，蜡炬成灰泪始干，令人无限感慨，十分感恩。

练力华老师前几年总结唐老对易学发展的推动作用时说："唐明邦教授自改革开放至今的三十多年来，一直十分重视对易学应用研究的推动工作，为易学应用鼓与呼。一是在'精英文化'与'草根文化'的互相了解、互相包容方面，起到了任何人难以起到的重要桥梁作用。二是十分重视民间易学应用方面的研究与推动工作，不顾八九十岁高龄，亲自参加各种易学会议并作重要讲话，在提升正能量方面起着重要的教化作用。三是在民间重点人才培养、重要易学应用项目的研究上，呕心沥血，诲人不倦，成绩斐然，起到了一个老易学家的人梯作用。"李顺祥老师对唐梦华老师说：要按照唐老的要求，积极整理唐老的学术思想和生平事迹，及时发布在《国际易学年鉴》等相关期刊上，分享给更多人学习。

唐明邦教授自1989年筹建中国周易研究会并担任首届会长以来，全身心投入到推动易学发展的事业中，德艺双馨，硕果累累，影响着几代人，是真正的"易学泰斗"。老人家的风骨，正如悬挂于中堂那幅怒放的腊梅，在笑傲寒雪中展现着生命的华美，永远充满活力与希望，迎接春天的到来。

此外，练力华老师和李顺祥老师还分别向唐老汇报了国际易学联合会易学应用研究会上半年的工作情况。作为首席顾问，唐老对研究会上半年所取得的成绩给予了充分的肯定和赞赏，并寄予了殷切的期望，希望他俩带领国际易学联合会易学应用研究会全体成员，多出新成果，为传承、弘扬易学文化做出更大的努力和贡献。

据悉，自从唐老因年高不便外出起，练力华老师与李顺祥老师每年都结伴专程到武汉大学拜访唐老；毛善生老师、唐梦华老师身居武汉，更是时常到唐老家中嘘寒问暖，排忧解难。他们这样尊敬师长的孝道精神，值得我等晚辈认真学习，笔者有幸参加了这次聚会，更是深受感动。

2018年4月，得知唐老住院，练老师与李老师又结伴于4月28日专程赶到武汉，在毛善生老师、唐梦华老师、唐老儿子唐清华夫妇、唐建华夫妇的陪同下，到医院探望唐老。此时唐老全身已瘦得皮包骨，也不能说话了，但两眼仍然放光，一度将练老师误认为郭齐勇院长，嘴皮上下微动，杨阿姨说，可能是问"唐明邦评传"的事情。经过十来分钟，终于认出了两位老师，并频频点头，眼中噙着泪花。接着，练老师、李老师、毛老师、唐老师和唐建华，还专门找了主治医生，商量接下来的治疗方案；并决定请多一个护理人员，费用由他们负责；当天晚上，他们又与家属开了家庭会议，商量治疗、护理方案和后事处理等事情。

2018年5月4日下午，两位老师第一时间接到唐梦华老师的电话，告知老人家已仙游，于是，两位老师又赶往武汉，参加了追悼会和石门峰墓园的安葬仪式。

2018年6月，练老师、李老师又应邀专程赶往武汉，与唐老儿子唐建华、毛善生老师、唐梦华老师参加了出版《唐明邦学术思想探索》的筹备工作会议。从此，他们四人与张长青老师和本人，以及众多易学专家，正紧锣密鼓地投入各项准备工作。同时决定，2019年，拟在武汉举办"唐明邦学术思想研讨会暨《唐明邦学术思想探索》首发式"。

2018年8月

作者简介

黄俊，国际易学联合会易学应用研究会副秘书长。

第三章 推动研究 不遗余力

《中国历代易案考》序

唐明邦

  1987年,山东大学举办首次国际周易学术讨论会,北京大学冯友兰教授特致书面贺词表示热烈祝贺。贺词中说:"我有一个建议,研究周易当然以周易哲学为主,但周易本来是一部筮书。周易的哲学思想有些与筮法有关,因此对筮法也要作调查研究工作。……这不是提倡筮法,不过是要搞清历史中的一件事实。"20多年过去了,冯友兰先生的这一建议,尚未完全实现。杨景磐先生花费10多年心血,参考大量文献资料,著成《中国历代易案考》,完成了冯友兰遗愿中的一个部分。本来冯先生希望通过当今社会调查,去弄清这件历史事实,这一方面的任务还有待努力。依我对《中国历代易案考》的初步阅读和理解,此书具有多方面的文化价值,不同于一般的占卜之书,至少以下诸方面,值得重视。

  首先,阅读此书可使读者了解许多鲜为人知的历史人物、历史事件。在古代,占筮活动是相当严肃的事情。本书所收罗的易案,都是用周易进行占筮的记录。以下三个方面的内容,令人叹为观止:一是重大政治举措的决策,要进行占筮。如重耳返国,晋悼公为君,勾践归国,南朝宋顺帝禅位,宋徽宗被俘,溥仪论国民政府等;二是重大战争,须通过占筮预测是否可行及未来胜败结局,如鄢陵之战,赵鞅救郑,韩原之战,吴王伐齐,汉武帝伐匈奴,邓艾伐蜀,张康论伐日本,奉直战争等;三是个人重大行动的抉择,如伍子胥奔吴,夫差释勾践,李纲仕唐,朱熹焚奏稿,辛弃疾南归,纪晓岚科举等。历代易案的内容涉及诸多方面,散见于正史、方志及名家著作,本书作者集腋成裘,蔚为大观,使读者对于不少历史人物、历史事件的逸闻趣事有集中了解,可补古史之阙而益读史之兴。

  其次,此书虽只专讲易案,但对学习《周易》亦有所补益。每一易案的内容,显示着占筮者对相关易卦的内涵有所解析,有的专重卦爻象,有的专重卦爻辞,有的二者兼用,从中可见古代及近代研易者,释易的旨趣与方法多有不同,这对于今人研易或重义理,或重象数,或象数义理并重,不无启迪。同一卦爻象或卦爻辞,不同人的解析千差万别,不足为怪,这说明易占不是一种纯粹的理性思维活动,它同时存在非理性因素,有人说:"《易》无达诂。"对此值得深思。就卦爻象而言,八经卦、六十四别卦,都是中国人熟知的一种特殊符号,堪称古圣创造的一种理解世界的视觉语言,它蕴含着特定的象征意义。这种用以表达观念的简易符号,对于不同的人却可能产生不同的认识效果。因为卦象符号本身不代表一种明确的观念,它可以随人拟议，正如《易传》所说："拟之而后言，议之而后动，拟议以成其变化。"这是《周易》思维的一大特征。对于卦爻辞的解析，同样存在这一特点，同一卦爻辞，可能有不同的解析。对此冯友兰先生曾有精辟论述。1984年，在武汉举行首次中国周易学术讨论会，冯先生发来《代祝词》，写道："周易本身并不讲具体的天地万物，而只讲一些空套子，但是任何事物都可以套进去。这就叫'神无方而易无体'。"因为不同的人对所占得的卦爻辞，往往是凭着自己的生活经验、知识结构去进行解释的，所以千差万别。读了《中国历代易案考》，对于易占的这一特点定会获得更加深刻的认识。

再次，绵延数千年而不衰的易占，实际上已成为中国传统文化的特殊组成部分。同雅文化有所不同，它是扎根民间的一种俗文化。本书告诉读者，易占民俗源远流长，不止盛行于社会底层，也曾盛行于社会上层；不止成为巫师方士的专业，亦为文人学者所雅好；不止深深扎根于汉族群众中，在若干少数民族中也相当流行。本书收集考订的易案，仅限于正史、方志及少量学者著作，挂一漏万在所难免。在中国文化史上，对历代易案进行系统梳理，这还是第一次。作者对每则易案详加考订，细心评析，指出谬误，论其得失，对涉及的古代史事，予以客观评判，读来别有情趣。

《中国历代易案考》一书，内容搜罗宏富，评析务求精审，深入浅出，雅俗共赏，有史有论，体例新颖，不失为具有开拓性的学术著作。读者从中可以学到不少古代和近代历史知识，还可以加深对周易象数和义理的熟悉、理解，更可以品评古代、近代人物的某些思维方法。对于研究前人所运用的种种易占方法，也有一定参考价值。

杨景磐先生的另外几部新著——《皇极经世演绎》《太乙考证》《六壬指南例题解》《六壬捷录新解》《用易琐谈》等，我未能来得及阅读，相信凭借着杨先生深厚的文化底蕴和严谨的治学态度，这几部书也一定有所发现，有所开拓，对读者也将会有所启迪和帮助的。

中国周易学会第一任会长、武汉大学哲学系教授、

博士生导师　唐明邦

二〇〇五年四月二日于云鹤书房

《易经的智慧》序

唐明邦

很久以来就希望能有一部雅俗共赏的易学新著，以应普及易经知识的急需。众里寻她千百度，而今终于出现了，这就是殷旵先生及其爱女珍泉合著的《易经的智慧》。此书无愧为学易者的良师益友，足令《易经》入门，事半功倍。一经披阅不难发现她具有诸多魅力，令人爱不释手。

人们不是爱好占卜吗？不少人认为有了《易经》这本"占卜之书"，可望用来为人生指点迷津。本书作者回答说，不错，学《易》正是为了"卜"，为了"择"，否则读它干什么。不过这里所说的占卜、选择、预测，同某些人并无共同语言。江湖术士讲占卜、择吉、预测，乃从宿命论出发，期望从中得到某些或吉，或凶的神秘结论。本书所讲的是高层次的占卜，即根据易学哲理进行预测，分析事物发展的各种可能性，从中做出最优的选择。如此说来，正是："善为《易》者不占。"不占之占，乃高层次的占，是寻求《易经》智慧的启迪，而非求得预示吉凶之结论。这里明示占《易》同学《易》是统一的，为了占《易》，必先学《易》，学《易》愈精，占《易》愈准。"占学一理"，古有明训，"善为《易》者不占"，学《易》明真理，不占乃自然。本书通篇贯彻"占学一理"原则，诱导人们认真学《易》，求其精髓，神而明之，存诸一心，因时而动，吉凶由人，不占不卜而有先见之明。

《易传》云："立天之道曰阴与阳，立地之道曰柔与刚，立人之道曰仁与义。"作者遵循天道、地道、人道统一法则，深信"《易》与天地准""故能弥纶天地之道"。天人之际三纲领，乃东方文化固有的特征。本书作者对每卦、每爻象、数、理的阐发，无不紧扣此原理，诱导人们精研天人统一之道，启迪智慧，以为指导行为的准绳。《易》乃"宇宙代数学"。学《易》，乃可执常以通变，"不可为典要，唯变所适"，掌握事物变化的客观规律性，"先天而天弗违，后天而奉天时"，故可趋吉避凶。学易者，知阴知阳，善用柔刚，时止而止，时行则行。如此而已，别无秘奥。遵《易》而行，别无秘奥，正是人们知人论世，圆行方止，自求多福的最大秘奥。

《易传》云："夫《易》，圣人所以崇德而广业也。"《易》是古圣先贤经邦济世之书。是故古人说"不读《易》，不可为将相"，足见《易经》在敦人论，齐礼法中的重要作用。《易经的智慧》的作者，深明此理，在解易过程中，坚持经世致用学风，或引古史，或述古人，以其历史经验，疏证易理，旨在诱导学易者进德修业，归本大道，激发学《易》之深情，张扬人文之雅兴，酌古酬今，还《易》理于百姓日用。作者务求古今通气，史论结合，举一反三，启人遐思，借古圣之史慧，益今人之智力，如此诠《易》，深中肯綮。

不言而喻，此书的重大特点在于雅俗共赏。酌古论今阐易理，妙在轻言细语中。作者对《易经》原文，逐字逐句讲解，无惊世骇俗之论，无虚远玄妙之谈。摆在面前的虽是上古圣人之书，而听到的则是饱经人世沧桑、具有豁达胸怀的一位学者的妙语微言，所举证者无非人们日见日为的平凡之事，令人如听家常，如坐春风，没有天方夜谭的奇闻，没有照本宣科的套话，听得懂，学得会，用得上。作者常自设宾主，一问一答，难字、奇句，豁然而解。《易经》智慧的清泉，汲之不尽，用之不竭。此书编排大方，图文并茂，装帧雅致，如此仿古装帧，书肆少见。古诗云："鸳鸯绣罢从君看，不把金针度与人。"殷旵、珍泉之《易经的智慧》，已将鸳鸯与金针和盘托出，人见人爱，愚亦乐以为之序。

唐明邦

二〇〇四年五月二十三日

于云鹤书房

《中国环境地理学》序

唐明邦

我对源远流长的环境地理文化情有独钟，一直致力于推动地理文化的普及和研究工作。久欲寻求一部地理学专著，目的是一窥其中的奥妙，以增长对此文化奇葩的基本知识，也可为后学提供一部相对权威的环境地理学教材。

现在《中国环境地理学》书稿陈放在案头，初读之余，受益良多。我觉得该书有如下几个鲜明特点。

（一）首次提出构建当代环境地理学新范式的概念，并为此做出全新的概括和阐述

该书开宗明义，有志于为 21 世纪的环境地理学构建一个新范式，此论深副我意。我深深觉得实现这一抱负难度甚大，任务艰巨。传统地理文化是否堪称一门学科，尚有争议。一般人认为它是扎根民间的一种草根文化，难登大雅之堂。加之地理文化派系复杂，各有所长，欲构建学科范式，未免难上加难。练力华同志和他的团队，众志成城，敢淌深水区，摒弃门户之见，兼收并蓄，立论公允，居然拿出了中国环境地理学第一范式，无疑是一大首创，其敢开风气之先的精神值得肯定；该书中阐述的当代环境地理学新范式的基本内容，有理有据，令人信服。

前几年，我曾请教过多人，环境地理学的定义如何？其核心价值何在？很难得到满意的答案。而今该书已开门见山，作了明确回答，写道："环境地理学是研究人与自然和谐相处基本规律，选择和营造生气，为各式建筑物选址、定向和布局提供最佳方案的学问和技术，是融天文、地理、建筑与造园等文化于一体的交叉学科。"这一定义的可取之处，首在明确地理学的研究对象是人与自然和谐相处的基本规律，其核心价值在于促成天人统一，一语道破历代地理先贤的心声；同时点明地理学是一门融合多种学术，具有交叉学科属性的特征。这一定义无疑揭示了地理学的本质和核心，也可以解除人们对地理学的一些困惑。

（二）对环境地理学理论基础的阐述，颇有新意

过去，人们对环境地理学理论基础的阐述，多只局限于天人合一、阴阳、五行、八卦学说。该书在此基础上，首次提出"元气自然学说是地理学理论的核心"。先哲认为"天地未分之先，元气混而为一谓之太极"。太极生阴阳，阴阳生八卦，八卦衍生万象。地理学正是秉持中国哲学史上传承的元气学说作为地理学立论的根基，寻龙、认砂、识水、选址，无非为了调和阴阳之气，以营造生机盎然的居室环境而已。

同时，该书还首次提出"整体思维模式是地理学的思维范式""常变贯通法则是地理学的魅力源泉"的新观点。《周易》所阐述的太极思维方法，实质上是整体思维方法，注重把任何事物视为一整体，防止形而上学的片面性。在地理操作过程中，时刻注意地理环境存在的多重矛盾，无论山与水、形与气、阴与阳、常与变等，无不存在对立统一的矛盾关系，要加以正确分析，统筹兼顾，不可顾此失彼。鲁莽的地理师往往囿于一偏之见，夸大一方，忽视另一方，造成无可挽回的损失，远离天人和谐、趋吉避凶的目的。

（三）对环境地理学物质基础的阐述，见解独到

该书在"元气自然学说"的基础上，进一步探讨了"气的本质是物质"，"气是地理学的核心"的学理依据。难能可贵的是，该书首次对地理如何纳气做出深入剖析，坦诚公开，这是编著者长期研究的心血结晶，是对传统地理文化的一个发展。

（四）对环境地理学的操作规程，概括为"一总则三纲领八条目"，可谓行家手笔

长期以来，地理文化良莠不分，流派杂陈，导致后学走了不少弯路。该书从浩如烟海的地理书籍中取其精华，弃其糟粕，把取之有验的地理学形势理论、理气学说及地理操作要领，概括为"一总则三纲领八条目"。一总则是天人和谐，乃地理学的立论基点，同时也是终极目的；三纲领指顺乘生气、阴阳相见、时空统一，是实现天人和谐的"三驾马车"；寻龙点穴、认砂识水等八条目，正是落实三纲领的操作要领。这一概括，高屋建瓴，纲举目张，一语中的，恰如其分。

（五）经、史、理、术齐备，不愧为当代环境地理学的新范式

该书的高明之处，更在于所构建的地理学范式，将经、史、理、术四者整合为一体。"经"乃指历代堪舆先贤遗留给后世的宝贵地理文化典籍，其中蕴藏着先贤们呕心沥血所取得的独到经验，是后世值得珍惜的宝贵文化遗产。不深入研究和运用先贤典籍，地理学将成为无源之水、无本之木。"史"乃梳理历代先贤探寻地理学原理的心路历程，不知史将导致后学者数典忘祖，须知取得共识的宝贵原理，都是先贤心血的结晶，后学者才能"得来全不费工夫"。"理"乃古之地理先贤千辛万苦所凝结的共识通理，恰如数学、物理学中的某些公理，人人可随手引用，堪称一字值千金。然而后人往往对某些基本原理未加深思熟虑，动辄轻言妄语，偶有一得就沾沾自喜，甚而菲薄古人以自高，此种学风殊匪鲜见，当引为深戒。"术"乃指实现地理原理的操作要领，古语云："工欲善其事，必先利其器。"术之是否精巧，关乎地理操作之成败。理不精则术难准，术不精则理蒙尘，理术不精如盲人骑瞎马，焉不败事，可是夸其术而不明其理者却大有人在。该书之所以将经、史、理、术融而为一的良苦用心，唯恐有人只见树木不见森林，管中窥豹而狂妄自夸。不难看出，该

书的编著者，总切望当今的地理文化人既精其术，深明其理，熟知其史，透悉其经，真切笃实地掌握 21 世纪的中国环境地理学范式，以服务广大人民群众，不辱当今使命。

该书是编著者探求当代环境地理学新范式的大胆尝试，如有不足或不对的地方，在所难免，切盼读者以坦诚公正的心态对待之，以全编著者诸公"抛砖"而"引玉"之愿。《易》云："一致而百虑，同归而殊途。"千百地理文化人，当以完善当代环境地理学新范式作为共同历史责任，务期精益求精。使原属草根文化的地理术，脱胎换骨，成为名正言顺的环境地理学，跻身精英文化行列，荣登大雅之堂，乃不负广大地理文化人之厚望。

该书之成书，得到中国专业人才库全国易学考评管理中心的指导，加上练力华同志及其团队的通力合作，能在较短时间完成，实属难能可贵。此种对学术事业的紧迫感和执着的创新精神，令人钦佩。我于此深受感动，故不揣浅陋乐以为之序，以就正于方家。

唐明邦
2013 年 12 月 30 日

作者简介

唐明邦，号云鹤，重庆忠县人，生于 1925 年 1 月。早年毕业于北京大学哲学系，武汉大学哲学学院教授、博士生导师，首届中国周易研究会会长。唐老不仅为本书作序并任本书学术顾问，而且还挥笔题写本书书名，以示对此书的重视与肯定。

《易学经世真诠系列丛书》序

唐明邦

改革开放新时期，神州大地涌现无穷新事物。作为中华传统文化中的术数文化也乘机得以复苏，这绝非偶然。术数文化早在《汉书·艺文志》中就已定名。今天，有人称之为神秘文化，包涵四柱、环境地理、六爻、择吉、奇门遁甲等诸多分支，都深深扎根于民间，长期口耳相传，已有数千年历史。术数文化从来受到历代史学家的公正对待，历朝历代均将术数文化领域里不少著名奇人异士的事迹载入史册。可以说，当今术数文化的复苏，不止有其现实土壤，更有其深厚历史根源，并非无源之水，无本之木。

从现实土壤方面看，术数复苏有着两方面的原因。

一是经济文化建设、市场经济发展力量的推动。神州大地经济文化建设日新月异，一天等于过去二十年。经济全球化、信息网络化，导致人们的生活难免遭遇多重矛盾交织，言行举止、功利取舍等诸多方面，往往是风险与机遇同在，必须深思熟虑，慎重决策。这时谋之领导、谋之师友、尚难决断时，谋之术数之士，亦不失为一种选择。故社会现实生活中的激烈竞争，乃是推动术数文化兴盛的动力之一，实非单纯的"周易热"所能引发。

二是术数文化的兴起，还有两方面历史根源。一方面它是《周易》应用的一个侧面，可谓"易外别传"。《易》乃大道之源，是论道兴邦的宝典，然而数千年来，它却广被百家利用。易学与术数从来就有千丝万缕的联系。大体说来有三个层面，首先，它借用了《周易》的某些主导思想，如天人合一、三才统一、阴阳学说、常变思想等；其次，应用《周易》图像，《河图》、《洛书》、《太极图》、先天八卦、后天八卦、卦象图、纳甲图、爻辰图等；再次，借用易学的某些范畴、概念，如变卦、互体、吉凶、比应、中和、阴阳、刚柔、消息、常变等。术数借"周易热"之东风，乘势而兴，亦势所必然。术数之兴的另一历史根源，是它在中国二十四史、《四库全书》中，从来就有一席之地。《史记》有《日者列传》《龟策列传》；后来的正史中多有《方伎列传》，记载民间精通术数（包括医术）的奇人奇事，有的还高居庙堂，受到君王青睐。《汉书·艺文志》列有数十种或存或亡的术数类书籍目录。特别在清官修的《四库全书》中，子部列有术数一类。其中第一部列入此类者，乃是宋思想家邵雍的《皇极经世书》。此书实为大谈经世之道的易学名著，之所以将其列入术数之首，足以发人深思，表明《四库全书》编纂者，将各种列入术数的典籍，均视为同《皇极经世书》一样，有着指导人们为善去恶、崇德广业、安定社会的经世作用，应予列入子类与诸子百家典籍同等看待，不应以其为"草根"文化而加以歧视。由此启示后世，对待神秘文化术数之书，应持正确态度。首先，重视它，研究它，应用它为人民隐恶扬善、趋吉避凶、指点迷津；其次，保持中立态度，认定术数之学本有神秘奥妙之处，今人尚难破译，不会永远无人破译。譬如男女生育遗传之妙，古人难以解析，今有遗传密码的发现，真相大明。记得20世纪90年代，在北京举行的"周易与科学"学术研讨会上，中国地震局研究员翁文波先生，特别向大会献赠他的科研论著《天干地支纪历与预测》。书中表明他本人利用天干地支预测地震，屡有奇效。与今之四柱、六爻预测何其相似，难道不值得深思、存疑？无可讳言，过去社会上有少数人，不能正确对待术数行业，将术数界人士视为散布宿命论的迷信者。《四库全书》的编纂者，却是将术数之士大多视为导人自求多福、指点迷津的良师，他们能教人做"积善之家必有余庆"的主人，免遭"积不善之家必有余殃"的厄运。

我于术数之学心仪已久，视其玄妙莫测，不敢涉足此玄圃，至今仍是门外汉。但置身易坛，深交不少术数名家，耳濡目染，亦略知皮毛。今又读到《易学经世真诠1.人生信息学》（上下册）、《易学经世真诠2.时空信息学》（上下册）、《易学经世真诠3.中国姓名学》、《易学经世真诠4.人居地理学》、《易学经世真诠5.人生信息学答疑》、《易学经世真诠6.时空信息学解惑》等系列丛书，作者乃重庆市社会科学界联合会常委、国际易学联合会副会长、重庆市中华易学研究院院长、国际易学联合会易学应用研究会执行会长李顺祥同志。他从事术数文化研究与教学已三十多年，好学深思，广交师友，研读各派古典，心领神会，实践应用，去芜存菁，总结提炼，然后综合创新成此巨著。此套系列丛书立足实战应用，又有完善的理论架构，在实践中创立了诸多适合现代应用的学术新观点，完善了周易应用理论，极大地提高了周易预测的准确性和可靠性，必将推动易学应用的健康发展。他治学严谨，力求完美，每一个学术新观点，都是在实际预测中，经过千百次的实践验证而得出，每有心得，笔之于书，也毫无保留，尤其是在学术应用的发展方面做出了里程碑式的贡献。此套系列丛书实属易学实战应用的权威之作。

今欲将此套系列丛书，抛砖引玉，公之于世，冀于同好，共谋发展。作者能成此套系列丛书，显示他具有令人钦佩的钻研精神。首先，显示出海纳百川、博采众长的虚心好学精神。术数之学，向来派系甚多，各美其美，莫衷一是。作者勤学好问，不受派系思想束缚，博学慎思，广征博引，加以重新架构，力求授人一套"正确、合理、简捷、实用、有效"的自学思维方法，诱导读者开启智慧，洞悟玄机。其次，显示作者富有敢为天下先的综合创新精神。在旧社会，门派规矩甚严，只许师徒二人口耳相传，素有"六耳不传"的行规，令人莫测高深。作者撰此套丛书，将先人遗训同本人创新之处，和盘托出，不加保留，打破千年行规，顺乎当代潮流，肯定会广受读者欢迎。再者，从中亦可看出，作者更有"己欲立而立人，己欲达而达人"（孔子语）的仁者心胸，乐于抛砖引玉。将此套丛书公之于众，必能广交同好，利于汲取不同意见，共同推进术数之学新发展。更愿用此套丛书鼓舞术数之学的爱好者，打消疑难情绪，热心自学成才；同时启示术数界同仁，深入研究先贤遗留的典籍，精益求精，崇德广业，树立高尚情操，以精湛技术服务社会。但愿此套丛书早日面市，乐以为之序，以就正于方家。

2017 年 5 月 9 日定稿于云鹤书房

作者简介

唐明邦，武汉大学哲学学院教授、博士生导师，首届中国周易研究会会长。

《百年堪舆——王者山河》序

唐明邦

《百年堪舆——王者山河》是一部别开生面的风水学著作。作者通过广泛田野考察获得翔实资料，并对之做出深入浅出的理论分析。资料生动，理论分析透彻，读之引人入胜。

中国传统文化中，有雅文化，也有俗文化。作为传统文化组成部分的风水学，上合公侯之意，下应布衣之需，雅俗共赏，经过几千年充实、提高，历久弥新。它由古代神秘文化演变而来，目的在于趋利避害、趋吉避凶。时至今日，仍在各种建筑领域发挥着独有的作用。风水文化，无论其理论基础、思维模式，还是价值取向、终极目标，都深受《周易》思想影响，二者有着千丝万缕的联系。天人统一学说奠定了风水学的理论基础。风水学以研究自然环境对人的身心影响为核心，成为生态环境地理学科。风水名家指出，风水学以"气"为主。人之于气，如鱼之于水，不可须臾离。风水学古称堪舆。堪是天道，舆是地道，实质在探察天象的变化和地气的变化。风水术就是天人统一术，离开天人统一学说，风水学就失去灵魂。太极思维主导风水学思维模式。太极思维可以说是东方思维的精华，其优点在于考究事物之间的相互联系，相互制约，全面地考察事物演变的规律，然后作出整体综合评价。风水学吸收了太极思维的优点，加以巧妙运用。注重的是龙、砂、水与穴、堂、案六维统一的整体环境结构。任何一方有缺陷，都会影响穴位的效应。点穴位，观明堂，睹朝案，是从整体着眼，评论其综合效应，目的在于营造足以令人身心舒适、视野开朗、生意盎然的最佳生态地理环境。燮理阴阳主导风水学的价值取向。《周易》哲学的核心是阴阳学说。风水学将阴阳学说与五行学说相结合，形成自己的理论骨架。常言"地理之道，山水而已"。风水者，阴阳之道也。"相其阴阳"，旨在燮理阴阳。观山察水，目的在判明二者是否阴阳调和。或重形势，或重理气，总在谋求营造一个山水融结、阴阳合和的最佳穴位。观山察水，还须结合天象变化。天象变化，制约地理生态，直接影响人的身心。风水学从整体形势、长远趋势着眼，进行整体综合评判，而以燮理阴阳、藏风聚气为其价值取向。风水学的终极目标是"顺天休命"。人们的普遍心理是希望有良好居室以保障身心康泰，风水学力图满足人们的这一欲求，上律天时，下察地理，以自然生成的青山绿水为依托，天时地理良性结合，发挥人的主体能动作用，妥善选择，精心调整，以创造天人统一的最佳效应。"顺天休命"，即顺应天地自然形势，以完美人生性命。既考虑天时变化的恒定趋势，又考虑山川道路的不断变化。总的意向是使居室背山、面水、向阳，营造一种阴阳调和，"藏风聚气"，使人身心康泰的最佳生态地理环境。

桐源居士，少时得家传风水术，通晓不同流派的风水学说，理论自成体系；遍游名山大川，作实际田野考察，理论与实际结合，从而具有极其敏锐的通变能力，寻龙点穴方面有过人天赋。通过对古今堪舆实例进行深入研究，撰成此《百年堪舆——王者山河》一书。此书特点有二：一是由事入理，针对风水现象阐述风水理论。用可读性较强的事例和语言，扣紧风水主题进行总体判断、具体分析，有助于深化人们对风水学的认识和理解；二是全面详尽，案例多。对不同案例的龙穴砂水作全面论述，借鉴前人成果，将自己的心得、经验和盘托出，分析大量实例，利于学习参考。

此书写作章法，以田野考察资料为主，辅之以结合实际的理论分析；对显示山川形势的图像，作画龙点睛的评判，图文并茂，文字畅通，浓厚的历史感同强烈的现实感交相辉映，读之令人兴味盎然。年轻后学，出手不凡。不确之处，在所难免。愿为制序，以示推荐。望再接再厉，不断推出新著，以飨读者。

唐明邦
二〇〇八年五月八日于云鹤书房

《木子兵法》是中国园林建筑风水文化的一枝奇葩

(代序一)

唐明邦

营建山清水秀、阳光充足、阴阳调和、藏风聚气的生态环境，改进人们的家居、工作及游乐场地，以利于人们健康、愉快的生活与工作，千万年来为人类共同追求的理想。

为营建合理舒适的生活工作环境，人类祖先已创造了丰富的成功经验，并总结出特有的科学思想，形成了源远流长具有中国特色的园林风水文化。园林风水文化的基本宗旨，要求人们顺应自然，贯彻天人和谐之道，适度调整、改造自然，保证人与自然和谐相处。

园林风水文化的特殊魅力，在于"燮理阴阳""天人合一"。其中心思想在遵循自然法则，合理安排、因势利导、趋利避害、趋吉避凶，以利于人们的身心健康、事业发展。

营建阴阳和谐的私家住宅、精品屋宇、美好园林，有赖于人们对生态环境作多方面深入思考和理性分析。即要对山形、地势、水文、气候等自然条件作深入分析与综合考虑，尤不可忽视对建筑场地的植物排布，应作细致分析与综合思考。从环境改造角度看，这无异于在人与自然之间进行一场又一场没有硝烟的战斗。因此，高明的园林风水师可以称之为构建天人和谐生态环境的总设计师。从兵法上讲，他亦是一位善于统领三军、胸怀全局、巧妙排兵布阵的战略家。李德雄先生四十多年来将这种科学技术用于园林设计实践，被人们称之为——植物风水《木子兵法》，无疑具有深刻意义。

兵法是研究战略战术的。《木子兵法》的作战对象，是不利于人类生存的恶劣生态环境，所调遣的兵卒是不同的植物种群。作战的任务是以木为兵，消除不利因素，营建和谐健康的生存生态环境和小的居室环境。

善于掌握植物风水《木子兵法》的人，对他所指挥的"兵"，即不同品种的树林花草，包括苔藓地衣等地被物，要有深入的研究。亦要充分了解不同植物的个性，然后才能发挥人的主体能动作用，巧妙配合、合理布置。因此，不难发现为掌握植物风水《木子兵法》的思想体系及操作规程，必须具有三大方面的知识与技能。

首先，要深入研究各种植物的一般特性和个体特性。形态万千、生机盎然、五彩缤纷的树林花草，品种不一、颜色各异、花香不同、气味各别、高低错落，形成一个千变万化的动态生物世界。植物形态随季节改变，花果颜色随气候而变化，叶片对粉尘的吸附作用不同，花果香气浓淡不一，光合作用中对氧气的释放深度有异。总之，不同植物种群所构建的生物场是大不相同的。这是首先要了解的一般知识原理。

其次，深入掌握植物种群之间因时变化的动态关系，决定它们在居室周围与园林中能否共同生存。物以类聚、人以群分。不是任何植物都能和平共处。祖国传统医学，根据药物性味特点，在药物配伍方面，总结出相互关系，提出药有"七情"之说。这一思想对于居室、园林植物配备布置不无借鉴意义。医家认定：相须者，同类药物彼此不可分离；相恶者，彼药可夺此药之功能；相杀者，彼药可制此药之毒性；相反者，此药同彼药不可同用，等等。植物类药物的气味关系如此，不同植物群体其气味关系如何，亦当作深入研究，这是十分自然的道理。植物风水《木子兵法》的作者，早已有鉴于此，进行了长期观察研究，不止掌握其一般原理，并身体力行做出种种创造性探索，力求在居室内外或园林之中合理布置不同植物种群，以满足营建不同环境的实际需要，并取得良好效果。因此，精通植物风水《木子兵法》，做到得心应手、巧夺天工。正是要深入认识不同植物之间的相须、相恶、相反、相杀等关系，善于因势利导、合理排布，以趋利避害，营求最佳效果。当然，这类知识和技能，不是一般人所能具备的。

最后，熟练地运用中国传统哲学思想，特别是《周易》思想的基本原理，善于因时因地制宜，根据太极思维方法，严格遵循太极和谐理论、阴阳互补法则、五行生克原理等，作全盘考虑、整体布局。为"协理阴阳"的需要，考虑时间空间差异，山地、平原、河网、道路、山形地势等千万的阴阳变化，对植物生态变化的影响，务使在居室周围和园林环境中种种植物种群联欢得宜，布置得当，错落有致，相得益彰，为人类的身心健康带来最佳效果。

植物风水《木子兵法》是中国园林建筑风水文化的一枝奇葩，它总结汲取了数千年来中国建筑风水文化的优良成果，加以创造性发展。作者别出心裁，巧妙地运用现代植物学知识，力图反映新世纪的时代特征，从对植物的排兵布阵上下功夫，着眼于营造特殊生物场，以满足人们身心健康的需求为终极目标。此书内容别致，理论新颖，以实例讲述，生动而具体，颇有说服力。兵法不可违。虚心对等，获利百倍；粗心大意，定遭天罚。植物风水《木子兵法》，图文并茂，文理畅通，读之引人入胜。作者征序于愚，促使我对一些问题的思考。粗略复友，以就正于方家。

唐明邦
2006年9月22日于云鹤书房

作者简介

唐明邦，当代资深著名易学大家、武汉大学哲学教授。

《易学源流举要》编后记

《易学源流举要》，是我在 1988 年至 1996 年期间给中国哲学博士研究生开的一门易学专题的讲稿，至今首次整理出版。当年参加听课的尚有哲学系部分青年教师、硕士研究生，日本、韩国在武大哲学系博士生，以及兄弟院校进修教师。不过并不是历届博士生等，都能听到此课程的全部内容，只是听了此课程不同阶段的部分内容。

此课的设计，贯彻的指导原则有三。

首先，《易学史》已有三千余年发展史，不可能作出详细解析，只能分《易经古典》《易传》《易学》三个历史时期分别解析，打破古代经学以传解经的传统。其次，对于不同阶段的易学史，各家各派只能择其核心内容，择要介绍，不能精雕细刻。再次，《易学》部分全程贯彻"藤瓜并举"的原则，选取其中对《易学》发展有着突出贡献的代表人物，做出深入解析，使学易者能"举一反三"，掌握其要领，使之入木三分。

还须说明，全书有几篇讲稿，业已丧失，我本人年逾九旬，视力衰退，已难亲自补写。特将《易经卦爻辞的哲理故事》《系辞传》的核心思想、《大象传·阐述的"内圣外王"思想》《王弼"扫象明理"的〈周易注〉》等篇章，委托小女王继红完成补写任务。

小女王继红，又名唐梦华，红军干部第三代直系亲属，大学中文系毕业，研易多年，颇有建树。特别是近几年跟随我研习易学，能够把历史、哲学、易学知识系统、贯通起来，做到触类旁通，跟上我的思路，并按着我的引领向易学深处探研，成为我的易学传人，无愧易学界后起之秀。对她的介绍，后有唐梦华简介详解。同时她还协助全书编辑、打印、校对、协调出版等工作。

湖北教育出版社社长及李作君同志多次登门商议书稿出版事宜，在此一并深表谢忱。

唐明邦
2016 年 8 月 10 日

第四章 放声高吟 抒发情怀

《云鹤诗稿》选登

唐先生于 2013 年由"武汉大学珞珈诗社"给其结集出版了一本《云鹤诗稿》，共收集了八大类 153 首诗，由其弟子，武汉大学哲学院院长吴根友教授作序。

吴根友教授在《序》中云：

"癸巳年春，唐明邦先生从深圳避冬回汉，我前往唐先生家看望唐先生与师母，临别之前，唐先生拿出他整理的《云鹤诗稿》，非常郑重地对我说：'希望你能为诗稿作一序，以备将来出版时用。'

唐先生是我博士生阶段授业导师之一。老实地说，作中国古典文学的硕士研究生，而且是专门研究先秦两汉文学的，在进入哲学系之前，尤其是在听唐先生讲《周易》的课之前，对于《周易》是一点都不懂。我对《周易》的理解是从唐老师的课堂上开始的。作为唐先生课程的作业——'《周易》与中国历史哲学之滥觞'一文，后来发表在《周易研究》上，这完全要归功于唐先生的教育与启发。对于古典诗词的格律亦是如此，在先师萧萐父先生要求我学写古典诗词之前，我对于唐人近体诗的格律，一直就没有弄明白是怎么回事，即使是现在，也还不能说是十分熟悉，而于词的格律就从来不敢去碰，觉得太复杂。在这样的知识背景下，要来对唐先生写的诗作一序文，实在是有愧不敢当。然先生之命，不得推托，只能强作解人，对先生的诗稿写一点个人的读后心得吧。

《云鹤诗稿》共分七类，其具体类型如下：一，党旗颂，主要表达唐先生对中国共产党的赤诚情怀与对新中国的热爱情怀，当属政治类的诗作。二，盛世吟，主要表达唐先生对改革开放之后的中国新面貌与新气象的由衷歌颂之情。三，师友情愫，主要表达了唐先生与师友的深沉友谊。四，亲族深情，主要表达唐先生对家人、亲人的感恩、怀念与关爱之情。五，旅游风情，主要表达唐先生对祖国山河风光、民俗风情的赞美与喜悦之情。此类诗共有 36 首之多，是本集中篇目较多的一类诗作。六，玄理雅韵，主要体现了唐先生作为一位学者、哲人玄远、深邃的宇宙情怀与人生情怀。七，自砺抒怀，主要体现了唐先生个人如何克服人生的困难，一心向学，矢志不渝，老而弥坚的学人情怀与自强意志。这七类诗的时间跨度有三十余年，较早的几首旅游诗写于 1982 年，最近的一首诗写于 2012 年。三十余年里，唐先生的主要精力放在教学与学术研究上面，即使是荣休之后，唐先生的主要精力还是放在了学术著作的撰写上面，诗歌创作只是唐先生生活中极为片断的事情。如果说唐先生一生的教学与学术研究工作是一棵枝繁叶茂的大树，那么他的诗歌创作只能算是大树下斑驳细碎的美丽日光,这在片日光里,我感受到的是一位学者、哲人在人生小憩时的一种静谧而美好的诗意状态,其所体现的人生超越意义远大于诗作本身的艺术光彩。

唐先生是从旧中国走过来的学人,他对积贫积弱的旧中国有深彻骨髓的痛感,因而他对中国共产党建立并领导的新中国及其所取得的伟大成就的肯定与歌颂,是由衷而真诚的。这不仅仅因为他是一位老共产党员,更重要的恐怕还是他在新旧对比中发自个人真切体验的由衷情怀。《祝家母九十寿辰》(1991)一诗,大体上能反映唐先生一家早年生活的困苦与新中国成立后生活的翻天覆地的变化:'半生劬劳多磨难,挨饿受冻若难言。霸主乡丁逼租税,辛酸度日泪涟涟。山乡解放歌盛世,咱家翻身乐丰年。儿孙砺志报祖国,老母慈祥众称贤。'读了这首诗后,我们就能理解'砸碎旧邦换新天,百年羞辱尽雪洗'(欢庆中国共产党九十华诞)诗句,其所表达的新旧中国对比较后歌颂之情是何等的真诚!就是这样一个长期呆在书斋里的学人,当他得知中国舰队远洋的消息后,还是抑制不住激动的心情,写下了赞美新中国国力增长的诗篇:'万舰远航泛碧海,劈浪破雾视等闲。敢搏鲸鲨安玉宇,誓除巫鬼求国圆。'(欢庆党的十六大召开)香港回归,是改革开放后中国政治生活中的一件大事,既体现了新中国综合国力的提升,亦是近现代以来所有中国人希望祖国统一的深层意愿。诗人对此重大政治事件表示了由衷的赞美之情,《香港回归颂》二首与《香港回归十年》共三首,表达了诗人对祖国统一,事业进步的赞美。'珠还合浦惊四海,炎黄子孙喜欲狂。百年屈辱尽昭雪,两制韬略创辉煌'(《香港回归颂》其二)等诗句,准确地刻画了香港回归后国人的喜悦心态与国家综合实力提升的现实情境。

唐先生诗歌中的政治情怀常常通过对重大政治事件如国庆、建军节的肯定与讴歌方面,还有《武昌首义抒怀》《北京奥运会礼赞》《汶川抗震歌》等诗亦是如此。但其诗集中也有少量诗篇通过对平常节日和平凡生活的讴歌,来表达这一朴素的政治情怀,《辛酉春节抒怀(1981)》《虎年迎春(1988)》《川西农家乐》三首就是典型的例子,其中《川西农家乐》一首我最喜欢,全录如下:

> 平畴千里春意盎,麦粒丰收秧成行。
> 新屋栉比替茅舍,陈谷累积满仓房。
> 架上葡萄垂朵朵,檐前紫燕剪双双。
> 亲朋盈门侃家事,闲垒玉砖醉琼浆。

这首诗全以赋的手法白描出国家安定,普通百姓生活安乐的生活图景。'亲朋盈门侃家事,闲垒玉砖醉琼浆'两句写出了新中国改革开放后普通民众亲戚串门、拉家常、打麻将、喝喝小酒的平常生活之乐。这里不是陶渊明田园诗所表达的官场束缚解脱后的自由自在：'户庭无尘杂，虚室有余闲。久在樊笼里，复得返自然。'而是一种朴实、真诚的回家喜悦与亲情之间的朴素情感交流。它是大多生活于农村的读书人小有成就回家后都能感受到的一种亲情，但未见得有人愿意将这种朴素而美丽的人间亲情化作笔下的诗情。我于新诗的阅读范围极其有限，不敢断言其他的诗人是否写过此类诗篇。但我敢肯定地说，唐先生此篇以小见大，以诗的浓缩形式反映了改革开放后中国普通农村生活美好而真实的一个侧面。

《云鹤诗稿》中的诗作基本上是唐先生在知天命与步入耳顺之年后的作品，其中所体现的老当益壮的情怀，尤其值得肯定。这种老而弥坚、精进不已的人生态度，既是诗人以个体的生存样态反映了新中国社会蒸蒸日上的良序状态，也是诗人涵化中国传统哲学，特别是大易哲学健动日新精神的具体表现。在'自砺抒怀'一组诗里，从70、75、80等抒怀诗作可见一斑，如《七十抒怀》的前半段说道：'年届古稀精神爽，老牛奋蹄趁晚春。耕田但期千顷绿，掘井何辞万丈深。'《七十五寿辰自贻》中有两句说道：'掘井灌园情志笃。浇桃培李壮心酬。'《八十抒怀》中间四句说道：'放舟东湖捐尘虑，漫步珞珈长精神。闲披旧稿刊故失，偶吟佳句引诗魂。'这些诗句或体现了唐先生晚年在学术上的精进不已，或体现了唐先生在人生境界上不断自我提升。当然，人老也有疾病缠身的痛苦，唐先生也不例外，但他与普通老人不同的地方在于，能以积极的精神状态应对病痛，《苦乐耄年》（2006）最能体现这一精神："年逾八旬罹腰祸，辗转病榻苦难眠。频施针灸怯痛楚，周旋乌兔养精神。闲观易图参易理，细琢诗句铸诗魂。否极泰来妙趣见，喜添黛发伴童颜。'唐先生研究《周易》，既重视《周易》的哲学与学术的内容，更能将易哲学的精神与自己的人生经验结合起来，以之作为与疾病抗争的理论武器，这一点真正体现中国哲学知行合一的特征。而且也颇为奇特的是：八十多岁以后，唐先生的满头白发慢慢地又转成细密的黑发，这种生理特征的细微变化恰恰在某一方面印证：精神境界的提高对于生理的正面作用。

传统中国素有'礼仪之邦'的美称，亦有'诗的国度'美称。'诗教'是传统中国识字、甚至是不识字人的素养，此正类似于其他长于宗教民族的宗教情怀。惜乎，当代中国人大多已经忘记了自己民族可贵的精神传统。且不论诸多后生小子，一谈起某某人能做诗、还在写诗，就以嬉笑乃至嘲讽的口吻述及。甚至很多文人、学士也已经不屑于谈诗、写诗了。诗、歌云者，岂止是平仄、押韵、对仗、节奏、艺术形象、语言艺术之谓者？她不也是中华民族于淡淡的宗教情怀之外，一种平衡理性与情感的生存方式吗？于此而言，我们每个人不必都是诗人，但不可须臾远离诗。若能于生活的闲暇之处，提笔写下人生的点滴情怀，不更是一种难得的精神远游，让我们暂时地远离喧嚣的尘纷，在精神的高地作一短暂的度假吗？《云鹤诗稿》

或许能给我们展示一种精神云游的诗意图像。"

下面,从《云鹤诗稿》中节选部分诗稿,以飨读者。

红旗猎猎奔小康
——欢庆中国共产党九十华诞

旭日东升耀神州,工农武装齐奋起。
砸碎旧邦换新天,百年羞辱尽雪洗。
醒狮怒吼群狼窜,丹凤合鸣百鸟喁。①
红旗猎猎奔小康,扬鞭飞马赛先驱。

重忆"八一五"
——纪念抗日胜利60周年

倭寇铁蹄犯中华,凶残活当千刀剐。
军民奋起保家园,钢铁长城永不垮。
宝塔山下点雄兵,鸭绿江边饮战马。
天皇终下投降旨,人民高歌热泪洒。

抗美援朝颂

开国伊始敌情重,三军卫国建殊猷。
援朝降服纸老虎,中华豪气冲斗牛。

振兴中华颂
——欢庆改革开放30年

一

弹指一挥三十年,神州地覆又天翻。
领袖开辟金光道,扬眉吐气天地宽。
科教兴国齐奔远,祖国荣属四金砖。②
阔步迈在新世纪,龙腾虎跃万众欢。

---

① 喁(yú):声相应和。
② 当今世界舆论,尊称中国、俄罗斯、印度、巴西为"金砖四国"。

二

巨人挥手整乾坤，万里山河一时新。
闯荡世界宏图展，打开国门迎嘉宾。
金堤锁蛟神女笑，银舟探月嫦娥惊。
中华崛起耀青史，重铸宝鼎勒殊勋。

香港回归十年

忆昔初饮香江水，港人惶惑夜难眠。
玉碎危言悚小岛，雪崩险象笼孤城①。
回归十年奇迹现，东方明珠更繁荣。
两制宏韬万家乐，紫荆花绽耀寰瀛。

川西农家乐

平畴千里春意盎，麦粒丰收秧成行。
新屋栉比替茅舍，陈谷累积满仓房。
架上葡萄垂朵朵，檐前紫燕剪双双。
亲朋盈门侃家事，闲垒玉砖醉琼浆。②

燕园颂
——纪念母校北京大学100年校庆（1998）

葱茏燕园春长在，巍巍黉宇何辉煌。
敢标新风尊德赛，甘洒碧血荐炎黄。
书山嵌崎勤登攀，学海浩淼常领航。
九畹兰心寄师魂，万代钦仰火凤凰。

百年玄圃绽芳菲（2012）
——祝北京大学哲学系百年华诞

峥嵘岁月常相忆，负笈燕园慧境妍。
名师谆谆传大道，决疑解惑情理真。

---

① 1988年9月，初访香港，耳闻玉碎危言，有人预言香港回归后，必玉石俱焚。目睹雪崩险象，当时富商大贾纷纷卷资离港，人称雪崩。
② 玉砖：麻将牌。

后学孜孜攻典籍，慎思笃行体悟深。
百年玄圃育俊秀，灼灼桃李耀芳春。

祝武汉大学 120 周年华诞

东湖碧波映黉宇，葱茏珞珈绽芳菲。
赫赫名师宣大道，莘莘学子沐金晖。
南极科考探秘奥，激光雷达显神威。①
群科拔萃新武大，壮我中华献宝瑰。

再铸辉煌
——贺武大 110 周年校庆（2003）

东湖珞珈相映美，黉楼广厦林间藏。
烽烟浩劫经磨难，迎来涅槃火凤凰。
科苑攻坚惊神鬼，杏坛振铎育栋梁。
欢庆华诞齐抖擞，再为学府铸辉煌。

武汉大学国学院成立志庆

明经通史昌大道，重振国学向未来。
鉴古拓新益睿智，陶铸经世栋梁才。

祝冯友兰老师九五华诞（1990）

陟彼珞珈，北望燕园。
三松绕堂，桃李盈门。
晚年新论，精深高明。
福履绥泰，我祷维诚。

古柏颂
——祝张岱年老师九十华诞

静穆茏葱一古柏，阅尽沧桑傲寒冬。
香清气茂来鸾凤，铜干虬枝笑东风。

---

① 武汉大学电子信息学院 2011 年研制出当今世界上探测精度最高的激光雷达。

古梅颂
——任继愈老师米寿志庆

撑云托月一古梅,着意报春不争春。
含珠吐玉清香远,铮铮傲骨耸昆仑。

红梅颂
——恭祝任继愈老师九十华诞

寒凝大地百花微,铁干玉枝显坚贞;
海天风云任诡幻,清香依旧满乾坤。

乔松颂
——祝朱伯崑老师75华诞(1998)

岱岳乔松耸云端,狂风严寒自巍然。
东方日出朝霞灿,翠盖葱茏壮河山。

缅怀石峻老师

上庠执教育豪俊,绛帐风光化三千。
阐道明器重严谨,圆行方止贵贞坚。
哲理微言详剖判,佛法禅机细评研。
学贯中西尊博雅,高洁清辉耀云天。

悼陈修斋先生(1993)

一代哲人百代师,绛帐振铎传真知。
满园桃李竞秀日,珞珈痛失傲霜枝。

贺萧萐父同志八十华诞(2003)

锦里汉皋燃心炬,铮铮傲骨铸诗魂。
梅窠振铎传圣火①,书苑吹沙标雄文。
黑翁圆圈贯古史,姜斋胜义扬清芬。
桃李妖娆晚霞灿,绛帐风光耀眼新。

---

① 梅窠:萐父同志曾用斋名,因其夫人卢文筠同志擅画梅。

沉痛悼念萧萐父同志

学贯中西尊泰斗，诗文璀璨耀九垓。
风范犹存哲人隐，锦里汉皋恸以哀。

悼学长李德永同志

诲人不倦兮，步武孔圣，
清心寡欲兮，仰慕庄周。
酌古论今兮，神交郭老①。
诗韵豪迈兮，当代放翁。

喜迎武大哲学学院校友

峥嵘岁月时相忆，风雨同舟情谊长。
圆行方止迈征程，历尽沧桑创辉煌。
鹏翔万里恋天池，珞珈玉树迎凤凰。
春华秋实多硕果，喜见乔木成栋梁。

七十抒怀（1994）

年届古稀精神爽，老牛奋蹄趁晚春。
耕田但期千顷绿，掘井何辞万丈深。
细雨润物占造化，大浪淘沙见精诚。
斗室烹茶伴书香，清虚自守慕真人。

附：和诗四首
——《七十抒怀》原韵奉和
台湾·张渊量

古稀展略方开始，龙马精神百岁春。
学足三余功化极，情投两岸海浔深。
立言进德臻明道，所欲从心自至诚。
管领儒林尊泰斗，杏坛一笔贯天人。

---

① 抗日战争期间，德永同志在重庆曾与郭沫若先生晤谈、通信。

答唐兄从心

香港·谢灵犀

古稀今日似等闲，无极天高力可攀。
松竹自宜深处种，湖光山秀闪云天。
沐春桃李成蹊径，寿世文章动杏坛。
拜吟佳句怡情胜，百年风雨总相关。

和《七十抒怀》

江西·涂士彬

大器晚成见精神，老朽蠢长计八春。
灌园君育桃千树，浚恒我戒始求深。
四时不忒成造化，两仪中和赖精诚。
启蒙深展船山学，君是儒道互参人。

步《七十抒怀》原韵

江西·周若水

从心所欲不愈矩，晚秋风华胜早春。
落霞孤鹜飞天外，秋水长天共高深。
桃李满园兢芳菲，兰桂飘香慰至诚。
品茗演易穷哲理，珞珈山下一真人。

四世同堂庆小康

忆昔家门苦难多，忍卖薄田赏借贷。
土改翻身万家乐，耕读从军俱欢快。
经济腾飞臻富强，社会和谐享安泰。
开拓进取奔小康，祖孙并肩阔步迈。

缅怀先父（1984）

勤耕苦耘创家业，忍辱受难人尽知。
麻头仙米熬饥馑，拉丁派款遭凌欺。
土改翻身全家乐，劳动爱社一心痴。
青山为陵掩仙骨，白石树碑寄哀思。

祝家母九十寿辰（1991）

半生劬劳多磨难，挨饿受冻苦难言。
霸主乡丁逼租税，辛酸度日泪涟涟。
山乡解放歌盛世，咱家翻身乐丰年。
儿孙砺志报祖国，老母慈祥众称贤。

故乡忠州行

年近古稀归故里，山乡风物喜荣昌。
村村仓库堆陈谷，处处矮屋换楼房。
师友恳谈情切切，亲朋寒暄话长长。
九旬老母身心健，闲品新茶乐安详。

题夫妻85寿辰合影

2010年，与老伴共度85寿辰于东莞，子媳、义女同游虎英公园，我为老伴推轮椅。

糟糠夫妻七十秋，白头偕老忙不休。
体贴温馨晚情重，相敬如宾乐悠悠。

八十抒怀

寿臻耄耋何足论，乐天无忧最宜人。
放舟东湖捐尘虑，漫步珞珈长精神。
闲披旧稿刊故失，偶吟佳句引诗魂。
浇灌殷勤枝叶茂，喜见兰桂满园新。

金婚吟

心灵手巧俊村姑，能耕善织志气昂。
勤俭持家争模范，飒爽英姿倚空房。
隆中茅舍风雨频，珞珈陋室日月长。
糟糠夫妻庆金婚，遨天游海喜洋洋。①

---

① 游海：96年秋，应兴全同志邀，与老伴同游广州、深圳、珠海、湛江、雷州。

勉次子建华攻史

韶华易逝年复年，长征迈步喜兼程。
修身勿忘武侯谕①，砺志时怀太史言②。
为学敬奉鹤鸣教③，治史精研沫若编。
学海浩瀚无涘淡，谨遵马列作南针。

小孙鹏儿新婚致勉④

五月榴花红似火，太子酒轩喜气浓。
亲朋共祝比翼鸟，展翅高翔遨苍穹。
猛攻尖端抒壮志，远渡重洋促大同。
开拓进取德业新，壮我中华争国雄。

惜 樱

绰约仙子披素罗，飞临珞珈自婆娑。
攒簇枝头清香远，接踵蹊下粉黛多。
可怜夜雨狂风骤，一番花信逐逝波。
东君无情人有情，为悼香魂放悲歌。

游日月潭

万山葱茏绕碧潭，翠林古刹显奇观。
村姑招待乌龙茶，阿妈夸示绣花衫。
潭心亭内忙月老，巧牵红线定乾坤。
烟波浩渺迷归客，乐烹"总统"佐晚餐。⑤

南游抒怀

金婚夫妻访南国，十月骄阳伴清风。

---

① 武侯谕："淡泊以明志，宁静以致远。"
② 司马迁：《周易》《离骚》《国语》，"大抵圣贤发愤之所为作也"。
③ 李达：号鹤鸣，勉励师生为学宜"脑、手、口、德、体并重"。
④ 孙子唐鹏，屡赴北非、中东协助友邦通信建设。孙媳石紫璇任职深圳中兴通讯公司，攻尖端搞开发。
⑤ "总统"：潭中之鱼，将氏乐餐，俗称"总统鱼"。餐馆悬牌"总统"以徕客人。月老：亭中蜡塑，月老牵红线。

雪艇破浪穿碧海，银燕剪雾遨太空。
漫游五都侃《易》道，深交百侣辩玄通。
云水雅集添豪情①，放声高吟大江东。

记五台山法会

法坛灵威镇茅蓬，雷音警世万劫空。
活佛布道振金铎，甘露普施众生同②。
百千信士颂声涌，漫天花雨降从容。
金刚灌顶慧门开，灵鹫伴我伫峻峰。

放眼泰山玉皇顶（1989）③

漫步天街朝岱宗，一柱擎天造化功。
晴空万里铺锦绣，云鹤老叟栉清风。

登王屋山（2001）

金秋喜登王屋山④，索道千寻任往还。
黄河三峡展雄姿⑤，愚公远眺何欣然！

访陕西楼观台（2001）

终南山麓楼观台，老君说经遗仙踪。
巍峨殿宇换新颜，重开洞府绍宗风。

朝别武当紫霄宫（1987）

阆苑晨钟惊残梦，起饮龙泉涤心胸。
参道竞登太子洞，习武齐驻展旗峰。
红军护宫垂青史，道总爱民建奇功。⑥
夜露浣尘丛林净，清风伴我觅仙踪。

---

① 云水阁，名医罗伯尊之别墅，落成志庆。
② 1993年7月，青海夏日东活佛光临山西五台山茅蓬别墅宣扬佛法，为信众灌顶。
③ 1989年5月，中国周易研究会在济南成立，众代表同登泰山。
④ 王屋山：道教圣地，在河南济源。
⑤ 黄河三峡：小浪底上游之新景观。
⑥ 1931年，贺龙带领红三军转战鄂西北，司令部设紫霄宫，道总竭诚相助保护红军。

武当山金殿

玲珑金殿耸南天，璀璨瑰宝耀九域。
真武灵威镇玄岳①，皎皎银光溢华屋。
亭亭玉女迎香客，滴滴甘露洗凡骨。
凌霄观海碧空净，飘飘欲仙绝尘俗。

喜游龙虎山
——天师府九百周年庆典纪盛

龙虎丹崖掩阆苑，烟霞缥缈露华容。
天师洞府举庆典，云锦仙都迎高朋②。
两岸黄冠宣宏论，三洞玄章共参同。
青词洋洋颂声朗，仙乐悠悠彻苍穹。

谒淮阳太昊陵③

慕道羲皇访宛丘，万众参拜太昊陵。
龙都处处飘彩旗，千年白龟也动情。

谒湘西草堂
——纪念王船山逝世290周年④

南岳惊雷扫阴霾，湖湘大纛展雄威。
万象昭苏芳春永，草堂枫马沐金晖⑤。

访医圣李时珍故里（1983）

踏破千山采百药，医圣踪影半中国。
推陈出新订本草，起死回生焕医德。
朴实风范追前贤，独创精神启后学。

---

① 玄岳：武当山之别称，意与五岳齐名，今已列世界文化遗产名录。
② 云锦：云锦山，龙虎山原名。
③ 河南淮阳古之宛丘，今呼龙都，每年农历二月二日万众朝祖致祭。蛰居越冬之千年白龟亦初游动。
④ 湘西草堂乃王船山故居，在湖南衡阳县。
⑤ 枫马：为草堂前古枫树，其根部如马形。

蕲州湖山多妖娆，濒湖丰碑最巍峨。

武昌长春观赏道乐（2003）

桂子飘香秋气爽，长春道观仙乐腾。
暮鼓晨钟音诵朗，念经礼忏心志诚。
切磋玄章探妙理，吟颂青词谀众神。
道曲悠扬动太虚，修真抱朴慕真人。

陈抟祖师礼赞（1996）

佼佼易侠，隐士陈抟。
玄思宇宙，回归自然。
高卧华岳，参悟内丹。
勉为帝师，名列仙班。

访熊十力先生故居（1985）①

昂首天外道问学，斗室横床悟真常。
民胞物与终生乐，万化乾坤胸中藏。

安阳周易学院 10 周年

创建易苑传大道，功告开成历艰辛。
纵有西风凋碧树，更无老圃失丹心。
两派林泉臻秀丽②，六宗花果显丰盈③。
同仁云集精神爽，古今玄黄论重轻。

《天人之学》结稿即兴

学贯天人凝思久，聊结刍荛共评量。
儒释分驰思辨广，易老兼容源流长。
耄耋忆往略堪慰，顺天应人识狷狂。
但期川流汇洪波，心香一瓣荐羲皇。

---

① 熊先生故居青云寓，在上海。
② 两派：指易学象数派、义理派。
③ 六宗：指人文易、科学易、医易、管理易、术数易、休闲易。

自 励
——题《青霜集》扉页

文化遗产夸豪富,琳琅珍品耀九域。
探宝首须披榛莽,跋山尤贵取险途。
时惕巫觋施妖术,诱骗良知堕深谷。
砺我夔龙青霜剑,胸横北斗斩鬼蜮。

苦乐耄年(2006)

年逾八旬罹腰祸,辗转病榻苦难眠。
频施针灸怯痛楚,周旋乌兔养精神。①
闲观易图参易理,细琢诗句铸诗魂。
否极泰来妙趣见,喜添黛发伴童颜。

耄耋忆征程

(一)苦难童年

兵荒马乱凋百业,山乡寒门添儿郎。
幼年体弱多危病,爷娘痛儿伤肝肠。
深夜号角报匪警,岩穴草堆急躲藏。
可怜童年多磨难,幸喜命大造化强。

(二)十年寒窗

幼年发蒙读村塾,五投师门换课堂。
农忙留家助耕种,栽秧割麦最繁忙。
抗日救国中学入,知识增长斗志昂。
教师指引光明道,耄耋犹忆师恩长。

(三)负笈燕园

投身革命朝气盛,学习工农好品德。
首长器重送深造,负笈燕园学马列。

---

① 道家丹法,以金乌、玉兔喻心火、肾水。金乌(日)喻阳精,玉兔(月)喻阴魄。显明心肾交通,水火既济之理。

名师教诲德业新，理论实践休割裂。
胸怀北斗志弥坚，誓将青春献祖国。

（四）执教珞珈

执教珞珈迈征程，教书育人自律严。
抱病备课无稍懈，教学相长苦也甜。
传道解惑益睿智，启发诱导长精神。
掘井灌园育新秀，德业双修订准绳。

（五）十年浩劫

不惑之年遭浩劫，贬居隆中更迷茫。
"斗私批修"震天响，还有"批儒"亦瞎忙。
领袖辞世举国哀，清除"四妖"喜欲狂。
拨乱反正胸怀畅，重返珞珈迎朝阳。

（六）再度青春①

梅开二度风光好，知命年华精力强。
祖国迈步新长征，新兵驰骋大战场。
耕耘玄圃掘深井，汲取新知益课堂。
稗书十卷传薪火，游学港台志益昂。

（七）老树春光

老树逢春发新柯，挥洒余热值好运。
精研易学与道学，养性守和人亲近。
鸿儒布衣往来频，珞珈陋室少清静。
老马力衰仍奋蹄，云鹤唳天空谷应。

（八）晚年逸兴

休叹夕阳近黄昏，少私寡欲悟真常。
炼气化神百虑消，习拳致柔五体强。
书法少练难为体，诗句不工自咸行。

---

① 1981年，加入中国共产党，成新兵。

坦荡无忧逸兴广，老有所乐春秋长。

自题基石（2008）

承蒙二位老友真诚关爱，挚友尚荣华总经理与张兴全居士（湛江著名医易专家）共同策划，在武汉石门峰都市陵园，为我们夫妇筹建生茔一座，兴全大师为生宝定穴位。生茔建成，万分高兴，抒怀志喜。

耕耘玄圃获硕果，清心悟道显至真。

风抚石门云霞灿，月满长空鹤一声。

第五章 著作等身 岁月流光

唐明邦简介

唐明邦号云鹤，重庆市忠县人。生于 1925 年 1 月（农历一九二四年甲子年腊月），卒于 2018 年 5 月。武汉大学哲学学院教授。他出生贫农家庭，小时候上山放牛割草，下田栽秧割谷；农闲入私塾，读四书、五经。1941 年入忠县精忠中学读初中，1944 年入中央大学附中读高中。1946 年转国立青木关中学。高中毕业后，在培风中学、正中中学任教。1949 年秋，加入重庆地下党外围组织——新青社。1950 年 1 月任《西南工人日报》记者、编辑。1953 年调全国总工会西南办事处做秘书工作。1954 年 9 月以调干生入北京大学哲学系学习。爱好中国哲学，聆受冯友兰、张岱年、任继愈等教授教诲。1958 年入武大，主讲中国哲学名著选读、中国哲学史、中国辩证法思想史。1979 年指导硕士研究生，1987 年指导博士研究生。为研究生和日本、韩国高级进修生讲中国哲学文献、易学源流举要、隋唐道教专题等课程。曾任中国哲学史教研室副主任、哲学系教学指导委员会委员。唐明邦教授为中国共产党党员，教学认真负责，学风谨严，教书育人，多次被评为先进工作者、优秀共产党员，荣获湖北、武汉、武大科研成果优秀奖。1988 年获香港王宽诚教育基金会赞助，应邀赴香港中文大学新亚书院哲学系讲学，同时在香港浸会学院、佛教法住学会作学术演讲。多次在国内、香港、台湾参加国际学术会议。1989 年，筹建中国周易研究会，担任首任会长。社会兼职有山东大学兼职教授、中国哲学史学会理事、中国周易学会顾问、湖北省道教学术研究会会长、东方国际易学研究院学术委员、国际易学联合会顾问、湖北省炎黄文化研究会理事、武汉大学国学院顾问、全国专业人才易学专业考评专家委员会委员、《中华易学大辞典》学术顾问、《道家文化研究》编委、《宗教学研究》学术委员。应聘担任湖北、河南、河北、江西、安徽、江苏等省周易研究会顾问。其生平事迹载于《世界名人录》（美国）、《华夏英杰》、《中国当代杰出共产党人》等辞书。学术论著有《天人之学》、《周易通雅》、《当代易学与时代精神》、《邵雍评传》（附《陈抟评传》）、《论道崇真集》、《易学与长江文化》（合著）、《李时珍评传》、《本草纲目导读》；主编《周易评注》《周易纵横录》《中国古代哲学名著选读》《中国近代启蒙思潮》；参加编写《中国哲学史》（萧萐父、李锦全主编）、《易学基础教程》（朱伯崑主编）、《易学与管理》（余敦康主编）。《中国辩证法史稿》（萧萐父、李德永主编）、《中国哲学史纲要》中文版和英文版（萧萐父、李锦全主编）。在国内外学术刊物上发表学术论文 200 余篇，约 200 万字，如《〈周易〉思想的核心价值》《周易与 21 世纪》《周易象数与古代科学》《太极思维方式与东方管理原则》《老子与道教》《道教金丹术对古代科学技术发展的影响》《以佛解易,授儒证佛——读〈周易禅解〉》等。唐明邦教授博古通今,致力于传统文化教学科研工作,对《周易》、道教文化、明清哲学造诣尤深。为人忠厚,淡泊名利。敬佩诸葛亮名言:"淡泊以明志,宁静以致远。"他热爱书法,好写古诗,部分作品发表于《党旗颂》《世纪诗词大典》《华夏风情旅游集萃》《建国大典》《珞珈诗词集》。年近九旬而身心健康,其养生之道是:养性贵守和,炼身贵守恒,饮食贵守淡,起居贵守时。

唐明邦学术著作要目

一、独著

(1)《本草纲目导读》，巴蜀书社1989年，中国国际广播出版社2009年重印。

(2)《李时珍评传》，南京大学出版社1991年。

(3)《邵雍评传》附《陈抟评传》，南京大学出版社1998年。

(4)《当代易学与时代精神》，湖北人民出版社1999年。

(5)《论道崇真集》，华中师范大学出版社2006年。

(6)《周易通雅——唐明邦易学论文选》，武汉大学出版社2010年。

(7)《天人之学——唐明邦学术论文自选集》，中央编译出版社2013年。

二、主编

(1)《周易纵横录》，湖北人民出版社1986年。

(2)《中国古代哲学名著选读》，武汉大学出版社1988年。

(3)《中国近代启蒙思潮》，江西人民出版社1992年。

(4)《周易评注》，中华书局1995年。修订本，中华书局2009年。

三、合著

(1)《中国哲学史》（上、下），萧萐父、李锦全主编，人民出版社1982年、1983年。

(2)《易学与管理》，余敦康主编，沈阳出版社1997年。

(3)《中国哲学史纲要》，萧萐父、李锦全主编，外文出版社2000年。英文译本，外文出版社2008年。

(4)《易学与长江文化》，湖北教育出版社2004年。

四、待出版

《耄耋忆征程——唐明邦口述回忆录》

《云鹤诗稿》

唐明邦学行编年

唐明邦，号云鹤，1925年1月23日（甲子1924年十二月二十九日），生于四川省忠县凌云乡（今属重庆市）观桥村。父唐克孝，略识文字，务农为业，为人正直，与世无争；母李正淑，勤劳朴实，性情温和、仁慈。

1930年，祖父和父亲教背诵《三字经》《百家姓》《千字文》。

1931年，入三清庙初级小学发蒙，父亲不重视新学，未继续上小学。

1935年，农忙在家务农，放牛割草，栽秧割谷；农闲念私塾，从《千家诗》《幼学琼林》《声律启蒙》《古文观止》，直到背诵四书、五经，先后投拜五位老师。

1938年，准备拜师学中医未果，因抗日战争持久，父亲改变主意。

1939年，就读花桥高级小学，准备考中学。次年，以同等学力考上中学。

1941年，春季，入忠县私立精忠中学读初中。每学期考试成绩名列前三名，享受免缴学杂费奖励。

1943年冬，初中毕业考试，名列第一，获得享受母校资助高中助学金的资格。

1944年春季，考入内迁重庆的国立中央大学附属中学念高中，校址在重庆市青木关，享受甲等助学金待遇，费用全免。

1945年，抗日战争胜利。次年，中大附中随中央大学迁回南京，四川学生就地转学。

1946年9月，转入国立青木关中学。年底高中毕业。受进步老师教诲，开始读马列主义普及读物，《大众哲学》《新经济学大纲》等。参加学生运动，传阅中共重庆地下党刊物《挺进报》。

1947年，准备考大学，留青木关中学半工半读，作教务员，管理图书、仪器。报考北京大学失败，大病一场。

1948年5月，入四川省长宁县私立培风中学任英语教员。

1949年9月，到重庆市私立正中中学任英语教员。10月，加入中共重庆地下党外围组织——新民主主义青年社，参加护校斗争，迎接解放。11月底，重庆解放，组织学生上街宣传党的政策，欢庆解放。

1950年1月，由青年团重庆市委介绍到《重庆工人报》社作记者，过供给制生活。次年，报名改《西南工人日报》，属中共中央西南局工委领导。后任编辑、编辑组副组长，报社编辑委员会委员。

1953年3月，调中共中央西南局工委领导下的全国总工会西南办事处做秘书工作。

1954年9月，作为调干生，考入北京大学哲学系哲学专业学习。聆受冯定、冯友兰、张岱年、任继愈、朱伯崑等老师教诲，热爱中国哲学，尤爱《周易》。

1958年8月，由北大分配到武汉大学哲学系工作。9月，随全系师生下放老苏区红安县劳动锻炼。

1959年5月，担任中国哲学史教学任务，辅导《中国哲学史》课，讲授《中国古代哲学名著选读》课。合作编写《中国哲学史》教材。三年期间，集体完成100余万字《中国哲学史》教材及《中国古代哲学名著选读》初稿。

1961年11月，李达校长派赴长沙联系湘鄂两省联合举办王船山学术讨论会事宜。在长沙、衡阳访问调查船山事迹，撰《王船山史迹访问记》，次年5月《光明日报》连载发表。

1962年10月，参加首次全国王船山学术讨论会，纪念王船山逝世270周年；发表第一篇学术论文《〈周易外传〉中的若干辩证法思想》。此文后来连同《王船山史迹访问记》编入《王船山学术论文集》，中华书局出版。

1964年，晋升讲师。9月，参加湖北省委组织的"社会主义教育"工作队，赴孝感县（今湖北孝感市）农村进行试点。次年，继续在孝感参加"四清"运动。

1966年5月，从农村返校。

1969年10月，在工宣队领导下，随哲学系迁襄阳，参加农场劳动。次年，成立武大襄阳分校，师生一面劳动，一面搞"斗、批、改"。

1970年4月，接受备课任务，准备9月迎接首届工农兵学员。学校实行半工半读，学制三年。担任哲学史教学组组长。

1972年3月，妻子李心媛调入武大襄阳分校，结束29年两地分居生活。

1978年10月，随哲学系自襄阳迁回武汉，任中国哲学史教研室副主任。

1979年，武汉大学、中山大学受国家教委委托，编撰高等院校文科教材《中国哲学史》，萧萐父、李锦全任主编，唐明邦为编写组成员。

1980年，晋升副教授。与萧萐父、李德永共同指导硕士研究生。

1981年6月，加入中国共产党。

1982年，合作编撰的《中国哲学史》（上册）由人民出版社出版，次年出版下册。承担编撰其中明清之际哲学部分及附录《中国哲学发展大事年表》。11月，参加湖南"纪念王船山逝世290周年国际学术讨论会"，发表《〈周易内传〉中的若干辩证法思想》，编入萧萐父主编《王夫之辩证法思想引论》。

1983年，参加成都《山海经》学术研讨会，发表《我国原始宗教与巫术科学——读〈山海经〉》。

1984年5月,同萧萐父教授主持召开首次中国周易学术讨论会,发表《汉代象数易学思维模式剖析》,主编大会论文集《周易纵横录》。同年开始撰写《李时珍评传》。

1985年5月,赴上海召开中国周易研究会筹备会;访熊十力故居青云寓。10月,由武大哲学系等单位主办"熊十力思想国际学术研讨会",发表《熊十力易学思想管窥——读〈乾坤衍〉》,收入《玄圃论学集》,三联书店出版。

1986年,"《周易》研究论文组（五篇）"获武汉大学科研优秀成果奖。年底,被评为先进工作者。是年,回故里为父亲逝世周年扫墓。

1987年9月,编注的《中国辩证法史资料》,武汉大学评为优秀教材二等奖。11月,出席济南"首届国际周易学术研讨会",发表《周易象数与古代科学》,文载《大易集成》（1992）。是年,应美国成中英教授之约,撰论文《中国周易研究之新进展》,其英译稿发表于美国《中国哲学研究》秋季号。是年九月,中共武大党委授予我执教三十年（含解放前二年）荣誉证书。

1988年,晋升教授。与萧萐父教授、李德永教授共同指导博士研究生。受香港王宽诚教育基金会赞助,9月,应邀赴香港中文大学讲学,讲题《中国周易研究之新进展》（有英文稿）、《易学传统中的象数思维模式》及《道家、道教与中国传统文化》等。应邀到香港浸会学院、香港佛教法住学会做学术报告。同时出席香港中文大学建校25周年庆典,参加该校主办的"文化传统与当代教育"国际研讨会。是年,为博士研究生开设"易学源流举要""中国哲学文献"课,辅导日本高级进修生山田俊。同年,创建湖北省道教学术研究会任会长。主编的《中国古代哲学名著选读》,武汉大学出版社出版,获优秀科研成果奖。

1989年,5月,在济南召开中国周易研究会成立大会,当选首任会长。应聘任山东大学周易研究中心兼职教授。任中国哲学史学会常务理事。所撰《本草纲目导读》由巴蜀书社出版。10月,参加北京、曲阜举行的"孔子诞辰2540周年纪念及学术讨论会",发表论文《孔子作〈易〉考》。

1990年,主持举办"《周易》与中国文化"学术研讨会于庐山,发表《周易文化价值的再论识》。出席安阳"《周易》与现代自然科学国际学术研讨会",发表《〈周易〉——打开宇宙迷宫之门的一把金钥匙》。主讲的"中国哲学文献课",获武大课评乙等奖。7月,主持召开"道家道教文化与当代文化建设"学术研讨会于襄阳、武当山,发表《道家思想的现代意义》（合著）、《道教炼丹术对古代科技发展的影响》。是年,应约主编《周易评注》,交中华书局。

1991年,是年6月退休,哲学系长期返聘。辅助日本访问学者中岛隆藏教授,深研道教文化。6月,赴南京大学参加"中国传统思想文化与21世纪"国际学术讨论会，发表《周易的忧患意识与乐观情怀》，入编会议论文集。8 月，赴烟台参加任继愈老师主持的"中国哲学与民族精神学术研讨会"就"《周易》思想与民族精神"发言。同年，所撰《李时珍评传》由南京大学出版社出版。是年五月，曾回故乡看望九旬老母，共度端阳节。是年，主编《中国辩证法史资料》1—3 集，获优秀教材奖。

1992 年 5 月，参加在神农架举办的"神农文化研讨会"。10 月，出席天水市"伏羲文化研讨会"，发表《伏羲画卦考》。11 月，参加衡阳市举办的"王船山逝世300 周年学术讨论会"。同年所撰《太极思维方式与东方管理原则》在香港发表。是年，兼任湖北省炎黄文化研究会理事。

1993 年 3 月，赴河南淮阳参加"伏羲文化研讨会"，报告《伏羲画卦考》。主编的《中国近代启蒙思潮》（"七五"社科基金项目）出版。6 月，应邀参加台湾辅仁大学主办的"王船山学术讨论会"，发表《王船山的周易象数观》，会后游日月潭、阿里山。访问台北中华道教学院，畅谈"大陆近年关于道家、道教研究概况"。7 月，游五台山，晋见青海藏传佛教高僧夏日东活佛，参加藏传佛教法会。8 月，赴北京参加"《周易》与科学"国际学术研讨会，应聘任美芝灵国际易学研究院学术委员（院长朱伯崑教授）。

1994 年，应南京大学之约编撰《邵雍评传》附《陈抟评传》。10 月，武大哲学系举办"中国传统哲学的回顾、现状与前瞻"学术讨论会，出版文集《不尽长江滚滚来》纪念萧萐父、李德永、唐明邦三教授 70 寿诞。唐明邦发表《我的〈周易〉价值观》。11 月，参加黄梅召开的"禅宗与中国文化"国际学术研究会，发表《以佛解易，援儒证佛——读〈周易禅解〉》，同月，出席四川大学主办的"道家、道教与中国文化"学术会议，发表《道家、道教论直觉思维》。是年，撰《藏传佛教乃东方"摩尼之宝"》，入编《佛教与中国传统文化》，宗教文化出版社出版。

1995 年、1990 年主编的《周易评注》由中华书局出版。1 月，出席广州"易学思维与当代文明"国际研讨会，发表《太极思维与管理艺术》。6 月，应邀赴辽宁本溪讲《周易与管理》。8 月，与郭齐勇陪同美国杜维明教授访问荆门博物馆和郭店楚墓遗址，查访出土竹简。同年，先后应邀赴大连、柳州、湛江讲《周易》。

1996 年，武大哲学系返聘的最后一年。为韩国高级进修生李权讲《周易》。连续三年为武钢老年大学讲《易》，被评优秀教师奖。是年，回故里为母亲逝世周年扫墓。是年，任东方国际易学研究院学术委员（院长朱伯崑）。

1997 年 10 月，出席紫金山天文台主办"古天文与中华传统文化"国际研讨会，发表"古天文与《周易》"。同月，参加西安"易学与当代文明"研讨会，发表论文《〈易传〉经邦济世的基本准则》。参与合写的《易学与管理》一书出版，纳入朱伯崑主编《易学智慧丛书》。

1998年5月，参加母校北京大学百年校庆，出席北大主办"汉学研究国际会议"，发表论文《易学家邵雍的二重性格》。10月，赴石家庄讲《易》，应聘任河北省周易研究会顾问，同时参访革命圣地西柏坡。是年，签订合同编撰《易学与长江文化》。

1999年，专著《邵雍评传》（附《陈抟评传》）南京大学出版社出版。《当代易学与时代精神》湖北人民出版社出版。3月，重访台湾，出席"第二届海峡两岸道教学术研讨会"，发表《〈道藏〉文化价值的多棱透视》，会后参访台湾10大道观及台湾道教总会、成功大学。4月，出席河南鹿邑"老子诞辰2570周年学术会议"，发表论文《老子对中华文化的贡献》。8月，参加"武夷山道文化研讨会"。10月，出席北京"纪念孔子诞辰2550周年学术会议"，发表《周易与21世纪》。同年，任中国周易学会顾问。11月，出席武汉大学"郭店楚简国际会议"，发表《楚简〈老子〉与通行本〈老子〉比较研究》。

2000年3月，参加苏州戒幢律寺"佛教教育研讨会"，发表《巍隆大道，恢弘如来家业——新时期佛教教育刍议》。4月，出席河南光山县"净居寺·天台宗学术会议"。发表论文《三谛圆融与中道观》。9月，出席安阳易学国际会议，任"红旗渠杯易学优秀论著"评奖委员会主任。10月，参加四川大学宗教所主办的成都、瓦屋山"道教与中国传统文化研讨会"。同月，出席南京大学主办"第四回世界易经大会"，报告《20世纪中国科学易回眸》。同年，参与编著的《中国哲学史纲要》（萧萐父、李锦全主编）由外文出版社出版中文本。

2001年4月，出席北京"《周易》与科学文化"国际会议，发表《易图的认识作用及思维特征》。9月，参加楼观台老子学术国际会议。同年参加武大哲学学院举办的"熊十力学术思想国际讨论会"，发表论文《熊十力论易学源流》。是年，纪念中国共产党成立80周年，被评为武汉大学优秀共产党员。

2002年7月，赴大连参加"中华传统文化与社会主义文化建设"学术会议。11月，出席衡阳"王船山逝世310周年纪念会"，发表《船山易学的卓越贡献与历史局限》。12月，出席重庆涪陵"2002年世界易经大会"，作《全球化浪潮与中华易学思想》学术报告。

2003年8月，出席安阳"周易与现代化国际研讨会"发表论文《易学哲学的优良传统》。同年，为华中师大举办的道教文化讲习班讲课。是年，撰《一言止杀，功垂万代——读〈长春真人西游记〉》。

2004年，三年前合著的《易学与长江文化》一书出版。4月，赴北京香山饭店出席国际易学联合会成立大会。9月，出席北京"首届建筑风水文化研讨会"，报告

《建筑风水文化的哲学思考》。是年，80寿辰，向亲友赠送纪念册《云鹤清影》。

2005年3月，国际易学联合会聘为首届顾问。为赴台开会，撰《周易论和谐》。9月，参加武大主办"当代新儒学国际学术研讨会"。10月，参加江西龙虎山"天师府900周年及海峡两岸道教文化论坛"。发表《〈道德经〉的和谐观》。11月，应邀偕老伴赴宁波讲《易》，参访天一阁、普陀山。

2006年1月，赴海南岛，参与三易文化院构想。2月，道教论文集《论道崇真集》出版。8月，出席安阳"第17届周易与现代化国际研讨会"，发表《宽容精神与和谐社会》。10月，参加武大承办"佛教百年"国际研讨会。是年，《国际易经》杂志发表《玄圃耕耘五十秋——访唐明邦教授》。

2007年4月，出席重庆"传统文化与当代文明研讨会"。报告《亲民贵和乃儒家经世思想之核心》。9至11月，重登讲台为武大国学班本科生及研究生系统讲授《周易导读》课。11月，出席深圳"中华传统建筑文化论坛"，就《精英文化与草根文化之异同》做报告。12月，出席广东惠州"老子思想与当今和谐社会论坛"，报告《老子尊道贵德尚和的"玄同"愿景》。是年，添曾孙女，四世同堂。

2008年1月，应邀赴北京出席国家宗教局、中国道教协会联合召开的"新编《老子集成》座谈会"。4月，为洛阳"国学大讲堂"讲《儒家治国方略》。同月，参加武汉华中师大主办"全真道与老庄学国际学术研讨会"，报告《道教内丹学与中国传统文化》。9月，修订《周易评注》，次年中华书局出版修订本。同年，参与编撰的《中国哲学史纲要》英译本上下册由外文出版社出版。

2009年5月，应约为武大管理学院学员班作《易学与管理》学术报告共4次。同月，出席吉林市社科联合会举办"中国周易文化大会"，为大会介绍"近20年《周易》研究之新进展"。9月，出席澳门"《周易》与和谐"国际学术研讨会，报告《〈周易〉思想的核心价值》。11月，出席武大哲学学院主办"国际明清思想学术研讨会及纪念萧萐父先生诞辰八十五周年"。同月，出席中国道教文化研究所、湖北省道教协会联合主办的"楚文化与道教文化论坛"，发表论文《楚文化乃道教繁育之沃壤》。

2010年，易学论文集《周易通雅》由武汉大学出版社出版。4月，参加上海交通大学主办的崑山易学研讨会，同时参观世界博览会，参访千灯镇顾炎武故居。6月，参加无锡市主办"世界易经大会"，就"《周易》思想的核心价值"发表演讲。同月，出席武大哲学学院主办"中国哲学研究的回顾与展望"国际会议，同时，武大国学院揭牌，受聘为顾问。

2011年5月，《耄耋忆征程》口述初稿完成。7月，为邵雍千年诞辰祭典撰写《祭文》，并接待涿州市"邵雍思想国际研讨会"筹委会及洛阳市"邵雍专题电视片"摄制组。8月，《党旗颂——中国共产党建党90周年全球华人诗词大赛》应征诗 12 首,被评特等奖,并获赠"十大杰出诗人"荣誉称号及纪念品。10 月,出席在西安举行的"传统文化与生态文明"论坛,发表专论《浅谈传统文化论生态文明》。

2012 年 4 月,出席武汉举行的"第二届全真道与老庄学国际学术研讨会",就"尊道贵德劝世化俗"问题发表讲话。同月,参加南宁举办的"易学与建筑文化高层论坛",就世界名人论《周易》发表感言。是年编选《天人之学——唐明邦学术论文自选集》,并开始《耄耋忆征程》回忆录及《云鹤诗稿》的修改工作。

2013 年 7 月,参加武汉大学马克思主义学院主办《中国传统文化与当代思想道德建设学术研讨会》。9 月,《天人之学——唐明邦学术论文自选集》,由中央编译出版社出版。10 月,《耄耋忆征程》《云鹤诗稿》印行。11 月,参加武汉大学 120 周年校庆。上年《建国大典》诗集,(齐功主编)作家出版社出版,收入拙诗 12 首,评为特等奖,同时荣获"献礼十八大·中国文艺十八大家"荣誉称号。

2014 年 7 月,与长江文艺出版社有限公司签定《周易评注》再版合同;10 月,在武汉参加了由中国专业人才库全国易学考评管理中心和中国人生科学学会国学院联合主办的《智慧中国·国学巅峰对话》。会上和成中英教授、吴秋文会长三人同台做了关于国学相关问题的演讲;12 月,在深圳参加弟子练力华主持召开的《中国环境地理学》首发式暨传统地理学术研讨会,并在大会上演讲《〈周易〉的核心价值观》。

2015 年 5 月,在武汉参加中国风水文化研究院湖北分院成立揭牌仪式;7 月,修改后的《周易评注》以《周易》书名,在长江文艺出版社出版;9 月,特派义女弟子唐梦华代表他,到河南安阳出席安阳周易研究会组织召开的 2015 海峡两岸周易学术论坛、第 26 界"周易与现代化"国际研讨会,并为大会致辞;11 月,其诗词 9 首被入选《诗词中华全集》,并被诗词中华万里行组委会评为著名优秀诗人。

2016 年 3 月、6 月、10 月,特派义女弟子唐梦华代表他,在河南淮阳出席"祭祀太昊伏羲大典"、江西龙虎山出席"易道文化龙虎山论坛及第六届长三角易学高峰论坛"、深圳出席 2016"首届国际易学应用学术论坛",并分别为大会致辞;9 月,与湖北科学技术出版社有限公司签定《李时珍评传》再版合同,此著录入《荆楚文库》,即将出版。

2017 年 5 月,特派弟子毛善生代表他,在俄罗斯出席"2017 一路一带贝加尔湖生态论坛",并为大会致辞;7 月,与湖北教育出版社有限公司签定《易学源流举要》出版合同,此著作于 2019 年 3 月出版;8 月,指导义女弟子唐梦华完成《周易启蒙》著作,11 月,与武汉科技大学出版社有限公司签定出版合同,拟于 2019 年出版;8 月,担任《地理文化档案》总顾问,2017 年 12 月《地理文化档案》在武汉开机。

唐明邦照片选登

(一) 云鹤倩影

2014年师父来我家。

90岁的师父露出童颜般的笑容。

第五章 著作等身 岁月流光

唐明邦老师在《中国传统建筑文化论坛》上作大会总结

第五章 著作等身 岁月流光

第五章 著作等身 岁月流光

第五章 著作等身 岁月流光

唐明邦教授赠送书法作品给论坛组委会

（二）追悼会

第五章 著作等身 岁月流光 287

第五章 著作等身 岁月流光

第六章 耄耋驾鹤 集体追思

唐明邦先生追悼会在武昌隆重举行

编辑部

2018年5月10日,唐明邦先生追悼会在武昌殡仪馆隆重举行。

追悼会由武汉大学哲学学院院长吴根友教授主持。他首先代表武汉大学对唐先生的家属表示慰问,然后介绍了参加追悼会的来宾。

沉痛悼念唐明邦教授

武汉大学常务副校长冯友梅、校党政办公室副主任赵琴、哲学学院院长吴根友、国学院原院长郭齐勇,周易研究家邵伟华、国际易学联合会副会长兼易学应用研究会会长练力华、国际易学联合会副会长兼易学应用研究会执行会长李顺祥,湖北教育出版社主任李作君,河南省安阳市汤阴县委组织部部长李凤霞、宣传部部长李月亮、旅游局局长钟兵、羑里城博物馆馆长韩长清、汤阴县文王书院院长吴素红,易学界领导和易学专家刘穗池、韩毅、高燕、钟浩天、张兴全、李德雄、秦文学、王炳中、曾伟、苏华仁、吴吉平、叶炳辉、毛善生、简成道、罗玉贤、唐梦华、张长青、罗锦添、成鹏、李升涛、杨永林、宋健华、任继光、桐源居士、杨恒有、胡向科、桑一立、王招珺、田建国、陈寿升、康侠、赵发林、丁启发、黄俊、邓广堂、陈艺凤、沈文雪、王月凡、王国合、刘冥希、王均兰、戟智齐、萧新铸、萧俊、吴讯玄、罗玉梅、李健、周金超、郭景喜、沈

武汉大学哲学学院院长吴根友教授主持

武汉大学国学院原院长郭齐勇教授发言

来富、叶露、朱浩明、万华、蔡伟、徐孚生、姜德雨、任安旺、韩岳霖、杜洁、台湾丁美美等以及唐先生的生前同事、学生、弟子、好友,儿子唐清华、唐建华,孙子唐斌、唐鹏全家及亲戚等海内外300多人参会。

郭齐勇教授介绍了唐先生的生平事迹，家属代表、唐先生的次子唐建华教授作悼念父亲与答谢来宾的讲话。全体人员在哀乐声中向唐先生遗体默哀、三鞠躬，并向遗体告别，依次向唐先生家人握手致哀与问候。

先生的遗体火化之后，亲朋好友近300人护送先生骨灰到石门峰纪念公园举行了追思唐先生仪式。天空下着蒙蒙细雨，在哀思、在诉说、在祈祷……

唐明邦先生次子唐建华教授发言

现场播放着《三信礼幽冥韵》，追思唐先生仪式依次由礼宾请进唐明邦先生遗像、礼宾安放骨灰、礼宾向唐明邦先生敬香和点烛、全体人员向唐先生遗像三鞠躬；接着由唐先生的弟子毛善生上香和部分领导、专家作追思发言。

毛善生老师上香

邵伟华老师发言

练力华老师发言

曾伟馆长发言

高燕院长发言

丁美美老师发言

在追思仪式上，周易研究家邵伟华、国际易学联合会副会长练力华、广东省文化馆原馆长曾伟、中国环境科学学会传统文化与生态哲学会秘书长高燕、台湾易学机构负责人丁美美作了追思讲话，家属代表唐梦华致答谢词。

最后，全体人员送唐先生入土登殿。众人依次到墓前鞠躬献花告别。

唐梦华老师致答谢词

国际易学联合会孙晶会长因外事活动不能参加，特委托副会长练力华老师代表国际易联全程参加；远在美国的夏威夷大学教授成中英，国际易联原主持工作的副会长兼秘书长丘亮辉，南京大学博导李书有，国际易联荣誉会长王国政，中国中医药大学博导、国际易联常务副会长张其成，国际易联秘书长、中国人民大学博导温海

武汉大学副校长冯友梅教授

明，中国社会科学院研究员胡孚琛，当代著名易学家张延生，北京理工大学资深博导韩增禄，中山大学教授杨维增，河北老易学家杨景磐，宁夏易学会原会长王少英，中央编译出版社综合分社社长邓永标，以及各国立省立大学哲学系教授等，或因年事已高，或因工作不能分身，均纷纷派出弟子到现场吊唁，或打电话表达哀悼之情，或撰文撰联撰诗表达对唐老的哀思……

郭齐勇教授在讲话中主要概括了唐先生在哲学与易学、道学研究方面的贡献。他说：

"唐先生是我国著名的中国哲学史家，长期从事中国哲学史教学工作，主讲中国哲学史、中国辩证法史、中国哲学文献、易学源流举要、道教文化研究等课程。先生数十年如一日，潜心研究中国哲学史，出版学术著作十多种，发表学术论文二百余篇，在海内外有很高的知名度。先生的主要著作有：《当代易学与时代精神》、《邵雍评传》（附《陈抟评传》）、《李时珍评传》、《本草纲目导读》、《论道崇真集》、《周易通雅》、《易学与长江文化》（合著）等；主编有：《周易评注》《周易纵横录》《中国古代哲学名著选读》《中国近代启蒙思潮》等；参加撰写的著作有：《易学与管理》《易学基础教程》《中国哲学史》《中国辩证法史稿》

郭齐勇教授

《中国哲学史纲要》《楚国历史文化辞典》等。

　　唐先生在《周易》哲学、道家道教哲学、古代科技哲学三个领域中极深研究，创获尤多，贡献甚大，蜚声中外，是我国在这三个领域研究中最重要的学者。不仅如此，他老人家在明清哲学、中国辩证法史、儒学、佛学等领域都有甚深造诣。可以毫不夸张地说，唐先生对整个国学（中斐国传统文化）与中国哲学史的各方面、各断代都有深入研究。从他的著作中，我们可以了解唐先生的基本思路与主要创见。尤其是，他老人家真正把握了中国传统文化与哲学的精髓，并善于平实、准确地表达出来。六十多年来，唐先生勤于读书、思考、著述与讲学，学而不厌，诲人不倦，献身祖国传统文化事业，为现代文教事业的发展奋斗不息！他晚年一再申言，要'重振国学，复兴儒学，弘扬易学，光大祖国传统文化，中西融合，古今贯通，建设中华民族共有精神家园，全面建设社会主义和谐社会'。这是他的为学主旨，也是他的心声与宏愿，并念兹在兹，身体力行！

　　唐师淡泊明志，低调平实。有一次他与我聊天，他说他的人生格言是'不争'。他实践《老子》的'上善若水，水善利万物而不争'的精神，超越于名利之上。由于退休早，他的住房又旧又小，收入较低，待遇很差，比起我们这些学生，甚至再传弟子都差多了，但他毫不计较，心胸宽广，豁达大度。唐师坚持练气功，动功与静功都练，常常指导我们养生健身。唐师把他领悟

集体鞠躬

的中国哲学的智慧与自己的身心修养，密切地融成一体，知行合一，学以致用！

　　唐师为人谦和，清退不争，胸怀坦荡，乐天无忧，提携后进，不遗余力。唐师是哲学家与中国哲学史家，尤精于《周易》经传与易学史、道家道教和古代自然科学中的哲学。他的堂庑甚广，成就颇大。

　　唐先生走了，他留下丰厚的精神财富，我们要继承先生的遗志，传承好先生的精神。"

　　邵伟华老师的讲话见本书第114页，练力华老师的讲话见本书第116页。

　　曾伟馆长的讲话见本书第134页，高燕院长的讲话见本书第135页。

　　他们的讲话，均分别从不同的角度、不同的方面概括了唐先生在哲学、易学、道学等方面的成就和贡献，回顾了受教于唐先生的方方面面，情真意切，泣声不断，场面感人至极，充分表达了对唐先生的真挚感情。

唐明邦先生治丧委员会
二〇一八年五月十一日

社会各界深切悼念唐明邦教授

编辑部

中国著名哲学家、中国哲学史专家、易学家、武汉大学中国哲学学科奠基人之一、武汉大学哲学学院教授唐明邦先生因病医治无效,于2018年5月4日下午3点26分在武汉大学中南医院逝世,享年95岁。

武汉大学校领导、哲学院领导及师生、唐明邦教授生前亲朋好友及易学界专家学者、学生、弟子、易学爱好者,纷纷前来唐明邦先生灵堂(灵堂设在武汉大学南三区18栋4门301室)祭奠,对唐明邦先生亲属表示亲切慰问,并送来鲜花或花圈挽联;有远在外地一时赶不过来的部分生前亲朋好友及易学界专家学者、学生、弟子、易学爱好者的委托人送来鲜花或花圈挽联,至5月6日,已有两百余人前来吊唁,灵棚已摆满了花圈。

唐明邦先生追悼会

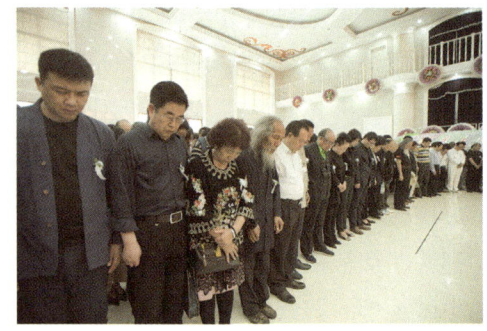
唐明邦先生追悼会

发来唁电或送来花圈花篮的单位及个人有(排名不分先后):

武汉大学

武汉大学哲学院

武汉大学国学院

国际易学联合会

国际易学联合会易学应用研究会

重庆市中华易学研究院

中国科学院自然科学史研究员、国际易学联合会第二、三届会长现任荣誉会长董光璧

国际易学联合会会长、中国社会科学院教授孙晶

国际易学联合会荣誉会长、太湖书院山长丘亮辉

国际易学联合会荣誉会长王国政

国际易学联合会秘书长温海明

国际易学联合会常务副秘书长庞薇

著名易学研究家邵伟华

著名易学研究家张志哲

著名易学研究家李书有

著名易学研究家廖墨香

著名易学研究家张延生

著名易学研究家李仕澄

武汉大学国学院原院长、唐先生入室弟子郭齐勇

武汉大学哲学院院长、唐先生入室弟子吴根友

武汉大学国学院院长、唐先生再传弟子孙劲松

国际易学联合会副会长兼易学应用研究会会长练力华

国际易学联合会副会长兼易学应用研究会执行会长李顺祥

（城乡发展研究中心）中国专业人才库全国易学考评管理中心主任韩毅

美国易经学会会长段建华

宁夏易学研究会会长王少英率全体同仁

中国自然辩证法研究会易学与科学专业委员会理事长任俊华、副理事长李太生

郑州市政协主席王璋

武汉大学图书馆馆长王新才偕同仁

郑州大学哲学系

郑州大学《周易》与古代文献研究所

河南省周易研究会会长于海禄、秘书长李长庚率全体同仁

河南安阳周易研究会会长秦文学率全体同仁

河南省安阳市汤阴县领导携文王书院相关领导

河南省安阳市老干部大学易经班领导班子申天安、李瑞荣、陈海英、刘仙珍、方宪仁、芦争妍

河北省周易研究会荣誉会长国际易学大会副会长石建和携千余弟子

沈阳市周易研究会会长王炳中率全体同仁

河北省周易研究会会长杨永林

北京三式乾坤研究院院长杨景磐、杨霁晖率全体同仁

木子兵法研究院院长李德雄、副院长蓝志勇

中央编译出版社综合分社社长邓永标

国际易经应用学院院长赫英范

中国建筑文化中心学术专题部原主任刘穗池

广东省乡镇科学决策促进协会副会长钟浩天

国际易学风水研究院名誉院长吴吉平

著名道长苏华仁、萧新铸、杨信然

长三角易学联盟秘书长宋健华、副秘书长王惟清

江苏普陀山论坛郑正国、郑富国

陕西省华夏文化研究会会长杨恒有率全体同仁

北京联合大学教授吴勤学

中国易学研究协会、中国建筑人文环境规划研究院院长孟亚红率全体同仁。

国际易学联合会易学应用研究会副会长温建平、张长青、王如愿、叶炳辉、罗锦添、成鹏、谭大梁、李文川、黄新安、麦华盛、任小渠、陈良荃、杜新会、杨新丰、申雄、宋健华、王伟浩、黎显华、施经纬、邱桂昆、王海明、杨婵聪、李汶钊、师占国、邱立成、许华明、郑立元、雷良山、何应彪、林彬，秘书处领导刘贵民、黄俊、孙邃、慕容子敬、谭钰霖、冼柏霆、王世炎、刘站铭、杨玉琼、谭波、谢明晋、董宗泰、辛东亮、王信浦、张绍卫、郭艳秋、蔡耀、王继红、辛耀光、余曼、杨玲。

中国风水研究院湖北分院院长田建国率全体同仁

北京学者墨文增、张起源、李祥源

湖南大学靳九成

河南学者任纪光

中国北方易经学会会长赵海昌

祭拜伏羲大典组委会李升涛率全体同仁

贵州省易经研究会暨麻福昌、田光辉、黎斌

风陵渡女娲文化研究会会长康侠

国家易经风水文化研究院副秘书长黄一远

山东聊城市运河易经学院院长王怀云率全体同仁

广州桐源居士蔡镇远、项秋予夫妇

广东东莞日报社记者余国均

全球华人联合会易道文化研究会候斌率全体同仁

澳门文镜风水命理馆馆长文坚成率全体同仁

龙乡书法院院长王殿卿龙

山西易学研究中心主任成鹏

《易邺轩》娄合成

世界易经风水学会主席兼会长胡向科

台湾学者黄来镒、杨博瑞

广东省儒学与状元文化学会会长莫善朝

教育部信息中心研究员王钰辉

中国少数民族哲学社会思想史学会萧洪恩

暨南大学哲学所高华平

华夏龙文（北京）国学文化研究院院长周金超及郭景喜

中华易学导师联盟协会秘书长王月凡携全体同仁

现代易武汉学派主创人赵向阳、干事叶露

四川易经学者唐巍

陕西澄城县周易研究会会长马勤定

杨公杖文化公司叶乃旗

新加坡国际周易研究学院院长怀家志

大连易学专家苏国圣、苏双圣

易界学者：孙金刚、桂秋芳、房九如、张涛、董晓乐、邵金帝、冯吉祥、侯龙明、苗长生、张福琛、刘扬辉、萧传人、杨顺布、张昆生、黄浩、郭才、王来顺、鉴醒、胡玉成、娄合成、陈寿升、姚得民、王金龙、黄浩、王子东、杜岚峰、生源、吕文昌、尹庆生、韦燕章、萧金奇、殷伟、姚昱彤、杨九思、毋若虚、吴刚、韩云清、钟东、罗长建、元学、风清杨、静静、陈启华、郑立军、炯尤、姬华光、纪华传、郑静、赵发林、萧子竣、赖劭、邢尔波、袁长春、严正、邓广堂、郑善洲、李宝和、周述忠、樊东亚、谢泗能、陈献科、汪祥忠、瞿贻顺、陈厚桦、何祖银、林贤、江信奎、陈兴国、邓务圈、金月萍、文上华、李法成、王付、吴振贤、雷运福、沈龙、李明政、蒋峰、陈龙威、欧阳勇、林玲、杜培爱、江文思、李运良、刘文富、程江虎、张惠洪、蔡旦光、何桂华、邹付划、陈献科、周树图、周世锡、刘荣亮、昌梅青、陈高、林世刚、王权、陈振义、杜津源、丁启发、丁晓成、张海坤、刘月阳、刘士宽、王一名、李进森、冯海卫、张敏福、安会喜、吴振贤、张孝凡、杨振荣、陈福文、欧阳勇、苏仁森、陈俊原、罗华春、董琳、余雨森、田永丰、方志明、栗铭泽、何天钦、雷运福、刘文青、朱永财、殷俊大、俞旭卿、邱信葵、林长胜、李思明、程名球、徐建军、李东、杨璧瑜、张海坤、刘钟钲、姜庚田、吴贤昱、谈敏、刘宗林、覃惠福、楼汉霆、覃才海、黄慧、王文璋、王海兵、林世刚、许义豪、刘玉燕、叶跃年、李宗健、姚路飞、刘利华、赵锦明、钟福国、文德平、李石容、李辉、刘成福、陈禄昌、张飞、何本权、汪元超、宋云杰、鄢亮、毕守印、刘美丰、杨灵活、林观亥、徐少军、朱志阳、王学、周运书、李俊刚、乔良国、李春华、杨焕、李家德、杜治凯、黄绥鑫、雷文南、慕向红、王进昌、赵瑞军、陈思林、潘其乐、陶光好、陈人伟、李运良、陈道、钟幸昌、贺忠瑜、张虎生、杜治凯、杨胜海、陈建彰、殷珍泉、卢山、陈艺凤、沈文雪、朱浩明、吴强、罗长建、朱厚明、方圆人生、乐乐、沈来富、石国人、蔺建廷、王新祖、王殿福、连志、罗振军、易剑净心、王琪、卢国强、豫镜、金世遗、蔡易德、陈麒光、姜德雨、张醒植、孙大志、刘岱清、金泉、陈振义、王成、吴国顺、王文柱、郑善州、孙振华、韩兴、陈永轩、黎洪彰、陈胜雄、蒲镜元、周卫民、杨晓兵、邓建武、柏杨、张淳然、孙大智、黄斌、王鉴石、徐志喜、袁建武、顾智文、李瑞艳、叶阳红……

唐明邦教授治丧委员会向各有关单位和同仁叩首鞠躬，深表谢意！

2018 年 5 月 9 日

第七章 啥文

敬爱的学术巨匠、哲学家、易学泰斗唐明邦先生于 2018 年 5 月 4 日以 95 岁高龄离世。老前辈一生献身文化事业，学而不厌，诲人不倦，德艺双馨，受业弟子遍及海内外，社会各界纷纷表达对唐老的哀思，在此深表谢意。下面选录部分单位及个人发来的唁文与唁诗词联。

惊悉唐明邦先生病逝，万分悲痛。唐先生是蜚声中外的著名学者，是国际易联连任四届的首席顾问。他的亡故是易学界无法挽回的损失。他对易学传承，弘扬优秀传统文化的贡献，将彪炳史册，成为后代学人的楷模。谨代表国际易联、孙晶会长和全体理事向唐先生致哀，愿他一路走好。亦望眷属珍重，节哀释念。

巨星陨落，令人黯然神伤，却能唤起更多的追随者，赢得群星灿烂的辉煌。

唐明邦先生千古！

国际易学联合会　敬挽

2018 年 5 月 7 日

我们怀着万分悲痛的心情，深切悼念德高望重、慈祥睿智的一代宗师——唐明邦先生！

唐明邦先生的逝世，使我们失去了一位好老师，是我们易学界沉痛的损失！

唐明邦先生，您走好，你永远活在我们心中！

国际易学联合会易学应用研究会

2018 年 5 月 5 日

沉痛悼念易学泰斗唐明邦先生

唐明邦教授的逝世是周易界的重大损失，易学界失去了一位好导师，我们失去了一位好师长。让我们化悲痛为力量，继承唐明邦教授的遗志，将他的未竟事业进行到底！

唐明邦教授安息吧！

安阳周易研究会

2018 年 5 月 5 日

夏威夷大学成中英教授致电郭齐勇教授，回顾了他与唐先生在推动国际易学方面的密切交往，对唐先生逝世表示深切哀悼。

天人之学贯通天人　地理思考重整地理

唐明邦先生千古

夏威夷大学　成中英　敬挽

2018年5月7日

怀念唐明邦先生

革命不断传统

传易助推开放

中国科学院研究员、国际易学联合会第二、三届会长董光璧

戊戌端午

沉痛悼念唐明邦老师！

惊悉易学界的一代宗师，武汉大学教授、博士生导师，德高望重、慈祥睿智的长辈——唐明邦教授2018年5月4日仙逝，万分悲痛，特致唁电，敬献花圈一个并向家属表示慰问。

唐老在改革开放后的1984年，在武汉主持召开建国以来的第一次全国性的《周易》研讨会，点燃了当代易学研究的第一把火；于1989年筹建"中国周易研究会"，当选为首任会长，为当代易学的复兴与发展，搭起了第一个平台；他主张易学理论研究与易学应用实践的相互包容、相互理解；他主张易学家要德易双修，要爱党爱国，要遵纪守法，要认真学习"两典"，即马克思主义哲学经典，易学经典包括易学应用的经典，提高理论水平与技术水平，提高综合素质。他的精神永垂不朽！永远值得我们学习！

唐明邦教授，永远活在我们心中！

国际易学联合会荣誉会长

太湖书院山长　丘亮辉

2018年5月7日

惊悉唐明邦先生驾鹤西去，在此表示沉痛哀悼。我已请本会副会长练力华老师代表国际易学联合会向唐老家属表示深切的慰问！全权委托练力华老师代表国际易学联合会向唐老敬献花圈。

国际易学联合会会长　孙　晶

2018 年 5 月 5 日

珞珈山子曰书院选录学界悼念唐明邦先生：

中国著名哲学家、中国哲学史专家、易学家、武汉大学中国哲学学科奠基人之一、武汉大学哲学学院教授唐明邦先生因病医治无效，于 2018 年 5 月 4 日驾鹤仙游，享年 95 岁。唐先生学德兼备，博古通今，乐天达观，宁静致远。学界闻先生仙逝，其门生故旧，或曾与先生论学、向先生问学者，或曾读先生之书、曾闻先生之嘉言懿行者，咸为悲悼，纷致悼念。

著述等身，学问从来趋既济。

达生齐物，苍茫一去得逍遥。

中国社科院哲学所胡孚琛陈霞敬挽 2018 年 5 月 6 日

惊闻唐明邦教授仙逝，甚为怀念。唐先生一路走好，望其家人节哀顺变，多多保重。

韩增禄　敬挽

2018 年 5 月 7 日

死而不亡者寿。唐老与世长辞，精神不朽，永远活在大家心里。

唐老治易有三大特点和贡献：象数易与义理易兼收并蓄精心研究而不偏废；

力挽狂澜，让义理派逐渐认同象数派；大力培养和扶持一批有为的中青年成为新一代治易的领军人物和中坚力量，使"为往圣继绝学"的接力棒代代相传下去！

愿唐老一路走好！

中山大学　杨维增

2018 年 5 月 6 日

愿中国周易研究会首任会长武汉大学哲学学院教授唐明邦老师一路走好！

韩　毅

2018 年 5 月 6 日

得知唐老先生驾鹤仙逝，深感遗憾！是易学界一大损失，唐老先生对易学界的贡献深受各界人士的赞扬！我在此向唐老家人表示深切问候，祝愿唐老先生的易学思想流传千古！

易学泰斗道业精深恩泽国粹子辈

人生典范胸怀宽广榜样易界后人

沈阳市周易研究会会长　王炳中　泣挽
2018 年 5 月 6 日

惊悉唐明邦先生去世，山东周易研究会全体同仁无不震惊，为易学界失去这样一位德高望重的前辈而深感悲痛。

唐先生是中国当代易学家，道高德著，学识渊博，对于易学的研究与弘扬做出了重要贡献。唐先生与山东周易研究会有极深的渊源，自1995年山东周易研究会成立以来，唐先生就一直不遗余力地支持研究会的工作，并与研究会刘蔚华、董治安、丁冠之、周立升、张晓雨等会长结下了深厚友谊。

唐先生的去世是当代易学界的巨大损失。但哲人已逝，精神永存，高德千古！请先生的家人和弟子节哀顺变！

山东周易研究会
2018 年 5 月 5 日

惊闻著名的中国哲学家、易学家，武汉大学哲学院教授唐明邦仙逝，不胜哀悼。唐明邦先生是易学研究方面的大家，在中国哲学界成就显赫，他的逝世不仅是武汉大学的重大损失，也是中国哲学界的重大损失。

在此谨向唐明邦先生的家属致以诚挚的慰问。

山东大学哲学与社会发展学院　周立升
2018 年 5 月 7 日于济南

我对唐明邦教授的逝世表示哀悼，并对其家人表示慰问。唐明邦同志是中国著名哲学家、中国哲学史专家、易学家。他对研究、弘扬中国优秀传统文化做出了杰出贡献！

中央编译出版社　邓永标
2018 年 5 月 7 日

惊悉唐明邦先生逝世，谨表沉痛哀悼。唐老为传承、弘扬中华易学文化做出卓越贡献。他的去世，是易界重大损失！广大易学同仁永远缅怀他的功绩！望唐老家人、亲属节哀顺变，特此致以深切的问候！

王少英及宁夏易学研究会全体易学同仁
2018 年 5 月 5 日

惊闻唐明邦教授仙逝，万分悲痛！唐明邦先生一生为易经文化研究和教育事业呕心沥血，功勋卓著，并培养了一批又一批优秀人才。他的逝世，是我国学术界的巨大损失！在此悲痛之际，特向其家属表示慰问，望节哀！

河南省易经研究会
2018 年 5 月 5 日

痛悼师祖唐明邦先生

遽闻易学耆宿、珞珈易原、尊敬的师祖唐明邦先生遽尔仙逝，晚生感到无限悲痛和万分伤感！

晚生曾在珞珈山亲炙于唐先生门下，他老人家给我们上过"《周易》哲学与中国文化"的课程。先生讲课，声如洪钟，沛然浩然，给我们留下了极深的印象。后来，唐先生还评阅了晚生的硕士学位论文，参加了我的毕业论文答辩会。他的多部著作，如《李时珍评传》《邵雍评传》，晚生亦曾拜读过。在耄耋之年，唐先生还亲自编辑了巨著二册，《周易通雅——唐明邦易学论文选》和《天人之学——唐明邦自选集》出版后，他亲赐给晚生，我都细致地翻阅过了。特别对于《周易通雅》中的一帧照片，晚生观想良久，情不自已，遂将区区感念书之于博客上。

唐先生的性格，冲淡平和，谦逊礼让，疏于名利，纯良素朴，亦孝亦友。珞珈弟子，咸知先生之贤。

唐先生学贯三教，性达天人。在中国哲学、易学和道教研究上用尽心力，成绩卓著，著述良多。他特别钟情于《周易》，是当代易学耆宿、珞珈易原，影响广泛，及于黉门内外。在学术的道路上，他是晚辈学习的榜样，是我的指路明灯，良师和益友。他常常教导我们说，学术要贵专，要掘井及泉、守住阵地，多做作品，而不能三心二意，朝秦暮楚；基础要扎实，"练拳不练功，到老一场空"。这些话，经过他的耳提面命，印象非常深刻。

晚生在博士毕业后还曾多次聆听唐先生的教诲，跟着他数次出外开会。例如，2001 年，他带着我们一起到湖北省丹江口市参加湖北省孔子研究会主办的学术会议。2011 年 10 月，在河南省安阳市，我们还一起参加了由中华孔子学会等主办的"首届羑里论坛：孔子与《周易》"的会议。晚生最后一次见到唐先生，是在2016年1月21日。那天，晚生跟着郭齐勇老师一起登门拜访了唐先生。郭老师有给老先生拜年的习惯。那次，唐先生看起来气色不错，身体似乎很好，很健康。当时，我私下认为，唐先生还能活个七年八年，这应该没有问题。不料，先生竟遽尔逝于昨昔，驾鹤西游！

先生的去世，是中国易学界、道学界的重大损失，是珞珈师友的重大损失！哲人其萎，令人怀想！先生之风，山高水长！

晚生　丁四新　遥拜于北京学清苑
2018年5月5日

山川肃立，江河呜咽……当代易学大家、世界易经风水学会总顾问唐明邦老先生于2018年5月4日下午3时26分于武汉驾鹤西去。

青山依旧，音影依稀，易星陨落，梦境相见。半个多世纪以来，唐先生殚精竭虑、朝乾夕惕、潜心研易；尤其是在晚年，为将祖传师授的易学秘籍和他一生的实践经验奉献社会，唐老先生更是宵衣旰食、箪食瓢饮、呕心沥血，将自己毕生所学和经验撰写成鸿篇巨制，揭示了易学、宇宙的魅力和精要；并将自己毕生所学所悟的易学精华奉献给了世人，为后人研究和传承易学文化留下了一份足金的"易学宝典"，搭建了一座永恒的易桥梁。唐明邦老先生是世人公认的当代易学领袖、易学大家；他是当代著易学书籍第一人，他的易学著作放出的光芒像灯塔一样导引着易学之路。他在闻喜县宰相村题写的对联：上联是，"易经能知天下事"，下联是，"风水总关天地人"，更是揭示了宇宙间天、地、人、事间的奥秘和真谛！他老人家的逝世，不仅是易学界的巨大损失，同时也是中国传统文化队伍的巨大损失。

广大易友们，我们要化悲痛为力量，齐心研易、演易，同心同德，开创易学未来，以告慰唐明邦老先生的在天之灵！

愿老先生：一路走好！

唐先生安息吧！向唐老三鞠躬，合十。

世界易经风水学会主席兼会长　胡向科　敬挽
2018年5月5日

痛悼唐明邦先生并怀念珞珈三圣

余问学郭齐勇先生门下之初，太老师萧萐父、李德永两公相继谢世，距今分别十年、九年。唐公乃当下易学泰斗，尤通象数易学，能决人事变数，虽敬仰久之，然学艺未精而不敢冒昧拜访。后至蜀，选研扬雄《太玄》有年，易在巴蜀，唐公亦蜀人，思当可求教之时，不料忽驾鹤西去，从此抱憾。适有问其传世著述者，随手取其五本示之：《周易评传》（中华书局1995）、《邵雍评传》（南京大学出版社1998）、《易学与长江文化》（湖北教育出版社2004）、《论道崇真集》（华中师范大学出版社2006）、《天人之学——唐明邦自选集》（中央编译出版社2013），随即网购《当代易学与时代精神》（湖北人民出版社1999）、《周易通雅——唐明邦易学论文选》（武汉大学出版社2010）两书，而诸师友回忆文章纷出，略窥先生道德风骨，私淑艾者，庶几备乎？萧、李、唐三公素有"珞珈中国哲学三圣"美誉，今哀悼唐公并怀念三圣云：

> 珞珈寓宿儒，东湖铸栋材。
> 萧公新风气，李唐敦情怀。
> 易庸形上智，化成六十载。
> 三圣驾鹤去，多士继开来。

后学　吴龙灿
2018年5月7日敬悼

远笋是晚辈的晚辈，未能亲闻唐先生謦欬。4月22日，陪同徐老师、吴老师去中南医院看望唐先生，是远笋第一次近距离接触唐先生。唐先生声音已经很微弱，在谈话中，他提及郭老师："齐勇呢？"吴老师回答说，郭老师在荆州，回汉后会来看您。远笋的感触是，武大中哲有一个非常好的学术传统，老先生们筚路蓝缕，提携后进，经过几代人的努力，在学术界方有今日之地位。

郭老师几次跟远笋提及，说唐先生澹泊，至今住在条件较差的南三区，刚好远笋也住在南三区，颇能体会，南三区都是年代久远的老房子。唐先生的学问，远笋是高山仰止，未能窥其万一，不能赞一辞，但唐先生开创珞珈易学之学派，远笋早有耳闻，这在学界已是定见。

谢远笋
2018年5月6日

沉痛悼念易学泰斗唐明邦先生

惊悉中华易学泰斗、著名的中国哲学史名家、武汉大学教授唐明邦老先生仙逝，后学深感哀痛！

唐老先生诞于巴蜀，与先师卿希泰教授交谊甚厚。一九八四年，唐老师发起召开首届中国《周易》学术研讨会，后学石窗有幸受邀出席。唐先生关怀备至，启迪良多。会议结束时，唐先生亲自到东湖宾馆门口送行，至今记忆犹新。后来，唐先生审阅了我的硕士论文和博士论文,循循善诱,后学深受教诲。二十一世纪初,后学任厦门大学哲学系主任时,曾邀请唐老先生至厦门讲学,唐老先生不辞辛苦,讲易论道,吟诗作词,给厦大师生留下十分深刻的印象。不久,后学发起召开"詹敦仁学术研讨会"以及"国际道学思想文化学术研讨会",唐老先生复应邀莅临指导,给予大力支持。

唐老师学贯中西,尤精于《易》学和中医经络学说与本草学。他笔耕不辍,所著《邵雍评传》《李时珍评传》《本草纲目导读》等嘉惠后学甚多。唐老师是一位文史哲兼通的老学者,开会见面,每每诗潮泉涌,令人深受鼓舞。

唐老先生和蔼可亲,见面即可聊家常,是一位奖掖后学的仁厚长者。在老先生仙逝之际,特别怀念。谨作挽联一副,以哀悼之。联曰:

明伦固本一生孜孜不倦研易悟心法,
邦典修行九秩恒恒无休探赜成圣功。

后学　詹石窗　叩拜
公元 2018 年 5 月 5 日

在武大念书时常去看望唐先生,唐先生送书给我,送他的文章给我,给我讲他的故事,把他的诗集借给我读。唐先生还教我如何做卡片,把他做的卡片给我看,还告诉我陈垣先生的卡片一箱一箱的。老先生还教我写书评,给我改文章。老先生也喜欢书法,写隶书。他有两方好石,命我刻字。一方刻"元亨利贞",一方刻"太极图",先生很喜欢。毕业后也去看望过老人家,有几次准备去,老人家总在深圳,不在武汉。本想何时再去看望他老人家,没想到几年前一见竟成永别。忙忙碌碌,没多去看望老人家,此恨已无法弥补!

老先生常以打井开渠比喻做学问,要打深井得寒泉然后开沟渠,乃得清流而不竭,若井浅得泥水,则无所用之。先生治学非常勤勉。在北大哲学系学习时很用功,确有自强不息的精神。这使得先生在易学、中医药学和道家道教领域都取得了丰硕的成果。先生声如洪钟,心地光明,行忠恕之道,有孩童般的天真。先生事母至孝,朋友相亲,晚辈后学多得提携,社会上许多人士对先生亦多感怀。想起当年先生教我做读书卡片,写书评,想起在先生家读诗词赏书法话家常的时光,如在昨日。今日竟成永别!

愿老人家安息!

陈仁仁
2018 年 5 月 6 日

敦艮之吉　以厚终也

——沉痛悼念易学泰斗唐明邦先生

唐明邦先生治丧委员会：

惊悉著名的中国哲学史专家、易学家、武汉大学中国哲学学科奠基人之一、武汉大学哲学学院教授唐明邦先生仙逝，宁静致易群全体师友深感悲痛。谨向唐先生表示哀悼，并通过你们向其亲属表示亲切慰问。

"举而措之天下之民，谓之事业。"先生致命遂志，困而不失其所，主持召开了建国以来首次全国性《周易》研讨会，筹建了"中国周易研究会"并任首任会长，发起成立了"国际易经科学研究院"，为推动易学的发展做出了突出贡献。

"以懿文德，以文化人。"先生殚精竭虑，笔耕不辍。《周易通雅》简则易从，通天下之志；《当代易学与时代精神》备物致用，以为天下利；《邵雍评传》断天下之疑，定天下之吉凶；《周易评注》探赜索隐，成天下之务；《周易纵横录》钩深致远，立象以尽意；《易学基础教程》精义入神，振民育德；《易学与管理》开物成务，定天下之业。

"学为人师，行为世范。"先生的一生，是"淡泊以明志，宁静以致远"的一生，是"多识前言往行、日新其德"的一生，是"久于其道，恒以一德"的一生，是"敬德修业、崇德广业"的一生，更是"富以其邻，举而措之天下之民"的一生。我们一定要以先生为榜样，踏着先生的足迹，革故鼎新，砥砺前行。可以相信，易学的天空必将群星闪烁，生生不息。

先生千古，懿德永存！

宁静致易群全体师友

2018年5月8日

惊悉唐明邦先生仙逝，甚为哀痛。唐明邦先生是我国学术界著名学者，易学界泰斗，尤在当代易学学科建设上著作等身，成就卓著。作为近百岁老人，唐明邦先生终生勤奋治学，老而弥笃；道德文章，堪称楷模；诲人不倦，桃李芬芳。其治学精神和易学成就将永远嘉惠易林，激励后学。唐明邦先生的逝世是我国学术界和易学界的一大损失。我们谨代表安阳市老干部大学易经班全体师生并以易经班领导班子的名义对唐明邦先生的逝世表示深切的哀悼，并向唐明邦先生的家人及您表示诚挚的慰问。

安阳市老干部大学易经班领导班子：申天安、李瑞荣、陈海英、刘仙珍、方宪

仁、芦争妍

2018 年 5 月 6 日

惊闻唐老仙逝，深感悲痛，愿唐老一路走好。

中国易学研究协会会长　孟亚红　悼念

2018 年 5 月 6 日

现代易学一代宗师唐明邦先生永远离开了我们。

易学理论伟大的思维代代传承，超越历史时空永放光芒。20 世纪 80 年代，唐老的易学金钥匙，让我们的思维发生革命性的变化，20 世纪 90 年代我们开创易经现代化万里长城路，得到了唐老、李廉教授等老一辈易学家的支持和肯定，特别是《易经与现代化》杂志创刊几十年来，得到唐老等老一辈易学、哲学大师的高度评价……

仙骨易心儒家风，弘扬大道济众生，

神笔妙文赞陈抟，含笑九霄步汉程……

向人类易学思想家致敬

赫英范

2018 年 5 月 5 日珠海

沉痛哀悼易学泰斗唐明邦老人家仙逝！愿唐老一路走好！

温建平　敬挽

2018 年 5 月 5 日

沉痛哀悼一代宗师、易学泰斗唐明邦老人家仙逝！杨公纪念馆、杨公杖公司及我们多人，已委托人分别向唐老人家敬献花圈！

叶炳辉　敬挽

2018 年 5 月 6 日

沉痛哀悼易学泰斗唐明邦老人家仙逝，愿唐老安详走好，仙界再彰风范！

张长青　敬挽

2018 年 5 月 5 日

惊闻易学泰斗唐明邦老人仙逝，易星殒落，为易学界莫大损失，沉痛哀悼，愿他安祥走好！

罗锦添　敬挽

沉痛悼念易学泰斗、易界旗手唐明邦教授驾鹤仙游！

王如愿　敬挽

沉痛哀悼唐明邦老人家。愿他驾鹤西去，早登极乐世界。

邱桂昆　敬挽

沉痛悼念中国当代易学泰斗唐明邦先生！唐明邦先生去世，是中国风水界、世界易学界的重大损失。祁愿先生一路走好！风范永存！

桐源居士　敬挽

沉痛悼念唐老！唐老对中国易学的推广和发展功盖千秋！

陈良荃　敬挽

山河失色，天地同悲！当代易坛巨匠、易坛元老、易坛泰斗、易坛圣贤——唐明邦会长于2018年5月4日下午3点26分，与世长辞，驾鹤西游，享年95岁！

唐老一路走好，早升仙界！

董宗泰　敬挽

惊闻易学泰斗唐明邦老先生仙逝，易星殒落，为易学界莫大损失，沉痛哀悼，愿他安详走好！

辛东亮　敬挽

沉痛哀悼唐明邦老人家，愿他早登西方极乐世界！

许华明　敬挽

一代宗师，易界楷模，我们怀念您唐老！仙路走好！

张　涛　敬挽

惊闻易学泰斗唐明邦老人仙逝，易星殒落，为易学界莫大损失，沉痛哀悼，愿他安详走好！

郭艳秋　敬挽

沉痛哀悼一代宗师，易学泰斗唐明邦老人家仙逝！一路走好！

杜培爱　敬挽

沉痛悼念，永垂不朽，当代易学泰斗，唐老安详走好！

余　曼　敬挽

生为人师，逝为仙尊。唐老一路好走！

王世炎　敬挽

生前厚德心无愧，慈惠高风垂万古，
垂范易德训风云，宇宙万象育慈容！
惟愿唐老一路走好，早登仙界，福生无量天尊！

王信浦　敬挽

名留千史，千秋伟德扬北地；誉满神州，万载神恩照南天。

郑善洲　敬挽

易海航行舵手，易界定海神针，一代宗师易学泰斗唐明邦教授永垂不朽！我们永远怀念您，您永远活在我们心中！

吴振贤　敬挽

今闻唐公西去，心悲犹念！记得二〇〇四年，在北京首届中国建筑风水论坛之余，唐老给我写下"风水的精华是天人合一"的文字般若……十多年未曾谋面，竟然成为绝笔穹顶之憾。先生之学识涵养，实属业界之翘楚，项背于天下易林。愿先生一路走好！

山西长治·圆通易　冯钧阳　敬挽

根友、龙滔、幺娥同志：
惊闻唐明邦同志仙逝，不禁老泪潜然。我还在治疗，不克参加向他的遗体告别仪式，请为我向他敬献花圈以表六十年相知的深情！

明邦挚友　陶德麟　敬挽

沉痛哀悼易坛灯塔、易坛泰斗、易坛大德，白云悠悠，云鹤仙游，山河哽咽，草木皆泣！我们跪拜叩首、跪拜叩首、跪拜叩首、合十。

浙江普陀山易经论坛群全体易学老师敬上

沉痛哀悼当代易坛元老唐明邦会长驾鹤西去！道既存，德不孤，漫道古今风物殊，人生百年乐与苦，世间沧桑正道悟！我们与唐老2008在江苏常州会议结缘，聆听老师教导，终生难忘。愿唐老一路走好，愿唐老天堂没有痛苦，在天堂多一位易学泰斗。

浙江普陀山　郑正国　宁波易经　郑富国

祭拜伏羲大典组委会代表团由升涛带队前去参加悼念老爷子。节哀。

李升涛　叩首

沉痛哀悼，唐明邦先生，一路走好。我曾在山东大学易学论坛网站，评论当代易学学者，称唐明邦先生为易学四维（易学的四根旗杆）之一。朱伯崑、刘大钧、邵伟华，称易学界唐明邦先生为和谐长老。不幸，朱伯崑、唐明邦二位先生先后离去，是我们全国周易界的巨大损失。易星陨落，我辈不忘先师之教诲，激励后辈先学之心愿，于易学之弘扬，继往开来！先生一路走好！

河北张家口　王金龙　遥祭

沉痛悼念当代易学泰斗唐明邦老师仙逝，此乃中华易学界的巨大损失。我们永远怀念他对中华易学的巨大贡献！愿唐公明邦老大人永为佛骨之仙。

澳门文镜台风水命理馆　文坚成　鞠躬！

沉痛悼念当代易学家唐明邦先生，愿唐老安息，一路走好！

湖北仙桃易学爱好者　朱浩明

沉痛哀悼易坛巨匠唐老先生驾鹤仙去，易坛巨星陨落，天地悲恸，愿逝者安息，一路走好！

江苏徐州易学学者　杨俊山　叩拜

沉痛哀悼：当代易坛元老唐明邦会长（2018年5月4日下午3点26分）驾鹤西去！

肖律师　合十

惊闻当代易坛元老唐明邦教授驾鹤西去！合十。道既存、德不孤、漫道古今风物殊、人生百年甘与苦、世间沧桑正道悟！祈愿唐老：天堂无苦。合十。

王怀清

唐老驾鹤，乃吾辈痛失巨擘，心甚痛，唐老精神永垂不朽。合十。

吴素红

惊悉唐老先生驾鹤仙去，不胜悲痛。世上少一易学泰斗，扼腕痛惜；天上多一伏羲弟子，聊以慰藉。愿先生一路走好！合十。

上海　胡玉成

惊悉老爷子仙逝，谨致沉痛哀悼，祝老人家一路走好。合十。

杜老师

惊悉易坛元老、易学泰斗唐明邦老先生驾鹤西去，深感无限惋惜和悲痛，祝唐老一路走好。

尹庆生

噩耗传来，国人不能自已，情不自禁失声痛哭，唐老的逝世是中国易学乃至全人类哲学事业的一大损失。向唐老及全家致哀，节哀顺变！

石国人
2018年5月5日

沉痛哀悼易坛元老唐明邦先生！千古明灯，闪闪不灭……先生一路走好，先生永垂不朽！流泪，合十。

黎　斌
2018年5月6日

遥祭：

忽闻易哲泰斗唐老师（讳明邦），于戊戌年丙辰月丙申日午后仙逝，倍感哀泣。

唐老师生于天府忠邑，壮培桃李天下，深受各界爱戴，天无情，人难留。遂留心十蔀，如置二极，妙积五图，若指诸掌，感恩情遥以送终，唐老师一路走好……

娄合成

2018年5月5日叩首

沉痛纪念易学泰斗唐明邦老先生

呜呼，唐公遽尔仙终，长辞西去，众欧学子悲痛哀伤。

忆唐老生前，辅星高照，易德双馨，满腹经纶，才高八斗，高瞻望远，壮志成城。任道重远，呕尽心力，辅育下代。

唐老为人师表，严教不诲，和谐可亲。以德为本，辅育经典，仗义轻财。

唐公海怀，爱国爱民。克己奉公，英灵气真，德高望重，雅量壮志，百世流芳。

阴阳学说，四海籍准。古今中外，无不盛传。学者于法，传承文化，继往永接，让中国古文化易经之着盛世开放，代代景仰。

生死有别，来世重拜，护盖于您。

法国巴黎周易研究会　赵南强　仝人叩拜

2018年5月5日

惊悉唐明邦先生逝世，谨表沉痛哀悼。唐老为传承、弘扬中华易学文化做出卓越贡献，他的去世，是易界重大损失！广大易学同仁永远缅怀他的功绩！望唐老家人、亲属节哀顺变，特此致以深切的问候！

侯斌及全球华人联合会易道文化研究院全体易学同仁

2018年5月5日

唐先生家属下午好，我是北京学者郭景喜，也是唐先生的学生，在此时此刻我们都很悲痛，唐先生的本月10日的遗体告别，我专程去武汉参加。节哀！

郭景喜

2018年5月5日

惊悉唐老仙逝，本人及易学同仁甚为悲痛，千古中国易学星空的一颗泰斗画下一道闪亮壮丽的流线消失了，为之哀挽、为之感叹！是他披荆斩棘引领开创了建国以来易学发展的大好局面；是他知行合一践行积淀了深厚丰硕的现代易学成果；是他率先垂范砥砺前行为我们指明了现代易学前进的方向。

唐明邦先生永垂不朽！

易学晚辈　吴强
2018 年 5 月 6 日

惊悉唐先生仙逝，何其哀婉！特此致以最沉痛的哀悼并向唐先生亲属致以最亲切的慰问。

唐先生是国内周易研究的泰斗，学识渊博，成就斐然，厚德载物，桃李满园。先生之逝，如柱陷梁倾，既是易学界的金瓯之缺，也是中国易学教育事业的重大损失。

澄城县周易研究会作为易学研究的后起之秀，受教于先生良多。我们要遵先生之遗愿，扬先生之大德，继先生之事业，以慰先生之灵。

再向唐先生鞠躬！

陕西澄城县周易研究会会长　马勤定　敬上
2018 年 5 月 6 日

沉痛悼念中国易学界先驱唐明邦老师！

唐明邦教授是当今易学大家，他为弘扬中华易经学说，传承中华优秀文化，做出了卓越的贡献，留下了光辉的业绩。我曾多次亲听唐教授的讲课，又在南京、广州、深圳等地和老师交谈请教，深受教育，终生受益。忽闻唐老师噩梦，悲痛万分，本应前去吊唁，只因身体不好，今年已 78 岁，故去信沉痛悼念。替我献花圈一个（可能会有我的部分学生悼念唐教授的，我已通知）写上：中国北方易经学会会长赵海昌沉痛悼念唐明邦老师。

赵海昌　戊戌年三月忌日　叩拜

惊悉唐老仙逝，心中悲痛，特来电致哀！

湖南大学　靳九成
2018 年 5 月 6 日

悉闻易学泰斗、哲学大师唐明邦先生驾鹤西去，学生非常悲痛！先生德艺双馨、博采众长，集易、道、释、儒为一家，承上启下，开创了国学研究新局面，为易学发展指明了方向。学生永远铭记先生的教导，愿先生一路走好！

学生　叶阳红　叩拜！

惊闻唐明邦老前辈在2018年5月4日驾鹤西游，心悲情伤，谨代表中华易学导师联盟协会全体易学同仁向唐老逝世表示深切哀悼和沉痛怀念！祝唐老一路走好。

中华易学导师联盟协会

惊闻尊翁唐老明邦先生仙逝，难掩悲痛！唐老一生为哲学特别是易学事业的开辟与发展，鞠躬尽瘁，诲人不倦，受教受益众多。他一直领跑易学旗帜，致力于易学界要自觉以马克思哲学基本原理为指导思想，强调理术并重，敦促建筑风水术要尽快形成范式，易界人士要团结，让人信服，才能立足于世！尊翁的仙逝是易学事业的一大损失！也是后学者的最大遗憾！本人受其教诲，依然历历在目，我将准时参加唐老先生的告别仪式和追悼大会！如今逝者已逝，除了哀悼，唯愿唐老能永远安息，唐老永垂不朽！

后学湖南永州易学学者　姜德雨　叩拜
2018年5月7日

白云悠悠，驾鹤西去。唐老先生，德艺双馨，博采众长，呕心沥血，传承易学，易学巨匠唐明邦老先生一路好走！沉痛悼念唐明邦教授！

新加坡国际周易研究学院　怀家志
2018年5月6日

深切悼念易学一代宗师，敬爱的导师唐明邦先生！

唐老师永远话在我们心中！

广东省儒学与状元文化学会会长　莫善朝

明邦大学长，噩耗传来，不胜哀悼！

昨天，是我们母校北大建校120周年大庆！系里接待说：你们54级就您一个人回来了！您也是回来最年长的校友云云。我们同窗四载，虽过去一个甲子之久！但当我回到老地方，则仍历历在目，还想到了您老！因为您老是同班里最年长之一，大我们很多，大我本人十来岁，您确像个老大哥，一面学习比起年轻的我们似乎要吃力些，一面像老大哥关爱着我们……不料而今竟永别了！敬祝您老学长在天之灵好好安息吧！

学弟　钱耕森　敬悼于北大哲学系
5月5日上午

请转达对唐先生的哀悼。学界痛失一位可敬的儒雅名宿、先生！

胡潇（武汉大学哲学系 1978 级硕士研究生）

我们这一届的中哲史课程有幸受教于萧先生、李先生和唐先生，你（注：郭齐勇老师）的回忆把我带回到唐先生的课堂，他那洪钟般的讲课嗓音，对《易经》熟读于心，深入浅出的讲授仍记忆犹新。我留校在逻辑教研室任教期间，唐老师常转送我一些学界友人赠送他的逻辑学方面的书，并勉励我不断学习，提高教学和科研水平。唐先生谦和慈爱，诲人不倦，献身于传统文化的精神永存心间！

孙　思

沉痛哀悼敬爱的唐明邦先生！

晚学上月 25 日去看望了唐先生，盘桓移时。听唐先生义女梦华告，郭师头天去过，陪唐先生近两小时，弟子感动不已！我心知唐先生来日无多，遂与先生合影数幅，兹成绝念！

春节期间我也去过唐先生家，老人家已卧床，强撑起身，与晚生谈了近一小时，兴致勃勃！明年春节再不能去了。

胡治洪

沉痛悼念唐明邦先生！

下午，永宁以短信告诉我唐先生去世的消息，我们短信聊了很长时间，我还想起上次回武大和治洪、华平去拜谒唐先生的情形。忝为武大学子，唐先生身上那种淡泊、超然是武大哲学人的重要遗产，也是我等"少林俗家弟子"永远值得记取的人生精神财富！唐先生千古！

再传弟子　丁为祥　敬悼

沉痛哀悼武汉大学一代宗师唐明邦先生！

惊悉唐明邦老先生仙逝的消息，十分痛心，扼腕唏嘘！唐老先生笃志学问，低调克己，平易近人，气象如长天云鹤，翱翔于蓝天之上，寄情于诗词之中，一任平生风雨飘摇，得失荣辱，都不在先生的话下。像萧萐父老先生一样，是一流的人品，一流的学术，一流的风采。黄昏降临，哲人其萎，我心悲摧。

易学泰斗，包荒涵弘，一代巨擘，后学景从
文史宗师，淡泊宁静，两肩明月，云鹤西归

后学　欧阳祯人　敬挽
2018 年 5 月 4 日晚上

悼挽师祖唐明邦先生

识荆长安城，丁丑晚秋霜叶红；先生归道山，长仰慈容心亘亘。

拜门珞珈山，甲申暮春樱花粲；徒孙惭短绠，每忆謦欬泪纷纷。

晚生黄黎星，处东南偏隅，驽钝之资，绠短汲深，追随先师六庵先生黄寿祺教授、业师张善文教授学《易》。1997年丁丑，随业师前往西安交通大学参加第二届易学与当代文明研讨会，得拜见唐明邦先生，返闽途中又往武汉大学唐府敬谒。2004年甲申，入武汉大学博士后站，忝列恩师萧汉明教授门墙，遂成唐明邦先生隔代弟子，曾数往唐明邦师祖府上聆听教诲。戊戌暮春十九下午，师祖遽尔捐馆，驾鹤归道山，徒孙猝闻噩耗，悲情曷可言！哲人其萎，典范永存！先生之风，山高水长！

隔代徒孙　黄黎星　敬挽

唐明邦先生诗："耕田但期千顷绿，掘井何辞万丈深。细雨润物占造化，大浪淘沙见精诚。斗室烹茶伴书香，清虚自守慕真人。"

唐先生以耕田千顷、掘井万丈喻治学力求广阔深入，以细雨润物喻教书育人，感念为师是上天造化，以大浪淘沙见真金喻人生真诚的可贵，以斗室烹茶淡泊名利的心态，沉浸于圣哲书香，以自守清虚的行动，成就真人的理想境界。

特以此缅怀一位世间贤德于五四辞世！

曹印双

惊悉唐先生驾鹤西归，晚生华传哀痛不已，遥呈一瓣心香献于先生灵前。先生是愚生迈入中国哲学学术殿堂的最初引路人，忆昔年于珞珈山求学之时，有幸亲近先生，其恩泽嘉惠如沐春风，得以初尝中国哲学智慧甘露。临近毕业，先生题赠留言"崇德广业，乐天知命；自强不息，厚德载物"以勉励。后发愿攻读武汉大学中哲硕士，先生主动约我花了三个下午时间单独补习辅导中国哲学课程，考取后先生甚为欢喜，开学前又约我讲了一下午周易，先生奖掖后学之深恩难以尽述！虽然从武大毕业后亲近先生的机会少了，但是十余年间曾陪同先生于苏州、武汉等地参加佛教学术研讨会，游览杭州西湖，苏州园林，蒙先生不弃每次来京都要电话通知，云鹤书房亦为常客，屡获亲侍座下，亲炙教诲。先生之待我惠深泽厚，情真恩重，惭愧无以回报先生深恩于万一，虔心祈愿先生一路好走！

晚生　纪华传　于赴台旅途泣拜敬书

唐先生千古！

"耕田但期千顷绿，掘井何辞万丈深。细雨润物占造化，大浪淘沙见精诚。斗室烹茶伴书香，清虚自守慕真人。"这是唐先生夫子自道，由此略可窥见师祖的为学精神和真人境界。后学小子虽未得亲炙之机缘，但"井冽寒泉食"，源清流洁，长流不竭，慧泽吾辈小子！后辈小子们敢不用心体味之？唐先生千古！

刘体胜　敬悼

明体乐道之贤达君子，在生命最后时刻依然在兹念兹，实在让晚辈动容感怀！斯人已逝，其德其行，如长风皓月般拂照乾坤，生生不息！

晚辈　高立梅　敬悼

郭师尊鉴：

惊悉珞珈哲学耆宿、师祖唐明邦先生仙逝，晚生深表哀悼。

晚生在武大读书期间无缘拜会唐先生，很是遗憾。从郭师以及诸位师长的回忆中，可知唐先生是一位博通儒道、知行合一的大家，是一位淡泊名利、冲虚平和的智者，更是一位提携后进、广结善缘的师长，一位可爱可敬的有真性情的长者。如今对先生的纪念就是认真拜读先生留下的大作，学习先生那份专于学术、淡于世俗的超然与自在。先生走了，但他的遗志与精神还在珞珈哲学传承。

唐先生千古！望郭师节哀！

晚生　周浩翔　百拜

郭师：您好！

唐先生去世，我等不胜悲伤。唐先生也评审过我的硕士论文，看微信群照片，记起他乐观质朴，今亦必乐归混沌。望老师节制哀思，保重身体！今天周山老师嘱我转发上海周易研究会唁电给治丧委员会和吴老师，我已照办。

夏祺大安！

张锦枝　敬启
2018 年 05 月 05 日

沉痛哀悼唐先生！

唐先生是我的太老师。2007 年他给我们班上过周易课，学识渊博，深入浅出，让我们这些小字辈无比倾慕。2010 年我在国学院工作时，负责联系唐先生文集的出版事宜，到府上去过几回。唐先生待我十分客气，听说我研究王夫之，不以我浅薄，就跟我聊船山的易学。那时候听不大懂，也没带本子，现在竟已记不起，十分惭愧。

但老先生的慈祥宽厚却依然如在眼前。怀念唐先生。

杨柳岸

唐梦华女士：

惊悉易学泰斗令尊大人唐明邦先生仙逝，我谨向你并通过你向先生所有亲人表示沉痛哀悼！

听我的恩师翟金录先生讲述贵令尊唐明邦先生轶事，先生有生之年作为易界领袖被誉为人梯，为我国易学发展大业做出了巨大贡献，他的离去使易界失去了一位领军人物，惜哉痛哉！斯人虽已矣，香远唯益清，易史耀永恒！

去年，有幸在北京拜读梦华女士的易学大论，颇具真知灼见，不愧得先生真传！敬祈承继先生遗志，持举易学大旗，为我国易学大业做出无愧前辈的贡献！

唐明邦先生英名不朽！

锦州市太极文化研究会会长　刘送冬
2018 年 5 月 7 日

第八章 唅诗词联

惊悉唐明邦教授病逝，不胜悲哀。作诗一首，以表哀思之情！悼念唐明邦教授！

武大博导唐明邦，领军易坛正气扬。
首开全国易学会，创会会长功绩煌。
引领易坛数十载，学究天人响当当。
谆谆告诫易同道，修德守法路康庄。
尔今驾鹤西天去，易道茫茫路何方？
待到易学春天日，唤醒先生品酒香。

南京大学教授　李书有　敬挽
2018 年 5 月 5 日于南京大学

挽唐明邦先生：
云鹤①高飞赴苍溟，着何言语践远行。
桃李芬芳花正艳，春风拂面日亦融。
大序一篇私谊重②，等身著作献平生。
案头残稿无人续，还望先生早回程。
拙作曾为拙作写序一篇。

河北　杨景磐　敬挽
2018 年 5 月 7 日

惊悉唐明邦先生仙逝，沉痛悼念！
象数义理极深研几堪称明，
乾坤离坎彰往察来可安邦。

中国中医药大学　张其成　敬挽

易为宗主，道医科技均通贯。
淡味平生，名利得失早外身。

武大哲学院院长　吴根友　敬挽

天道不常而有常，人事恒常而无常，
乾始坤成从阴阳，寒暑推移成生化，
消息盈虚循环起，观化化及本自然，

---

① 先生书斋名曰云鹤书斋。
② 先生很看重

自古卓然不朽者,至纯至清浩然气,
自古圣贤胥以然,耿耿清风留人间。
呜呼!公生为英终为灵!
伊维唐公,学深德崇,教化十方,率物整躬。
化雨私淑,天下同宗,老庄忘我,逍遥自如。
期期圣哲,易界之光,怀仁典范,德被环宇。
保合太和,生生不息,哀哉!伏惟尚飨!

台湾中华周易学会创办会长　吴秋文
2018 年 5 月 10 日

挽唐明邦恩师:
诞蜀地游燕园情系珞珈纵横孔孟老庄三驾马车宁在后
飞南天跑北国心连易道驰骋乾坤离坎满腔热血不争先

说明:

"蜀地",指四川;"燕园",指北京大学;"珞珈",代指武汉大学。上联前半段介绍了唐老一生的主要生活、工作地点。他出生于重庆市忠县;解放后的五十年代初,就读于北京大学哲学系,中国哲学界翘楚冯友兰、张岱年、任继愈、朱伯崑等均是其授业恩师;毕业后分配到武大任教至退休。

上联下半段主要介绍了唐老的职业、名望和品德。"孔孟老庄",孔孟为儒家学说的创立者和代表人物,老庄为道家学说的创立者和代表人物,指唐老精研易学、儒学、道学;"三驾马车",指当时武汉大学哲学系的萧萐父、李德永、唐明邦,三人不仅同事,又同年,人称"三驾马车"。在武大,他长期主讲中国哲学名著选读、中国哲学史、中国辩证法思想史、易学源流举要、隋唐道教等课程,故云"纵横孔孟老庄";并在与萧、李的几十年相处中,他们三人同心,和谐协调,在工作安排、职称评定、福利待遇上,均高风亮节,从无名利之争。这里说的"宁在后",不仅指其利益面前宁在后的无私品德,也戏言其"不敢先逝",他们三人同龄,而前二人均比其早逝十年。

下联主要言其退休后近 30 年的情况和做出的贡献。"南天""北国",指全国各地;"易道",既指易学之大道,也指易学与道学;"乾坤离坎",代指易经。这段时间,他跑遍了祖国的大江南北,参加了一百多场的易学、道学的学术研讨会,在会上,均语重心长地告诫易道同仁要修德守法,深研"两典",为"重振国学,复兴儒学,弘扬易学"(唐老经常讲的话),呕心沥血,诲人不倦,为易道的研究与推动,不遗余力，做出了不可磨灭的贡献。但他在名与利上从来不争，甘当桥梁，甘当人梯，甘当蜡烛，故云"满腔热血不争先"！

国际易联副会长　练力华　泣挽
2018 年 5 月 5 日

挽唐明邦恩师：
生得川蜀之灵气，饱读四书五经，求学先贤大哲，授教天下终成不朽；
遗留学术之经典，深演易道哲思，弘扬传统文化，携手各界再创辉煌。

国际易联副会长　李顺祥　泣挽
2018 年 5 月 5 日

怀念一代宗师
慈容善貌热心肠，君子正气语锵锵。
神州易坛一圣贤，功德无量千秋扬。

广州　李德雄
2018 年 5 月 5 日

沉痛悼念一代宗师唐明邦教授：
惊悉云鹤驾鹤游，哀思如海忆春秋。
品德高尚人敬仰，硕果结来九州留。
万卷经文铸易学，传道授业老黄牛。
清风两袖志高远，一代宗师万古流。

钟浩天　敬挽

云浮九霄送泰斗，鹤飞五洲万众哭！
明推天道走四海，邦宁国泰赖东湖。
永怀圣德擎日月，垂衣南望铭师嘱。
青山绿水映唐颜，史承绝学展宏图。
河北老年大学教授石建和携千余门生恭祝唐老一路走好！

河北省周易研究会荣誉会长　石建和　敬挽
戊戌立夏敬悼唐老

淡泊明志，无愧百年易学泰斗；国梁邦才，堪称一代文史大师。

长三角易学联盟秘书长　宋健华　敬挽

珈山太无情，怎奈春风不度；江水空有泪，那堪夏日方临。

成鹏
2018 年 5 月 5 日

诗书易同好风流倜傥，儒释道兼修博古通今；谦谦君子为世人垂范，著作等身谱哲学新篇。

创《周易学会》劳苦功高，着《天人之学》影响深远。

珞珈山樱花落尽，唐明邦桃李万千；天宫缺个老教授，便引云鹤到碧霄。

后学　施经纬　敬挽

悼先师唐老先生
易坛灯塔，泰山北斗。哲学领袖，国之瑰宝。
云游野鹤，巨星坠落。山河哽咽，草木低泣。
终身谦和，高山仰止。易学推广，殚精竭虑。
伏羲大典，连年贺信。高龄九五，初心如衷。
笔画难齐，亦亲鼓励。又书厚德，期培载物。
虽少亲教，总受其德。斯德如山，爱切厚醇。
斯德似风，润身未知。著述立传，挥毫百万。
君子乾行，德载厚物。行业蒙教，日用或知。
大典组委，众皆感恩。呜呼哽咽，泪涕悲泣。
德贵言行，如沙似珠。言语不达，哽咽呜呼。
吾痛呜呼，呜呼哽咽。

学生　李升涛　泣笔 2018 年 5 月 5 日

悼唐老云鹤
云鹤西去坠易星，
伤痛欲绝泪满襟。
易德诲语情犹记，

千古传承颂英名。

2008 年我去武汉拜访他老人家,他和蔼可亲,并意味深长叮嘱我,作为下一代易经文化的传承者,要认识到易经文化是一个国家、一个民族的灵魂,要努力探索,用易经知识指导人生,服务人类。

邵金帝　敬挽
2018 年 5 月 10 日

满江红·缅怀云鹤老人
长江呜咽,云鹤远,桃李泣雨。
继绝学,伏羲文王,韦编三绝。
贫寒衣师出名门,不射名利守初心。
期颐龄,俯首携后生,德厚强。
日月易,民族魂,
天地准,龙马神,
惜汉唐明邦,东学西渐。
垂师范,壮心今不已,挽狂澜!

国际易联易学与养生专业委员会常务理事　梁世杰　敬挽

(一)《七律·吊唁唐明邦教授》
珞珈天上夏云沉,
东湖江边春水涔。
日昏月暗巨星殒,
地动山摇泰斗崩。
哲医领域思想家,
易道论坛文化根。
唐老驾鹤仙游去,
万千学子沐浴恩。

(二)《行香子·致唐老》
哀思重重,南苑又逢。
那时拜见步匆匆。
朝朝暮暮,易海觅踪。
且痴情真,深情暖,恩情浓。

德望为福,教人融融。

任功名富贵皆空。

画画写写,天通地通。

愿云鹤歌,驾鹤舞,鸣鹤红。

中国风水文化研究院副院长、湖北分院院长　田建国　敬挽

《卜算子·悼念唐明邦教授》

惊闻云鹤飞,　　　　善解八卦堆,

轻拭眼边泪。　　　　史哲著作累。

恩师弘易直尽瘁,　　道术通达学问博,

沉痛哀思追。　　　　泰斗范前辈。

常德 2018 年 5 月 5 日

悼唐老

惊闻唐老驾鹤去,一代易星留英名。

格物致知传周易,哲学思维义理明。

助力后学海不倦,弘扬国学唱大风。

泰斗辉映大道美,曾将绝学立穹窿。

安阳周易研究会　王万顺　合十

清轻者飞升为天,重浊者下降为地,

云鹤并没有远走,他只在九天巡礼;

早晨随太阳升起,夜晚陪明月西去,

也将陪伴着我们,走好学易每一步。

易学界泰斗唐明邦老师千古!!!

方夷

先人垂范示后生,文章千古留高风,

且擎明灯循路去,为邦为国赴心程。

学生仰慕唐老高风,愿唐老走好。合十。

无锡周易数术学会　徐逸明

悼念唐老
易学名留千史，千秋伟德扬北地；哲理誉满神州，万载鸿恩照南天。

郑善洲　老中医

祭贤——怀思
鄂渚兰草　钟山玉裳　凝露浮光　馥馥幽香
翠崖隐端　惠连其妆　珠被绿衣　蹁跹丛乡
洁而淑清　气质灵长　今化云鹤　翼而高翔
白羽邃宇　鸣皋九坑　纷佩琼玉　游兮周章
回风阊阖　清音悠扬　灵瑟仙阙　从此沐芳

中国北方易学研究中心
2018 年 5 月 5 日

鸿鹄伟志
百十年武大云鹤高飞人才济济明志安邦；
五千亩校园巍巍壮观英才满天德馨泽昌。

张醒植　悼念唐老

识荆长安城，丁丑晚秋霜叶红；先生归道山，长仰慈容心亘亘。
拜门珞珈山，甲申暮春樱花粲；徒孙惭短绠，每忆謦欬泪纷纷。

隔代徒孙　黄黎星　敬挽
2018 年 5 月 6 日

昨晚祥云送春风，圣界增添一仙翁。
尘世离了唐先生，易界方田谁执耕。
我辈擦泪继遗志，重让易坛放光明。
如有红花增景美，邦和国泰告唐公。

王月凡　泣唁
2018 年 5 月 5 日

探玄周易于象数与义理间出新意；阐微本草于科学与哲学间有独思。

受业　李维武　何萍　敬挽

明伦固本一生孜孜不倦研易悟心法
邦典修行九秩恒恒无休探赜成圣功

          四川大学老子研究院　詹石窗　敬挽

易学泰斗，包荒涵弘，一代巨擘，后学景从；
文史宗师，淡泊宁静，两肩明月，云鹤西归。

             后学　欧阳祯人　敬挽

象数理辞玩不离占易知天下之道；圆神方智观不离变简从中行之德。

             晚生　王兴国　敬挽

2018年5月5日于深圳

明夷用拯君子有责于斯世力能救易；邦宁本固先王圣化在方册神而传之。

             后学　梅珍生　敬挽

含章处卑，担冬涉大川之任；
致虚守静，知万物归根之常。
太老师唐公千古！

             华中科技大学　唐　琳　敬挽

易学大师深通变化驾鹤西行；皇皇巨著发阐精微留泽东土。

          河北师范大学马克思主义学院　杜运辉

掘深井汲寒泉开沟渠自强不息乃得易道医道道家道；
心光明性笃实行忠恕厚德载物终能安之信之少怀之。
太老师唐公千古！

             湖南大学　陈仁仁　敬挽

阴阳无始，先生魂返太虚，无非纵身入大化；
动静有常，后学幸闻教训，始知一气终流行。
唐公讳明邦先生千古！

               再传依平　敬挽

二十八载襄盛事，欣欣易都赖宏谋。
道山渺渺鹤杳杳，珞珈山处云悠悠。

安阳周易研究会秘书长　李全庆

义理象数，性命之道；乾坤挪移，洞天智慧。

陈　中　敬挽

巨星陨落，光照神州易学天地；
驾鹤仙游，前往天国再续乾坤。
明旧邦以辅新命，桥梁作用促进易学理术并重全面发展；
云伴鹤而作仙游，人梯精神广为人间教化事业留下栋梁。

弟子　黄俊敬　挽哀悼唐师公
2018 年 5 月 5 日

易坛巨星，九秩春秋。殷勤治学，显微阐幽，彰往察来，开创易学新时代；
学界泰斗，三千弟子。培育精英，德高望重，热血丹心，慷慨人间大节存。

邱立成
2018 年 5 月 5 日

追思唐明邦教授
明邦醒国哲理真，良师益友读乾坤，
学界泰斗光辉在，人生楷模印象深。
惊悉云鹤游天去，怎忍今生阴阳分，
后辈痛心伤永逝，教诲铭记风范存。

蒋克华

悼唐老
恩师得道游天国，风范长存天地间。

广州　余钧国
2018 年 5 月 5 日

后　记

　　追思唐明邦文集《唐明邦学术思想探索》与大家见面了，这是一本反映唐明邦先生高尚人品、学术成就、卓越贡献、哲人风范、完美人生以及唐先生的亲朋挚友、弟子学生、广大易学爱好者对唐先生的哀悼之痛、敬仰怀念之情的集锦荟萃。

　　此文集的正式出版，是在国际易学联合会、武汉大学哲学院及国学院领导的亲切关怀下，由众多易界名家、唐先生的弟子和亲属的精心策划与操作下，共同努力的结果。2018年6月，练力华、李顺祥、毛善生、唐梦华与唐先生儿子唐建华，在孙晶会长的统筹下，就出版该文集召开了筹备工作会议，决定增加了张长青、黄俊为采编成员。经过大半年的辛勤劳作，终于顺利完稿出版。

　　在该文集出版之际，首先要感谢众多海内外当代易学、哲学大家的积极支持与大力配合。如美国夏威夷大学哲学系终身教授成中英，中国科学院研究员、国际易学联合会原会长董光璧，山东大学教授、中国周易学会会长刘大钧，南京大学教授李书有，上海师范大学教授张志哲，国际易学联合会荣誉会长丘亮辉、王国政，中国社科院教授胡孚琛，武汉大学郭齐勇、吴根友教授，易学研究家邵伟华、廖墨香老师等。其次要感谢众多作者的辛勤工作。再次要感谢中州古籍出版社和相关领导、责编的大力支持。在此，特向他们表示衷心的感谢！

　　由于我们水平有限，时间紧迫，难免有挂一漏万、失之确切的地方，还望大家包涵和批评指正。